百代都行秦政法。

——毛泽东

氏族团体在中国从未崩解，不像在西方，氏族团体早因城市的发展和基督教的缘故而瓦解了。

——韦　伯

关系中的国家

（第二卷）

地域—血缘关系中的帝制国家

THE STATE

IN THE CHANGE OF
SOCIAL RELATIONS (Vol.2)

徐勇 著

社会科学文献出版社
SOCIAL SCIENCES ACADEMIC PRESS (CHINA)

自 序

本书第一卷问世后，引起学界的关注，也有读者对本书还有一些不解。为此，在第二卷出版时，我有必要对本书的构思和贡献做一个简单介绍。

政治学的中心议题是国家。国家不是从来就有的。恩格斯将国家与人类文明进程密切联系在一起，认为“国家是文明社会的概括”。①国家因人而生，而存，而续。而人是有意识的活生生的人，是通过各种关系联结起来的社会的人，是处于历史与社会关系中的具体的人，是社会关系的总和。为了获得美好生活，需要善治，因此人们有了对“理想国”的追求。只是这种追求必须从历史和现实出发，从历史和现实构成的关系出发，“理想国”的实现建立在对历史和现实中的关系的深刻洞察和分析的基础上。由历史和现实的人联结而成的“关系国”决定着“理想国”的构造和走向。正是基于此，我专门撰文提出了建构以人为中心的政治学，形成以历史与社会关系中的具体的人为对象，从事实出发的政治学“田野学派”!②

国家问题是一个古老而又十分困难的问题，是“一个最复杂最难弄清的问题”。③ 国家与国家治理的研究著作已是汗牛充栋。本书的主

---

① 《马克思恩格斯选集》第4卷，人民出版社，2012，第193页。

② 徐勇：《政治学“田野学派”的崛起》，载华中师范大学政治科学高等研究院、中国农村研究院编《政治科学研究》（2018年卷·上），中国社会科学出版社，2018，第3页。

③ 《列宁全集》第37卷，人民出版社，2017，第63页。

要贡献，或者是独特贡献，是提供了一个理论和方法，这就是“关系叠加”。其核心观点是：国家是在人类社会关系中生长、发展和演化的。随着人类社会关系的不断扩展丰富，形塑和改变着国家和国家治理；在中国的文明进程中，依次出现的社会关系不是简单的断裂和重建，而是长期延续、不断扩展和相互叠加，由此造成制度的重叠式变迁和政治现象的反复性出现，并通过国家治理体系的改进而不断再生产出新的关系模式。简而言之：关系构造国家，国家再造关系。

本书的主要目的便是运用“关系叠加”的分析框架，解释中国的国家和国家治理是如何长期发展、渐进改变和内生演化的，寻求国家现象背后的那只看不见的手。

理论和方法的源泉在于事实。人类文明和国家的进程有共同的基点和规律，也有不同的特点和表现。这一结论基于历史事实。要科学地解释事实现象，历史的视角是任何一门科学不可或缺的。恩格斯在谈到政治经济学的理论和方法时特别指出：“人们在生产和交换时所处的条件，各个国家各不相同，而在每一个国家里，各个世代又各不相同。因此，政治经济学不可能对一切国家和一切历史时代都是一样的。……政治经济学本质上是一门历史的科学。”① 政治学也是如此，以历史和社会关系中的具体的人为对象的田野政治学更是如此，田野政治学本质上与历史政治学是一体的。

田野政治学暨历史政治学的理论和方法为何重要？从根本上说，是基于人类思想进程及其学术自觉。

在世界文明与国家进程中，中国是在原点上不断扩展，自我演化，并与外部形成互动的大规模国家。这种历史的独特性吸引着无数学人的关注。早在人类思想的第一次大突破的轴心文明时代，中国的先贤们是参与者，他们贡献出的独特思想，迄今还熠熠生辉。没有中国先贤的贡献，就无所谓轴心文明时代。人类思想的第二次大突破是17~19世纪的思想启蒙，主题是重新设计一个现代世界。只是这次突破是

① 《马克思恩格斯选集》第3卷，人民出版社，2012，第525页。

欧洲国家执牛耳，甚至一方独大。中国是这次思想突破的缺席者，也失落为消费者。正是因此，那位典型的欧洲中心论者——黑格尔先生以不屑的口吻表达了他对东方中国人缺乏理论建树的不屑：“在中国人中间，历史仅仅包含纯粹确定的事实，并不对于事实表示任何意见或者理解。他们的法理学也是如此，仅仅把规定的法律告诉人；他们的伦理学也仅仅讲到决定的义务，而不探索关于他们的一种内在的基础。”①

毫无疑问，黑格尔充满了西方的傲慢，但我们也不能不痛苦地接受，这并不完全是偏见。述而不作长期主宰着中国人的思维。第二次思想突破的消费者角色限制着国人的思维，使国人太关注事实现象的描述，而缺乏对事实现象背后的内在基础和支配逻辑的探索。本书希望在这一方面有所作为！

有所作为首先要去魅。学术研究是一个永无止境的过程。毫无疑问，后人要吸收前人的成果，但先占原则也会将后人的思维限定在既有的规范之中。那些思想的先行者会以其一个个概念建构起一个“规范的世界”，并会理所当然地认为，“撒什么种子开什么花”。后来者也由于思想的规训而匍伏在前人思想面前。这种神化很容易造成思想和认识的停滞。而现实世界的脚步一天都未曾停歇过，过往的理论从未曾穷尽对真理的探索。第二次思想突破面临最大的危机：现实世界并非如“撒什么种子开什么花”之所愿；思想启蒙的结果是被启蒙人的自我觉醒和主体重构，于是有了去魅化和理论的自觉。

恩格斯在讲到历史的进步时说过一句非常深刻的话：“只有野蛮人才能使一个在垂死的文明中挣扎的世界年轻起来。”② 文明是历史成就的积累。但是，一种形态的文明长久积累，也会生长出“文明之苔”，覆盖和抑制着生命活力。非文明的方式或许是激活垂死文明形态的最好方法。学术进步也是如此。学术的训练是绝对必要的前提，但学术

---

① 〔德〕黑格尔：《历史哲学》，王造时译，商务印书馆，2007，第 83 页。

② 《马克思恩格斯全集》第 28 卷，人民出版社，2018，第 185 页。

训练的负效应是受到规制，将人的思维规范在既定的框架内。当一种学术形态陷入不可自拔的贫乏状态时，或许需要借助于超越既定规范之外的思维和事实来激活学术生态的活力。

我们这一代人因为历史原因，没有受过严格的学术训练，学术积累存在先天不足，但也成就了无拘无束的思维方式。我进入学术殿堂不久，就一脚踏入田野，做极具本土性的农村研究，并以田野调查作为基本方法。最初的调查是不自觉的，只知田野调查是必要的，不知为何调查。只是随着调查的深入，才有了调查自觉和理论自觉，这就是：一方面要有问题导向，通过田野调查发现事实；另一方面要有理论构建，寻找理论和方法解释事实。2015 年，在之前近 20 年的田野调查的基础上，我发起"深度中国调查"，以更全面和深入地了解传统农村形态，之后又扩展到世界农村形态调查。我参与了这一大型调查工程，并在调查中发现历史的真实的"自然的世界"与人为的建构的"规范的世界"存在着很大的差异。而从真实的"自然的世界"出发，是学术研究的第一要义，从而也可以实现与原有的"规范的世界"对话。正是基于此，我提出了田野政治学的主张，并获得了本书理论与方法的来源。①

田野调查的对象是人，是占中国人数最多的农民。农民是活生生的人，尽管长期被人视为"愚昧无知"，但他们有自己的行为方式和行为逻辑，或者说是"农民的理性"。② 田野调查的第一要求，不是高居他们之上，而是从他们的境况出发，了解他们的行为逻辑。在深度的田野调查中，我们发现农民生活在一个"关系的世界"里。长期以来，农

---

① 这一主张早已生成，只是诉诸文字，正式表达于 2018 年。参见徐勇《政治学"田野学派"的崛起》，载华中师范大学政治科学高等研究院、中国农村研究院编《政治科学研究》（2018 年卷 · 上），中国社会科学出版社，2018。

② 笔者在《中国社会科学》2010 年第 1 期发表了《农民理性的扩张："中国奇迹"的创造主体分析——对既有理论的挑战及新的分析进路的提出》的论文。由于"理性"一词长期以来被赋予知识人才具备的高贵品性和专门含义，我第一次提出"农民理性"的概念时受到非议。可惜的是未能有正式的批评文章。直到《中国社会科学》2019 年第 11 期王春光发表《中国社会发展中的社会文化主体性——以 40 年农村发展和减贫为例》一文，对"农民理性的扩张"做了进一步发挥。可见一个新的提法要为人所接受多么不易。

民被定义为“原子化”，似乎他们生活在真空中。事实是：各种关系将孤立分散的农民联结起来，并构成农民的行为逻辑。调查中，问农民最愿意与谁合作？通常的回答是，“关系”好的人，包括亲戚、朋友。当问及生活态度时，不约而同地回答是搞好“关系”。农村社会简直就是一个关系社会。正是基于此，我们及时调整了调查提纲，将关系作为调查的重点。在初步调查的基础上，我指导博士生写的数篇博士学位论文，均是研究村庄社会关系的。关系因此进入研究的视野。我为此撰写了专门的理论与方法的论文《“关系权”：关系与权力的双重视角——源于实证调查的政治社会学分析》，提出“关系即权力，权力在关系中”的命题。①

在进一步调查中，我发现农民的行为不仅为私人性关系支配，还受制于更为丰富的关系。我们的调查分为七个区域，不同区域的村庄形态有着不同的关系构成。总的来说，村庄愈发达，关系愈丰富。在靠近中缅边境的云南的一个村庄，我们惊讶地发现，就在数十年前，那里还是刀耕火种，根本不知道“国家为何物”，更遑论政治关系。而在东南沿海发达地区，不仅有了丰富的财产关系，而且“国家就在眼前”。社会发展进程也是关系不断扩展的过程，由此有了关系扩展的概念。

而在对不同区域村庄调查的对比中，我们发现，即使是那些发达的村庄，也保留和残存着非常古老的宗族传统，尽管受到冲击，但经常死灰复燃，绵延不绝。就在距离发达的广州市不到100公里的地方，人们还居住在以祖宗祠堂为中心的村庄里，其成员资格和行为逻辑的来源是祖宗。我因此撰写发表了《祖赋人权：源于血缘理性的本体建构原则》的论文。尽管这一论文对于长期为“天赋人权”影响的思维是极大的冲击，并遭遇争议，但它是基于历史事实现象的提炼和概括，要揭示的是残余的血缘关系仍然在支配着人们。将人们联结起来的关系犹如垒叠的土层，由此有了关系叠加的概念。②

关系、关系扩展和关系叠加的理论和方法的源泉来自田野调查。

---

① 徐勇：《“关系权”：关系与权力的双重视角——源于实证调查的政治社会学分析》，《探索与争鸣》2017年第7期。

② 徐勇：《祖赋人权：源于血缘理性的本体建构原则》，《中国社会科学》2018年第1期。

当我将中国的国家演化和国家治理作为研究对象时，很自然地将农村调查中形成的方法论提升为一种更具有普遍性的分析框架，并发现运用这一分析框架可以很好地解释中国的国家演化的连续性、突破性和反复性问题。而在提升为一个更具有普遍性的分析框架时，前人的著述，特别是马克思的关系支配国家的思想给予了我极大的启示，只是他还未提出“关系叠加”的明确概念。由此我将“关系叠加”作为整部著作的基本理论和方法，希望以此提供一个研究中国的国家演化和国家治理的认识视角、解释框架和分析方法。

对于中国的国家演化和国家治理已有诸多论述，本书最重要的贡献是提出了“关系叠加”的理论和框架，以此将大量碎片化的、貌似互不相干的事实现象整合到这一分析框架中来，使之条理化、系统化、明晰化，并从中寻求某种具有规律性的支配逻辑。这也是我最高兴且最兴奋的事情。我相信，如果黑格尔健在，他会发现，遥远的东方，已经有人正在试图超越现象，对事实现象背后的内在基础和支配逻辑进行探索。尽管这只是初步的努力，但已经让人有些许自我安慰！愈来愈多的人共同努力，或许正是黑格尔所期许的。

学术研究来自问题意识，寻求于学术对话。

本书的第一卷探讨的是中国的国家起源和初生的国家形态。其直接的参照，便是恩格斯的《家庭、私有制和国家的起源》一书。在这本书里，恩格斯以原始氏族社会为基点，确定了国家不同于氏族社会的两个基本特征，同时又指出了通往国家的三条不同道路，包括雅典、罗马和德意志。恩格斯特别强调，“按照居住地组织国民的办法是一切国家共同的”，但“当它在雅典和罗马能够代替按血族来组织的旧办法以前，曾经需要进行多么顽强而长久的斗争”①。与恩格斯所述的三条道路相比，中国的特色更鲜明，这就是当地域性的国家产生之后，氏族血缘纽带不仅没有割断，反而长期延续下来，并深深地渗透到初生国家之中，形成血缘关系与地域关系的双重叠加。

---

① 《马克思恩格斯选集》第 4 卷，人民出版社，2012，第 187 页。

本书的第二卷要探讨的是经历长期演化和积累，中国变迁为一个大规模的帝制国家，得以超越长期束缚自己的血缘关系，形成一个主要以地域关系为基础的国家。为了将广土众民联结为一体，产生了以帝制体系为核心的制度体系，出现了历史上前所未有的一系列新的社会要素。其中的许多制度要素在西方一直到 19 世纪才出现。中国由此被后人定义为“早熟”国家。尽管“早熟”的概念带有欧洲中心论的色彩，但它反映了中国的国家演化和国家治理一度居于世界前列，并得以长期延续。清人恽敬表示：“自秦以后，所行者，皆秦之制也。”（《大云山房文稿》卷 1《三代因革论》）毛泽东认为，“百代都行秦政法”。① 只是血缘关系并没有因为帝制国家的建立而消散。在马克斯·韦伯看来，“氏族团体在中国从未崩解，不像在西方，氏族团体早因城市的发展和基督教的缘故而瓦解了”②。百代皆行的“秦政法”，究竟有哪些？氏族团体在中国为何从未崩解，它对“秦政法”有何影响？这种地域关系主导下的血缘关系叠加，是如何形塑着中国的帝制国家及其治理的？

本书的第三卷要探讨的是帝制中国是如何由多个原生族群联结为一体，并形成一个以汉族为主体的国族共同体。中国的国家起源与国家演化，是在一个多点和多个地域相近的族群基础上发生的。大规模、多族群的帝制国家是基于两种结构和原则的融合：一种是政治的和领土的，另一种是历史的和文化的。在这种融合中，民族和国家扮演着不同的角色。中华民族是多元一体和一体多元的双向互动，以族成国和国在族上是其基本特点。中国很早便成为一个大规模的政治统一体，“大一统”成为先贤们孜孜不倦追求的目标，这在于民族和地域的多样性太丰富和太复杂，在这一基础上实现“大一统”太艰难和太漫长，也使中国的国家演化和国家治理充满着复杂性和曲折性。其背后的支配逻辑是民族关系和地域关系的叠加。

---

① 逄先知、冯蕙主编，中共中央文献研究室编《毛泽东年谱（一九四九—一九七六）》，中央文献出版社，2013，第 490 页。

② 〔德〕马克斯·韦伯：《韦伯作品集Ⅸ：法律社会学》，康乐、简惠美译，广西师范大学出版社，2005，第 231 页。

本书的第四卷和第五卷所要探讨的是面临“三千年未有之大变局”，古老中国所遭遇的危机、挑战、应对和崛起。“三千年未有之大变局”的核心是世界进入一个全球关系时代。“过去那种地方的和民族的自给自足和闭关自守状态，被各民族的各方面的互相往来和各方面的互相依赖所代替了。”① 在以现代性为主导的全球关系时代，中国面临着双重危机和双重使命，一是国家重建，由一个地域性的政治统一体向全球性的政治统一体转化；二是以重建的国家进入全球关系时代。由此使中国的国家演化和国家治理也发生了“三千年未有之大变局”。只是这一大变局发生于一个有着古老传统的国家里，且古老传统并不只是大变局的负资产，当然它也会深刻制约着大变局的历史进程。只有从全球关系和国族关系的叠加中才能深刻地认识这一变化的伟大性、艰难性和复杂性。

本书还有一个重要特点是，着重于解释。当将国家置于关系结构中分析时，我们的学术态度和方法更多的是一种理解和解释。人文社会科学不可能不受所处时代的影响。中国学者成为人类思想第二次大突破的缺席者，在于中国是人类社会由农业文明向工业文明转变的第二次大突破的迟到者和被动者。这一角色使许多中国学者更多的是学习者、模仿者，对中国的传统更多的是批判者，甚至是一种“苛责”者。而随着国力的翻转，又有可能走向另一极，由自卑到自大，将对中国传统的“温情”放大。我们很幸运的是，见证了中国的崛起过程，切身体会到中国的历史进程和深层结构，可以平心静气地了解中国和解释中国。马克思关于“哲学家们只是用不同的方式解释世界，问题在于改变世界”② 的观点对后人的影响甚深。要改变世界必然会首先评价世界是否合理公正，价值问题不可规避。但马克思并不否定“解释世界”，而且只有科学地解释世界才能更好地改变世界。基于田野调查，基于客观关系研究国家，可以更好地解释中国的国家演化和国家治理进程，可以使我们发现：中国的国家演化和国家治理受制于各种

---

① 《马克思恩格斯选集》第 1 卷，人民出版社，2012，第 404 页。
② 《马克思恩格斯选集》第 1 卷，人民出版社，2012，第 140 页。

不以人的意志为转移的客观关系；只有从客观关系构成和变化的角度，才能深刻理解中国的国家演化和国家治理的变化性、复杂性和曲折性；也才能深刻理解如恩格斯所说的，构成国家的人们在找到代替旧办法，创建新的关系形态以前，“需要进行多么顽强而长久的斗争！”①

本来我是希望读者通过阅读本书而理解本书，只是为了让读者能更快和更明晰地了解本书的写作意图，所以在本卷做一说明。但愿读者在阅读中有更多的自我认识！

徐 勇

2019 年 12 月

① 《马克思恩格斯选集》第 4 卷，人民出版社，2012，第 187 页。

目　录

第一章
地域—血缘关系中的帝制国家

经历了春秋战国大规模、长时间、持续性的战争，中国的国家形态实现了第一次重大转型，从王制国家转型为帝制国家。国家规模的扩大，国家政权对人民和土地的联结，以及国家政权自身都有了重大转变。这一转型背后的支配性结构，是自国家产生以来的由血缘关系主导地域关系转变为地域关系主导血缘关系。它标志着国家在寻求代替血族来组织和治理的旧办法的顽强而长久的斗争中迈出了划时代意义的一步。但这种转变并不是对旧社会的炸毁，也不是在旧国家的废墟上的重生，而是在原有国家和文明形态基础上的提升，它包含着过去从未有过的新因素，也承继了原有的旧特性。家族帝制国家是中国作为帝制国家与其他帝制国家所不同的重要特点。其背后的支配性因素仍然是社会关系的特性和组合。

一　血缘主导地域的王制国家

在恩格斯看来，国家由氏族社会而来，但又不同于氏族组织，“第一点就是它按地区来划分它的国民”。[①] 摩尔根从国家起源的角度，认

① 《马克思恩格斯选集》第4卷，人民出版社，2012，第187页。

为“以人身、以纯人身关系为基础，我们可以名之为社会”，“以地域和财产为基础，我们可以名之为国家。”① 由此可见，作为典型的国家形态，是以地域关系为自己的基础的。但国家不是凭空而来的，它是一定历史条件的产物。马克思认为：“历史不是作为‘源于精神的精神’消融在‘自我意识’中而告终的，历史的每一阶段都遇到一定的物质结果、一定的生产力总和，人对自然以及个人之间历史地形成的关系，都遇到前一代传给后一代的大量生产力、资金和环境，尽管一方面这些生产力、资金和环境为新的一代所改变，但另一方面，它们也预先规定新的一代本身的生活条件，使它得到一定的发展和具有特殊的性质。”② 国家是从氏族社会而来的。由血缘关系形成的氏族社会预先规定了国家产生和发展的条件，并使其具有特殊的性质。在恩格斯看来，“按照居住地组织国民的办法是一切国家共同的。……但是我们已经看到，当它在雅典和罗马能够代替按血族来组织的旧办法以前，曾经需要进行多么顽强而长久的斗争。”③ 在中国，这一顽强而长久的斗争经历了数千年。自夏商周一直到春秋战国，氏族血缘关系主导着地域关系，地域形态的国家与血缘形态的社会融合重叠，构成了王制国家。

与氏族社会不同，王制国家是一种国家形态。它是特定的地域、特定地域上的人口与特定国家政权结合的一种持续稳定的政治共同体。

氏族组织是由氏族成员在自然状态下天然结合而成的。国家则是超越自然状态的社会联结。在中国，如何将众多分散的血缘氏族组织联结起来，形成国家的呢？依靠的是王权。王权是一种超越单一血缘组织，具有强制性的公共权力。王制是一种超越血缘共同体的政治联结力量，是以王为中心的制度体系。有了王，才从家族共同体走向了超越个别家族共同体的具有地域联结的政治共同体。早期中国的夏、

① 〔美〕路易斯·亨利·摩尔根：《古代社会》上册，杨东莼、马雍、马巨译，商务印书馆，1977，第 6 页。

② 《马克思恩格斯选集》第 1 卷，人民出版社，2012，第 172 页。

③ 《马克思恩格斯选集》第 4 卷，人民出版社，2012，第 187 页。

商、周最初都起源于因血缘关系而形成的部族。只是在它们获得了超越个别部族的特殊公共权力以后，将更多的血缘共同体联结在一个共同的地域内，才形成了国家。国家建立以后，原有的部族首领成为国家首领，这就是国王。国王因此成为国家的核心组织者、统治者，也是国家的象征。整个国家是以国王为核心的制度体系来组织和治理的。王制成为整个国家制度的核心制度。“在夏朝国家建立后，由它控制的地域已逐渐成为标志国家主体的不可分割的内容。这在中国历史上造成了一个重要的政治传统，即建立一个真正的、被承认的国家，就必须占据特定的地域，并有相应的中央权力。”①

国王是国家权力的集聚者。王权的力量与政治共同体的规模、影响和持续直接相关。有了王权，才能将众多孤立分散的血缘族群联结在一起，形成更大规模的政治共同体。在夏之前，中国地域存在着多个互不关联且相互冲突的血缘族群，呈现的是无序暴力的自然状态。只有到了夏之后，有了超越个别或若干族群的特殊公共权力，才将众多血缘族群联结起来，变无序暴力为有序暴力。

在恩格斯看来，国家的产生是“由血缘关系形成和联结起来的旧的氏族公社已经很不够了，这多半是因为它们是以氏族成员被束缚在一定地区为前提的”。② 显然，国家的地域规模比氏族公社大得多。在早期中国，地域规模的扩大与王权的力量密切相关。在夏之前，中国先民们只是以若干个族群部落的方式存在。国家产生以后，能够通过王权集聚更大的力量，或进行征伐，或进行融合，从而将更多的族群部落联结在一起，置于国家的影响之下，因而有了“九州”的说法，尽管其主要地域在黄河中游一带。到了商代，王权的力量增强，不仅商成为“大邦商”，更重要的是利用“大邦商”的力量将更多的族群部落联结起来，国家的地域范围大大扩展，西至周原，东到海边。到了周代，王权的力量进一步增强，国家的地域规模也相应扩大。

---

① 谢维扬：《中国早期国家》，浙江人民出版社，1995，第393页。

② 《马克思恩格斯选集》第4卷，人民出版社，2012，第187页。

王权是一种组织力量，也是一种治理力量。王权兴盛，政治联结广泛且紧密，国家规模扩大；王权衰败，政治联结松散及至破裂，国家规模则会缩小。夏、商、周时期，国家的地域规模并不是固定的，总体上不断扩大，但其间时大时小，均与王权的组织和治理能力相关。但无论规模大小，其国家的核心地域范围没有发生变化，主要在黄河流域。“这就形成了古代中国在国家主体范围内更迭政权的一种规范。”①

家有家长，国有国君。国家作为政治共同体，必须有一个主权代表和权威；作为一种特殊的公共权力，高于其他权力。王权延续意味着政治共同体的延续；王权被推翻，意味着政治共同体的解体；王权的建立，则标志着政治共同体的重构。早期中国分为夏、商、周三代，都是以王权的存续与更迭为标志的。但无论王权如何更迭，朝代如何更换，在特定的地域里形成政治共同体则成为一种惯性。如谢维扬所说：“周朝的建立，继商朝之后再次加强了中国古代政治传统中关于王朝正统的观念。这个观念的要点是：新建立的王朝必须证明它继承了前代王朝的主要主体性标志，即所控制的地域和所拥有的中央权力。”②这就是说，尽管王朝更替了，王更换了，但王作为政治共同体的象征没有变，作为中央权力的执掌者没有变，因为这是政治共同体的标志。尽管商克夏，周代商，都是一个核心族群发起的，但在政权更迭后，并没有退回到原始族群时期，而是重建一个更有能力的政治共同体，从而推动国家的演进。这种演进是以渐进方式演化的，而不是历史的断裂和后退，如古希腊和罗马国家的蛮族化。

由王权为中心形成王制国家具有普遍性。王制是一种政体，是以国王为最高统治者配置权力资源并组织和治理国家的体制。中国的王制国家形态又具有鲜明的特征。这就是作为国家基础的地域规模不断扩大，但国家的社会基础仍然牢牢地受血缘关系的影响，表现为血缘

① 谢维扬：《中国早期国家》，浙江人民出版社，1995，第393页。

② 谢维扬：《中国早期国家》，浙江人民出版社，1995，第401页。

主导地域的特性。这种特性体现在国家的组织和治理形态之中。

国家的核心要素是人口、地域和政府。通过政府将一定地域上的人口联结起来，形成政治共同体。人口是社会和国家的基本要素。人是社会关系的产物并受社会关系支配。原始社会将人与人联结起来的是血缘关系。在中国，由于农业文明的特性，血缘关系一直延续下来，作为血缘关系群体的氏族、宗族、家族等一直是社会构成的基本单位。国家正是在这一社会怀抱里发育、生成和演进的。夏、商、周都是以一个核心血缘族群成国的。成国以后，原生的血缘群体社会不仅没有改变，反而依据血缘关系进行地域联结。家族构成国家的雏形。国家就如一个大家族。夏、商、周都是依照血缘关系的亲疏远近进行地域治理的。重要原因是，当时的国家还不拥有治理广阔地域的公共行政机构，也没有基础条件将中央权力直接传递到社会个人。运用血缘关系治理广阔地域，是一种不得已的低成本治理。

作为地域关系产物的国家，需要运用特殊的公共权力及机关进行治理。但王制国家没有中央集权和统一公共机构管辖地域，而是运用古老的血缘关系进行治理，大量权力散落在不同的血缘地域共同体里。这种血缘性治理，对居于统治地位的族群的要求更高。换言之，统治族群的稳定性、持续性、控制力决定了国家的生存和发展。为了解决这一问题，早期中国很自然，也是很自觉地将作为血缘单位的宗族和家族的组织和治理机制扩展到国家领域，形成了由父权制和宗主制延续而来的王权集权制、王权终身制、王位世袭制、王族共治制、王族特权制等一整套制度。这种制度尽管没有明文规定，但已成为“世代相因的习俗，历史的法”[①]。人们依据这一世代相因的习俗从事自己的活动，厚古薄今。因此，血缘宗法基础上的王权制是王制体系的根本制度。

建立在血缘宗法基础上的王制，具有血缘关系的特性，即稳定性和延续性。王权在一个家族内由拥有特定身份的一个人执掌和传递，如父子相传，隔绝了其他人的竞争，避免了经常可能发生的僭越和篡

① 《马克思恩格斯选集》第4卷，人民出版社，2012，第90~91页。

夺。尽管这一体制现在看起来是多么的“落后”，但在当时的历史条件下，却是经历了无数的斗争才形成的一种“合理”的体制。这种体制保障了国家治理的稳定性，也就保障了国家演进的持续性。家族的世代相传与国家的世代相传成为同一体。

当然，国家毕竟不是家族共同体，它拥有着特殊的公共权力。这种国家的天性必然会对国家演进产生影响。首先，权力的任性。在夏、商、周，受家族关系的制约，王权的权力和权威具有相对性。王是国家之首，也是宗族之长。王不具备直接通过归属于个人的行政权力进行全国性治理的力量，只能借助本家本族的力量进行共治。“当时的统治权一般要取得贵族的认可和赞同。三代的贵族在政治上发言权极大，甚至在认为国王统治不当时，可流放国王或取代国王。”① 没有同姓同族的辅助，王权统治一天也难以维系。西周的灭亡便是诸侯不来相助而导致的，东周的衰败更是诸侯的离心离德而导致的。但是，由家长制演化而来的王权，没有也不可能有一种平行的权力制衡机制。正如费正清在讲到家长制时说的，“如果家长要肆虐逞威，法律和习俗是并不加以制止的。”② 超越一般权力之上的王权很容易产生权力任性，即执掌权力的王一意孤行，肆虐逞威，而得不到制度的有效制约。夏、商、周三代的灭亡都与王的权力任性有关。这种任性不仅造成全国民怨沸腾，甚至造成本家族离心离德，联合外族力量推翻王权。

其次，权力的封闭性。王权的世袭性保障了国家权力和国家治理的稳定性和持续性，但这种稳定性和持续性是在权力不与他人分享的封闭状态下实现的。血缘关系的差等性必然导致不同族群在国家领域内的差等地位。那些非核心族群受到排挤，甚至打压。他们只能通过暴力方式表达自己的不满，甚至集聚更大的暴力推翻王权。由于缺乏统一的中央权力的有效治理，地方性族群与核心族群事实上存在着平行的竞争关系。这种竞争关系使一些族群可以运用自我掌握及其联合

① 刘文瑞：《中国古代政治制度（上）：皇帝制度与中央政府》（修订本），中国书籍出版社，2018，第 65 页。

② 〔美〕费正清：《美国与中国》（第四版），张理京译，世界知识出版社，1999，第 22 页。

起来的暴力改变中央统治者。商、周的改朝换代，以及春秋战国时期的争霸，都是借助暴力的方式来争取和获得国家权力的。而暴力获得的权力必然要寻求更大的暴力去维护。集权因此成为统治者的不二选择。这种通过暴力实现权力转移的方式，也成为世代相袭的定例。而每一次转移都付出了或大或小的历史和人道代价。

二　地域主导血缘的帝制国家

文明和国家总是在漫长的历史过程中演进和步步提升的。经过了数千年的血缘主导地域的国家历程，特别是经过春秋战国长达数百年的战争，中国的国家形态有了一个重大的提升，作为国家依据的地域关系占据主导地位。“经过夏商周三代上千年的逐渐演变，地域关系开始在国家政治中日益重要。……只不过当时的地域关系依然受血缘关系的支配并服务于血缘关系而已。”①

经过春秋战国大规模、长时间、持续性的战争，公元前221年，秦始皇统一中国。这是一个漫长而艰巨的历程。尘埃落定之时，秦王嬴政宣布自己为始皇帝，在历史上第一次将“皇”与“帝”连起来。歌功颂德随之大量出现。丞相王绾与李斯等上书称颂秦始皇为千古一帝：“今陛下兴义兵，诛残贼，平定天下，海内为郡县，法令由一统，自上古以来未尝有，五帝所不及。”（《史记·秦始皇本纪》）琅琊刻石宣布：“六合之内，皇帝之土。”“人迹所至，无不臣者。”（《史记·秦始皇本纪》）

以上宣称具有标志性意义。秦始皇平定天下，海内为郡县，法令由一统，所建立的国家是一个由广阔地域构成的国家，地域关系居于主导地位。意味着中国“正式地摆脱极为久远的氏族传统结构和意识形态，由分散的、独立或半独立的原氏族部落基础上的邦国（春秋时期），逐渐

---

① 刘文瑞：《中国古代政治制度（下）：地方体制与官僚制度》（修订本），中国书籍出版社，2018，第6页。

合并成为真正地域性的、以中央集权为标志的统一的专制大帝国”。①

从夏商，直至春秋战国，以族成国，政治共同体是以一个血缘族群为核心，并包容和控制多个族群而构成的。经过长达数百年的春秋战国的兼并战争，大量原生族群单位被消灭。尽管秦国作为诸侯国也是由血缘性族群兴起的，但是经历了数百年的战争，其政治共同体的血缘性消退，地域性国家特性日益增强。因此，秦始皇统一中国，是以国成国，即以秦国为主体统一其他国家，形成一个新型的更大国家。秦国已有统一后的中国的雏形。秦始皇灭掉原有的六国后，又乘势扩大领土范围，将大片的地域纳入进来，从而形成了历史上前所未有的大型国家。这个国家已不再是以一个族群为核心多个族群并存的政治联合体，而是有着广阔地域和由众多不同原生人口构成的地域性大国。在广阔地域上生活的众多人口，不再只是通过血缘关系联结的族群，将他们联结起来的主要是地域关系，从而构成一个地域性政治实体。这一政治实体距离恩格斯所定义的国家标准更为接近，这就是“按地区来划分它的国民”，“按地区来划分就被作为出发点，……不管他们属于哪一氏族或哪一部落。”②

摩尔根在《古代社会》一书中指出，“政治社会是按地域组织起来的，它通过地域关系来处理财产和处理个人的问题。其顺序相承的阶段如下：首先是乡区或市区，这是这种组织的基本单位；然后是县或省，这是乡区或市区的集合体；最后是全国领土，这是县或省的集合体。……在古代社会里，这种以地域为基础的方式是闻所未闻的。”③在中国的战国时期，人们“要么以‘秦人’‘齐人’‘楚人’为人所知，要么以其他诸侯国国名命名，或者以某个特定地域命名，比如‘关内人’”④。公元前 3 世纪，秦的征伐把这些不同的人群在政治上

① 李泽厚：《李泽厚十年集（1979~1989）》（第三卷·上），安徽文艺出版社，1994，第 136~137 页。

② 《马克思恩格斯选集》第 4 卷，人民出版社，2012，第 187 页。

③ 〔美〕路易斯·亨利·摩尔根：《古代社会》上册，杨东莼、马雍、马巨译，商务印书馆，1977，第 6~7 页。

④ 〔美〕陆威仪：《早期中华帝国：秦与汉》，王兴亮译，中信出版社，2016，第 2 页。

联结起来。秦始皇统一中国以后，将其领土划分为36个郡。郡是地域行政单位。全国由36个郡组成。国家的领土范围由此重新定义，即从以往的血缘族群单位转变为地域行政单位。每个人都是属于地域行政单位的国民，并被重新定义，这就是"更名民曰'黔首'"（《史记·秦始皇本纪》）。所有人，无论他们属于哪一氏族或哪一部落，无论是"秦人"，还是"齐人""楚人"，都具有"黔首"的国民身份，都归属于某个郡。这种在国家产生之后，以地区划分国民并重新定义人口的方式，是秦统一中国之前从未有过的。它标志着中国的国家形态正式以地域关系为基础。国家不再是以血缘联结解决地域联结问题，而是借助于政治权力解决地域联结问题。

按地区划分国民和重新定义人口，依靠的是拥有特殊公共权力的国家组织。恩格斯在谈到罗马国家形成的路径时说，"广大领土上的广大人群，只有一条把他们联结起来的纽带，这就是罗马国家"。[①] 国家的联结依靠的是国家权力和行政单位。早在战国时期，秦国便开始实行县制和官僚制。秦统一中国后，将全国分为36个郡，郡置守、尉、监等官员。这些官员由皇帝任命，并听命和服从以皇权为代表的中央权力，从而将中央权力传递到全国，实行统一的集权治理，即法令由一统。正是通过各个行政建制、各级官员、统一的法令等国家元素将广大领土上的广大人群联结起来，形成一个统一的政治共同体，这就是帝制国家。

帝制是一种政体，是以皇帝为最高统治者配置权力资源并组织和治理国家的体制。受这一体制组织和治理的国家为帝制国家。它的核心力量是皇帝，并以皇帝制度为中心。"所谓'皇帝制度'，是指自公元前221年秦始皇统一中国起，直至1911年清朝宣统皇帝遭辛亥革命推翻为止，以皇帝为最高统治者的国家体制，故它是指一种政体。"[②] 通过这一政体形式将中国地域上的人口联结起来，组织和治理国家。

---

① 《马克思恩格斯选集》第4卷，人民出版社，2012，第164页。

② 甘怀真：《皇权、礼仪与经典诠释：中国古代政治史研究》，华东师范大学出版社，2008，第381页。

“国家是一个身体，而与君主同体。”①

帝制国家作为政治统一体有着前所未有的共同性基础。首先是有共同的地域，确定了中国的疆域，并有较为严格的疆域界限。其次是有共同的文字。实行“书同文”，通过同一文字将统一的国家政令传递到疆域范围之内。再次是统一的货币，形成全国性的流通和统一的大市场。最后是“车同轨”，有共同的基础设施，修建由首都通往全国的驰道，便于政令的统一传达和共同的经济生活的形成。这些因素都有利于建构一个以地域为基础的帝制国家。

国家是按地域组织起来的，其规模比氏族群体大得多，更由于国家拥有特殊的公共权力，其力量也比氏族群体大得多。因此，随着秦始皇统一中国，作为国家基石的地域关系成为支配国家演进的主导性关系。但是，由于中国文明的特殊进程，秦始皇统一中国，并不是像古希腊和罗马国家是在“以血族团体为基础的旧社会”② 被炸毁的“空地”上生成的，而是承继了旧社会大量的因素，特别是一些核心要素，地域关系并没有完全取代血缘关系。在侯外庐看来，就家族、私有和国家而言，“‘古典的古代’是从家族到私产再到国家，国家代替了家族；‘亚细亚的古代’是由家族到国家，国家混合在家族里面，叫做‘社稷’。因此，前者是新陈代谢，新的冲破了旧的，这是革命的路线；后者却是新陈纠葛，旧的拖住了新的，这是维新的路线。前者是人惟求新，器亦求新；后者却是‘人惟求旧，器惟求新。’”③ “这就是说希腊、罗马的国家完全冲破了家族血缘关系的束缚，家族与国家之间不存在结合的关系；而中国的国家仍然处在家族血缘关系的束缚之中，家族与国家处于相结合的状态。”④ 血缘关系在新的国家形态中延续下来，表现为：上层皇帝家天下，下层民众天下家。“这个国家就是以家族关系为基础的。”⑤

① 甘怀真：《皇权、礼仪与经典诠释：中国古代政治史研究》，华东师范大学出版社，2008，第 187 页。

② 《马克思恩格斯选集》第 4 卷，人民出版社，2012，第 13 页。

③ 侯外庐、赵纪彬、杜国庠：《中国思想通史》第一卷，人民出版社，1957，第 11~12 页。

④ 岳庆平：《中国的家与国》，吉林文史出版社，1990，第 42 页。

⑤ 〔德〕黑格尔：《历史哲学》，王造时译，商务印书馆，2007，第 65 页。

家族帝制国家是中国作为帝制国家与其他帝制国家所不同的重要特点。

首先是最高权力形态。夏、商、周以来，王权一直在本家族内传递。无论是父子相传，还是兄终弟及，都限于本家族之内，作为国家最高权力的王权不容非家族的人分享。朝代更迭是另一家族领导的暴力夺取。这一历史传统一直延续下来。秦始皇统一中国后是以秦国为基础建立更大的国家。但原秦国的最高权力的执掌和传递与历史传统一样，都是封闭在本家族之内。秦始皇统一中国后，称号虽然变了，由秦王为秦始皇，但最高权力的家族执掌和世袭没有变。秦始皇只是权力家族执掌和世袭的开端，之后有二世、三世，以至万世。“国家是一个身体，而与君主同体。皇家靠着君主‘继体’，而使国家绵延不断。皇帝成为国家的君主，并没有脱离皇家。皇帝是国家之体的骨干，皇帝之所以为国家的君主是因为他是皇家的家长。”① 由此形成了中国自国家产生以来的亘古传统：一个家族统治替代另一个家族统治，天下归于一家。“秦始皇统一后，宗族式的政治结构转变为家族式的政治结构，政治制度也随之转变为‘家天下’式的制度。此后历朝历代，虽然屡有更易，但‘家天下’的本质始终不改。”② “数千年来的传统国家在经历了无数次的改朝换代和政治变幻后，之所以还能保持专制独断的特色，重要原因是作为国家原型的父家长制家庭模式始终具有独立性与稳定性。而传统国家专制独断的‘百折不挠’，又巩固了传统家庭的父家长制。”③

其次是基层社会形态。最高权力的家族化有其深厚的社会基础。在摩尔根看来，“基本单元的性质决定了由它所组成的上层体系的性质，只有通过基本单元的性质，才能阐明整个的社会体系。”④ 他以古希腊和罗马国家产生为例，指出：“在实现第二种政治方式之时，必须

---

① 甘怀真：《皇权、礼仪与经典诠释：中国古代政治史研究》，华东师范大学出版社，2008，第 187 页。

② 刘文瑞：《中国古代政治制度（上）：皇帝制度与中央政府》（修订本），中国书籍出版社，2018，第 21 页。

③ 岳庆平：《中国的家与国》，吉林文史出版社，1990，第 334 页。

④〔美〕路易斯·亨利·摩尔根：《古代社会》上册，杨东莼、马雍、马巨译，商务印书馆，1977，第 234 页。

以乡区和市区来代替氏族——以地域制代替氏族制。氏族的消亡与有组织的乡区的兴起，大体上可以作为野蛮世界与文明世界的分界线，也就是作为古代社会与近代社会的分界线。”[①] 在中国，由于农业文明等原因，血缘关系及其组织单位长期存续下来。夏、商、周以来，尽管有了国家，但国家的社会基础仍然是血缘单位，氏族、宗族和家族是社会的基本单位。秦始皇统一中国时，实行郡县制，建立起国家统辖的地方行政单位，这是国家形态的一大跃升。但是，由于农业生产方式，社会生产和生活的基本单位仍然是血缘家族。以地域为基础的行政建制并没有代替血缘组织，而是相互并存。整个社会的基本单元还是主要以血缘关系为纽带联结而成的。“在中国人当中流行一种特殊的家族制度，这种制度似乎含有古代某种氏族组织的遗迹。”[②] 它不像“罗马的行政和罗马的法到处都摧毁了古代的血族团体”。[③] 如李泽厚所指出的，“以农业为基础的中国新石器时代大概延续极长，氏族社会的组织结构发展得十分充分和牢固，产生在这个基础上的文明发达得很早，血缘亲属纽带极为稳定和强大，没有为如航海（希腊）、游牧或其它因素所削弱或冲击。虽然进入阶级社会，经历了各种经济政治制度的变迁，但以血缘宗法纽带为特色、农业家庭小生产为基础的社会生活和社会结构，却很少变动”，由此构成中国的“血缘根基”。[④] “是家庭而不是个人、国家或是教会组成了中国最重要的单位。每个个人的家庭是他经济资助、安全、教育、社会交往和娱乐的主要来源。”[⑤] 这种社会基本单位的构成，势必扩展出去，渗透到一切社会和政治生活之中。“家庭骨肉之关系乃格外显著、紧密、重要；并以家庭恩谊推

① 〔美〕路易斯·亨利·摩尔根：《古代社会》上册，杨东莼、马雍、马巨译，商务印书馆，1977，第145页。

② 〔美〕路易斯·亨利·摩尔根：《古代社会》下册，杨东莼、马雍、马巨译，商务印书馆，1977，第361页。

③ 《马克思恩格斯选集》第4卷，人民出版社，2012，第164页。

④ 李泽厚：《李泽厚十年集（1979~1989）》（第三卷·上），安徽文艺出版社，1994，第297页。

⑤ 〔美〕弗朗西斯·福山：《政治秩序的起源——从前人类时代到法国大革命》，毛俊杰译，广西师范大学出版社，2012，第106页。

准于其他各方面，如经济生活上之东伙关系、教学生活上之师生关系、政治生活上之官民关系，一律家庭化之。”①

当然，秦始皇统一中国后建立的帝制国家，毕竟在特性上与过往的王制国家有重大不同，这就是由血缘主导地域转变为地域主导血缘。

从国家最高权力看，王制国家实行的是以王为主导的家族共治。王权在家族共同体内运行，既得到家族的辅助，又受到家族的制约。王权无法超越家族的力量。“君主与其说是真正的一国之主，倒不如说是伙伴中的老大。”② 帝制国家实行的是皇帝专断。皇帝要依赖家族，但其力量凌驾于家族力量之上，国家治理主要由自己任命的官员所辅助。所任命的官员不限于本家族，而是从地方选拔而来，直接忠诚于皇权。皇帝成为真正的一国之主。

从国家与地域的关系看，王制国家实行的是以具有差等性的家族关系治理各个地域的制度，国家没有建立起完备的地方行政建制。帝制国家实行郡县制，在全国建立起地方行政单位，并直接听命于皇权。尽管地方行政体系仍然会受血缘关系的影响，但血缘关系已不居主导地位。

从基层社会看，原生的血缘组织是王制国家的主要甚至唯一的社会基本单元。特别是由于原始社会的残留，社会存在着“居民的自动的武装组织”③，并可以形成更大的族群力量。正是这一社会基础，造成地方性族群屡屡挑战王制国家的权威。进入帝制国家以后，血缘组织的基本单元一直延续下来，但是隶属中央的地方行政因为拥有特殊的公共权力而居于主导地位。家族组织可以存在，但“居民的自动的武装组织”受到限制，组成更大的地方性族群亦受到限制。秦始皇统一中国后的一项重大举措，就是没收天下兵器，实行统一的法令，限制散落在社会中的无序暴力，以达到“黔首安宁，不用兵革”（《史记·秦始皇本纪》）。

① 梁漱溟：《乡村建设理论》，上海人民出版社，2011，第32页。

② 〔美〕弗朗西斯·福山：《政治秩序的起源——从前人类时代到法国大革命》，毛俊杰译，广西师范大学出版社，2012，第106页。

③ 《马克思恩格斯选集》第4卷，人民出版社，2012，第187页。

总体来看，王制国家以血缘关系为主导，没有中央集权的公共机构统一管辖地域，大量权力散落在不同的血缘地域共同体里。帝制国家则以地域关系为主导，由建立在地域关系基础上的中央集权的公共机构统一管辖地域，主要权力收至国家和中央。

三　政治共同体与帝制体系

在中国，王制国家脱胎于原始氏族社会，帝制国家又脱胎于王制国家。秦始皇统一中国后，不仅建立了一个以地域为主导的大规模的政治共同体，而且形成了支撑这一政治共同体的帝制体系。“自秦始皇统一中国以后，就建立了专制主义的中央集权的封建国家”①。“专制主义中央集权制的核心是皇帝制度。它一方面以皇位世袭显示其权力不可转让的宗法性、排他性；一方面以皇权的至高无上和法力无边显示其权力的不可分割。”②

帝制体系是以至高无上的皇权为核心的。在由氏族社会进入王制国家时，依靠王权将不同的原生氏族族群和部落联结在一起，形成政治共同体。秦始皇统一中国后，不仅地域规模扩大，更重要的是这一地域上存在和生活着不同的人群。这些人群有的是曾经与秦国相互冲突，甚至敌对，且被灭国灭族的人群；有的属于过去被称为蛮夷之地的人群。要将这些差异性极大的人群联结起来，形成一个统一的政治共同体，依靠的是强有力的国家政权。而国家政权集中于皇帝，从而形成中央集权体制。皇帝成为大一统国家的核心组织者、统治者，也是大一统国家的主权代表和权威象征。“皇帝被当作各阶级、阶层的最高保护人和公正人。”③ “皇帝不仅是至高无上的统治者、首席大法官、最高祭司，还是政治统治的真正体现。整个国家都以他为核心向外辐

---

① 《毛泽东选集》第2卷，人民出版社，1991，第624页。
② 白钢主编《中国政治制度史》上卷，天津人民出版社，2016，第208~209页。
③ 范文澜：《中国通史》第二册，人民出版社，2015，第3页。

射；……没有皇帝，国家也就不可能存在。”[①] 如列宁对中国帝制国家的概括所说：“以皇帝为整个制度首脑。”[②] “天子实在就是中心。各事都由他来决断，国家和人民的福利因此都听命于他。”[③] 国家是以皇帝为核心的制度体系来组织和治理的。以皇帝为核心的帝制成为国家制度的核心制度。所谓的“恃君而不乱”。[④] “天无二日，土无二王，家无二主，尊无二上，示民有君，臣之别也。”（《礼记·坊记》）“无天子，则强者胜弱，众者暴寡，以兵相残，不得休息。今之世当之矣!”（《吕氏春秋·谨听》）“王者执一，而为万物正。军必有将，所以一之也；国必有君，所以一之也；天下必有天子，所以一之也。”（《吕氏春秋·执一》）有了皇帝，就有了统一的国家；没有了皇帝，国家统一就不复存在。吴稼祥指出：“‘大一统之义’的核心，是国家最高权力和整个统治机器归于一家（三代及春秋）或一人（秦汉以降）占有，而且可以无限期合法占有，这就意味着：这种占有不仅是终身的，而且是世袭的，其他人或家族不可犯上作乱。”[⑤] 由此就形成了中国的政治传统，即国家的命运与皇帝个人的命运直接相关。“国无君不可以为治”（《韩非子·难一》）。“乱莫大于无天子”（《吕氏春秋·谨听》）。

以至高无上的皇权为中心的帝制体系，显然与地域规模相关。在恩格斯看来，“国家和旧的氏族组织不同的地方，第一点就是它按地区来划分它的国民。”[⑥] 但地区规模有大有小。地区规模的大小，决定着国家的组织方式。规模愈小，人群愈单一，自我组织愈容易。古希腊城邦国家规模较小，比较容易实现居民的自我组织和民主治理。有些

---

① 〔美〕陆威仪：《早期中华帝国：秦与汉》，王兴亮译，中信出版社，2016，第 3 页。

② 《列宁全集》第 2 卷，人民出版社，2012，第 293 页。

③ 〔德〕黑格尔：《历史哲学》，王造时译，商务印书馆，2007，第 78 页。

④ 许倬云：《中国古代社会史论——春秋战国时期的社会流动》，邹水杰译，广西师范大学出版社，2006，第 178 页。

⑤ 吴稼祥：《公天下：多中心治理与双主体法权》，广西师范大学出版社，2013，第 2 页。

⑥ 《马克思恩格斯选集》第 4 卷，人民出版社，2012，第 187 页。

城邦甚至与过往的氏族部落规模差不多，因此比较容易继承原始民主制。古希腊城邦“使一个具有很高发展形态的国家，民主共和国，直接从氏族社会中产生”①。而地域规模愈大，人群特性愈复杂，自我组织和分权治理愈困难。古罗马国家与古希腊同样从氏族社会而来，但由于古罗马通过军事征服获得了广阔的领土和众多不同的人群，只能采取帝制国家的方式进行外部性整合。秦统一中国之后，同样面临着如何组织和治理广土众民的问题，其方式便是以皇权为中心的帝制体系。

一般来讲，地域规模愈大，统一愈难。中国从国家诞生到国家演进，一直伴随着战争。战争意味着差异，意味着冲突。统一意味着减少纷争，减少冲突。与国家规模日益扩大相伴随的是对统一性的追求。“大一统”由此成为国家演进的法则和国家治理的目标。在西周，这一法则和目标体现为“溥天之下，莫非王土；率土之滨，莫非王臣”。只是由于诸侯分封，这一目标未能实现，反而造成了长达数百年的春秋战国大规模、持续性的战乱，并在战乱中重建统一性。秦始皇统一中国，地域规模更大，统一的难度也更大。但无论如何，地域和政治的大一统，已是经过长期战乱后的国家趋势。秦始皇统一中国只是顺应了这一趋势，而且成为之后中国国家演进和治理的主导走向。“秦代中国大一统。‘大’是动词，即是看重政治的一统。‘一统’即一政府一元首，即一头政治，一个系统。”② 这就是以皇权为中心的制度，即秦始皇统一中国后所追求的：“六合之内，皇帝之土。西涉流沙，南尽北户。东有东海，北过大夏。人迹所至，无不臣者。”（《史记·秦始皇本纪》）实现这一目标主要依靠的是以皇权为中心的中央集权制和官僚制。秦始皇依靠军事暴力统一中国，也需要通过军事暴力维系国家的统一性、整体性和延续性。春秋战国时期诸侯争霸，秦国凭借战时集权体制在争霸中胜出。这一体制在秦统一中国后延续下来，并固化为中央集权制和地方官僚制。只有通过这一体制才能将至高无上的皇权

---

① 《马克思恩格斯选集》第4卷，人民出版社，2012，第134页。

② 钱穆讲述《中国通史》，叶龙记录整理，天地出版社，2017，第34页。

传达到各个地方，实现各个地方及人群的政治联结。这就是韩非子所说的“事在四方，要在中央；圣人执要，四方来效”（《韩非子·扬权》），以“海内为郡县，法令由一统”的政治构造，最终实现“六合之内，皇帝之土”“人迹所至，无不臣者”（史记·秦始皇本纪）。从这个意义上说，“君主专制是作为文明中心、作为社会统一的开创者而出现的。在那里，君主专制是一个洪炉，各种社会成分都在其中搀合在一起发挥作用”。[①]

以皇权为中心的中央集权制和地方官僚制是大规模国家的必然要求，对于秦始皇以后的中国尤其如此。首先，早期中国起源于治水，治水一直是国家的功能，也是存在的依据。这是大规模农业社会的要求。马克思指出：“利用水渠和水利工程的人工灌溉设施成了东方农业的基础。”[②]“那些通过劳动而实际占有的共同的条件，如在亚细亚各民族中起过非常重要作用的灌溉渠道，还有交通工具等等，就表现为更高的统一体，即凌驾于各小公社之上的专制政府的事业。”[③]“节省用水和共同用水是基本的要求，这种要求，在西方，例如在佛兰德和意大利，曾促使私人企业结成自愿的联合；但是在东方，由于文明程度太低，幅员太大，不能产生自愿的联合，因而需要中央集权的政府进行干预。所以亚洲的一切政府都不能不执行一种经济职能，即举办公共工程的职能。这种用人工方法提高土壤肥沃程度的设施归中央政府管理，中央政府如果忽略灌溉或排水，这种设施立刻就会废置，这就可以说明一件否则无法解释的事实，即大片先前耕种得很好的地区现在都荒芜不毛”。[④]大型治水难以实现当事人的自愿联合，只能由中央集权的政府进行干预。春秋战国时期的秦国得以在多个诸侯国竞争中胜出，重要原因是举全国之力兴建水利工程，农业生产得到保障，为兼并战争提供了源源不断的财力。秦帝国统一后，地域规模更大，

① 《马克思恩格斯全集》第13卷，人民出版社，1998，第510页。
② 《马克思恩格斯选集》第1卷，人民出版社，2012，第850页。
③ 《马克思恩格斯选集》第2卷，人民出版社，2012，第727~728页。
④ 《马克思恩格斯选集》第1卷，人民出版社，2012，第850~851页。

对大型水利工程兴建的需要更为迫切。

其次，秦朝在春秋战国时期便推行以小家户为单位的农业经济形态，秦始皇统一中国后更是在全国范围内实行小农经济。分散的小农经济无法实现自愿联合，他们需要有一个凌驾于整个社会之上的力量代表他们。如马克思所说的，“小农人数众多，他们的生活条件相同，但是彼此间并没有发生多种多样的关系。他们的生产方式不是使他们互相交往，而是使他们互相隔离。……各个小农彼此间只存在地域的联系，他们利益的同一性并不使他们彼此间形成共同关系，形成全国性的联系，形成政治组织，……他们不能代表自己，一定要别人来代表他们。他们的代表一定要同时是他们的主宰，是高高站在他们上面的权威，是不受限制的政府权力，这种权力保护他们不受其他阶级侵犯，并从上面赐给他们雨水和阳光。所以，归根到底，小农的政治影响表现为行政权支配社会。”① 秦始皇统一后的中国是世界上最大规模，也是最为典型的小农家户经济形态，并长期延续。毛泽东认为：“在农民群众方面，几千年来都是个体经济，一家一户就是一个生产单位，这种分散的个体生产，就是封建统治的经济基础，而使农民自己陷于永远的穷苦。”② 因此，分散的小农经济要求有一个统一的中央集权体制进行社会整合。

最后，中国的国家起源于战争推动。正是在不断的战争中，国家的规模日益扩大。秦始皇统一中国，依靠的是大规模和持续性的战争。秦始皇统一中国后，没有确定明确清晰和共同认同的领土边界，且不断面临着与其他民族之间的冲突和战争。特别是来自西北部的民族有着独特的生产方式和文明类型，并与中国发生碰撞。这种碰撞从未中断过。一个分散的小家户是无法自动组织起来保卫自己的安全的，只能依靠统一的中央集权政府集聚全国性的力量实现对广土众民的保护。“在大型的帝国体系下，人为地建立边界的两个最著名的范例，当然就

① 《马克思恩格斯选集》第1卷，人民出版社，2012，第762~763页。

② 《毛泽东选集》第3卷，人民出版社，1991，第931页。

是罗马人建造的城墙和中国的长城。”“建造长城显然是为了防护到处劫掠的游牧民族”。[①] “中国发展成为一个专制中央集权国家也可能是因为中国人不断地感到需要统一起来抵御邻近的游牧民族，比如长城就可以说明这一点。”[②]

地域规模愈大，难以实现自愿联合，对外部性的中央集权的需求愈高，更重要的是对中央集权的能力要求更高。以皇权为中心的帝制体系的骨架是中央集权制和地方官僚制。这一骨架一旦衰败和崩溃，庞大的帝制国家就有可能分崩离析。据历史地理学家葛剑雄统计：“对中国而言，分裂、分治的时间是主要的，统一的时间是非常短暂的。对中原王朝而言，统一的时间略少于分裂时间。但在元朝之前分裂时间多于统一时间，元朝以后则基本上是统一的。”[③] 分久必合，合久必分”似成为中国的国家演进规律。

因此，在以地域为基础的国家，特别是地域规模大的国家，通过政治权力实现地域、人口的政治联结的需求愈高。夏、商、周，地域规模较小，人口成分较单一，血缘传统力量较大，因此运用血缘关系进行政治联结。这一联结至周达到顶峰，同时也愈来愈难以承受地域规模扩大的整合重担。秦帝国因此通过以皇权为中心的中央集权制和地方官僚制这一政治权力实现对地域和人口的政治联结。这种体制的背后是特殊的公共权力。“构成这种权力的，不仅有武装的人，而且还有物质的附属物，如监狱和各种强制设施”，“为了维持这种公共权力，就需要公民缴纳费用——捐税。”[④]

作为特殊公共权力的国家具有双面性。一方面，“国家是整个社会的正式代表，是社会在一个有形的组织中的集中表现”。[⑤] 因为有了特

① 〔英〕安东尼·吉登斯：《民族-国家与暴力》，胡宗泽、赵力涛译，三联书店，1998，第61页。

② 〔美〕费正清、赖肖尔：《中国：传统与变革》，陈仲丹、潘兴明、庞朝阳译，江苏人民出版社，1992，第30页。

③ 葛剑雄：《统一与分裂：中国历史的启示》，商务印书馆，2013，第83页。

④ 《马克思恩格斯选集》第4卷，人民出版社，2012，第187、188页。

⑤ 《马克思恩格斯选集》第3卷，人民出版社，2012，第812页。

殊的公共权力，国家可以集聚氏族社会所不可能具备的能力。国家规模和权力愈大，能力愈强。它在于有“中央集权这个使一切国家迅速发展的最有力的政治手段”①。秦始皇统一中国后，开疆拓土，修建长城，修筑驰道，重构秩序，国家能力达到了历史上前所未有的高度。如大片原生越人居住的南方纳入帝国的版图。同时，特殊的公共权力还可以履行历史上的政治和社会组织所不能履行的社会职能，如大规模治水，武装保卫领土、人民和财产。“政治统治到处都是以执行某种社会职能为基础，而且政治统治只有在它执行了它的这种社会职能时才能持续下去。”②

另一方面，特殊公共权力又可能成为与人民的对立物。这是因为权力和能力都不是凭空而来的，它必须借助于物质条件。愈是集权，对物质条件的要求愈高。马克思在谈到“小农的政治影响表现为行政权支配社会”的同时，又尖锐指出：“赋税是官僚、军队、教士和宫廷的生活来源，一句话，它是行政权的整个机构的生活来源。强有力的政府和繁重的赋税是一回事。”③ 赋税由人民承担，必然造成政府与人民的对立。强有力的政府和繁重的赋税造成政府与人民的尖锐对立，使政府成为人民的压迫者。恩格斯以罗马国家为例，指出：“广大领土上的广大人群，只有一条把他们联结起来的纽带，这就是罗马国家，而这个国家随着时间的推移却成了他们最凶恶的敌人和压迫者。”“它的秩序却比最坏的无秩序还要坏”。④ 国家规模和权力愈大，剥夺压迫能力愈强，引起的反抗也愈甚。在中国，过往的王权具有相对性，受到家族的制约；皇权则具有绝对性，由皇帝直接任命的官员从事治理，实行高度的中央集权。国家命运完全系于皇帝一人之身。“君贤者其国治，君不能者其国乱。”（《荀子·议兵》）“其人存，则其政举；其人亡，则其政息。”（《礼记·中庸》）君主制的绝对性权力会无限放大

---

① 《马克思恩格斯全集》第5卷，人民出版社，1958，第374页。
② 《马克思恩格斯选集》第3卷，人民出版社，2012，第560页。
③ 《马克思恩格斯选集》第1卷，人民出版社，2012，第763、766页。
④ 《马克思恩格斯选集》第4卷，人民出版社，2012，第164、165页。

权力的任性，其剥夺和压迫性更强。秦始皇统一中国之后，承接“虎狼之国”的秦风，实行强力统治，修建大量工程，人民承受的负担达到了历史上前所未有的强度，很快造成历史上前所未有的民众自发的大规模反抗。秦始皇设想的二世、三世以至万世统治，只到了二世便被终结。

当然，政治共同体可能因为暴政、异族入侵等原因而解体，但重建的政治共同体在同一地域内，仍然要借助以皇权为代表的中央集权制和地方官僚体制进行治理，帝制体系因此而获得重生，只是王朝得以更迭而已。经历分裂分治的战乱之后，政治的统一性仍然是国家演进的主导方向。“中国历朝的统治者厉行中央集权，同时又把大统一作为神圣的追求。”① 这是因为大型公共工程、小农经济和抵御外敌入侵的历史条件仍然存在。

四　文明共同体与帝制体系

尽管秦帝国延续时间并不长，但在同一地域上又不断再生成同样的帝国，而不像包括罗马帝国在内的世界大多数帝国一样，成为无法再生的废墟。秦政权灭亡了，帝制体系却延续下来了。清人恽敬表示：“自秦以后，所行者，皆秦之制也。”（《大云山房文稿》卷1《三代因革论》）毛泽东也认为，“百代都行秦政法”。② 秦帝国之后还有汉帝国、唐帝国、明帝国、清帝国等，属于一个空间地域内的多次性帝国。

为什么在中国，帝制体系得以延续下来？重要原因在于帝制体系不仅依托于政治共同体，而且依托于文明共同体。政治共同体因为政权的推翻会解体，文明共同体则会延续下来，并为帝制体系的政治共同体再生提供基础性条件。

---

① 周良霄：《皇帝与皇权》，上海古籍出版社，1999，第206~207页。

② 逄先知、冯蕙主编，中共中央文献研究室编《毛泽东年谱（一九四九—一九七六）》，中央文献出版社，2013，第490页。

恩格斯将国家与文明密切联系在一起，认为“国家是文明社会的概括”。[①] 文明是人类在漫长的历史过程中形成和创造的成果的总和。国家是对文明成果的集中反映，它推动着文明成果的创造，同时也是特定文明社会的产物。

在没有国家之前，中国的先民便已存在，并创造了大量文明成果。随着定居农业的产生，逐渐生成了国家。农业文明是中国文明及其国家的重要根基。

在恩格斯看来，“历史中的决定性因素，归根结底是直接生活的生产和再生产。但是，生产本身又有两种。一方面是生活资料即食物、衣服、住房以及为此所必需的工具的生产；另一方面是人自身的生产，即种的繁衍。”“劳动越不发展，劳动产品的数量，从而社会的财富越受限制，社会制度就越在较大程度上受血族关系的支配。”[②] 农业生产将人与土地紧密联系在一起。人的生命生产要通过血缘关系的组织形式进行。生命再生产导致对生命的崇拜。而生命再生产受制于物质再生产。在农业时代，物质生产来源是土地，由此导致对土地的崇拜。人们世世代代在相对固定的土地上生存繁衍和传承，积累着文明财富。血缘关系团体创造物质财富并延续着人类社会的历史。恩格斯曾将“血族团体”与“地方的和民族的自主性”相提并论。[③] 由血缘关系结成的人群具有自我再生产能力。政权更迭并不意味着文明的毁灭。只要有人，只要有地，文明就会延续，帝制国家终有重新建立之时。罗马帝国后来为蛮族所灭并成为一片废墟，重要原因是“罗马的行政和罗马的法到处都摧毁了古代的血族团体，这样也就摧毁了地方的和民族的自主性的最后残余。新出炉的罗马公民身份并没有提供任何补偿”，“它的秩序却比最坏的无秩序还要坏，它借口保护公民防御野蛮人，而公民却把野蛮人奉为救星来祈望。”[④]

① 《马克思恩格斯选集》第4卷，人民出版社，2012，第193页。
② 《马克思恩格斯选集》第4卷，人民出版社，2012，第13页。
③ 《马克思恩格斯选集》第4卷，人民出版社，2012，第164页。
④ 《马克思恩格斯选集》第4卷，人民出版社，2012，第164、165页。

秦始皇统一中国后的暴政给当时的人民造成了极大祸害，但人民并没有像古罗马人那样“把野蛮人奉为救星来祈望”。其重要原因是，“农业是整个古代世界的决定性的生产部门”。[①] 以农业生产为主的血族群体所创造的文明高于其他文明。这种文明为人们的生存繁衍提供了更好的条件。形成暴政的国家政权可以更迭，但农业文明的条件不可放弃。农业文明创造的物质条件推动了国家的产生，也构成了帝制体系存续的基石。与此同时，国家产生以后，公共工程的修建大大提升了农业文明的水平，并造成了农业族群对帝制国家的依赖。马克思将农业村社视为东方专制制度的基石。作为两种生产基本单位的血族群体是帝制体系的基石。“历史上，大动乱所摧毁的是旧王朝的国家组织，而家庭是没有而且也不可能被动乱消灭的。”[②] 帝制体系支撑政治共同体，但依托于农业文明共同体。后者成为帝制体系的温床。

人类文明进步体现着人类自觉。这种自觉在国家产生以后得以大大提升。中国的国家进程，从国家产生，到王制国家，再到帝制国家，远古的血缘关系一直延续下来，并构成国家统治的权威基础。国家政权的执掌者力图通过追根溯源，寻求政治统治的正当性、权威性。如都会追溯自己祖先的伟大，寻求自我身份的血统高贵性。尽管从王制国家到帝制国家，地域性因素愈来愈高，但血缘关系一直是联结社会的重要纽带，并渗透到国家政治生活之中。如马平安所说，“周政权以分封制、宗法制、礼乐制等为内容建立起来一整套完善的封建制度，对传统中国产生了长期的影响。数千年来王朝虽然兴替更迭不断，但以血缘、地缘关系为纽带在宗法组织——家族中，一直充当着中国社会的基石。经过后世汉、宋等朝的继承与发展，中国民间以男系血统为中心，以家国观念为文化核心的宗族共同体长期存在，深刻地影响了此后的中国政治文化生活。”[③] “朝代屡有兴亡而全国的系统并不纷

---

① 《马克思恩格斯选集》第4卷，人民出版社，2012，第165页。

② 金观涛：《在历史的表象背后：对中国封建社会超稳定结构的探索》，四川人民出版社，1984，第115页。

③ 马平安：《中国政治史大纲》，新世界出版社，2015，第42~43页。

乱，主要是因为家族的系统是保存国家的原动力。”①

文明是历史成果的积淀，其中包括制度文明。这种制度既包括长期积淀下来的传统习俗，也包括为治理国家而建构的制度。它们一经形成并长期延续，就会构成政治共同体再生的基础。如中央集权制和郡县官僚制长期延续下来。“强大国家早期的中央集权，随着时间的推移，竟使自己变得永久化了。”② 这在于作为制度文明成果的帝制体系为治理一个超大型统一国家提供了基本的保障。哪怕异族人主政，也得运用中央集权制和郡县官僚制治理国家。“某些地区（最为显著的是中国），在制度模式上，长期保有某种可以辨识出来的相似性，不管在这段时间内它们的统治疆域扩大或缩小的规模能有多大。”③

文字是文明的重要载体。在中国，国家的产生和国家规模的扩大推动了文字的传播。“到了春秋时代，汉字远播各国，被广泛使用。这不仅不是个战乱纷争的年代，从汉字发展史的角度看，还是广域的汉字圈形成的时代，且有划时代的意义。”④ “汉字在中国是靠着青铜器铭文的方式传播开来的，其结果就是到了春秋时代，形成了一个广域的汉字圈。”⑤ 这一汉字圈代表文明共同体，并建构着中国的身份。“秦国规范了此前相互之间无法用语言沟通的人群的书写方式，这个革新把帝国内所有的地区联结为一体，并建立起一个国家认可的文化典籍体系。”⑥ “文字统一为确定中国身份发挥了不可估量的作用，不但行政部门有统一语言，而且全国各地都可分享经典的同一文本。”⑦

---

① 岳庆平：《中国的家与国》，吉林文史出版社，1990，第 43 页。

② 〔美〕弗朗西斯·福山：《政治秩序的起源——从前人类时代到法国大革命》，毛俊杰译，广西师范大学出版社，2012，第 128 页。

③ 〔英〕安东尼·吉登斯：《民族-国家与暴力》，胡宗泽、赵力涛译，三联书店，1998，第 99~100 页。

④ 〔日〕平势隆郎：《从城市国家到中华：殷周　春秋战国》，周洁译，广西师范大学出版社，2014，第 34 页。

⑤ 〔日〕平势隆郎：《从城市国家到中华：殷周　春秋战国》，周洁译，广西师范大学出版社，2014，第 55 页。

⑥ 〔美〕陆威仪：《早期中华帝国：秦与汉》，王兴亮译，中信出版社，2016，第 4 页。

⑦ 〔美〕弗朗西斯·福山：《政治秩序的起源——从前人类时代到法国大革命》，毛俊杰译，广西师范大学出版社，2012，第 127 页。

在早期人类社会，各个族群有自己的方言土语，主要供内部交往。而文字则不同，它承载着一定的自我和自觉意识，可以自定义，也可以定义他人，从而形成话语权，体现着一种优越感。“‘夷狄’一词很少单独使用，它经常与‘中国’一词同时使用。如果说文明开化、文化繁荣的地域是‘中国’，那些与此相对的野蛮之地便是‘夷狄’的地方。”①“‘中国’是文明开化、文化繁荣之地，也是各国主张其领土统治正当性的地域。”②因此，作为政治共同体的国家政权可以解体，作为文明共同体的中国则不会解体，并且会再生产出新的国家政权，从而延续着帝制体系。如中国古诗所言：国破山河在，城春草木深。其深刻的根源在于：帝制统一于一人，皇帝家族被推翻，改朝换代，原有的政治共同体会解体。但文明统一于全国，只要全国还有人在，还有人所赖于生活的山河在，文明共同体就会延续，并为政治共同体的再生提供基础。

政治共同体具有变动性，甚至在某些方面具有倒退性。但文明共同体具有稳定性和积累性。下一代人在上一代人的基础上生存发展，累积成果。这种文明成果的堆垒，为政治共同体的重建和再生提供了条件。“秦汉以后逐步完善的统一的文字，统一的度量衡，四通八达的水陆交通网，驿站邮传制度，这对于封建统一大国是必不可少的通讯工具和制度，它们为统一国家内部跨地域的经济、政治、文化联系，提供了畅达的通道。”③自帝制体系产生以后，中国的国家政权经历了多次改朝换代，统一与分裂相伴相随，但在原有的地域上会不断再生产新的政治共同体。这一政治共同体尽管是对旧的政治共同体的替代，但又是一种承继。如即使是异族主政，也得接受和运用原有政治共同体的积极成果。这在于这些成果更为优越和有效。“中国文化的威望迫

① 〔日〕平势隆郎：《从城市国家到中华：殷周 春秋战国》，周洁译，广西师范大学出版社，2014，第47页。

② 〔日〕平势隆郎：《从城市国家到中华：殷周 春秋战国》，周洁译，广西师范大学出版社，2014，第47页。

③ 金观涛：《在历史的表象背后》，四川人民出版社，1983，第13页。

使他们要么同化，要么回到老家的草原或森林以维护自身文化。”① 马克斯·韦伯则认为，“礼仪上的不端正，在中国则被视为夷狄或半开化的特征。”“中国许多来自北方之异族所建立的征服王朝，若是举止能确切地符合礼的规则（因此也配合士人阶级的权威），则他们在礼仪传统之拥护者的眼里，就是个‘正当的’（legitim）王朝。”② “来自北方的一波又一波游牧征服者发现了这一点，除非他们接受中国的帝国文化，否则就无法使自己的统治合法化，更无法使江山永固。”③

帝制体系是一定历史时期“文明社会的概括”，反过来，文明社会又成为帝制体系的守护神。

五　民族共同体与帝制体系

人类社会组织是由小到大扩展和提升的。摩尔根列举了古希腊的部落在进入文明和国家形态之前的社会组织，分别为：“第一，氏族，是具有共同氏族名称的血亲团体；第二，胞族，若干氏族为了社会目的和宗教目的而结合成的一种集团；第三，部落，同一种族的各个氏族按胞族组织而结合成的一种集团；第四，民族，在一个共同领域内联合诸部落而形成一个氏族社会的集团”。④ 民族显然是由共同区域、共同的生产和共同的文化构成的更大的社会共同体。它由一定的血亲集团形成，又大于和高于血亲团体。与血亲集团一样，有特定的地域、社会和心理边界。

民族是自然形成的，也是人为建构的。早在国家产生之前，在黄河流域出现了以农耕生产为主的族群。这些族群在定居农业生产和生

① 〔美〕弗朗西斯·福山：《政治秩序的起源——从前人类时代到法国大革命》，毛俊杰译，广西师范大学出版社，2012，第 144 页。

② 〔德〕马克斯·韦伯：《韦伯作品集Ⅴ：中国的宗教　宗教与世界》，康乐、简惠美译，广西师范大学出版社，2004，第 83 页。

③ 〔英〕塞缪尔·E. 芬纳：《统治史（卷一）：古代的王权和帝国——从苏美尔到罗马（修订版）》，王震、马百亮译，华东师范大学出版社，2014，第 9~10 页。

④ 〔美〕路易斯·亨利·摩尔根：《古代社会》上册，杨东莼、马雍、马巨译，商务印书馆，1977，第 65 页。

活中形成自己的独特性，有自己的方言和文字雏形。国家产生以后，将众多原生的、不同方言体系的人联结在一起，形成更大的组织群体——民族。华夏民族由此产生。之后，华夏民族一直活动在农耕生产发达的黄河流域。农业生产可以说是华夏民族的重要特征，并因此与以游牧为主要生产方式的族群日益区别开来。游牧族群被称为“戎狄”。随着国家的扩展，民族的范围也增大。而具有共同生产特性的农业族群更容易联结为一体。尽管春秋战国时期的楚国被称为“蛮地”，还有大量南方族群尚未进入国家形态，但秦始皇统一中国之后，由于这些地域族群的农业生产属性，他们得以迅速与中原族群联结为一体，并形成一个大型组织规模的民族共同体。特别是万里长城的修建，成为“划定农耕汉族与北方游牧民族分明的境界线”①。“由于秦之统一，因此中华民族遂融凝会合成一体。从前华夏夷狄之分而治之之局面亦随即消融，而成为一个车同轨、书同文、行同伦之社会。当时之巴蜀开辟于秦，两广及安南要待秦并六国后，遂开始为中国之郡县。于是全国人民生活于同一版图，沐浴于同一文化。”②

国家推动了民族的生成，也增强了民族的力量。由于国家的率先建立和成长，以中原地区为主体的华夏民族较周边其他民族更有组织规模和力量，能够在民族间的冲突和融合中居于主导性地位，从而生长出民族的认同性。这种民族认同性为帝制的再生提供了基础。即使是异族统治，也得充分考虑中原主体民族的力量，通过实行包容主体民族的帝制，才能进行有效的治理。

随着国家统治地域的扩大，需要借助文字进行治理，超越地域性方言的统一性文字影响范围日益扩大，过往使用地方语言的族群因为共同的文字而联结为一个共同体。“文字的民族性，指某种文字是某个特定民族创制的，成为这个民族的独特标志。”③ “汉字是世界上独一

① 姚大中：《姚著中国史 1 · 黄河文明之光》，华夏出版社，2017，第 303 页。

② 钱穆讲述《中国通史》，叶龙记录整理，天地出版社，2017，第 37 页。

③ 黄德宽：《书同文字——汉字与中国文化》，江苏人民出版社，2017，第 6 页。

无二的、持续稳定发展且历久弥新的自源文字符号系统。”① 秦始皇统一中国后，实行书同文，不仅统一了文字，而且将统一的文字随着文书行政的方式广泛传播。这一文字后被称为汉字。“汉字的传播意味着通过汉字对其他地区进行‘同化’。汉字所到之处，人们都使用同一种表达方式，即用汉字作文。尤其是到了战国时代，文书行政制度正式确立后，这一共同的表现方式便成为官吏们的共同财产。所谓的汉族，或者说是把汉字汉文作为共同财产的民族便在这时形成了。”② 华夏民族后被称为汉族，与汉字密切相关。有了共同的文字，就会有更多的交流并在交流中获得更多的共同性。“中国能成为世界上最大的民族这一点至少有部分原因应从其文字中找到解释。”③

当然，在古代中国，文字更多的是运用于政治统治，一般民众在日常生活中使用较少。但在农业生产和生活中，根据自然和社会条件，形成共同的习俗。如根据农时形成的二十四节气；根据节气举办共同的文化活动，包括春节、清明、中秋等。以血缘共同体为基础形成各种习惯，如孝顺老人。这种习俗内化于广大民众内心，并为统治者广泛推行，形成人们的共同生活习俗，并构成民族共同体的重要元素。南方一些族群尽管属于农耕文明，但由于地域相隔，有自己特殊的文化和民俗，因此不属于汉民族共同体。

帝制体系是在民族共同体的怀抱里生长的，并推动着民族共同体的形成。尽管国家政权会发生更迭，政治共同体会发生解体，但民族共同体不会简单消亡。特别是农业生产在古代世界是一种更具有稳定性和持续性的生产部门，文字可以生成更多的精神文明成果，使汉民族共同体有一种民族优越感。“汉字对朝鲜、日本和越南的影响，表现出古代中国在经济、军事、文化方面的优势，使用汉字在这些国家曾

① 黄德宽：《书同文字——汉字与中国文化》，江苏人民出版社，2017，第 10 页。

② 〔日〕平势隆郎：《从城市国家到中华：殷周　春秋战国》，周洁译，广西师范大学出版社，2014，第 50~51 页。

③ 〔美〕费正清、赖肖尔：《中国：传统与变革》，陈仲丹、潘兴明、庞朝阳译，江苏人民出版社，1992，第 27 页。

作为一种具有地位、身份和修养的象征。”① 因此，即使是原有的政治共同体解体了，国家政权为异族所执掌，但民族共同体的特性不会轻易改变和放弃。如孟德斯鸠所说：“在中国，改变的一向是征服者。因为征服者的风俗并不是他们的习惯，他们的习惯并不是他们的法律，他们的法律并不是他们的宗教；所以他们逐渐地被被征服的人民所同化，要比被征服的人民被他们所同化容易一些。”② 帝制体系因此会再生产出来。

作为政治共同体的帝制体系会因为政治共同体的解体而失去政治支撑，但在文明共同体和民族共同体的基础上，帝制体系则会再生和持续。只是在中国的历史上，这种再生和持续是以王朝更迭的方式实现的。古人说中国，“天下大势，分久必合，合久必分。”作为政治共同体，合久必分，但由于文明共同体和民族共同体的护助，分久必合，重建政治共同体。而政治共同体的合久必分，与帝制体系的构成和运转密切相关，其背后则受地域—血缘关系的制约。

---

① 黄德宽：《书同文字——汉字与中国文化》，江苏人民出版社，2017，第 8 页。
② 〔法〕孟德斯鸠：《论法的精神》（上），张雁深译，商务印书馆，1961，第 314 页。

第二章
地域—血缘关系中的皇帝与家长

帝制国家是以皇帝为中心组织和治理的。皇帝是帝制国家的总代表，执掌着国家最高权力。以皇帝为中心，标志着中国超越长期历史以来血缘关系的束缚，以地域为基础的国家形态日益成熟。但由于农业社会和小农家族生产方式，长期存在的血缘关系延续下来，中国的皇帝既是政治共同体首脑，可以用公共权力统治民众，同时又是全国民众的家长，以此获得全国民众的服从。血缘家族关系贯穿于皇帝的全部活动之中，并深刻地影响着国家政治生活。

一　家国同构中的君父

在恩格斯看来，国家与氏族组织不同，一是按地区划分国民，二是具有公共权力。国家是由生活在一定地域内的国民所组成。与氏族组织通过血缘关系将氏族成员自动组织起来不同，只有通过特殊的公共权力才能将不同地域上的不同人群联结起来，形成政治共同体。政治共同体是比氏族社会高级的政治组织。任何组织都有首领，都需要通过首领进行治理，形成和保持组织整体。国家作为一种高级的政治组织，也需要首领，作为国家整体的代表和象征。国

家之所以为国家，还在于拥有特殊的公共权力，有特殊公共权力的执掌者和行使者，并形成多层次的权力体系，以有效管辖各个地域的人群。

然而，谁才能作为国家组织整体的代表，谁才能拥有代表国家整体的最高权力呢？这是国家组织和治理的基本问题。只有解决这一基本问题，才能使将不同地域的人群联结起来的政治权力得到广泛认可，取得合法性。解决这一基本问题的方式主要有以下几种。

一是人们的自愿选择，如通过抽签、选举等方式决定谁来执掌权力，如古希腊城邦民主。

二是通过暴力。世界上早期大多数国家获得政权的方式都是暴力手段。但任何暴力手段都是有限的，不可能无时无刻针对每个人。这在于暴力产生的是压服而不是自然和自愿服从。正如中国先贤所说，“马上得天下，不能马上治天下”。国家的长治久安，需要的是人们对特殊公共权力的认可和服从。为此，在暴力获得政权之后，便面临着统治合法化，即将统治权力转化为人们共同认可和服从的统治权威的过程。

在中国的夏、商、周时期，以族成国，部族的首领成为当然的国王，并试图运用血亲关系获得其他族群对统治权力的认可，王权的合法性问题还没有成为全国广泛性的根本问题。尽管有“溥天之下，莫非王土；率土之滨，莫非王臣”之说，但在宗法封建制下，还只是一种理想。因为对于一般人群而言，人们仍然以自己的族群为基本单位，与国家权力没有直接的联系。秦始皇统一中国后，以地区划分国民，以直属皇权的官僚统辖地区，国家权力与广大民众直接相联系。“六合之内，皇帝之土。西涉流沙，南尽北户。东有东海，北过大夏。人迹所至，无不臣者。”（《史记·秦始皇本纪》）这一宣称已不是理想，而是可以实现的目标。这在于秦始皇统一中国后建立起了以皇权为中心的中央集权制和郡县官僚制，可以运用政治权力对“人迹所至”的地方进行政治统治，而不管这些地方原来属于哪一个部族。皇帝是超越血缘族群，在领土地域内所有人的代表，也是统治所有人的最高权

力的执掌者。

但是，即使是不可一世的秦始皇也面临如何让众多人群臣服的问题。“人迹所至，无不臣者”只是一种宣称，一种理想，还不是完全的现实，更不是永远的现实。一则在于秦始皇统一中国后的领土地域比以往大得多，从中原核心地带向周边扩展，各个地方的差异性大，统一的集权治理受到各种制约，除了直接归属于皇权的行政体制以外，还包括保障行政运行的技术条件。尽管秦始皇统一中国后，保障行政运行的基础性条件大大改进，但仍然无法克服地方性巨大差异对基础性条件的制约。二则在于农业生产方式天然地造就了社会的分散性。特别是秦王朝在兼并统一战争中，造成传统宗族的解体，推动了大量个体农民家庭的产生，造成农民的分散性更为突出。地域的差异性和农民的分散性都妨碍着对统一皇权的认可。而秦始皇统一中国，是以“灭国、绝世”的残酷战争方式实现的。但大量被灭国的族群的人并没有完全灭绝，他们对灭掉自己“国家”的秦政权更是缺乏认同，如在推翻秦王朝统治起了重大作用的旧贵族。

因此，秦始皇统一中国后，要实现二世、三世以至万世统治，必须解决政权的合法性问题，让生活在不同地域的不同人群“臣服”于秦的统治。

统治的合法性是国家组织和治理的一个普遍性问题。在西方的君主制下，解决这一问题的基本理论是“君权神授”，即君主的权力是由神授予的，君主是上帝的优秀选民，君主家族具有血统的高贵性，拥有最高权力是理所当然。“王权既是依据上帝的法律而来，就不受任何低级法律的限制，亚当是众人之主。”①

中国自国家产生以后，统治者以“天命观”来寻求合法性，将统治权威的正当性、合法性和神圣性归于对天命的承担。这一天命观一直延续下来。如皇帝发布文书时的开头文字为“奉天承运，皇帝诏曰”。由“奉天承运”的皇帝统治成为理所当然。

---

① 〔英〕洛克：《政府论》（上篇），瞿菊农、叶启芳译，商务印书馆，1982，第7页。

除此以外，进入周代以后，还特别注意“德配天命”，权威的合法性还来自政绩。

无论是天命，还是政绩，都具有建构性，对一般民众而言，还是遥不可及的，其作用也是有限的。要将统治的合法性植根于民众心中，还必须与人们日常生活遵守的自然法相结合。愈是早期国家，愈是如此。

自然法是人们在长期历史上形成的一种自然规则。这种规则是特定环境的产物，人们自我授受和认可这一规则，而无须外力的强制。它表现为习俗、习惯、习性等规范。这种规范尽管没有明文规定，但已成为“世代相因的习俗，历史的法”①。在国家尚没有产生之前，人们便是按照人类自然规则来支配自己的行为。国家产生以后，尽管有了人为制定的法则，但自然法则仍然在发生作用，影响着政治生活。古希腊建立城邦国家之后，之所以实行民主制，从公民中直接产生执政者，相当程度在于原始民主制的遗留，在于航海活动依靠不同的人取得共识并根据程序达成一致，在于公民个人成为社会的独立主体。

在中国，由于定居农业，人类最早的血缘家庭关系一直保留下来，国家产生之后，血缘家庭作为社会组织的基本单元不仅没有被淡化和摧毁，反而成为国家的社会基础。天下一家，家是天下的基础。尽管人们生活在不同的地域里，但都是通过家庭组织起来的。组成国家的基本单元是家庭而不是个人。无数个家庭组合成为国家。“中国被当作‘国家’，一个‘家庭的国家’：简言之，国家就是家庭的放大。”② 在费正清看来，“中国是家庭制度的坚强堡垒”，“中国家庭是自成一体的小天地，是个微型的邦国。从前，社会单元是家庭而不是个人，家庭才是当地政治生活中负责的成分。”③ “在中文里，国家包含着国和家，

---

① 《马克思恩格斯选集》第 4 卷，人民出版社，2012，第 90~91 页。

② 〔英〕塞缪尔·E. 芬纳：《统治史（卷一）：古代的王权和帝国——从苏美尔到罗马（修订版）》，王震、马百亮译，华东师范大学出版社，2014，第 475 页。

③ 〔美〕费正清：《美国与中国》（第四版），张理京译，世界知识出版社，1999，第 21、22 页。

它是地域、民族与家庭组织的总和。”① 正因为如此，德国社会学家韦伯将中国界定为“家族结构式国家”。② “家庭成为组织国家的基本单元，是国家的一个同构体。”③ 在这种结构下，人们是从家庭来理解和看待国家的。一个家庭有一家之长，一个国家有一国之君。父亲是家庭的家长，皇帝是国家的大家长。黑格尔认为，“在中国，皇帝好像大家长，地位最高。”④ 马克思也认为，“皇帝通常被尊为全中国的君父”，“皇帝的官吏也都被认为对他们各自的管区维持着这种父权关系。”⑤

在中国，皇帝实际有双重身份，一是国君，二是家长。它是地域—血缘关系的产物。作为国君，超越血缘族群，将地域领土的所有人置于统治之下，执掌着国家统治权。依靠这种具有强制性的统治权，国君可以压制所有人群，造成民众的屈从。秦始皇统一中国后，实行强大的暴力统治便是如此。但秦王朝很快灭亡说明仅仅依靠暴力统治是远远不够的。要让“人迹所至，无不臣者”成为现实，除了暴力以外，更需要各个地域的民众的自我认可和自愿服从。皇帝作为家长的身份便呈现出来。其深刻的根源在于中国的家族社会基础。在黑格尔看来，在中国，“终古无变的宪法的‘精神’”，就是“家庭的精神”。⑥ “这种家族的基础也是‘宪法’的基础。”⑦

所谓宪法是国家组织的根本大法，是每个人都要遵守的总原则。中国是以血缘家族为基础组成国家的。“家庭的精神”背后是“家庭的关系。中国纯粹建筑在这一种道德的结合上，国家的特性便是客观的

---

① 金观涛、刘青峰：《兴盛与危机：论中国社会超稳定结构》，法律出版社，2011，第50页。

② 转引自〔美〕费正清《美国与中国》（第四版），张理京译，世界知识出版社，1999，第24页。

③ 金观涛、刘青峰：《兴盛与危机：论中国社会超稳定结构》，法律出版社，2011，第52页。

④ 〔德〕黑格尔：《历史哲学》，王造时译，商务印书馆，2007，第70页。

⑤ 《马克思恩格斯选集》，人民出版社，2012，第779页。

⑥ 〔德〕黑格尔：《历史哲学》，王造时译，商务印书馆，2007，第75页。

⑦ 〔德〕黑格尔：《历史哲学》，王造时译，商务印书馆，2007，第76页。

‘家庭孝敬’。中国人把自己看作是属于他们家庭的，而同时又是国家的儿女。在家庭之内，他们不是人格，因为他们在里面生活的那个团结的单位，乃是血统关系和天然义务。在国家之内，他们一样缺少独立的人格；因为国家内大家长的关系最为显著，皇帝犹如严父，为政府的基础，治理国家的一切部门”①。

皇帝作为大家长，其地位与生俱来，无须缔约，也无须证明。就如一个家庭的家长一样，其地位与生俱来。“在历史上先有父家长制，在此基础上扩延为君主制，在伦理上先有父为子纲，然后才有君为臣纲。”②“因为皇帝虽然站在政治机构的顶尖上，具有君主的权限，但是他像严父那样行使他的权限。他便是大家长，国人首先必须尊敬他。”“天子应该享有最高度的崇敬。他因为地位的关系，不得不亲自处理政事”，对全国子民负责。“全国臣民的公正、福利和安宁，都依靠这种责任政治的锁链上的第一环的牢固坚强。”③ 君主的至高无上地位源于家庭中的家长。就如一家不能无一家之长一样，一国也不能无大家长。就如一家只能有一个家长一样，一国也只能有一个首脑。“天下必有天子，所以一之也；天子必执一，所以抟之也。一则治，两则乱。”（《吕氏春秋·执一》）由家及国，由家长及皇帝，由此便解决了皇帝权力的正当性和合法性问题。“权力出于一，高于一，一于国家，再由家国一体而一于君主。这不但是历代统治者所信奉并视为万古不变的法则，而且也是中国普通老百姓毫不怀疑的政治原理。”④ 原因便在于普通老百姓是从家庭的角度看待国家的。“从家庭与国家的关系看，作为伦理团体的中国传统家庭具有政治化的倾向，而作为政治实体的中国传统国家具有伦理化的倾向。这两种倾向的对流使中国传统家庭与国家存在着某种程度上的契合，而正是这种契合在维持秩序

① 〔德〕黑格尔：《历史哲学》，王造时译，商务印书馆，2007，第75页。

② 冯尔康等：《中国宗族社会》，浙江人民出版社，1994，第20页。

③ 〔德〕黑格尔：《历史哲学》，王造时译，商务印书馆，2007，第76、77页。

④ 刘文瑞：《中国古代政治制度（上）：皇帝制度与中央政府》（修订本），中国书籍出版社，2018，第35页。

方面始终发挥着重要作用。”①

当然，国家毕竟不同于家庭，皇帝也不同于家长，这就是皇帝执掌着一般家长所不拥有的特殊的公共权力。这种特殊的公共权力基于国家与民众的对立，造成的是民众对国家统治者的惧怕。由于对立和惧怕，统治者的任性可能带来灾难性后果。如恩格斯所说的，对于古罗马人民来说，“国家随着时间的推移却成了他们最凶恶的敌人和压迫者。”“它的秩序却比最坏的无秩序还要坏”。② 秦始皇统一中国后的暴政及其之后的王朝迅速灭亡，也表明国家仅仅通过暴力造成的民众惧怕是不可持续的。而皇帝的家长身份则会造就民众对统治权力的自愿服从。这在于，家庭是一个相互依赖而不是相互对立的利益和命运共同体。一家之长拥有最高地位，但也承担全部责任。家庭制度的原则是权责对等。家庭成员对家长的服从是基于自身利益的内在自愿；家庭成员对家长的尊重不只是惧怕，更重要的是一种尊重。这在于父亲不仅带来了自己的生命，而且为自己的生命延续创造了条件，并由于长期共同生活而有温情脉脉的面纱。人们对家族的依赖胜过对神的依赖，对家的信仰胜过对神的信仰。民众熟悉家，服从家长的权威是一种自然行为。以此类推，民众作为皇帝的子民，不仅仅只是对皇帝权力的惧怕，更有对皇帝作为大家长的尊重，君父与子民相联结。只有尊重才能获得自愿服从的权威。通过皇帝作为家长的身份解决了政治权力的权威性问题。“西方早期来华的传教士对中国的家庭主义极为感叹，他们认为中国的国家制度主要渊源于父子情爱和孝行美德的家庭主义，君主与臣民的关系不是象欧洲那样的征服者与被征服者、或主人与奴隶的关系，而是象家庭中的父亲与子女的关系，君主对臣民有‘如保赤子’的义务。这就实现了平等主义的仁政，反映了中国人道德与政治的整合性。”③ 孟德斯鸠注意到家长观念对于建立专制皇权的权威性作用。他指出，“在专制政府之下，建立某一些观念是好的。因

① 岳庆平：《中国的家与国》，吉林文史出版社，1990，第 307 页。

② 《马克思恩格斯选集》第 4 卷，人民出版社，2012，第 164、165 页。

③ 岳庆平：《中国的家与国》，吉林文史出版社，1990，第 39 页。

此，中国人把君主看做是人民的父亲”。①

由于长期历史以来的血缘关系一直延续下来，建立在血缘关系基础上的“家天下”成为中国社会与国家的基本结构。王制时期，统治者试图通过“天下一家亲”解决政治联结和政治整合问题。进入帝制时代，“家天下”有了新的内容，独立的家庭成为社会和国家的基本组织单元。“秦始皇统一后，宗族式的政治结构转变为家族式的政治结构，政治制度也随之转变为‘家天下’式的制度。此后历朝历代，虽然屡有更易，但‘家天下’的本质始终不改。”② 一方面，统治权为一家所垄断，天下归一家，一家统天下。另一方面，天下为万家，天下是由亿万个有着自己利益的家庭组成的。由一家统治亿万家，存在内在的张力，存在着皇帝一家凭借什么统治天下亿万家的合法性和权威性问题。这一问题在帝制时代尤其突出，成为国家治理的根本性问题。帝制体系通过基于血缘家族基础的国家大法，将作为社会基础的家庭与作为统治基础的家庭联为一体，使皇帝具有国家君主和全国家长的双重身份，从而调处和缓解一家对万家的内在张力，保障皇帝在国家组织和治理中的核心地位。这是由支配国家行为的地域关系和血缘关系双重叠加的家国一体结构所决定的。“历代政治家都信奉治家与治国一理，而且把这一信条当作神圣不变的法则。”③

二　家长独揽式皇权体制

人们最初生活于血缘家庭之中，家庭组织会对政治社会的构造产生重要影响。在卢梭看来：“我们不妨认为家庭是政治社会的原始模型：首领就是父亲的影子，人民就是孩子的影子”。④ 中国是一个典型的以家组

---

① 〔法〕孟德斯鸠：《论法的精神》（上），张雁深译，商务印书馆，1961，第 211 页。

② 刘文瑞：《中国古代政治制度（上）：皇帝制度与中央政府》（修订本），中国书籍出版社，2018，第 21 页。

③ 刘文瑞：《中国古代政治制度（上）：皇帝制度与中央政府》（修订本），中国书籍出版社，2018，第 20 页。

④ 〔法〕卢梭：《社会契约论》，何兆武译，商务印书馆，1990，第 9 页。

国的国家，家庭制度长期延续下来，并深深影响着帝制国家的皇权构造。

家庭是一个由血缘关系将其成员联结起来的组织。人类社会的进程是一个社会基本单元由整体到个体的过程。愈是人类早期，整体性愈强。在原始社会，尽管家庭已存在，但是家庭必须依赖于氏族部落这样更大的组织，成为其构成部分。随着社会的进化，特别是定居农业的长期延续，家庭单元愈来愈具有独立性，家庭成为社会的基本单元。在家庭制度下，家庭是一个不可再分的整体，除了另组家庭。家庭成员不具有个体独立性，依附于家庭整体。整体有主权代表。主权者具有唯一性，代表整体，拥有不可分割和至高无上的一元权力。主权者就是父权家长。一个家庭只能有一个代表整体家庭的家长，作为一家之主。家长独揽家庭大权，其他成员依附和服从于家长。

国家是由无数个家庭组成的，但毕竟不同于家庭。特别是进入帝制国家之后，地域规模超大，家庭数量增多。只是这种规模和数量具有同一性，即国家是由同一类型的家庭所组成。亘久以来的家庭精神和家庭制度仍然保留下来，并构成帝国皇权制度的核心。

国家是通过公共权力将特定地域上的人口联结起来的政治共同体。这一政治共同体具有整体性。在国家内部，所有成员归属于国家整体；在国家外部，国家是一个不同于他国的政治整体。无论是对内，还是对外，国家整体都有一个人格化的代表。同时，也只有这个人格化的代表能够独揽统治权力，才能保持国家整体的存在和延续。这个人格化的代表便是主权者。在王制时期，主权者是王，在帝制时期，主权者是皇帝。因此，与一家之主独揽家庭大权一样，一国之君独揽着一国大权。如荀子所说："君者，国之隆也；父者，家之隆也。隆一而治，二而乱。自古及今，未有二隆争重而能长久者。"（《荀子·致士》）"传统国家的统治者，一定意义上总是'君王'，人们（至少国家机构中居于下层的那些人）认可他们在政治秩序中享有无上的权力。"① 而在中国，对一国大权

① 〔英〕安东尼·吉登斯：《民族-国家与暴力》，胡宗泽、赵力涛译，三联书店，1998，第116页。

的独揽只有到了帝制时期才有了重大进步。

在王制时期，由于血缘关系的主导，以族成国，国王的权力尽管是一元的，但是有限的。国王尽管拥有着最高权力，但这种权力只是相对的，国王没有能够垄断国家的所有暴力。如西周的国王是大家长和主权者，“溥天之下，莫非王土；率土之滨，莫非王臣”，但实行层层分封，大量权力为诸侯所执掌，“诸侯之宝三：土地、人民、政事。”(《孟子·尽心下》)正因为诸侯有这三宝，诸侯才有能力反叛国王。

秦始皇统一中国后，其土地、人民、政事比过往都要大、多和复杂。春秋战国时期的兼并争霸战争推动着国家的统一，并为通过帝制维持国家统一创造了条件；秦始皇统一中国之后，正式实行帝制，目的便是推动着建立在广阔地域基础上的巨型国家的政治一体化，实现“六合之内，皇帝之土”，“人迹所至，无不臣者”。而实现政治联结和一体化的力量和条件便是皇帝对国家权力的总揽。“权者，君之所独制也”；“权制独断于君则威。”（《商君书·修权》）李斯因此说，“主独制于天下而无所制也。”（《史记·李斯列传》）皇帝独揽大权，是皇帝制度的核心，一直伴随帝制国家。康熙皇帝明言：“天下大权，惟一人操之，不可旁落。”（《清圣祖实录》卷259）乾隆皇帝也表示：“本朝家法……一切用人听言大权，从无旁落。”（《清高宗实录》卷323）

皇帝对国家权力的独揽，首先是国家的军事权力。与氏族不同，国家拥有特殊的公共权力，即有组织的暴力。这种有组织的暴力主要表现为军事力量。在中国，从传说中的炎黄部落大战，一直到国家的产生和演进，一直伴随着战争，战争是推动国家产生和演进的主要力量。王由战争而来，并掌握着用于战争的军事力量。“国之大事，在祀与戎”（《左传·成公十三年》）。只是在王制时期，军事力量并没有由王朝中央所垄断，诸侯立国的同时也掌握着军事力量。这正是周朝崩溃的重要原因。春秋战国推动着军事暴力向君主集中，秦始皇统一中国后，由皇帝直接执掌军事权力，便成为帝制体系的重要组成部分。尽管皇权没有完全，也不可能完全垄断军事权力，但至少在体制上不允许存在独立于皇权之外的军事权力。帝制国家建立后，由皇帝统揽

军事权力进行了一系列的制度安排。“皇帝是最高政治首脑，同时也是最高军事统帅。皇帝之所以能控制政局，主要的原因就在于他能有效地对军队进行控制。”①

皇帝对国家权力的独揽还在于土地、人民和政事。土地、人民和政事是国家的核心要素。谁掌握了土地、人民和政事，谁就掌握了国家。王制国家时期，国王对土地、人民和政事只是具有象征性主权，由于实行分封制，土地、人民、政事的实际支配权均执掌在地方诸侯手中。这是导致王制国家的政治联结断裂的重要原因。进入帝制体系以后，皇帝仍然是国家土地的主权者。皇帝有直接分配土地的权力，如均田制。另外，大量土地为小地主和自耕农所占有，他们无法通过自己的小块土地与皇权抗衡，反而要依赖皇权的保护。皇权通过“编户齐民”等方式直接掌握人口，并向人民征税。由土地和人口而产生的政事，则由直属皇权的官僚所管理。“组织政府的是一个一个人，不再是一个一个家。”②

皇帝对国家权力的独揽还包括意识形态权。随着社会的进化，人们的主体意识日益增强，政治联结和一体化愈困难。在王制国家时期，意识形态权主要表现为王权对祭祀权的垄断。“国之大事，在祀与戎”。但当时的政治联结和整合的范围有限。意识形态权难以与国家权力相配合。礼崩乐坏，却无能为力。正是在这一背景下，才有了春秋战国时期的“百家争鸣”。秦始皇统一中国后，运用国家权力“焚书坑儒”。汉武帝则实行“罢黜百家，独尊儒术”。在帝制国家时期，意识形态与国家权力紧密结合，将人们的思想高度统一到皇权体制中。

对外事务为皇权所独揽。对外事务的决定权是国家主权的重要体现。在王制国家时期，对外事务的主权实际是二元体制。一是天子拥有对外事务的全部主权，二是地方诸侯实际拥有部分对外事务的主权。地方诸侯可以直接与异族交往，如动用武力对外讨伐，修建长城阻挡外族入侵

① 白钢主编《中国政治制度史》上卷，天津人民出版社，2016，第343页。

② 钱穆：《中国历代政治得失》，九州出版社，2012，第8页。

等。进入帝制时期，对外事务的权力完全由皇帝所垄断。皇帝不仅作为国家整体的代表对外交往，而且对外事务权力集中到皇帝手中。

皇帝独揽国家权力，还表现为国家权力集聚于皇帝一人之手。国家皇权与家长父权一样，具有一元性，即没有与皇权平行的其他权力。王制国家时期，尽管国王的权力也是一元性的，但受家族的力量制约较多，王权要借用家族的力量才能实施，其一元性权力容易被分割。进入帝制时期之后，由于官僚制等体制的依托，皇帝权力被分割的程度降低，其权力具有不受制约的绝对性。

当然，皇权的绝对性也只是相对的，即在体制上没有平行的权力与之抗衡。但在皇权的使用中，还是有限制的。这是因为皇帝权力来源于家族，必然受家族长远利益的节制。皇帝权力尽管不来自天下，但必须得到天下百姓的认可。“就君主而言，他的权力也不是绝对与任意的。因为皇帝的人身是国家的体现，是国家的具体化。”① 家国一体的结构使皇权体制具有家国责任制的特点。“天子作为专制君主，其施政行令也同样受到这整体结构的限制和约束，不能像在韩非、李斯等法家理论中那样，因握有绝对权力便可以为所欲为。”② 统治家族从长治久安的角度考虑，从多个方面保障巨大的皇权有所节制，履行对家对国的责任，不至于滥用权力。

其一，天命天谴。皇帝受命于天。但皇权的运用要受到天命的制约。天命与德相配。如果违背天意，必然会遭受到天的谴责。自然界的灾异现象都意味着上天的警告，要求皇帝检视自己的过失。汉文帝二年，连续发生两次日食，文帝随即下诏，举贤良方正能直言极谏者，以纠君主之失。“朕闻之，天生烝民，为之置君以养治之。人主不德，布政不均，则天示之以灾，以诫不治……天下治乱，在朕一人”（《史记·孝文本纪》）。汉宣帝时，多次发生地震，皇帝反省，检讨过失并加以纠正。董

① 甘怀真：《皇权、礼仪与经典诠释：中国古代政治史研究》，华东师范大学出版社，2008，第 187 页。

② 李泽厚：《李泽厚十年集（1979~1989）》（第三卷·上），安徽文艺出版社，1994，第 151 页。

仲舒对天谴论做了总结：“凡灾异之本，尽生于国家之失。国家之失乃始萌芽，而天出灾害以谴告之；谴告之而不知变，乃见怪异以惊骇之；惊骇之尚不知畏恐，其殃咎乃至。”（《汉书·董仲舒传》）天谴因此成为一条约制皇权滥用的戒律。“在中国古代以儒学为主体的传统文化中，神灵化的上天具有‘不可抗拒’的力量，‘天谴’、‘天罚’，这些既无法证实、又无法证伪的神秘因果联想给帝王带来的震慑、约束作用是不能低估的。”① 如费孝通所说，“通过预兆表示的天谴理论并没有能够成功地控制君主权力。但它鼓励人民用这种方式来破坏帝国专制主义的权力。如果天不喜欢某个统治者，那么这个统治者就必须下台。汉朝之后，一旦有任何社会骚动，这种理论就被用来为人民的造反辩护。”② 而造反有理则从另一方面约束着专断性的皇权。

其二，祖宗之法。皇权来源于家族。将家族凝聚起来的纽带是共同祖先。由先人保留下来的传统、规矩、遗训等构成不成文法。皇帝在运用权力之时受到祖宗之法的制约。③ “他的职权虽然大，但是他没有行使他个人意志的余地；因为他的随时督察固然必要，全部行政却要以国中许多古训为准则。”④ 明朝专门制定了《皇明祖训》，记载了明太祖的治国经验及其为后人确立的各种规范。“在伦理政治的中国古代，对于‘继业于祖宗’的在位君主来说，先朝旧例、祖宗家法既是先君治国之道的深刻总结，是宝贵的政治财富，也是冥冥中祖先神灵的所在，可敬可畏，不可背叛。”⑤

其三，教育规训。皇帝尽管执掌着巨大的权力，但要取得合法性，得到社会成员的认可和拥戴，必须具有良好的素质。为此，作为未来

---

① 孙季萍、冯勇：《中国传统官僚政治中的权力制约机制》，北京大学出版社，2010，第 132 页。

② 费孝通：《中国绅士》，惠海鸣译，中国社会科学出版社，2006，第 27 页。

③ 邓小南以中国北宋时期政治为例，专门探讨了“祖宗之法”问题。可参见邓小南《祖宗之法：北宋前期政治述略》，三联书店，2006。

④ 〔德〕黑格尔：《历史哲学》，王造时译，商务印书馆，2007，第 76 页。

⑤ 孙季萍、冯勇：《中国传统官僚政治中的权力制约机制》，北京大学出版社，2010，第 135 页。

的皇帝从小便要受到专门的教育训练。唐太宗写有专门用于教育太子的《帝范》一书，包括君体、建亲、求贤、审官、纳谏、去谗、诫盈、崇俭、赏罚、务农、阅武、崇文等。黑格尔描述道："各个皇子的教育，都遵照最严格的规程。他们的体格要用有纪律的生活来锻炼强健，从能说话、学步的年龄起，他们便须专攻学术。他们的学业是由皇帝亲自来监督的，他们很早就知道，天子是一国之主，所以他们的言行举止都应该做百姓的榜样。各皇子每年须受一次考试，事后有一个详细的报告公布，使得对他们深为关心的全国上下统统知道。因此，中国能够得到最伟大、最优秀的执政者"。"他在生活中，时刻意识到他自己的尊严，而对于他从小就经过训练必须遵守的皇帝义务，他随时要加以执行。"①

其四，历史警示。在王制时代，国王的权力受到神的旨意的节制。进入帝制时代之后，神的旨意日益消退。但是，历代王朝的更迭使皇帝家族意识到，万世长存并非现实。他们必须从历史中汲取经验教训，以实现长治久安。历史因此成为具有宗教一般的约束因素。不仅皇帝的一言一行要记入历史，而且要编写学习历史，以史为鉴。皇帝甚至会亲自主持历史的编写。包括前朝历史和专门治国史书，如《资治通鉴》等。皇帝由于担心后人对自己功能的评价，不得不检讨自己的行为。即使是汉武帝这样有过重大功劳的皇帝，在晚年也下了"罪己诏"，反省自己的过失。官员常以历史案例劝导皇帝。如汉代的东方朔劝阻汉武帝修建上林苑时说："殷作九市之宫而诸侯畔，灵王起章华之台而楚民散，秦兴阿房之殿而天下乱。"（《汉书·东方朔传》）

其五，成文法律。法律具有稳定性，是国家治理的重要依据。在王制时代，法律更多地表现为国王的个人旨意，具有随意性。进入帝制时代，皇帝要运用具有普遍性的成文法律治理国家。尽管其本人是最高立法者，立法的宗旨是维护其统治地位，但法律一旦颁布之后，也对其行为具有一定的约束力。

① 〔德〕黑格尔：《历史哲学》，王造时译，商务印书馆，2007，第76~77页。

当然，以上的约束更多的是依靠皇帝个人品质，而不是以平行的权力对皇权的约束。这在家长独揽式权力模式下是不可想象的。所以，在中国历史上，皇帝滥用权力不时发生。其根本原因是皇帝的家长式唯一主权地位不容置疑和挑战。“汉初，遇有天灾人祸、治国不当，皇帝还要以‘罪己诏’的方式承担表面责任。到了汉末，则连这种表面责任也不再承担，而是把全部罪责归于三公。以后的各个皇帝，除了亡国之君因改朝换代而遭到后人唾骂外，其余无不是‘圣明天子’，连皇帝做错了事也是‘圣恩浩荡’”。[①]“虽然在理论上，在制度上，曾经有过一套以巩固皇权为目的的约束办法，但是，都没有绝对的约束力量。”[②]

三　家长专断性皇权运行

国有国事，家有家务。人类早期，国从家来，治国如治家。在中国的家庭制度下，家长是一家之主，家有众人，主事一人。家中事务由家长所决定，其他成员听从家长指令，由此形成家长一言堂。这一家长专断权力延伸到国家领域，形成家长专断性皇权运行机制。正如马克思曾精辟地概括了东方专制君主有绝对权力的特征，认为“像亚洲的专制制度那样，政治国家只是单个人一己之任意”[③]。

自从国家产生之后，家长专断性权力模式便进入国家领域，执掌国家统治权的国王的意志便凌驾于他人之上。夏、商、周时代盛行的铜鼎成为国家统治权威的象征。王权的意志用“一言九鼎”来概括，具有巨大的权威性。但在王制时代，一方面，王权的行使受家族的影响较大，亲戚辅政的同时又制约着王权的专横意志。“周代已经有了较

① 刘文瑞：《中国古代政治制度（上）：皇帝制度与中央政府》（修订本），中国书籍出版社，2018，第 42 页。

② 吴晗：《论皇权》，载费孝通、吴晗等《皇权与绅权》（增补本），华东师范大学出版社，2015，第 35 页。

③ 《马克思恩格斯全集》第 3 卷，人民出版社，2002，第 43 页。

为成熟的三公辅政制度，这一制度就是我国早期国家制度中进行权力分配的一项重要措施。三公辅政制度实际上是贵族辅政制，是周天子及其家族进行权力控制的一项政治措施。它一方面可以起到以家族势力维护周天子共主地位的作用，另一方面也可以通过分配权力达到家族内部权力平衡与权力分享的目的。”① 在这一制度下，国王决策在一定程度上具有合议性质。在中央与地方关系方面，王权对国家权力的垄断程度不高，大量的权力为地方诸侯所执掌。地方诸侯不时挑战王权。象征王权发号施令权威性的“一言九鼎”更多的只是一种象征，甚至地方诸侯也要求获得“一言九鼎”一般的权威。

进入帝制时代，国家最高统治权的行使发生了重大变化。从权力配置的体制上看，皇帝独揽国家最高权力，从权力运行的机制上看，皇帝决断所有事务。这就是“天下之事无小大皆决于上”（《史记·秦始皇本纪》）。这是因为，进入帝制时代之后，地域关系成为支配国家的主要关系，国家权力必须对国家地域上的所有人和事直接施加影响，才能将不同地域上的不同人口联结为一个政治整体。“一个广大帝国的统治者必须握有专制的权力。君主的决定必须迅速，这样才能弥补这些决定所要送达的地区的遥远距离”。② 一方面，皇帝意志的实现愈来愈依赖于纵向的从属于自己的官僚，皇帝“一言九鼎”“言出法随”成为可能；另一方面，地方治理权力为皇权中央所授予，地方治理者不具有如皇帝一般“一言九鼎”“言出法随”的合法权力，而只是皇帝“一言九鼎”“言出法随”的实施者和执行者。因此，天下的事，无论大小，都由皇帝来决定如何处理。“能独断者，故可以为天下主。”（《韩非子·外储说右上》）孟德斯鸠注意到帝制中国的专断性与过往有所不同的原因。他认为：“在最初的那些朝代，疆域没有这么辽阔，政府的专制的精神也许稍为差些；但是今天的情况却正相反。”③

---

① 任怀国等：《中国历代政治制度得失》，泰山出版社，2009，第 101 页。

② 〔法〕孟德斯鸠：《论法的精神》（上），张雁深译，商务印书馆，1961，第 120 页。

③ 〔法〕孟德斯鸠：《论法的精神》（上），张雁深译，商务印书馆，1961，第 129 页。

“天下之事无小大皆决于上”最直接的体现是皇帝对奏折的批示。“天下之事无小大皆决于上，上至以衡石量书，日夜有呈，不中呈不得休息。”（《史记·秦始皇本纪》）天下大小事都由皇帝定夺，皇帝甚至称量各种书写文件的重量，日日夜夜处理的文件都有定额，达不到定额便不能休息。中国历史上确有诸多被后人称为“劳动模范”的皇帝，如明太祖、清雍正帝。皇帝批阅奏折，办理公文的地方命名为“勤政殿”。这是世界上少有的。

然而，秦始皇统一中国后，地域和人口空前增大，政事复杂多变，完全凭借皇帝个人力量决定天下大小事是非常困难的。辅助皇权运行的机构和机制应运而生。

一是辅助皇权运行的机构。秦王朝开始设立以丞相为首的皇权执行机构。“丞相是由君主身边的近侍逐渐嬗变为百官之长，由帝王的家臣演变为中枢机构的首脑。”① 以丞相为首的政府是皇权意志的贯彻者，作为管家代理皇权事务。“丞相诸大臣皆受成事，倚辨于上。”（《史记·秦始皇本纪》）作为政府高官的丞相和其他诸位大臣都只是听命于皇帝，按照皇帝的意志执行，依靠皇帝来辨别如何处理，自己不能做决策。“秦汉时期的三公九卿制，实际就是家庭建制的放大，公卿的首要职责是为皇帝这个大家长的私人生活服务，其次才是代替皇帝管理百姓。隋唐时期的三省六部制，虽则比秦汉要显得正规得多，但国家政治体制仍然未能摆脱家庭建制的影子，公卿百官仍然是皇帝的家仆。”② 只是三公九卿的“权力是不能世袭的，这一权力的获得与他们的家族、血缘背景无关”③。

二是辅助皇权运行的机制。主要形式有以下几类。集议，皇帝上朝听取官员们的意见。即使是专断性特别强的秦始皇，也将帝号、置

---

① 徐连达：《帝国宫廷的深处——解读中国古代皇帝制度》，上海大学出版社，2008，第 17 页。

② 刘文瑞：《中国古代政治制度（上）：皇帝制度与中央政府》（修订本），中国书籍出版社，2018，第 38 页。

③ 任怀国等：《中国历代政治制度得失》，泰山出版社，2009，第 102 页。

郡县还是封建等经国大事交由群臣讨论。谏言，设立专门的谏官组织和谏言制度，鼓励官员直接进言。巡访，皇帝专门委派人实地了解和查看实际情况，掌握信息。

“天下之事无小大皆决于上”的专断性皇权，主要表现为最后的决断权。“明主者，兼听独断”（《管子·明法解》）。在作出决策之前，皇帝要广泛了解各方面情况，听取各方面意见。只是这种吸纳众意的机制缺乏体制性保障，主要依赖皇帝个人品性。能广纳谏言的被称为“明君”，拒绝谏言的被称为“昏君”。同时，集议主要是议而不是决，议的范围较广，决则专属皇帝。

任何机制一旦形成便有自身的运行逻辑。为了辅助皇权运行，建立了专门的机构，并有专门的职责。而当这些机构威胁到皇帝专断性权力时，皇帝便会加以改变。在帝制时代，总体趋势是，愈往后，辅助皇权运行的专门机构愈弱化。“汉代由宰相一人掌握全国行政大权；而唐代则把相权分别操掌于几个部门，由许多人来共同负责，凡事经各部门之会议而决定。”① “宋代的相权，较唐代低落得多。”“相权低落之反面，即是君权提升。”② 至明清，废除了正式的丞相制度，由皇帝直接执掌行政事务，“乾纲独断”。这一走向反映了皇权作为家长专断性权力是不容他人分享的，“管家”地位永远不可超越主人，“管家”不如意，主人便可改换。而废掉“管家”后，主人当家更难。明太祖废除丞相制度，“后代皇帝不能有相当于总理的助手，只好亲自与掌管实际工作的数十部门打交道。这个制度在精力充沛、巨细无遗的明太祖手中，尚能勉强运转；在能力较差的后代统治者手中，简直就是一场灾难。”③

官员辅助皇权运行，必然会提出不同意见甚至反对意见，否则这种辅助就没有任何意义。如“谏官本是以言为职，无论什么事什么地

① 钱穆：《中国历代政治得失》，九州出版社，2012，第40~41页。

② 钱穆：《中国历代政治得失》，九州出版社，2012，第77~78页。

③〔美〕弗朗西斯·福山：《政治秩序的起源——从前人类时代到法国大革命》，毛俊杰译，广西师范大学出版社，2012，第307页。

方他都可以讲话，不讲话就是不尽职”。[①] “劝谏皇帝的风气，一直受到中国法律的鼓励，监察机构和高级官吏们总是直率和勇敢地进行劝谏。他们真诚而大胆地告诫皇帝：使用权力要有所节制，这是加强而不是削弱他的权力；如果他所颁布的这种或那种法令违反百姓的利益，他应当取消这些法令或者对它们加以修改；在他的亲信中，任何人倚仗他的恩宠来压迫百姓，都应当剥夺其所掌管的权力，并且根据其为非作歹的违法行为予以惩处。”[②] 宋太祖还立下“不杀言官”的碑文。但一旦这种辅助超越皇帝能够容纳的程度，则会受到压制。一般来讲，在王朝初期，皇帝对不同意见甚至反对意见还能在一定程度上容纳。如唐太宗对待魏征。而在王朝中后期，随着皇权的巩固，愈来愈不能容纳不同意见和反对意见。明正德十四年（1519 年），明武宗下诏南巡，遭到朝廷百官的集体反对，最终以 146 位官员受杖刑，15 人毙命为结果，明武宗最终成行。廷杖作为一种法外之刑，在明朝时期屡屡作为皇帝针对犯颜直谏或忤旨过犯的朝臣而下令在朝廷之上对其实施杖责的一种刑罚而被使用，并且规模愈演愈烈。[③] 其根源在于家长专断性皇权的包容性是有限的，能够包容便属于“开明君主”和“好皇帝”，但毕竟为数不多。虽然在理论和制度上，有一套以巩固皇权为目的的约束办法，但是，都没有绝对的约束力量。“在皇帝统治下，政策能得到更有力的贯彻，但因为皇帝不受批评，也就无法制止他的蠢举。”[④]

四　家族世袭制皇权传递

人类告别原始氏族组织有两个标志，一是父权制，二是私有制。

① 钱穆：《中国历代政治得失》，九州出版社，2012，第 84 页。

② 〔法〕魁奈：《中华帝国的专制制度》，谈敏译，商务印书馆，2018，第 84 页。

③ 参见孙季萍、冯勇《中国传统官僚政治中的权力制约机制》，北京大学出版社，2010，第 142 页。

④ 〔美〕费正清、赖肖尔：《中国：传统与变革》，陈仲丹、潘兴明、庞朝阳译，江苏人民出版社，1992，第 66 页。

“由子女继承财产的父权制，促进了财产积累于家庭中，并且使家庭变成一种与氏族对立的力量”①，从而造成了氏族的瓦解。家庭财产的世袭制成为后来国家政权家族世袭制的起源。摩尔根将世袭权与氏族社会视为对立物。“氏族最高职位的世袭权却是与权利、特权一律平等这项古老的原则完全矛盾的。”② “在这样的社会中，会由一个根据世袭权而不经直接选举的国王来进行统治，那简直是不可能的事。”③ “如果是世袭，即说明氏族制已遭到破坏；如果是选举，即说明氏族制仍保存下来。”④ 早期中国的国家建立一开始便是以家族世袭的方式继续和传递国家权力的。这一特点一直保留下来。“皇位父子相继的传统，只有在中国历代王朝实现得最为严格。”⑤ 这与中国长期以家庭为单位的生产方式延续下来相关。

国家最高权力的家族世袭由来已久，并形成了不言自明的传统。但是，在先秦，世袭制具有普遍性，不仅国王，而且诸侯及其之下的官职都是世袭的。“天子之子为天子，公之子为公，卿之子为卿，大夫之子为大夫，做官要有一定的血统。”⑥ 到了帝制时代，世袭制发生了变化，只有皇帝一人可以世袭，且皇权只能在一个血统家族内传递才具有合法性。“除却皇帝可以把皇位传给他儿子外，政府里便没有第二个职位，第二个家庭，可以照样承袭。”⑦ “中国是皇帝永远世袭，称为王家，是世袭而且是单传的。”⑧ “中国皇权政治是典型的‘家天下’。植根于‘纯洁’血缘关系基础之上的皇族一姓的核心利益是绝对

① 《马克思恩格斯选集》第4卷，人民出版社，2012，第122页。

② 〔美〕路易斯·亨利·摩尔根：《古代社会》上册，杨东莼、马雍、马巨译，商务印书馆，1977，第226页。

③ 〔美〕路易斯·亨利·摩尔根：《古代社会》上册，杨东莼、马雍、马巨译，商务印书馆，1977，第251页。

④ 〔美〕路易斯·亨利·摩尔根：《古代社会》上册，杨东莼、马雍、马巨译，商务印书馆，1977，第226页。

⑤ 马克垚：《古代专制制度考察》，北京大学出版社，2017，第215页。

⑥ 钱穆：《中国历代政治得失》，九州出版社，2012，第17页。

⑦ 钱穆：《中国历代政治得失》，九州出版社，2012，第8页。

⑧ 钱穆讲述《中国通史》，叶龙记录整理，天地出版社，2017，第45页。

不能与他人分享的。"[1] 但是，在帝制时代，皇权的能量远远超出过往。皇权的家族世袭传递表现为多样化、复杂化的特点。

世袭制由父权制而来。父权制意味着父亲居于主权者位置，决定着家庭成员，特别是后代的命运。"皇统世袭制，就是把帝位视作皇帝一家一姓的私产，'父子相传'（《汉书·窦婴传》）。"[2] 从皇权家族世袭制的方式看，由上任皇帝指定下任皇帝的人选。这种指定包括以下两种。

其一，自然继承制。从父权制家庭来看，血缘关系可以造成两种继承方式：一是所有男性后代都有继承权，如中国的"诸子均分"；二是男性后代的继承权有差别，如西欧的"长子继承制"。但国家毕竟不是家庭。国家权力具有唯一性和排他性。即中国话语中的："天无二日，土无二王，家无二主，尊无二上。"（《礼记·坊记》）国家最高权力只能由一人执掌。为了解决谁来执掌的问题，产生出嫡长子继承制，即执掌国家最高权力的父亲去世之后，由父亲认可的嫡长子自然继承。这一制度至西周发育成熟，并得到实施。进入帝制时代，嫡长子自然继承成为皇权世袭传递的主流方式。这一方式具有稳定性和明确预期性。人们事先已知道皇位将传给谁，从而可以避免竞争和混乱。秦始皇在世时未能建立起皇帝继任制，导致他死后出现混乱。汉吸取秦的教训，汉高祖在世就着手建立皇位继承制度，其原则是"立嫡以长不以贤，立子以贵不以长"。皇帝在位时预立太子作为新皇帝逐步成为定制。"太子制在中国历史上影响极大，从汉代建立太子制后，在中国历史上延续达两千年之久，而且再未发生实质性的变化，直至清代雍正年间创立密建皇储制度取代太子制度为止。在中国政治制度史上，太子制一直是产生和培养皇帝继承人的基本制度"。[3] 预立太子被视为"国之根本"。

其二，比较选定制。在帝制时代，国家权力空前巨大，皇权的至

① 何晓明：《中国皇权史》，武汉大学出版社，2015，第 182~183 页。

② 白钢主编《中国政治制度史》上卷，天津人民出版社，2016，第 34 页。

③ 刘文瑞：《中国古代政治制度（上）：皇帝制度与中央政府》（修订本），中国书籍出版社，2018，第 87~88 页。

高无上性远超过往，皇位传递的难度增大。嫡长子制的皇位继承存在诸多问题。一是嫡长子立为皇帝候任人的太子之后，会设立影子政权，事先熟悉皇权的运行，并会聚集一定人员。汉武帝时，“群臣宽厚长者皆附太子，而深酷用法者皆毁之。邪臣多党与，故太子誉少而毁多。”（《资治通鉴·汉纪》）现皇帝与候任皇帝可能会发生冲突，从而导致现任皇帝废除太子。二是嫡长子的能力有限，无法担当重任。在嫡长子继承制下，“继承权竞争虽然被最大限度排除，不肖子们则得到保护。”① 这显然不利于治理一个超大国家。因此，在 280 多位皇帝中，完全依照制度性的嫡长子继承制继承皇位的并不多。“秦汉两代共二十六个皇帝，以嫡子继承皇位的只有西汉时三位；东汉竟没一位。两宋十八个皇帝，以嫡长继承的仅三位。明十六个皇帝中仅五位。”② 唐朝 21 位皇帝中，“以嫡长子继承的只有德宗和顺宗。”③ “所有君主制的缺点就在于不能严格贯彻长子继承制原则。”④

清康熙帝废除太子后，对诸多皇子加以比较后选定雍正。比选可以选择皇帝中意的人，但因为比选的过程充满着不确定性，从而引起诸皇子的竞争，拉帮结派，甚至骨肉相残。雍正帝即位后废除预立太子制，改为密建皇储制，皇帝在位时，在对诸子进行比较后秘密选定继承人，以此避免对皇位的争夺。同时，皇帝的选择范围更大，可以在比较中选择更合适的人。从能力看，比较选定制较以血缘关系为基础的自然继承制有所进步。“清代诸帝与明代诸帝相比，明代皇帝多昏庸荒淫，清代皇帝多比较明智。这个变化，与其皇位继承制度的变革不无关系。”⑤ 明代的“嫡长制的规定，主观上是为了确保万世一系统

① 吴稼祥：《公天下：多中心治理与双主体法权》，广西师范大学出版社，2013，第 299 页。

② 转引自周良霄《皇帝与皇权》，上海古籍出版社，1999，第 153 页。

③ 白钢主编《中国政治制度史》上卷，天津人民出版社，2016，第 401 页。

④ 〔英〕塞缪尔·E. 芬纳：《统治史（卷二）：中世纪的帝国统治和代议制的兴起——从拜占庭到威尼斯》，王震译，华东师范大学出版社，2014，第 159 页。

⑤ 刘文瑞：《中国古代政治制度（上）：皇帝制度与中央政府》（修订本），中国书籍出版社，2018，第 151 页。

治的牢固，实际上却蕴藏或加剧了最高统治集团的内部权势之争，导致了皇权的削弱和王朝的崩溃”①。

由父亲指定继任人，这是皇权家族传递的主要方式。与此同时，皇权传递还有大量非父亲决定的其他方式。

一是家族内的非正式方式，即家族成员以非正式的方式获得皇位。如唐太宗李世民，其父迫于压力只能认可。宋太宗是作为宋太祖的弟弟获得皇位的。明成祖作为外封的藩王而夺取皇权。这三位具有共同的特征，就是均发生于第一代皇帝之后，均拥有相当的兵权。它反映了王朝更替时，依靠家族整体的力量获得最高统治权，家族成员手中掌握着相当的暴力。随着皇权巩固，最高权力集聚于皇帝一人手中，这一现象在后续本王朝内便少有发生。

另外，还有皇帝家族成员因与皇帝的特殊关系，凭借特殊的才能获得皇权。尽管这种皇权具有非正式性，但其地位相当于正式的皇帝。如西汉的吕后、唐朝的武则天、清朝的慈禧太后。

二是非本姓家族的非正式方式，即由非本姓家族成员决定的以非正式方式获得皇位。这种方式从秦始皇开始便一直伴随着帝制时代。如秦始皇去世后，在宦官赵高等人的操纵下，作为非太子的胡亥继任皇帝。汉朝，更有大量由外戚和宦官所决定的皇权继承。有的外戚甚至取代皇帝家族，另立新朝，如王莽。

无论是什么方式，皇权的传递主要限于家族范围，属于最高权力层的斗争。但因为最高权力涉及全国性统治，其斗争也会超出最高权力层，甚至波及全国范围。秦汉王朝的更替都与最高权力的更迭斗争相关。

不同的皇权获得方式所产生的政治效果也很不一样。正式的嫡长子继承的皇帝，治理能力并不一定最好；非制度性获得皇权的皇帝，治理能力并不一定就差，有的甚至非常突出，如唐太宗、武则天等。

皇权传递的过程和结果，反映了一个突出问题，即出身与能力问

① 白钢主编《中国政治制度史》下卷，天津人民出版社，2016，第747页。

题。作为一个超越血缘家族，由广阔地域上的众多民众组成的大型国家，需要有一个有很强治国能力的皇帝执政。但是家族世袭制的皇权传递，使继任皇帝只能在很小的范围内决定，且决定权掌握在极少数人，特别是现任皇帝手中。皇权的传递具有相当的随意性和不确定性，并会影响到国家的稳定治理。孟德斯鸠在评论帝制中国的皇帝时说："开国的皇帝是在战争的艰苦中成长起来的，他们推翻了耽于逸乐的皇室，当然是尊崇品德，害怕淫佚；因为他们曾体会到品德的有益，也看到了淫佚的有害。但是在开国初的三、四个君主之后，后续的君主便成为腐化、奢侈、懒惰、逸乐的俘虏；他们把自己关在深宫里，他们的精神衰弱了，寿命短促了，皇室衰微下去；权贵兴起，宦官获得宠信，登上宝座的都是一些小孩子；皇宫成为国家的仇敌；住在宫里的懒汉使劳动的人们遭到破产；篡位的人杀死或驱逐了皇帝，又另外建立一个皇室，这皇室到了第三、四代的君主又再把自己关闭在同样的深宫里了。"[①] 因此，在帝制中国的国家进程中，皇权的衰弱和皇位的更迭往往是帝国政治过程中最脆弱的时刻。其背后的支配性因素是地域关系与血缘关系叠加组合在最高权力层面的矛盾反映。即超血缘的国家需要有强大的统治者，而选取治理者的范围却局限在血缘家族范围内，"其唯一不变的原则是血缘关系"。[②] 世袭制根源于久远的血缘关系。"人之至亲，莫亲于父子，故父有天下传归于子，子有天下尊归于父，此人道之极也。"（《汉书·高帝纪》）所以，在世界上的世袭制中，"皇位父子相继的传统，只有在中国历代王朝实现得最为严格。"[③]

国家最高权力为家族世袭基于固定的血缘关系。固化在血缘家族内的国家权力是不可转让和不可让渡的。正如子源于父，父传于子的关系是天然的、不可改变的一样。只是政治关系毕竟不同于血缘关系，国家权力不可能永远为一个家族所世袭。而要改变世袭的国家权力，

① 〔法〕孟德斯鸠：《论法的精神》（上），张雁深译，商务印书馆，1961，第103页。

② 白钢主编《中国政治制度史》上卷，天津人民出版社，2016，第35页。

③ 马克垚：《古代专制制度考察》，北京大学出版社，2017，第215页。

由另一个家族所替代，则只能以暴力的方式来实现。正如费孝通所说的："自从中国的封建结构崩溃以来，政治权力不再永久地在一定的家族内传递，并且至今从未发现过能以和平手段来取得它。"①

五　终身制皇帝的起源与命运

国家不同于氏族的重要特点是按地区划分国民和公共权力的设立。恩格斯指出："按地区来划分就被作为出发点，并允许公民在他们居住的地方实现他们的公共权利和义务，不管他们属于哪一氏族或哪一部落。"② 然而，公民是否拥有公共权利和义务，特别是拥有决定公共权力的拥有者，则在于不同的政治制度。雅典国家实行民主共和制，公民拥有选举领导人的权利。选举制便意味着领导人会定期更换，而不是终身不变。其基础是，"以血族团体为基础的旧社会，由于新形成的各社会阶级的冲突而被炸毁"③。

与古希腊不同，在中国，起源于原始社会的父权家庭制不仅没有被炸毁，而且一直延续下来并日益完善。在父权制家庭，家长的地位是终身的。家长是家庭的主权者。家长的地位是自家庭成立开始便自然形成的。有了子女之后，家长的身份和地位自然延续下来。无论子女有多大，父母与子女的上下关系是不可改变的。只要家长还活着，便由家长当家。这是血缘关系所决定的。

尽管国家是与家庭不同的人类组织，但是，在早期中国，是以族成国，国家成员并没有在其居住的地方拥有和实现其公共权利和义务，更不可能选举国家统治者。公共权力的设立和占有是以家族为单位，由那些占统治地位的家族而不是阶级决定统治者。家长终身制自然延续到最高权力拥有者的终身执掌。皇帝一旦继承皇位，便会终身占有。如岳庆平所说，"既然国家权力属于君主个人，当然权力也不能转让，

---

① 费孝通：《中国绅士》，惠海鸣译，中国社会科学出版社，2006，第3页。

② 《马克思恩格斯选集》第4卷，人民出版社，2012，第187页。

③ 《马克思恩格斯选集》第4卷，人民出版社，2012，第13页。

必定出现终身制。”[①] “中国君主专制主义在政治制度上的表现有二：一是帝位终身制与皇统世袭制。……二是皇权没有约束，皇权不受监督。”[②]

皇帝的终身制源于血缘家族关系，并具有血缘家族关系的稳定性和持续性。这一制度可以在一定时段排除权力的更迭，保证国家政局和政策的稳定。“皇帝在位时间长，首先会减少皇位继承难题发生的频率，降低政治动荡的风险；……长期在位更可能趋于政策稳定。”“从中国历史上看，尽管长期在位（例如明朝万历皇帝）并不必然导致‘某某之治’，但凡是冠以‘某某之治’或‘某某盛世’或‘某某中兴’的年代，皇帝在位时间一般都比较长。”[③] 而在选举制下，每个人都有可能当选领导人，竞争性强，不确定性因素多，政局的不稳定性强。亚里士多德将古希腊的政体列举了多种类型，各种类型的政体和统治者经常变换，导致政局不稳。

皇帝的终身制源于血缘家族关系，“它贯穿着宗法家长制的原则，体现了皇权的不可让渡性。”[④] 家族为统治永固，会着力培养皇帝的治国才能。唐代皇帝李世民为教育皇子可谓用尽心机。在长期执政中，皇帝积累了大量经验，为有效治理国家创造了主体条件。而在选举制下，任何人都有可能当选领导人。特别是抽签选举，抽中的人并不一定具备治国安邦的才能，又得不到家族关系的辅助。

终身制皇帝对于一个缺乏变化的社会是适宜的。但是，皇帝的终身制也存在内在的缺陷。

首先，终身制使在任皇帝一旦不能执政，皇位的继承缺乏足够的准备，从而造成新旧交替的接班人危机。秦始皇在世时对于皇权的继承并没有做好足够的准备，由此引发皇子的抢班夺权。选举制则对于最高权

① 岳庆平：《中国的家与国》，吉林文史出版社，1990，第 207 页。
② 白钢主编《中国政治制度史》上卷，天津人民出版社，2016，第 34~35 页。
③ 苏力：《大国宪制——历史中国的制度构成》，北京大学出版社，2018，第 469、470 页。
④ 白钢主编《中国政治制度史》上卷，天津人民出版社，2016，第 34 页。

力的更迭有事先安排好的制度，能够根据制度及时遴选领导人。为了克服接班人危机，帝制时代采取了一些措施，但效果有限。“在一般的情况下，老皇帝临死前，总要费尽心机，为太子留下一个辅佐的班子，这通常称为顾命大臣。……由于这个班子不是（在）和新君长期共事中形成的，两者之间不可能相处得好。……事态的发展，决不会像遗诏中所期望的那样君臣合作共事，相反却是双方经过激烈的较量，甚至流血的冲突，才能形成一个稳定的新的权力中心。在中国历史上，新旧皇位的更迭几乎都是这样，只是解决问题的方式各有不同罢了。”①

其次，终身制使新任皇帝缺乏足够的才能执掌国家大权。从父权制家庭来看，家庭因为分家而不断裂变，儿子成年后必然分家，分家后的儿子成为新的当家人。当家的男子已经成年，并有足够的能力养家糊口，治理家庭。而对于家族制国家，不存在另立门户的分家。在皇权终身制条件下，当皇帝发生变故，继任皇帝缺乏足够的才能执掌国家权力。如许多皇帝即位时还是世事不知的小孩子。特别是东汉后期相继出现了10位年龄在15岁以下的娃娃皇帝。这就为皇权的稳定行使带来许多变数。东汉后期的外戚、宦官干政，最终导致东汉灭亡。而在选举制条件下，能够担任公职的人都有一定的年龄限制。

再次，终身制造成晚年皇帝执政困难。从家庭来看，儿子成年后便会分家。老的当家人只是象征性的大家庭的当家人。而对于终身制皇帝来讲，只要生命没有终结，便一直会执政。而任何人的精力和才能都是有限的。进入老年的皇帝容易发生失误且得不到有效更正，并会引发接替者危机。“在中国历史上，有些君主在位时间很长，但到了七八十岁的耄耋之年，要处理种种复杂的事务已力不从心了，即使处理一般的事务亦难免颠三倒四，前后矛盾而不自知，甚至乖戾悖常，留下许多严重的后遗症。”② 汉武帝在位50多年，壮年时雄才大略，老

① 徐连达：《帝国宫廷的深处——解读中国古代皇帝制度》，上海大学出版社，2008，第22~23页。

② 徐连达：《帝国宫廷的深处——解读中国古代皇帝制度》，上海大学出版社，2008，第28~29页。

年时患病多疑，因被指用咒术促其早死而大开杀戒。38 岁的皇太子受到牵连，以谋反罪自杀，并祸及全家。汉武帝对诸子极不信任，最后立 63 岁所生的幼子为太子。其 71 岁去世，年仅 8 岁的太子继位，造成一系列宫廷动乱，西汉自此步入衰败之道。唐玄宗晚年不理政事，其 72 岁时发生了“安史之乱”。有的皇帝由于年岁太大，在世时便交班。但由于与新任皇帝是父子关系，新任皇帝由老皇上所指定，其施政时不能不受到老皇帝的制约。典型的是清乾隆帝。乾隆帝在位时采取了种种措施防备历史上的政治弊端，“以便国家的权力集中在皇帝手中不致被削弱。有一个东西是不能防止的，这就是皇帝本人的年龄。”① 在他年迈时，依赖和重用和珅，造成极大的官场腐败。

帝制体系的核心是皇帝。皇帝个人的作用对于整个帝制体系来说特别重要。从生物学的角度看，皇帝与一般人一样，都有生老病死，更有能力高低。终身制决定了皇帝无论个人状况如何，都处于帝制体系的核心地位。“低能或愚昧的皇帝不只自己可走错步，他更容易受人包围利用。”② 这就使帝制体系有一个致命的弱点，即当皇帝不能有效履行职责时，整个帝制体系就会发生紊乱，甚至是系统性崩溃。中国的王朝动乱和更迭大多发生在皇帝昏庸无能之时。

六　国家与皇室的统分

在恩格斯看来，不同于氏族，国家按地区划分国民，设立公共权力及维持公共权力的费用。通过捐税等方式为国家统治和不事生产的统治者提供物质基础。

在从氏族形态向国家形态转变的初生中国，以上三者处于混沌状态。到了周代，边界日益清晰。从地域看，所有土地的主权者是国王。国王是全国地域的代表者，国王通过分封土地，体现着作为全国统治

① 〔美〕费正清、赖肖尔：《中国：传统与变革》，陈仲丹、潘兴明、庞朝阳译，江苏人民出版社，1992，第 242 页。

② 雷海宗：《中国文化与中国的兵》，商务印书馆，2014，第 109 页。

者的地位。而在分封的过程中，王室留有最大最好的土地。供养国王及中央统治者的主要是国王自己的分封地。这说明，国家与王室有了一定区分。国王是全国土地的主权者，但并不是所有土地及其收益都归王室支配。正因为如此，随着土地分无可分，国王统治的物质基础大大弱化。

进入帝制时代，皇帝成为整个国家的主权者。“六合之内，皇帝之土。”（《史记·秦始皇本纪》）与此同时，皇帝通过编户齐民，直接控制民众，从全国民众中直接获取税收，以满足国家统治和统治者个人的需求。这两者具有混同性。国家公共治理与皇室消费缺乏明确的界限。秦始皇统一中国后，征收税赋和劳役，既用于修建长城、修筑驰道等国家公共工程，同时也动用 72 万人修建秦皇陵。汉武帝的茂陵修建了 53 年，每年花费全国税收的 1/3。唐乾陵（唐高宗与武则天的合墓）仅仅是随葬品就花费全国财政收入的 1/3。

国家公共治理与皇室个人消费的同一性，与国和家同体性密切相关。在帝制时代，皇帝是国家主权的体现者，并可以通过官僚制直接向民众征收税赋，且税赋成为国家权力的象征。因此，作为国家主权者有权支配所有税赋。在家国一体的框架下，作为全国民众共同组成的国与作为统治国家的皇帝家室很难区别开来。从理论上看，皇帝消费并不是纯粹个人事务。如皇室宫殿既是办公地点，也是居住地点。宫殿的气派和奢华体现着国家权威。汉高祖刘邦在外征战回来时，发现修建了气派的宫殿很生气。但经办此事的萧何回答：“天子以四海为家，非壮丽无以重威，且无令后世有以加也。”（《史记·高祖本纪》）根据古人“视死如生”的理念，将死亡当作生者世界的延伸，皇帝生前享用的也要在死后继续享用，以体现皇帝权威。

所以，在家国同体结构下，国家与皇室，国务与家务，国家开支与皇室开支很难区分开来。但是，随着国家的演进，国家的公共性与皇室的私人性、国务与家务有了一定程度的区分。作为政府之首的宰相由王制时代的国王家君，在帝制时代成为政府首脑，皇帝有专门经办皇室事务的部门。政府开支与皇帝开支也有了一定程度的区分。在

汉代，“大司农管的是政府经济，少府管的是皇室经济。大司农的收入支销国家公费，少府收入充当皇室私用。皇室不能用大司农的钱。……当时全国田赋收入是大宗，由大司农管。工商业的税收，譬如海边的盐，山里的矿，原来收入很少，由少府管。”① 汉武帝时，国家开支巨大，大司农的钱用完了。“汉武帝就只有自己慷慨，把少府的金钱拿出来。这等于是把皇室私款来捐献给政府。”② 钱穆先生将皇权与相权、政府与皇室的界限划分得过于清晰，有理想化成分。“从少府财政收入大于国家财政收入、少府机构大于大司农机构的情况看，‘家大于国’和‘以家为国’的特点是十分鲜明的。”③ 但是，政府与皇帝的开支毕竟有了一定程度的区分。明神宗“挪用国家财政来支付私人费用，例如建造壮观的定陵。17 世纪早期的军事危机中，国家储备仅剩二十七万两银子，他自己名下却累积两百多万两”④。皇室的开支尽管可以由国家支付，但有一定的限度。特别是“鉴于明末的教训，清朝政府在财政制度上，十分注意把用于国家政府和皇室内部的开销区分开来”⑤。晚清慈禧太后挪用海军军费办理庆贺生日的事便不具有正当性。与此同时，皇室有专门属于自己所有的财产和收入，如皇庄。

国家与皇室，国务与家务，国家开支与皇室开支适当分离，反映了随着国家演进，国家的地域性愈来愈居于主导地位。皇帝是全国所有地域上的民众的统治者，要更多体现全国整体利益，而非一家一族的统治者。当然，这种地域公共性并没有替代血缘私人性。国家权力的家族独占，决定了皇室家族将家务凌驾于国务之上，将皇室消费置于国家开支之上的行为，得不到制度的制约。

---

① 钱穆：《中国历代政治得失》，九州出版社，2012，第 14 页。
② 钱穆：《中国历代政治得失》，九州出版社，2012，第 25 页。
③ 白钢主编《中国政治制度史》上卷，天津人民出版社，2016，第 262 页。
④ 〔美〕弗朗西斯·福山：《政治秩序的起源——从前人类时代到法国大革命》，毛俊杰译，广西师范大学出版社，2012，第 307 页。
⑤ 白钢主编《中国政治制度史》下卷，天津人民出版社，2016，第 870 页。

第三章
地域—血缘关系中的君臣与皇亲

帝制体系以皇帝为中心，皇帝居于至高无上的地位，以此组织和治理国家。皇帝不是单纯的个人，而是国家统一性的象征。皇帝同时又是国家的实际治理者。仅仅依靠皇帝个人是无法实现治理的。围绕皇帝个人形成了一个统治群体。这一群体是由血缘等人身依附关系与皇权联结起来，是专断性皇权运行的必要条件，并影响着国家演进和治理过程。

一　孤家寡人与关系权势群体

国家由地域、人口和公共权力构成，通过公共权力实现对特定地域上的特定人口的政治联结，公共权力在国家组织和治理中居于中心地位。

中国自国家产生以后，在夏、商、周，主要以国王为中心进行对国家的组织和治理。但由于以族成国，国家组织和治理要依靠部族、宗族集团进行，表现出部族和宗族共治的特征。尽管国王的权力最大，地位最高，但其权力和地位融入部族和宗族组织之中，换言之，离开了部族、宗族的力量，国王的统治一天都无法维持下去。这是远古以

来血缘关系居于主导地位所决定的。

进入春秋战国时期后的一个最大变化，就是地域关系日益重要，权力日益集中于中央，特别是集中于作为中央代表的君主手中。君主个人的地位日益重要。君主的称呼发生了重大变化，就是自称“寡人”。这种称号尽管在当时属于一种自谦，但反映了君主是一个不同于他人的独特的个人。到了帝制时代，皇帝有了专门的称号，这就是自称为“朕”。这一称号专属于皇帝，其他人不可以使用。在帝制时代，皇帝权力在本家族传递，皇帝家庭是独一无二的最高家庭。这种唯一性、专一性在中国话语中以“孤”相称，如“矜，寡，孤，独”。从皇帝家庭的唯一性看，实属于“孤家”，从皇帝个人的唯一性看，实属于“寡人”。中国的皇帝，“他是当真的‘孤家寡人’，……除了极少数皇亲、贵戚以外，没有与他共利害的人；而政权在官吏不在贵族，又失所以扶同拥护之具。”①

尽管在王制时代，国王称为“予一人”，但难以超越部族和宗族之上。进入帝制时代，实行以皇权为中心的中央集权制和郡县官僚制，官僚从属于皇帝，皇帝个人的力量可以超越血缘团体，具有个人至尊地位。在岳庆平看来，“战国前实行的是‘家天下’，而秦代后实行的是‘君天下’，变化十分明显。因为秦代后一方面君主在国家政权中举足轻重，另一方面宗室在国家政权中受到重重限制。”② 这种“君天下”使皇帝个人具有至高无上的地位。这种具有排他性、专属性的至尊地位通过一系列表征加以体现。

称呼。秦始皇统一中国后，号称为始皇帝，以与历史上的统治者区分开来，更加突出最高统治者独一无二和至高无上的地位。蔡邕说：“皇帝，至尊之称”（《独断》卷上）。为了突出其权威性，借用自然界的“天”的地位，皇帝又称为“天子”。皇帝具有神圣性，以“圣”加以表达，如圣旨、圣谕、圣训等。除此之外，还有各种尊号，有的

① 梁漱溟：《乡村建设理论》，上海人民出版社，2011，第35页。
② 岳庆平：《中国的家与国》，吉林文史出版社，1990，第208页。

尊号多达 20 个字，将最华丽的辞藻都奉献给皇帝。谥号则是皇帝死后继任者追赠的称号，如文帝、武帝等。

年号。年号是皇帝在位的纪年号。这一称号非常重要。它直接影响人们的日常生活。作为人身的皇帝远在天边，但作为纪年号的皇帝则近在眼前，如光绪多少年。人们在日常生活中均要使用，皇帝也因此进入民间生活。

都城。都城是皇帝及中央机构人员办公和居住的地方，也是中央权力的集聚地和皇帝权威的象征，被视为国家之本。都城的规模和气派都远超于一般城邑。王制时代的都城比一般城邑要大，但并不特别突出，在于其国家汲取能力有限。秦始皇统一中国后，国家规模扩大，更可以集聚全国之力修建都城，都城的规模和气派显得特别突出。之后的汉、唐、宋、明、清的都城都特别宏伟和气派，在全世界都属于顶级地位。除此之外，还有陪都。

宫殿。宫殿是皇帝及其亲属办公和生活的建筑群落，更是中央权力的集聚点和皇权权威的集中表现。其豪华、庄严、严穆和气派，都是独一无二的。都城实际上是围绕宫殿而修建，并以宫殿为中心的。秦始皇统一中国后，修建阿房宫，大火三月不熄。唐代诗人骆宾王诗言："山河千里国，城阙九重门。不睹皇居壮，安知天子尊。"（《帝京篇》）

除此之外，皇帝有专门的、特别的服饰、礼仪、住所、保卫、印信等，处处显示其神秘性、权威性、唯一性的至尊地位。这一地位通过法律加以制度化。"汉天子正号曰皇帝，自称曰朕，臣民称之曰陛下。其言曰制诏，史官记事曰上。车马衣服器械百物曰乘舆，所在曰行在，所居曰禁中，后曰省中，印曰玺，所至曰幸，所进曰御。其命令一曰策书，二曰制书，三曰诏书，四曰戒书。"（蔡邕《独断》卷上）隋唐时期，黄色为皇帝专门服色，因此有"黄袍加身"之说。

皇帝至尊地位在于皇权中心，在于以此中心号令全国。这一至尊地位只能由皇帝一人专享，不可分享。但是，以皇帝一人之力并不可能治理天下。皇帝并不是超越现实的神，作为人，处于各种社会关系之中，并因为各种社会关系形成权势群体。

在家长独揽式的皇权体制下，皇帝作为主权者，其权力不可分割。皇帝作为至尊的人，属于具有唯一性的单独的“寡人”。仅仅一人，力量孤单，孤掌难鸣，难以治国，需要借助他人之力。作为至尊的人，有一颗孤独的心，心灵孤独，必须借助他人的抚慰。早在春秋战国时期，这一问题便提了出来。“鲁哀公问于孔子曰：‘寡人生于深宫之中，长于妇人之手，寡人未尝知哀也，未尝知忧也，未尝知劳也，未尝知惧也，未尝知危也。’孔子曰：‘君之所问也，圣君之问也。”（《荀子·哀公篇》）特别是皇权的世袭制、终身制等造成大量身体不良心智不全的皇帝。他们的身体心智都无法与至尊的地位和巨大的权力相匹配，有的甚至根本不愿意不喜欢做皇帝。周良霄指出：“中国皇权制度的一个基本特点是，皇位的继承采家长式的嫡长承袭制度，皇帝可能是婴孩，也可能是白痴，其本人很可能根本不具备管理国家政务的能力。即使是正常人，他的能力也是有限的。”[①] 再能干的皇帝也需要有人辅助。贾谊在总结秦朝灭亡时说，“子婴孤立无亲，危弱无辅。”（《过秦论下篇》）皇帝执政必须借助与皇权最近的外力和群体，这关系到整个政权能否持续和国家的安危。

巨大的权力与孤独的皇帝的反差和需要，形成一个以围绕皇权、以人身依附关系为特征的群体。这一群体有共同特征，便是由皇权而生，因皇权而来，是皇权的孪生物和衍生品。没有皇权，也就没有这一群体。他们与皇帝有着不可分离的人身依附关系。这种关系使他们获得了相应的权力，即所谓“关系权”。[②] 与此同时，这一群体又因与皇帝不同的关系而有着不同特性。这些不同的群体因为与皇帝的关系有可能得势也可能失势，有可能强化皇权，也可能弱化皇权，甚至决定皇帝的命运；他们之间因各自利益有相互联合的一面，更有相互冲突的一面，由此造成皇权的运行呈现出纷繁复杂的格局，并影响着整个国家的治乱。

① 周良霄：《皇帝与皇权》，上海古籍出版社，1999，第216页。

② 参见徐勇《“关系权”：关系与权力的双重视角——源于实证调查的政治社会学分析》，《探索与争鸣》2017年第7期。

二　能做事亦需谨慎的人

在摩尔根看来，“一切政治形态都可以归纳为两种基本方式”，“先出现的第一种方式以人身、以纯人身关系为基础，……第二种方式以地域和财产为基础，我们可以名之为国家”。[1] 摩尔根的这一划分只是一种理想类型，实际状况要复杂得多。

在中国，在国家产生以后，人身和人身依附关系还长期延续并渗透到国家形态。在夏、商、周的王制时代，由于部族和宗族共同治理，实行贵族政治，人与事融为一体，君臣亦亲戚，是利益共同体。贵族政治的重要特点是君臣一样，都是世袭制。如钱穆所说，“在古代封建世袭，天子之子为天子，公之子为公，卿之子为卿，大夫之子为大夫，做官要有一定的血统”。[2] 这一制度难以保障官员都是贤能之人。只是到了春秋战国及其之后的帝制时代，国家形态由血缘关系主导向地域关系主导转变，超越血缘关系的地域国家居于主导地位，官僚政治替代贵族政治。官僚政治的重要特点是官僚不是世袭的，选用官员的主要标准是能力而不是家庭出身。君臣关系逐渐由人身关系演化为人事的关系，即“君使臣，臣事君”。臣从事君主交办的事务并获得相应的报酬。臣开始超越血缘关系的束缚，成为凭借自己的才能获得报酬的官员。“臣尽死力以与君市，君垂爵禄以与臣市。君臣之际，非父子之亲也，计数之所出也。”（《韩非子·难一》）

在帝制时代，高度的中央集权使皇帝要处理的事务大大增多，他必须借助于官僚集团高层的大臣就近辅佐。顾炎武说：“尽天下一切之权而收之在上。而万几之广，固非一人之所能操也。”（《日知录》）“人主以一身统御天下，不可无辅臣。”（《明太祖实录》卷一一三）“在中国两千年的封建社会中，白痴皇帝、暴戾皇帝、昏庸皇帝、年幼

① 〔美〕路易斯·亨利·摩尔根：《古代社会》上册，杨东莼、马雍、马巨译，商务印书馆，1977，第6页。

② 钱穆：《中国历代政治得失》，九州出版社，2012，第17页。

皇帝比比皆是，但在一般情况下，王朝都能够平稳发展，其中最重要的原因就是建立了一个稳定的官僚制度，正是这个官僚制度维系着封建国家机器的正常运转。”[①] 而居官僚队伍之首的则是距皇帝最近的大臣。选取大臣的首要标准便是能做事。“用圣臣者王，用功臣者强，用篡臣者危，用态臣者亡。”（《荀子·臣道篇》）大臣做事，必须有相应的权力，并会形成不同的君臣关系模式。

君臣对等。这是一种理想模式。这一模式来自儒家学说，源于家庭父子关系。在儒家学说看来，家庭父子关系的理想模式是“父慈子孝”，父亲与儿子的关系是双向对等的，尽管其地位和角色不同。儒家将这一家庭父子关系模式引入国家君臣关系，认为“君使臣以礼，臣事君以忠”（《论语·八佾》）。君臣之间的地位与角色不同，但相互关系是双向对等的。君以礼对待臣，臣以忠对待君。“君之视臣如手足，则臣视君如腹心；君之视臣如犬马，则臣视君如国人；君之视臣如土芥，则臣视君如寇仇。”（《孟子·离娄下》）自春秋战国，这一模式便开始出现。君主以礼相待臣，甚至给予高官厚禄。如秦国的吕不韦、李斯等。到了帝制时代，这一模式延续下来，由此出现了一大批重臣、名臣。如汉代的萧何、张良、陈平、曹参、韩信、贾谊、东方朔、窦婴、霍光、桑弘羊、班超、晁错、卫青、霍去病等。唐代的长孙无忌、魏征、房玄龄、狄仁杰、张柬之、姚崇、张九龄等。宋代的赵普、范仲淹、包拯、欧阳修、司马光、王安石等。明代的徐达、刘基、胡惟庸、方孝孺、姚广孝、于谦、张居正、海瑞、李贽、徐光启、袁崇焕等。清代的多尔衮、洪承畴、鳌拜、吴三桂、张廷玉、隆科多、年羹尧、鄂尔泰、刘墉、纪晓岚、林则徐、肃顺、僧格林沁、曾国藩、李鸿章、左宗棠、张之洞等。

在侯旭东看来，“历时性观察，信-任型上下关系与君臣关系是帝国体制的一部分”。[②] 在漫长的帝制时代，重臣、名臣不少。他们的共同特点是能做事，才干突出，有所作为。尽管他们主要依靠自己的才

---

① 李禹阶、秦学颀：《中国古代外戚政治》，商务印书馆，2017，第 136 页。

② 侯旭东：《宠：信-任型君臣关系与西汉历史的展开》，北京师范大学出版社，2018，第 228 页。

干成为重臣、名臣，但是，如果没有皇帝的任用和支持，他们是不可能有所作为的。名臣与明君相辅相成。如唐朝初期的房玄龄辅佐李世民执掌政务达20多年。这样的君臣关系属于对等关系。

君重臣轻。这是一种正常模式。中国的帝制时代长达两千多年，真正的重臣、名臣并不多，政绩平平的大臣更多一些。这恰恰是帝制时代的正常反映。帝制以皇权为中心，皇帝居于支配性地位。臣只是事于君，其事的范围和权限都取决于皇帝。君主居于主权地位，臣只有事权，前者居于支配地位。如韩非子所说，“人臣太贵，必易主位。”（《韩非子·爱臣》）

臣重君轻。这是一种变态模式。皇帝是皇权的人格化体现。皇权强大是一种制度，而作为皇权人格化的皇帝并不都强大，甚至不能正常治国理政。在这一情况下，君臣关系便会失衡，造成臣重君轻，甚至臣代君作主。如皇帝不爱或不能理事，只能由大臣主持政务，如明朝的张居正独握大权。有的皇帝自己昏庸，造成所谓的“奸臣当道”。特别是在皇权交替时期，重臣有可能擅权。如秦始皇去世，李斯专权，伴同赵高拥立秦二世。

以上三种模式只是一种静态的划分。实际情形却复杂得多。总体上看，君臣对等关系在两个时期表现得较多。一是朝代更替之际。此时，王朝未定，皇帝需要借助团体的力量共同打天下稳天下。臣的事权范围较大，君主也较放心。如汉初萧何修建气派的宫殿就是在刘邦不知情的状态下发生的。二是患难之际。当王朝统治内忧外患时，皇帝不得不选任和起用能做事的大臣，救危难于一时。所谓“家贫思贤妻，国难思良将”。而在承平时期，便回归到以皇帝为中心的君重臣轻模式。即使是重臣名臣，不得善终的也不少。

造成这一状况的根本原因是以皇权为中心的人身依附关系，臣的权力无论有多大都源于皇权。在春秋战国时期，“臣一主二”，“何所无君”，[①] 诸侯国竞争，士有相当的独立性和选择性。此处不用士，自有

① 范文澜：《中国通史》第二册，人民出版社，2015，第23页。

用士处。进入帝制时代，一君多臣，做事的出处具有了唯一性，士没有任何选择，只能依附于皇权。君臣一体。“人臣之于其君，非有骨肉之亲也，缚于势而不得不事也。”（《韩非子·备内》）“君失其国，臣亦不能独全其家。”（《贞观政要·君臣鉴戒》）皇帝是权力中心和来源。臣凭君贵。尽管大臣主要依靠自己的才干做事，但其关系结构是恒定的，这就是“君使臣，臣事君”，君主永远处于主人支配地位，臣则处于被支配地位，相互关系是不可改变和位移的。臣再有功，都不能替代君的地位。而愈是有功，愈会造成对君主地位的威胁，愈有可能“视君如寇仇”。其重要原因是缺乏政治信任。王制时代，有血缘关系产生的天然信任，但血缘世袭并不一定有能力。臣官非世袭，有能力，但没有血缘关系产生的与生俱来的信任和共同体意识，臣对于君更多的是政治人身依附关系。在这一关系结构下，臣首先要能做事，否则君主不用；同时更要谨慎，要将自己的权力和地位控制在君主能够容纳的范围之内，否则便是僭越，更有可能犯下“欺君之罪”。政治人身依附关系是一种不恒定的、缺乏制度保障的关系，“一朝天子一朝臣”，臣的命运为君主主宰，即“君要臣死，臣不得不死”。尽管在家国同构下，君臣如父子。但是，由于政治权力的独占性，君臣还不如父子，父亲并不会轻易处死自己的儿子，所谓“虎毒不食子”。

愈是有所作为的皇帝愈是重视大臣，愈是对大臣不信任。人主“爱臣太亲，必危其身；人臣太贵，必易主位”（《韩非子·爱臣》）。“皇帝一旦感到开府辅政的宰相在实施行政权力的过程中，有越界或专权的行为，就会拿宰相开刀，轻则罢免之，重则抄家灭族。历史上，除了少数开府辅政的宰相能有幸得以善终外，绝大多数往往会沦为争权夺利的牺牲品。”[①] 吕不韦为秦始皇统一中国作出了重大贡献，但秦始皇一旦发现吕不韦对皇权的威胁便逼迫他最后自尽。萧何为汉代政权的获得和巩固立下大功，连刘邦自己都说“镇国家，抚百姓，给馈饷，不绝粮道，吾不如萧何”（《史记·高祖本纪》）。但是萧何屡为

① 任怀国等：《中国历代政治制度得失》，泰山出版社，2009，第107页。

刘邦猜忌，格外小心谨慎才得善终。汉武帝执政期间换了10多位丞相，能得善终的仅3位，其中1位政绩平平。“伴君如伴虎”因此成为大臣时刻要铭记的为官警言。

“能做事亦需谨慎”，根源在于皇权的独占性和世袭性。在这一具有排他性的制度下，即使“谨慎”再三也难免遭遇不测。汉朝和明朝之初，为了巩固家天下统治，有意诛杀功臣。所谓“飞鸟尽，良弓藏；狡兔死，走狗烹”成为政治铁律。明朝张居正在危难之际，推行改革，大权在握达十年。他因为与皇帝有师生关系而居高位。但张居正大权在握，则意味着当朝皇帝大权旁落。这从皇权的一元性和排他性来看是非正常的。所以其死后被抄家，险些开棺鞭尸。

为了强化皇权的一元性和专断性，保障大臣听命于自己，“帝王不断将宫内机构和身边侍从、亲信、僚属转化为朝廷正式机构和正式官员、职任，皇帝的侍从、僚属不断由地位较低的事务性小官吏逐步转化为位高权重、拥有一定实力的政务官僚。”① 与此同时，将百官之首的相权不断加以拆分。作为百官之首的宰相先是一人，后将相权一分为三，最后成为一个群体，相权愈来愈弱化，皇权愈来愈强，以保证决策与执行的一体性，特别是执行者不可擅权。

三 最贴近亦最危险的人

在王制时代，以王为中心，部族、宗族共治，与王贴近的主要是族人。进入帝制时代，皇帝个人统揽大权，居于深宫，由此需要有专人贴近服务于皇帝。这种人便是宦官。他们得以在最高权力运行中发挥独特的作用，在于其特殊的人身依附关系，近君而贵。

随着中央集权，最高统治者愈来愈依赖于本家族以外的人为自己提供服务。早在春秋战国时期，便已出现宦官。进入帝制时代，统治地域和事务扩大，皇帝越来越需要有专人贴近服务，宦官数量扩大。

① 李禹阶、秦学颀：《中国古代外戚政治》，商务印书馆，2017，第75页。

特别是在家天下的格局下，皇帝为了使本家族后继有人，人丁兴旺，除了娶有正室妻子以外，还会纳大量嫔妃，有的多达数千人。由此需要大量服务者。对这种服务者有特殊的生理要求，即能够保障皇室血统的纯正性，不会发生不正常的男女性事。秦汉之后的宦官便属于生理有缺陷的人，他们的生殖器官受到阉割，属于身体和心理不健全的人。“宦人之在王朝者，其来旧矣。将以其体非全气，情志专良，通关中人，易以役养乎？”（《后汉书·宦者列传序》）

本来，宦官只是贴近皇帝、为皇帝和皇室提供服务的人，属于家臣。但是，由于他们服务的是最有权力的人，是皇帝的亲近之臣，因此他们的功能远远溢出生活，而具有了政治的属性。这是由家天下皇权所决定的。芬纳运用“接近律”分析时说：“在‘接近律’中，统治者的个人意志越具有决定性，那些容易接近他并且离他最近的人就越具有影响力。如果他们的靠近是专享的，这种影响力就会更大，因为许多人都会致力于对统治者施加影响。”[①] 宦官便属于专享靠近皇帝的人。

首先是皇帝的权力需要。本来，皇权制与官僚制是相辅相成的。皇权依赖官僚做事，官僚依赖皇权获职。但是，在专断性皇权体制下，皇帝与官僚又有深深的不信任，皇帝时刻担忧官僚利用事权侵犯主权。皇帝许多专断性意志并不是都能够通过官僚系统加以贯彻的。皇帝需要有对自己专断性意志绝对服从的人保障皇权的运用。

其次是皇帝的安全需要。权力愈大的人对安全的需要愈强。在中央集权体制下，国家权力高度集中于皇帝，皇帝居于严密防卫的都城和深宫之内，外人不得随意出入，即使是官僚重臣也是如此。能够出入深宫、贴近皇帝身边的人，一定是皇帝非常信任，且对皇帝绝对忠诚的人。“在古罗马、中世纪欧洲或印度，当地的统治者都经常出现在他的公众面前，接受臣民们的献礼，并且公开地主持公道以彰显皇家

① 〔英〕塞缪尔·E. 芬纳：《统治史（卷一）：古代的王权和帝国——从苏美尔到罗马（修订版）》，王震、马百亮译，华东师范大学出版社，2014，第520页。

礼制。中国的皇帝则与此不同，他通过隐秘和不可捉摸来获得至高无上的地位。”① 皇帝需要借助亲近自己的人与外界沟通。

最后是皇帝的心理需要。最有权力的人往往是最孤独的人。特别是在皇权体制下，幼小的皇帝从小生活在深宫里，受到严格的管束，没有正常的童年。即使成年后，皇权的神圣性和神秘性也使皇帝处于深深的内心孤独之中。皇帝作为人需要有人倾听，有人解忧，有人开心，这种人便是能够与皇帝朝夕相处且又绝对顺心的人。

而宦官正是能够满足皇帝以上需要的人。宦官，特别是之后身体机能受到破坏的宦官，出身低微贫寒。在血缘关系之下，“不孝有三，无后为大”。宦官缺乏生育能力，不得已才会从事这一职业。他们没有什么文化，也没有什么背景。“太监们没有家族关系，也没有尊严和职业地位，其职业和升迁完全依赖于皇帝个人。”② 他们进入皇宫之后，特别是那些能够在皇帝身边服务的高级宦官，则有可能通过贴近皇帝而改变自己的命运。他们高度依附于皇权，毫无独立性，没有任何其他选择。他们只有绝对服从、绝对忠诚、绝对顺心于皇帝，才能生存，甚或改变自己被社会所贬抑的地位。“他们出身低微，又无后嗣能与皇室争位，所以也就成了皇帝天然的同盟者”。③ 宦官实际上是皇帝的家奴，宦官在皇帝面前自称奴才。这种贴近于皇帝并能够满足皇帝各种需要的主奴关系使宦官能够得到皇帝的充分信任。如“宦官都出身寒微人家，幼年被阉入宫，没有家族和亲戚，唐玄宗以为这种孤身的宫廷奴隶是最忠实可靠的，也是最能顺从意旨的，付托权力给这种人，不会有什么危险”④。

皇帝与宦官之间的主奴关系形塑了君主与宦官之间的行为模式。

① 〔美〕陆威仪：《早期中华帝国：秦与汉》，王兴亮译，中信出版社，2016，第 81～82 页。

② 〔英〕塞缪尔·E. 芬纳：《统治史卷一：古代的王权和帝国——从苏美尔到罗马（修订版）》，王震、马百亮译，华东师范大学出版社，2014，第 524 页。

③ 〔美〕费正清、赖肖尔：《中国：传统与变革》，陈仲丹、潘兴明、庞朝阳译，江苏人民出版社，1992，第 75 页。

④ 范文澜：《中国通史》第三册，人民出版社，2015，第 150 页。

理想模式："宦官不得干政"。宦官出身贫贱，缺乏文化，贴近皇帝，主要是为皇帝和皇室提供各种生活服务，自身不拥有政治权力，也不能参预政事。汉、唐、宋、明、清等各个朝代之初，这一模式较多。

现实模式："宦官干政"。"宦官不得干政"只是一种禁止性的话语，它正是针对"宦官干政"而言的。"宦官干政"是皇权政治自身的需要。一是皇权属于绝对权力，但作为皇权人格化的皇帝并不是都能够具有实际拥有绝对权力的能力。在王朝初期，开国君主能力超强，可以实际拥有和支配绝对权力，而无须他人代劳。但在终身制条件下，即使是具有超强能力的君主，也有身体机能下降不能正常理政，从而需要他人代劳的时期。二是皇权并不是存在于真空之中，它要受到各种利益关系的限制。随着王朝的建立，由各种关系构成的利益集团得以生长，并构成对绝对皇权的威胁。特别是皇权家族所有制造成大量幼小、低能和对皇权缺乏兴致的皇帝。皇帝要获得绝对权力，必须借助最为信任和贴近的宦官。"和帝即祚幼弱，而窦宪兄弟专总权威，内外臣僚，莫由亲接，所与居者，唯阉宦而已。故郑众得专谋禁中，终除大憝，遂享分土之封，超登宫卿之位。于是中官始盛焉。"（《后汉书·宦者列传序》）明代，"宪宗口吃，不欲与大臣接谈，深匿宫廷之中，朝夕所接近者乃是宦官，于是宦官遂得擅权，发布中旨。"① 宦官由家奴进入最核心的政治权力领域，"干政"成为必然。其主要表现如下。

一是宦官代政，是皇权的延伸。宦官本不在正式权力系统之内，却代理皇帝办理政事。宦官尽管是皇帝的家仆，但在日常生活中，只有他们才能经常伴随和接近于皇帝，是皇帝与外官信息联系的纽带。"帝数宴后庭，或潜游离馆，故请奏机事，多以宦人主之。"（《后汉书·宦者列传序》）他们可以利用这一位置代行皇帝权力，"手握王爵，口含天宪"（《后汉书·宦者列传序》）。为了实现代政，宦官甚至有意将皇帝与外界隔离开来。

① 萨孟武：《中国社会政治史》（宋元明卷），三联书店，2019，第 397 页。

二是宦官揽政，是皇权的变异。宦官本为家奴，地位极其卑下，但因皇帝的重用成为正式品官，甚至位高权重。例如由宦官执掌的司礼监，直接掌握了掌印、秉笔、批朱、传旨等权力。宦官借用这一机会而揽用权力。有的宦官借皇帝之口，主宰朝廷政事。唐代的李辅国，任兵部尚书，册进司空兼中书令，为正一品高官。

三是宦官乱政，是对皇权的反噬。宦官本来高度依附于皇权，因皇权而重用，但由于大权在握，其权力趋于极端，反过来造成皇帝成为其附庸，甚至决定着皇帝的存废。李辅国自恃帮立新皇帝，又是皇帝最信任的人，便对新皇帝说："大家但内里坐，外事听老奴处分。""对此，代宗虽然气愤，但李辅国手握禁军，也只得忍气吞声，'尊为尚父，政无巨细，皆委参决'"。[①] 在晚唐，多位皇帝成了宦官的傀儡。明代大宦官刘瑾被人称为"站着的皇帝"。

宦官干政，从皇权的延伸，到皇权的变异，再到对皇权的反噬，反映了皇权的极端性。这种极端性的皇权不受任何制度性制约，皇帝可以为所欲为，将身体不健全的家仆推向国家权力高端，其地位上升之快之高是制度化官员望尘莫及的。而皇权的极端性又与宦官的极端性相辅相成。宦官出身贫寒低微，没有靠山，唯一的主子是皇帝，他们只有紧紧地依附于皇权和牢牢地控制皇权，才能达到权力的高端。同时，他们缺乏教养，没有底线，在权力斗争中心狠手辣，往往能够达到一般正式制度下所不能达到的目的，从而成为皇帝最为得心应手的权力工具。"在自信且意志坚定的皇帝手中，太监机构不过是一个灵活且完全温顺的工具。只有在皇帝懦弱和无足轻重的时候，它才会成为一个自私自利、明哲保身的权力机构。"[②] 这一工具趋于极端，便是对皇权的反噬，附着于皇帝之身却凌驾于皇帝之上。由于皇帝是整个国家的政治联结的中枢，一旦皇权受到反噬，必然造成整个国家的纲纪严重破坏，甚至王朝覆亡，天下大乱！所以，宦官作为最贴近皇帝

---

① 杜婉言：《佞幸：中国宦官与中国政治》，东方出版社，2017，第148~149页。

② 〔英〕塞缪尔·E. 芬纳：《统治史（卷二）：中世纪的帝国统治和代议制的兴起——从拜占庭到威尼斯》，王震译，华东师范大学出版社，2014，第193页。

的人，成为对皇权威胁最危险的人。东汉的灭亡便与宦官干政有关。“到唐朝后期，皇帝的废立和生命，都落在宦官手中，宦官政权消灭，唐朝也就灭亡了。”①

正是有鉴于此，新朝代之初，都会严格规定“宦官不得干政”。但这只是一种理想化的主张，皇权体制决定了“宦官干政”是一种现实。明代之初，对宦官干政严加限制，明太祖铸铁牌书“内臣不得干预政事，预者斩”。也就是在明朝，宦官干政最为严重。宦官不仅数量上有10万人之多，且执掌大权。清朝初期，对宦官极力压制，称之为“极卑至贱”之人，而在后期，宦官权势大增，这与专断性的皇权运行机制需要在一定时期由宦官辅佐密切相关。日本学者小岛毅在评论唐朝后期皇帝与宦官的关系时说：“宦官在唐代后期挟皇帝号令天下，带来了各种各样的巨大弊端，但同时作为皇帝的左膀右臂却也发挥了稳固皇权的作用。失去宦官的皇帝完全成了一个光杆司令。”② 正因为宦官是皇权的补充，所以，“历代的宦官，不仅仅是宫廷的奴仆，一般也都同时具有国家官员的身份。宦官制度，已经深深地融合、凝固在中国传统的君主专制王朝的整个体制法统之中。”③

无论如何，宦官都是高度依附于皇权的。宦官先天的缺陷决定了其权力再大，也不可能对皇帝取而代之，至多“九千岁”，而绝不可能到“万岁”。“宦官虽然在某些时候可以废立皇帝，但他是专制主义皇权的支持者。”④ 他们是寄生于皇权而存在的。一旦皇帝有足够的能力执政，宦官的权力很快会消失。如唐代宗在权力得到巩固后，便将李辅国处死。特别是新皇帝上任，原有的宠幸关系便难以维系，甚至有杀身之祸。正因为这一对皇权的高度依附性，宦官也须对自己的行为加以约束，特别是平衡各种政治势力之间的关系。晚清的宦官李莲英

---

① 范文澜：《中国通史》第三册，人民出版社，2015，第151页。

② 〔日〕小岛毅：《中国思想与宗教的奔流：宋朝》，何晓毅译，广西师范大学出版社，2014，第27页。

③ 余华青：《中国宦官制度史》，上海人民出版社，2006，第5页。

④ 侯外庐主编《中国思想通史》第四卷上册，人民出版社，1959，第100页。

因受慈禧太后之宠，赏加二品顶戴，位高权重。但他深知“天恩越大，性命越危险”，所以格外小心。[①]

四　庇护者亦实当家的人

在中国，自从国家产生以来，国家最高权力便为某个家族所垄断，表现为家天下，以统治家族实现对天下的政治联结。但在不同历史时期，家天下统治的表现形式有所不同。王制时代，实行以王为中心的家族共治。王及家族权力世袭。进入帝制时代，国家权力集中于皇帝，皇帝成为唯一性和至上性的“寡人”，依靠非血缘性的臣子和宦官执政。但是，皇帝这一“寡人”不可能凭空而来，血缘性的“孤家”是其出生、存在和延续的基本依据。“寡人”绝不是单身汉，相反，为了家族统治和世代相传，他还会娶多位妻子。通过这种横向的婚姻关系结成夫妻，生育孩子，继承皇位。由此便产生了所谓的“外戚”。“外戚，一般而言，是指皇帝的母族或妻族，即后妃的亲族们”。[②] 由皇帝的母亲或妻子领头，形成一个血缘性的家族集团。

从皇帝血缘关系看，“外戚”以外相称。但从婚姻关系看，外戚并非属“外”。恰恰相反，外戚是因为婚姻关系形成的自家人。皇帝虽是“寡人”，但毕竟是母亲的儿子，妻子的丈夫，皇帝与母亲、妻子相互依赖，是家族命运共同体。由母亲和妻子及其血缘关系团体构成的外戚虽然是外姓，但是自家人，是真正的“自己家”人的亲戚。如费正清所说，“母系亲戚这帮人是完全依赖于皇帝的恩宠的，并且又与皇帝有亲属关系，他们不同于父系亲属，因为那些人可能与他争夺皇位的继承权。”[③]

父母夫妻关系本是人类自身生产的基本关系。“由家族组织产生的亲属关系有两类：一类是由世系决定的血亲，另一类是由婚姻关系决

① 杜婉言：《佞幸：中国宦官与中国政治》，东方出版社，2017，第53页。
② 李禹阶、秦学颀：《中国古代外戚政治》，商务印书馆，2017，第1页。
③ 〔美〕费正清：《美国与中国》（第四版），张理京译，世界知识出版社，1999，第59页。

定的姻亲。”[1] 这种亲属关系进入帝制时代便具有特殊的意义。这就在于至高无上的皇权。因为皇权，皇帝的母亲被尊称为“皇太后”，母凭子贵；皇帝的妻子被称为“皇后”，妻凭夫贵；皇帝的宠妃被尊称为“贵妃”，妃凭宠贵。而母族和妻族也会因为与皇帝的特殊关系而身份显贵，以“亲亲”定“尊尊”，由此形成一个具有特殊地位的外戚集团。“外戚是一个直接依附于太后、皇后或皇帝宠妃的裙带政治集团即戚党，又称为后党。”[2]

父母夫妻及其亲属关系本来是人类生存繁衍产生的自然关系。但这种自然关系在帝制时代便具有了政治属性。这在于国家最高权力为一个家族所垄断。家天下的政治格局使以皇帝一家治天下亿万家。对皇权来说，皇权的自家垄断为最高利益。在王制时代，实行家族贵族治理，血缘关系产生出天然的自家人信任。“在贵族政治统治下，国家权力机构相对稳定，使得外戚很难干预朝政，限制了外戚势力的发展。”[3] 而在帝制时代，大量的事务由外姓外族的官员所承担。“非我族类，其心必异”。血缘关系产生的排他性使皇权对非自家人持有天然的不信任感。且在“家天下”框架下，皇权的传递本身属于“家内”的事，不容外人染指。要皇权为自家执掌，最重要的庇护力量是自家人。与此同时，皇帝是活生生的人，有自己的宠爱。“妃匹之爱，君不能得之于臣，父不能得之于子，况卑不乎！”（《史记·外戚世家序》）对所宠爱的人的最高奖赏是提高其本人及家族的政治地位。外戚这样一种自然的血缘和婚姻关系力量因此登上最高权力运行的舞台。“自古受命帝王及继体守文之君，非独内德茂也，盖亦有外戚之助焉。”（《史记·外戚世家序》）国家最高统治权归属于“寡人”的“这种体制就使后父、帝舅、后之兄弟姐妹等外戚可以不受先秦时代传统的宗法系统的君、公、卿、大夫等级制度的制约，直接出将入相，把持国政，

---

① 〔美〕路易斯·亨利·摩尔根：《古代社会》下册，杨东莼、马雍、马巨译，商务印书馆，1977，第 405 页。

② 李禹阶、秦学颀：《中国古代外戚政治》，商务印书馆，2017，第 10 页。

③ 任怀国等：《中国历代政治制度得失》，泰山出版社，2009，第 146 页。

擅断威福。”①

外戚作为一种政治力量，是因皇权产生的，并会形成与皇权的特殊关系模式。与“宦官不得干政”这种具有价值性规定所不同，“外戚干政”在帝制时代是一种事实性表述。这就是外戚作为皇帝的“自家人”，具有参预政事的合法性。这种合法性来源于皇权的家族性。当皇帝年幼有病或者特殊原因不能亲政时，皇帝的母亲可以作为庇护人代理政事，以维护皇权家族利益。“在当时朝廷中许多公卿、大夫看来，后妃与其外家戚属享受富贵荣华，甚至执掌权力，扶助王室，是理所当然的。”② 因此，历代正史都有专门的《外戚传》。西汉时的吕后、晚清时的慈禧太后便是以皇帝的庇护人身份主持政事的。当然，在大量外家人参预政事的环境下，仅仅依靠皇帝自家个别人是难以保障皇权和处理政事的。他们还需要借助其他力量。最重要的力量便是由血缘关系产生的亲戚。由此形成一个重要的外戚集团。

当外戚成为一个政治集团力量之后，便有了巨大的既得利益，并会根据既得利益参与皇权政治活动，甚至成为实际的皇帝当家人。

一是维护皇权。皇帝作为“寡人”处于各种关系之中，并面临着各种政治力量的角逐，为了有效执政而借助外戚的力量。而外戚作为皇帝的“自家人”也愿意为皇帝出力，以维护自家人的利益。母为儿虑，妻为夫想，这既是人之常情，更是垄断性皇权的需要。汉朝建立之初，后妃一族与其他权臣一样获得封赏。

二是代行皇权。皇帝虽然有至高无上的权力，但其生命总是有限的，在位时间也有限，特别是产生一些不能亲政的幼小皇帝。东汉 13 个皇帝，大多数在位数年或者十余年，最短的仅数月。当皇帝不能料理政事时，由皇太后代理皇帝临朝处理政事。因受“男女大防”的限制，皇太后代行皇权，不能直接与官员面见，因此被形象地称为“垂帘听政”。早在战国的秦朝便出现了母后临朝摄政，秦宣太后及外戚掌

---

① 李禹阶、秦学颀：《中国古代外戚政治》，商务印书馆，2017，第 63 页。
② 李禹阶、秦学颀：《中国古代外戚政治》，商务印书馆，2017，第 53 页。

握朝政达四十多年，成为秦国实际的统治者。汉惠帝不理政事，由吕后临朝。汉殇帝出生不过百日便继汉和帝为帝，邓氏以皇太后临朝。宋真宗晚年有病，由皇后代行决事。晚清有慈禧太后临朝。

三是把持皇权。由皇帝母亲代行皇权本是一种临时性行为，当皇帝能够正常理政便要还政。但是，在代行皇权的过程中，单单依靠“寡母”是难以保障皇权家族利益的，且“妇道人家”不便施政，她必须借助自己的同姓“娘家人”的力量。在交往十分狭隘的帝制时代，血缘交往基本上是女性唯一的交往，同姓“娘家人”是最可信和最可靠的人。在母后代行皇权的过程中，大量外戚进入最高权力领域自居高位加以辅政。虽然，代行皇权是临时的，但外戚的权力高位不会是临时的。他们不仅希望保住自己的位置，而且谋划获得更大利益，从而把持着皇权。“盖幼主即位，权归女主，女主欲巩固自己的政权，无不委用父兄，以寄腹心。外戚既有后庭之援，遂张其势以久其权。”① 而在皇帝能力有限的条件下，即使是皇帝亲政也只能借助于外戚的力量行使皇权。皇帝是名义上的，实际上的当家人则是外戚。“东京皇统屡绝，权归女主。外立者四帝，临朝者六后，莫不定策帷帟，委事父兄，贪孩童以久其政，抑明贤以专其威。”（《后汉书·皇后纪序》）东汉时期，皇帝大多幼年登基，朝政长期为后妃所执掌。“汉和帝（十岁）继位，窦太后临朝称朕，外戚窦宪总揽大权，事实上窦家做汉皇帝了。”② 在一些特殊时期，外戚甚至可以擅行废立皇帝。两汉的灭亡均与外戚把持朝政有关。

四是自持皇权。由皇帝母亲代行皇权本是一种代理性行为，但由于复杂的原因，这种代理性行为转变为固定性行为，这就是由自己直接当皇帝，自持皇权。汉武帝之后，外戚成为最重要的权势集团，没有任何其他力量与之抗衡，结果是导致作为外戚的王莽自立王氏新朝。唐代的武则天便是由“垂帘听政”中走出来直接执政，并改国号。在

---

① 萨孟武：《中国社会政治史》（先秦秦汉卷），三联书店，2018，第392页。

② 范文澜：《中国通史》第二册，人民出版社，2015，第182页。

这一过程中，大量武氏家族的人进入最高权力层次。尽管这种自持皇权受到一定程度的反对，但还是能够成为事实。这与宦官只能“九千岁”到顶有所不同。

当然，外戚无论能量多大，终究是依附于皇权的。如果外戚势力过大，也会受到皇权的压制。东汉的外戚窦宪曾经不可一世，拥有重兵和众多追随者，但因为失去皇帝的信任而被诛灭。外戚与皇帝同在。换了一个皇帝，原有的外戚地位便会发生变化。

同时，外戚毕竟是皇帝血缘家族以外的人，其政治正统性远远逊于皇帝血缘家族。这是由父家长制所决定的。即使是主持了朝政也难以得到广泛认同。“吕氏以外家恶而几危宗庙，乱功臣。”（《史记·吕太后本纪》）吕后去世后吕氏一族遭到诛杀。武则天临终前便面临着一大难题。这就是从夫家还是从娘家。从夫家则需要归政于李姓，并能够得到李家后人世代敬奉。从娘家则没有这一待遇。亲生儿子终究比侄子更亲近。这是血缘关系对政治关系的制约。

尽管外戚干政是对皇权运行的必要补充，但一旦成为一种政治势力，便有可能损害皇权。“往古国家所以乱也，由主少母壮也。女主独居骄蹇，淫乱自恣，莫能禁也。”（《史记·外戚世家》）汉武帝为此采取了极其残忍的防范措施。之后的一些朝代鉴于外戚干政造成的祸害，注意采取适当的措施加以防范。如宋、明两朝对外戚给予厚禄，但不给参预政事的权力。明朝开国皇帝朱元璋更是确立“后妃虽母仪天下，然不可俾预政事”的纲纪。慈禧太后得以执政 40 多年，则与其较好地处理了那拉氏家族与爱新觉罗氏家族的政治关系密切相关，始终将爱新觉罗氏家族置于主线地位，不曾以那拉氏家族加以替代。

五　同权贵亦有异心的人

自国家产生以来，尽管执掌国家最高权力的王、皇帝是个人，但个人是在家庭里生长和存在的，并构成家族统治。家族统治的特点是世袭制，即最高统治权在一个家族内世代传递。从同一血脉的血缘传

承看，父亲所有的儿子都有可能继承父亲的遗产（包括统治权力），但真正执掌最高权力的只有一个人。由于血缘联结，其他儿子及其亲属与最高统治者共同构成统治家族。这一家族有着共同的祖宗，因此有着显赫的地位，族以宗贵。

在王制时代，以部族和宗族成立国家，血缘关系深深渗透和支配着权力关系，并对最高权力的配置有着重要影响。王只是家族统治的代表，王的家族共同享有统治权力。在西周，这种家族共享统治权力表现为王的兄弟们辅助中央王政，将王的兄弟亲属分封到各个地方，以家族的力量统治全国，并拱卫中央王权。王作为宗主，其最高权力是世袭的；王的弟兄作为宗子，其一方诸侯的权力也是世袭的。国家权力为宗族共同分享，形塑的是“一损俱损，一荣俱荣”的家族命运共同体。“血缘关系的天然聚合能力使得辅政贵族与周天子成为权力体系相对比较融洽的合作者，他们之间的辅佐与被辅佐的关系，既很明确也很自然。”[①] 这与早期中国以部族和宗族成国的特点是一致的。

进入帝制时代，国家统治权日益集中到君主一人之手，君主主要依靠非本家族的官僚统治国家。官僚只是事于君，不能与君主分享权力。“秦代后实行的是‘君天下’，……一方面君主在国家政权中举足轻重，另一方面宗室在国家政权中受到重重限制。”[②] 与此同时，帝制仍然实行的是世袭制的家族统治。为了保障皇权世代相传，皇帝的妻妾数量大大增加，这就意味着有皇帝血脉的儿子数量大大增加。众多皇子如何与继承皇统的太子分享权力和地位便成为一个重大问题。

这一问题的提出是在秦朝灭亡之后。在汉朝统治者看来，强大的秦朝至二世数年便亡，重要原因是，皇权没有家族的卫护。秦始皇当政时，没有沿袭西周的家族分封制，而采用的是郡县官僚制。官僚与皇帝更多的是利益关系，而不是家族命运共同体关系。结果造成外族人可以擅立皇帝，皇权中央受到威胁得不到郡县地方的卫护。从社会

---

① 任怀国等：《中国历代政治制度得失》，泰山出版社，2009，第 101 页。

② 岳庆平：《中国的家与国》，吉林文史出版社，1990，第 208 页。

关系看，血缘关系是最古老和恒定的，所谓“打断骨头连着筋”。在激烈战争中崛起的秦朝没有能够利用这一关系维护政权，无视亲情，刻薄寡恩，滥杀宗室诸王，骨头断了，全身就散架了。因此，汉朝初立，汲取秦亡教训，以家族的力量卫护统治权力。这就是将刘姓诸子分封到各地为王。国家统治权为皇帝与其亲兄弟共享，由此构成一个因与皇帝有兄弟关系而形成的权贵集团。

但是，皇权共享有着致命的缺陷。其深刻根源是血缘关系天然存在的平等与差等之间的内在张力。从一脉相承看，皇帝诸子是平等的，都是皇帝的血脉；但从父家长制看，皇帝诸子的待遇又是差等的，这就是只可能由一个儿子继承并执掌最高权力。即便是皇帝的兄长也要对皇帝俯首称臣。因此，兄弟之间的关系，既有一脉相承的同胞关系，又有横向竞争的利益冲突关系，甚至为巨大的利益而“骨肉相残”。前者可以卫护君权，后者则会造成对君权的威胁。在王制时代，王权还不强大，王权与诸侯权相对均衡，前者的作用更大。而在帝制时代，皇权强大，皇权与诸侯王权差别甚大。这种不平衡便很容易导致地方诸侯王成为能够因皇权而贵，但又对皇权持有异心的人，并构成对皇权的挑战。

正因为如此，汉初分封不久，便发生了藩王之乱。不仅是异姓王，就是同姓王，也构成对皇权的挑战，即“七国之乱”。晋惠帝时期，前后主要有八个藩王参与叛乱，故称“八王之乱”，直接导致了西晋的灭亡。

由皇族兄弟构成的皇权挑战，与皇位的继承相关，因此一直存续于整个帝制时代。而对皇权的争夺大多发生于王朝建立之初。这与王朝建立之初，依靠全家族的力量取得政权，家族兄弟掌握兵权有关。宋之初，宋太祖死得不明不白，由其弟晋王获得皇权，后为宋太宗。唐初，手握兵权的李世民发动“玄武门政变”，获得皇权。明初，燕王朱棣发动“靖难之役”，自己成为皇帝。

与一般权臣、外戚相比，家族兄弟对皇权构成的威胁最大，可以直接获得皇位，并能够为社会所接受，甚至可以取得突出政绩。“皇权

统治的最大威胁常来自于与自己具有同样血统的拥有实力的同姓诸王，因为他们拥有别人不可能有的血统上的合法性。”① 但从血缘关系看，这种家族内部的权力争夺往往会引起政局动荡，直至“骨肉相残”。特别是用非常手段获得的皇权将改变权力传递的家族走向。如宋太宗、唐太宗和明成祖获得皇权后，将由自己的儿子继承皇权，自己的这一支血脉香火兴旺，其他兄弟的血脉延续便会受到影响，甚至中断。而这又会更加激发起争夺统治权的“骨肉相残”，并导致国家动乱。

为了防范因皇权而产生的“骨肉相残”和政局动乱，统治者愈来愈注意给皇族以财富而不是权力，将财富与权力分离开来。明代的藩王可以享用所在地方的财富，但没有实际权力，不能过问政事。只是这种世袭享有财富会造成国家财政负担沉重，也会引起政局不稳定，至清朝，皇帝的兄弟们只能集中于京城，享受有限的财富。

六　有合作更有冲突的博弈

在皇权制度下，皇帝作为至高无上的“孤家寡人”，必须依靠相应的力量才能施政。这些力量以皇权为中心，形成与皇帝的依赖关系和政治信任。他们之间有合作更有冲突。

大臣主要以能做事服务于皇权，由于别无选择，他们对皇帝有一定的人身依赖关系，但也有相对的独立性。特别是通过以儒家为经典的考试入选高层的大臣，受君臣之道的影响，表现为一定的为“道”而不为君的特性。忠于君主并不等于盲目听命。与此同时，君臣还是利害关系。因此，他们于皇帝可用，但信任程度较低，有弱化皇权的倾向。

宦官作为最贴近皇帝的人，对皇帝的人身依赖关系最强，因为朝夕相处，专事侍从，没有获得皇位的合法性，皇帝对他们的信任程度最高。“不像普通官僚，宦官可以直访皇帝居所，通常获得比政府官员

① 任怀国等：《中国历代政治制度得失》，泰山出版社，2009，第238页。

更大的信任。”[1] 皇帝任用宦官，就因为他们只能依附于帝王，与公卿官僚很少有纠缠不清的联系。“中人无外党，精专可信任”（《汉书·佞幸传·石显》）。东汉灵帝竟然当众宣称，宦官“张常侍（让）是我父，赵常侍（忠）是我母”，可见皇帝对宦官的信任。皇帝利用他们强化皇权，他们又有可能利用皇权架空皇帝。

外戚与皇帝有紧密的血缘婚姻关系，是皇帝的“自家人”，能够得到皇帝的高度信任。“后妃和帝王或是夫妻关系，或是母子关系。夫妇之爱非同一般，母子之情又出于人之本性。因此，君主对后妃的信任，对后妃家族的信任，往往要超过对自己的宗室血亲。”[2] 最重要的是后妃与皇帝的命运相依，“一损俱损，一荣俱荣”。在一元性的皇权制度下，“由于皇帝的同宗叔伯兄弟子侄都有同姓合法身份继承皇位的权利，因此从政治上考虑，皇帝最信任的就是自己的皇后及其亲属。”[3]“尤其在一些特定的阶段，皇帝的母族和妻族会分享一部分政治权力，甚至超越于其宗室诸王之上。”[4] 当然，由于外戚作为政治力量产生于皇帝不能正常理事的特殊时期，皇帝对其信任也是有一定限度的。

皇族与皇帝有直接的血缘关系，他们可以共同打天下，但难以共同坐天下。因为皇权的排他性，皇帝与兄弟之间既有“骨肉之亲”，更容易产生“骨肉相残”，其信任程度最低。“由于皇帝的宗室子弟在名义上都具有登上大位的可能性，因此嫔妃的外戚（或者皇室的家奴宦官）与这些宗室子弟相比更加可靠。”[5]

总体上看，四大权势集团的独立性愈强，皇帝对其信任度就愈弱；相反，人身依附性愈强，独立性愈弱，皇帝对其信任度反而愈强。而四种权势力量又都是皇权运行不可或缺的。“一般来说，宗室是皇帝的本家，在中国古代世袭制、家天下的体制中，他们处在统治结构的最

① 〔美〕弗朗西斯·福山：《政治秩序的起源——从前人类时代到法国大革命》，毛俊杰译，广西师范大学出版社，2012，第 304 页。

② 任怀国等：《中国历代政治制度得失》，泰山出版社，2009，第 147 页。

③ 李禹阶、秦学颀：《中国古代外戚政治》，商务印书馆，2017，第 71 页。

④ 李禹阶、秦学颀：《中国古代外戚政治》，商务印书馆，2017，第 52 页。

⑤ 李禹阶、秦学颀：《中国古代外戚政治》，商务印书馆，2017，第 5 页。

上层，是最大的利益群体。外戚是皇帝的外亲，在宗法制的中国古代社会，他们因婚姻裙带关系而成为统治阶级中的一个群体，他们的利益最不稳定，具有暴兴暴灭的特点。官僚宰辅是皇权统治的最重要的人力资源和制度保证，是皇权统治的最稳固的基础。宦官则是皇帝的家奴，从理论上来说，他们既无权力也无权利，他们的权力和权利是依附于皇帝的，是从皇权派生出来的，具有非制度性的特点。”[①] 他们各有其长，也各有其短，围绕皇权，既有合作，更有冲突。

大臣因能做事，具有相对独立性。他们不是依靠先天出身，而是依靠后天的才干进入高层。但是，皇权的独断性又限制着他们的事权范围，防范他们“功高盖主”。他们要做成事，必须充分与皇帝沟通，建立起良好的信任关系。重要的沟通渠道是皇帝身边的宦官。因为皇帝不理政事，明代大臣张居正拥有了巨大权力，但他还依靠宦官建立与皇帝的良好关系，让皇帝放心他施政。

与此同时，作为主体的大臣毕竟不属于皇帝身边的人和“自家人”，与皇权有天然的疏离性。他们中间因为“道”和“利”的不同，也会发生分化，有的是理想主义者，有的是功利主义者，有的兼而有之。由此便造成他们中的一部分人会投靠与皇帝最为亲近或者最有权势的力量。同时，大臣是最高层的官僚，宦官、外戚和皇族成员也会凭借皇权的特殊关系担任大臣，使这一群体的成分较为复杂。他们不像其他三个群体那样界限分明，其身份具有重叠性，在四大权势集团的博弈中表现得最为复杂。

由于大臣与皇权具有天然的疏离性，君臣之道不允许他们直接问鼎皇权，因此他们在政治权力博弈中更多的是一种中立性。谁当皇帝，他们都得凭借自己的才干才能立足。

宦官尽管是皇帝最信任的人，但由于他们先天的生理缺陷，他们不可能对皇帝取而代之，他们有一定的中立性。谁做皇帝都要使用他们。但是，他们为了控制皇权，则会压制其他权力团体，特别是士大

① 李禹阶、秦学颀：《中国古代外戚政治》，商务印书馆，2017，第 128 页。

夫官僚集团。在宦官专权时期，宦官集团俨然成为比常规政府更强大的第二政府。为了控制皇权，他们也会与外戚进行斗争。

外戚从血缘关系上看，毕竟是外姓人。他们不是凭借功绩和能力，更主要的是与皇帝的亲戚关系而超常上升。同时，他们主要是利用皇帝不能亲政的特殊时期获得巨大权力，并会为保持巨大权力进行殊死斗争。为了控制皇权，他们可以对与他们具有竞争性的皇族大开杀戒。武则天诛杀唐宗室贵族数百人。“由于利益关系，外戚擅权时，一般都要排斥、压制宗室子弟，甚至进行打击、迫害，这几乎可以说是外戚政治的一条规律，贯穿于历代王朝。”[①] 他们之间与皇帝的血缘关系最近，也是与具有唯一性的皇权最具有竞争性的势力，因此相互之间的冲突最激烈。

皇族与皇帝有着直接的血缘关系。凭借这一血缘关系优势，他们的目标更主要的是获得或者控制皇权，其直接对手则是外戚势力。如唐代李氏皇族从武氏集团手中夺取皇权。尽管武则天费尽心机，建立李武联盟，但皇权的排他性使这种联盟难以形成。而皇族要争取和控制皇权，也会借用官僚大臣的力量。

以上四大权势力量无论是合作，还是冲突，最终都是围绕皇权展开的。他们依附于皇权，同时皇权也利用他们，并在这一过程中相互制衡。特别是在王朝创立初期，各种权势力量都能有所收获。西汉初，刘邦大封功臣和吕氏外戚，同时又与朝廷大臣立下誓言：“非刘氏而王者，天下共击之。”（《汉书·王陵传》）但是，随着王朝的延续，因为与皇权的关系程度，以上四种权势集团的力量会此消彼长，并会形成既得利益集团，力图控制皇权。皇帝往往会利用一部分力量压制另一部分力量。“由于法理所承认的宗室诸王都能登上皇位的可能性，就迫使帝王必须时时警惕发生在宫廷内部的、周围潜在的由争权夺利而导致的危险。要在这种宗室权力的争夺中保持专制权力、稳定帝位，作为个体的帝王最需要的就是依靠身边可以利用的外戚，这也是皇帝

① 李禹阶、秦学颀：《中国古代外戚政治》，商务印书馆，2017，第133页。

个人首先能够选择的亲信力量。”[1] 汉武帝在严厉打击宗室诸王的过程中，就是大力重用外戚，将他们直接提拔为高官大臣，如卫青、霍去病等。而在东汉后期，皇帝则利用宦官压制外戚，后又利用官僚士大夫的力量抑制宦官和外戚的势力。特别是东汉的幼小皇帝多，他们长大亲政后，往往利用宦官压制外戚，夺回皇权。“公元九二年，汉和帝与宦官郑众密谋，杀窦宪，窦家党徒全部革官下狱治罪。郑众因功封侯，宦官从此参与政事。”[2] 武则天重用武姓外戚和大臣高官，以巩固武氏的统治。在宋代，皇帝与士大夫官僚“共治天下”，其他三种权势力量受到一定程度的抑制。明朝废除丞相制度，压制外戚势力，但造成了宦官的专权。明朝设立了由宦官执掌的专门性特务机构，监督百官。

尽管大臣、宦官、外戚和皇族四大政治集团，一直伴随着帝制时代，但从总体趋势看，宦官、外戚和皇族这些与皇帝具有直接的人身依附关系的势力愈来愈弱。在汉朝，皇族、宦官、外戚力量较强；唐朝，宦官、外戚力量较强；宋朝，官僚大臣力量较强；明代，宦官、官僚大臣、皇族力量较强；清朝，官僚大臣力量较强。“外戚专政，较多反映了早期政治的‘家天下’特性，在帝制后期就越来越淡化了；而宦官专权则纯粹是君主专制的产物，所以在后世往往而有之，甚至变本加厉，例如唐，例如明。”[3] 随着国家演化，国家权力向两极集中，一极是皇帝个人，另一极是由皇帝直接任命的官僚。

以上趋势是国家成长的重要标志，是政治社会日益成熟的产物。在摩尔根看来，“一切政治形态都可以归纳为两种基本方式”，“先出现的第一种方式以人身、以纯人身关系为基础，……第二种方式以地域和财产为基础，我们可以名之为国家”。[4] 到了清朝，中国已是一个地域辽阔的多民族的统一的超大国家，依靠狭隘性的人身、人身关系的

① 李禹阶、秦学颀：《中国古代外戚政治》，商务印书馆，2017，第 58 页。

② 范文澜：《中国通史》第二册，人民出版社，2015，第 183 页。

③ 阎步克编著《波峰与波谷：秦汉魏晋南北朝的政治文明》（第二版），北京大学出版社，2017，第 25 页。

④ 〔美〕路易斯·亨利·摩尔根：《古代社会》上册，杨东莼、马雍、马巨译，商务印书馆，1977，第 6 页。

治理形式捉襟见肘。这一超大国家的治理必须超越狭隘性的人身、人身关系，将权力高度集中于能够代表全国利益的皇帝一人之手，借助于从广阔地域中选拔出来的能做事的理性化官僚协助皇帝。官僚从国家获得俸禄，为国家办事，是一种超越狭隘血缘关系的稳定的政治力量。作为国家基础的地域和财产日益强化，人身、人身关系逐步弱化。只是这一弱化，并不是消失。人身、人身关系对中国的国家演进和国家治理的影响还会或多或少地存续。由此可再次证明恩格斯关于历史传统对国家成长影响的历史评价的科学性，即："这种按照居住地组织国民的办法是一切国家共同的。……但是我们已经看到，当它在雅典和罗马能够代替按血族来组织的旧办法以前，曾经需要进行多么顽强而长久的斗争。"①

① 《马克思恩格斯选集》第4卷，人民出版社，2012，第187页。

第四章 地域—血缘关系中的法家与儒家

与氏族社会的自然成长不同，国家的诞生，特别是发展不是简单的自然历史过程，同时也是人为的有意识推进的产物。人们根据一定目的建立国家，设计理想的国家模式，提出现实的国家对策。特别是在国家形态的大转型之前，总是伴随着意识形态的大讨论，并为未来国家的塑造提供理论支持。政治意识是国家成长和成熟的尺度。春秋战国时期，中国出现了空前的“百家争鸣”的思想大讨论，其中的法家和儒家的政治学说为中国的国家演进和治理提供了最为直接和丰富的理论依据，其背后则是血缘关系向地域关系转变的事实结构的反映。

一 秩序建构：专断性与基础性

春秋战国是中国文明和国家进程发生大转变的时期。在这一时期，原有的统治秩序受到颠覆性破坏，天下大乱，礼崩乐坏，人心不古，已经不能再延续下去。新的秩序是什么，如何建构新的秩序，成为春秋战国时期人们共同面临的问题。

在恩格斯看来，国家的产生就是为了建立秩序。他认为：“国家是社会在一定发展阶段上的产物；国家是承认：这个社会陷入了不可解

决的自我矛盾，分裂为不可调和的对立面而又无力摆脱这些对立面。而为了使这些对立面，这些经济利益互相冲突的阶级，不致在无谓的斗争中把自己和社会消灭，就需要有一种表面上凌驾于社会之上的力量，这种力量应当缓和冲突，把冲突保持在'秩序'的范围以内；这种从社会中产生但又自居于社会之上并且日益同社会相异化的力量，就是国家。"[①]

国家因秩序而生，凭借什么建立秩序？凭借特殊的公共权力。恩格斯说，国家与氏族社会的不同便在于有特殊的公共权力。[②] 在韦伯看来，"权力意味着在一种社会关系里哪怕是遇到反对也能贯彻自己意志的任何机会，不管这种机会是建立在什么基础之上。"[③] 由此可见，权力意味着压制和服从。尤其是特殊的公共权力。这是因为，"构成这种权力的，不仅有武装的人，而且还有物质的附属物，如监狱和各种强制设施"。[④] 通过国家这种特殊的公共权力，可以压制人们服从国家意志，而无论人们是否愿意。

压制可以让人服从，也会激起反对。压制使人被迫服从，但无法让人自愿服从。只有后者才可能形成长久稳定的秩序。让人自愿服从的不是权力，而是权威。权威是基于人们自愿认可和服从形成的力量。恩格斯指出："文明国家的一个最微不足道的警察，都拥有比氏族社会的全部机构加在一起还要大的'权威'；但是文明时代最有势力的王公和最伟大的国家要人或统帅，也可能要羡慕最平凡的氏族酋长所享有的，不是用强迫手段获得的，无可争辩的尊敬。后者是站在社会之中，而前者却不得不企图成为一种处于社会之外和社会之上的东西。"[⑤] 在历史上曾经有过没有国家和不知国家为何物的原始时期，其重要特点便在于，"一切问题，都由当事人自己解决，在大多数情况下，历来的

---

① 《马克思恩格斯选集》第 4 卷，人民出版社，2012，第 186~187 页。

② 《马克思恩格斯全集》第 28 卷，人民出版社，2018，第 199 页。

③ 〔德〕马克斯·韦伯：《经济与社会》上卷，林荣远译，商务印书馆，1997，第 81 页。

④ 《马克思恩格斯选集》第 4 卷，人民出版社，2012，第 187 页。

⑤ 《马克思恩格斯选集》第 4 卷，人民出版社，2012，第 188 页。

习俗就把一切调整好了。”①

由此可以看出，人类社会秩序的建构有两种方式：一种是基于压制的公共权力，另一种是基于自愿服从的公共权威。前者是权力主体单向的压制；后者是权力客体对权力主体的自愿服从；前者在社会之上，后者在社会之中。英国学者迈克尔·曼在探讨社会权力的来源时，将权力分为两类，一类是专制权力，另一类是基础性权力。② 这一分类尽管与以上权力和权威的表达有所不同，但其分类表述有一定的意义。笔者早在1992年便提出了政治分类，指出："自从国家产生以来，政治体系就一分为二：一是来自社会，又凌驾于社会之上，以其强制性的权力控制全社会的国家权力体系；一是在国家权力的统辖之下，与社会紧密联系在一起并深深渗透在日常社会生活之中的基础性政治社会。"③

借用以上分类，我们可以将特殊的公共权力视为一种专制性手段。这一手段具有单向性的专断性，即无论人们是否同意，都必须服从。所以，"文明国家的一个最微不足道的警察，都拥有比氏族社会的全部机构加在一起还要大的'权威'"。④ 警察的权力便属于专制性。通过专制性权力可以迅速建立和维系秩序，把冲突保持在"秩序"的范围以内。公共权威则是一种基础性手段。这一手段具有双向性，即权力主体要通过多种方式获得权力客体的自愿认可和服从，权力主体与权力客体是相互依赖的，权力主体在施加权力时必须充分考虑权力客体的利益和意识。国家不是凭空产生的，它建立在社会之上。社会是国家的基础。只有在国家与社会良性互动的过程中才能建立起稳定持续的人类秩序。这就是中国治理话语中所说的"长治久安"。

尽管春秋战国时期的思想呈现出"百家争鸣"的态势，但是真正有重要影响的是法家和儒家。法家和儒家作为政治学说，恰恰反映了

---

① 《马克思恩格斯选集》第4卷，人民出版社，2012，第109页。

② 〔英〕迈克尔·曼：《社会权力的来源》（第二卷·上），陈海宏等译，上海人民出版社，2007，第58~69页。

③ 徐勇：《非均衡的中国政治：城市与乡村比较》，中国广播电视出版社，1992，第3页。

④ 《马克思恩格斯选集》第4卷，人民出版社，2012，第188页。

秩序重构的两种思路，并对中国文明和国家进程产生着长远的影响。如瞿同祖所说：“儒家法家都以维持社会秩序为目的，其分别只在他们对于社会秩序的看法和达到这种理想的方法。”[①] 司马迁评价了法家和儒家各自的学说及其效用。“法家不别亲疏，不殊贵贱，一断于法，则亲亲尊尊之恩绝矣。可以行一时之计，而不可长用也，故曰‘严而少恩’。若尊主卑臣，明分职不得相逾越，虽百家弗能改也。”“夫儒者以六艺为法。六艺经传以千万数，累世不能通其学，当年不能究其礼，故曰‘博而寡要，劳而少功’。若夫列君臣父子之礼，序夫妇长幼之别，虽百家弗能易也。”（《史记·太史公自序》）而法家和儒家在“诸子百家”中脱颖而出，成为主导中国政治的主流政治思想，恰恰反映了中国由血缘—地域关系向地域—血缘关系结构的转变，也是建构专断性秩序和基础性秩序的必然要求。

二　以君为主与以民为本

摩尔根认为，“一切政治形态都可归纳为两种基本方式”，“先出现的第一种方式以人身、以纯人身关系为基础，……第二种方式以地域和财产为基础，我们可以名之为国家。这种组织的基础或基本单位是用界碑划定范围的乡或区及其所辖之财产，政治社会即由此而产生。政治社会是按地域组织起来的，它通过地域关系来处理财产和处理个人的问题。”[②] 作为政治社会的国家便是处理财产和处理个人问题的。这在于作为治理主体的国家有其特殊的公共权力。

在中国，自从国家产生之后，便有了特殊的公共权力及其人格化的代表——王。王是所辖地域的人民的统治者和领导者，是当家作主的主人。“令行于诸夏之国，谓之王。”（《荀子·正论》）有民必有主，即“‘求民主’。‘民主’这个词最早见于周书《多方》，《诗》中

① 瞿同祖：《中国法律与中国社会》，中华书局，2003，第 292 页。

② 〔美〕路易斯·亨利·摩尔根：《古代社会》上册，杨东莼、马雍、马巨译，商务印书馆，1977，第 6 页。

也多次出现。'民主'即'君主'，意为众民之主"。商汤是"代夏作民主"，周是"代商为民主"。[①] 这在于，"夫王者，能攻人者也。"（《韩非子·五蠹》）

春秋战国时期无疑是诸侯竞争、天下大乱的时代，也是一个特殊权力崛起、国家形态日益完整，且需重构秩序的时代。作为民之主的君的地位日益凸显。法家因此崛起。

春秋战国时期的法家有一个重要特性，就是主动求见诸侯国君，推行自己的学说，并能够得到国君的重视。其重要原因是适应了当时权力日益集中于君主个人的趋势。

在法家看来，国家的强大关键在于有强大的君主。王者即强者。国家的组织和治理必须以君为主，君是民主。法家著作中经常将君主视为"人主"。"人主"是凌驾于他人之上的人。只有强化"人主"的地位和权力，才能强国富兵，才能兼并争霸，才能在相应的地域内处理财产和处理个人问题，建构起统治秩序。因此，以君为主是历史的必然，具有历史的合法性。"臣有两位者国必乱。臣两位而国不乱者，君在也。恃君而不乱矣。"（《慎子·德立》）君的地位是其他人所无可比拟的，是秩序的象征。

法家以君为主，是基于权力关系。从权力关系来看，君主执掌着权力，民众服从权力支配。君主和民众是上下关系，君上民下，君主民从。这种关系是单向的主奴关系。为了突出君主的"人主"地位，必须弱民。对于"人主"而言，民众是微不足道的。"民弱国强；民强国弱。故有道之国务在弱民。"（《商君书·弱民》）为达到弱民的目的，一是震慑，"政作民之所恶，民弱"（《商君书·弱民》）。二是造成人人自危，"用善，则民亲其亲；任奸，则民亲其制。"（《商君书·说民》）对于民众，应该惩罚多于奖赏。"王者刑九赏一。"（《商君书·去强》）正如马克思所说，"专制制度的惟一思想就是轻视人，使

① 刘泽华主编《中国政治思想史（先秦卷）》，浙江人民出版社，1996，第20页。

人非人化……专制君主总把人看得很低贱。”[①]

以君为主代表的是一种国家强制力。这种强制力体现的是“霸权”，它在施行时无须考虑强制对象的意志，实行的是“霸道”逻辑：既然是“人主”，就有压制人的天然合理性和正当性。“霸道”就是“以力服人”（《孟子·公孙丑上》）。

与法家不同，儒家大多是从事教育的学者，尽管他们的思想也具有很强的政治性，他们也希望能够得到当政者的重用，但总体上说，他们的学说在当时属于“不合时宜”。这在于当时是一个专制性的“权力的时代”，而儒家所考虑的则是基础性的权威问题。这在于“政治权力是用暴力来得到的，并且是征服者与被征服者的关系；而社会权威是建立在个人一致和共同理解的基础之上的社会规则。孔子学派希望，政治权力和社会权威可以一致起来”[②]。

儒家与法家的根本不同在于对待君主与人民的关系。法家强调“人主”，以君为主，君临天下，傲视民众。儒家强调“民本”，君以民为本，君轻民重。“民惟邦本，本固邦宁”（《尚书·五子之歌》）。这是儒家的理想政治模式。从这一原则出发，主张“民为贵，社稷次之，君为轻”（《孟子·尽心下》）。作为社稷的国家与君主并不是完全同一合体的。在民、社稷和君的次序中，民最为重要。“天之生民，非为君也。天之立君，以为民也。”（《荀子·大略》）

儒家的思想不是凭空而来的，而是对人类历史经验的总结和概括。儒家的历史观是“法先王”，但不是简单地效仿历史。在儒家看来，远古以来，之所以发生王朝更替，关键在于君主与人民的关系。理想的统治者都是恤民、保民、爱民的统治者，如西周之初。理想的政治也应该是“天视自我民视，天听自我民听”（《尚书·泰誓》）。反之，那些亡国的君主，都是因为不体恤民众，甚至压制民众，造成民不聊生，实行的是“猛如虎”的“苛政”。这种“苛政”尽管依靠“猛如虎”的强权霸权和霸道，

① 《马克思恩格斯全集》第47卷，人民出版社，2004，第58页。

② 费孝通：《中国绅士》，惠海鸣译，中国社会科学出版社，2006，第39~40页。

但最终导致王朝被推翻。“三代之得天下也以仁，其失天下也以不仁。国之所以废兴存亡者亦然。”（《孟子·离娄上》）所以，“传曰：‘君者舟也；庶人者水也。水则载舟，水则覆舟。’此之谓也。”（《荀子·王制》）

因此，君主要统治长久，必须以民为本，实行“仁政”，让民众能够有稳定的生活。“若民，则无恒产，因无恒心。苟无恒心，放辟邪侈，无不为已。”（《孟子·梁惠王上》）施“仁政”，便是实行“王道”，能够争取到人民。“得道者多助，失道者寡助。寡助之至，亲戚畔之；多助之至，天下顺之。”（《孟子·公孙丑下》）“王道”体现的是一种权威，是被统治者的自愿服从，因此能够收到事半功倍的成效，获得长治久安。“事半古之人，功必倍之”（《孟子·公孙丑上》）。

法家与儒家关于君主与民众关系的分歧，反映了人类社会关系的变迁和重叠的时代性和复杂性。

李泽厚认为，“春秋战国是保存着氏族社会传统的宗法制向发达的地域国家制过渡时期”，[①] 地域关系日益强于血缘关系。在兼并争霸中，诸侯国的地域领土意识日益增强，人口流动冲破了长期束缚民众的血缘共同体，国与国的兼并实质上反映的是人与人的相争，利益财产问题日益突出。这种利益财产关系依靠当事人是无法处理的，只有依靠强有力的中央集权及其代表者——君主才能将利益冲突限制在“秩序”的范围内，建立其统治秩序。法家以君为主，突出君主一人独大的地位，正是对地域关系日益突出的时代的反映。

而在儒家看来，无论什么时代，无论是君主还是人民，他们之间的关系都是相互依赖的关系。儒家的核心思想是“仁”，“仁者爱人”。“爱人”在于社会是以群的方式组成和存续的。儒家是从人类之初的血缘关系一直延续的角度来确立自己的“群”的观念的。血缘关系是一种相互依赖关系，各自以对方的存在为依据。人与人虽然不同，但又是相互依赖的。每个人都以一个具体的角色存在，要么是父，要么是

① 李泽厚：《李泽厚十年集（1979~1989）》（第三卷·上），安徽文艺出版社，1994，第 11 页。

子，要么是夫，要么是妻，要么是亲，要么是友，相互之间形成紧密的联系，谁也离不开谁。离开了人对人的依赖关系，生产生活就难以存续。这种相互依赖关系延伸到政治领域，就意味着，君与民也是相互依赖的。君主不可能离开民而独立存在。特别是儒家将这一理念做了进一步发挥，强化君主要以民为本，君主不过是舟，民才是水。君主只有充分考虑民众的利益，才能获得民众的拥护，形成持久的权威，并以这种公共权威将所有人整合起来，实现长治久安。对君主来说，“亲亲而仁民”（《孟子·尽心上》），“推恩足以保四海，不推恩无以保妻子”（《孟子·梁惠王上》）。

法家张扬权力，这对于通过国家特殊的公共权力迅速建立起国家秩序是十分有效的。“谁若想组织人民，充当领袖，谁就会发现法家的理论与实践仍然很有教益，很有用处，但是有一条，就是他一定要愿意走集权主义的路线。”[①] 秦始皇得以统一中国，主要依靠的便是法家学说。但在秦帝国建立之后，从表面上看，法家似乎已消失。这不是说法家不再重要，而是随着帝国政权的建立，以君为主成为制度，运用特殊的公共权力建立秩序已是一种本能，并内化为一种体制。而运用公共权力建构秩序却不是所有统治者都愿意和能够实行的。从长治久安的角度看，儒家以民为本的思想一直延续下来，并构成一种需要反复强化的“治道”。

三　以法治国与依礼治国

秩序是指事物的各个部分能够有条不紊、持续地运转。政治秩序总是相对冲突、混乱、动乱而言的。春秋战国时期正值旧秩序崩溃，新秩序待建构的时代。法家要求建立一个以君为主的专断性秩序，儒家主张建立一个以民为本的基础性秩序。而在如何建构秩序方面，法家和儒家也持不同的主张。

① 冯友兰：《中国哲学简史》，涂又光译，北京大学出版社，1985，第186页。

法家的基本主张是“以法治国”，即“法治”。在法家看来，为何要以君为主，便在于君主拥有比其他人所没有的巨大权力。对于一个混乱的社会，只有君主才能运用手中的权力为社会订立规则，强制要求每个人服从君主的意志，从而迅速建立起稳定的秩序。在法家看来，人性本恶。如“父母之于子也，产男则相贺，产女则杀之”（《韩非子·六反》）。既然人性恶，必然要求以权力这一更大的“恶”加以压制。

君主“以法治国”包括两层核心含义。一是君主是立法者，君主居于至高无上的地位，可以超越一般社会成员为社会订立规则。君在法上。君主是主权者。在其之上没有更高的权力，更无与其平行的权力。“天无二日，人无二主”。主权者的重要使命就是订立规则，让他人服从主权者。

二是在君主之下的所有人都要遵守和服从法律。无论出身、地位、阶级和身份，任何人都要遵守和服从法律，否则就会受到法律的惩处，即“法律面前人人平等”。

商鞅是法家思想的代表人物，也是其思想的实践者。秦王子犯法受到处罚。但秦王子成为君主之后，他却受到处罚。“王子犯法与民同罪”，但王不存在犯罪问题。所有的法家思想都没有王也存在犯罪问题的思想。这是因为君主是主权者，具有绝对意志。如果君主也受到法律的制约，就不能按自己的意志为社会订立规则，“以法治国”。这正是君主专制政治的具体体现。

黑格尔对专制政治精神有过深刻的论述。在他看来，“东方从古到今知道只有‘一个’是自由的”。[①] “在中国，实际上人人是绝对平等的，所有的一切差别，都和行政连带发生，任何人都能够在政府中取得高位，只要他具有才能。中国人既然是一律平等，又没有任何自由，所以政府的形式必然是专制主义。”[②] 黑格尔的论述无疑具有西方中心

① 〔德〕黑格尔：《历史哲学》，王造时译，商务印书馆，2007，第63页。

② 〔德〕黑格尔：《历史哲学》，王造时译，商务印书馆，2007，第77页。

主义的偏见，且未能将历史现象置于特定的历史背景下分析。事实上，中国人就是能够争取到“一律平等”，也支付了极大的历史代价，从“刑不上大夫”到“王子犯法与民同罪”在当时已是历史的巨大飞跃！它反映了中国从血缘关系的“差等”原则向地域关系的“同等”原则的重大转变。无论出身、地位、阶级和身份，只要在君主管辖的地域里生活，都具有法律上的同等性。专制主义的“以法治国”，可以迅速建立起具有统一性的秩序。秦国在众多诸侯国竞争中胜出，无疑是法家思想的胜利。

法家思想的重大贡献是君在法上，重大缺陷也在于此。商鞅可以辅助君主为全国人民立法，但无法限制君主，结果新的君主就任之后，自己惨遭车裂。这在于君主具有绝对意志。绝对意志不能保证绝对正确。

儒家则与法家有所不同。尽管儒家也认为“天无二日，人无二主”，君主的地位具有唯一性，但不认为具有绝对性。这在于君主与民众是相互依赖关系。因此，儒家主张“依礼治国”，即“礼治”。

礼与法一样，也是一种行为规范。法是单向关系，国家政权可以利用法律迅速建立统治秩序。礼则是双向互动关系，任何人都在“礼”之中，相互以“礼”相待，各自得到应有的回报。在儒家看来，礼才是治国的根本。“礼，国之纪也”（《国语·晋语四》）。“礼，王之大经也。”（《左传·昭公十五年》）“礼治”与“法治”的最大区别在于，“礼”是针对所有人的，无论是君主，还是臣民，都受到相应的礼的约束。儒家是从血缘关系的角度认识这一问题的。在血缘关系中，人与人不同，要么是父，要么是子，要么是夫，要么是妻，要么是亲，要么是友，各居其位，其地位是差等的。但这种差等性是以对等性为条件的。每个人居于不同地位，负有相应责任，都要遵守一定规矩，各有所规。这种家庭关系延伸到政治领域，便形成“依礼治国”的依据，从而有了“五伦”：“使契为司徒，教以人伦：父子有亲，君臣有义，夫妇有别，长幼有序，朋友有信。”（《孟子·滕文公上》）人伦中的双方都要遵守一定的“规矩”。为臣的，要忠于职守，为君的，要

以礼给他们相应的待遇；为父的，要慈祥，为子的，要孝顺；为夫的，要主外，为妇的，要主内；为兄的，要照顾兄弟，为弟的，要敬重兄长；为友的，要讲信义。君与臣的关系不是绝对服从关系，而是对等关系。“君使臣以礼，臣事君以忠。”（《论语·八佾》）“君之视臣如手足，则臣视君如腹心；君之视臣如犬马，则臣视君如国人；君之视臣如土芥，则臣视君如寇仇。”（《孟子·离娄下》）臣以道事君。当道义与君主发生矛盾时，“从道不从君。”（《荀子·臣道》）“居天下之广居，立天下之正位，行天下之大道；得志，与民由之；不得志，独行其道。”（《孟子·滕文公下》）

在儒家看来，所有人，无论是君主，还是平民，都在礼中，都受礼的约束，且愈是居于高位的君主，要求愈高。这是因为，在君主制条件下，为政在人。“政者，正也。子帅以正，孰敢不正？”（《论语·颜渊》）“君子之德风，小人之德草。草上之风，必偃。”（《论语·颜渊》）君主“一言兴邦，一言丧邦”，负有常人所没有的重大责任，应该是天下人的表率。“君仁，莫不仁；君义，莫不义；君正，莫不正。一正君而国定矣。”（《孟子·离娄上》）作为儒家创始人的孔子，“他没有对君主世袭统治的权利提出疑问，但他坚持君主首要的责任是树立一个合乎道德的品行优良的适当的榜样。在强权即公理的时代，他提出，政治成功的真正标准不是权力，而应是统治者具有美德，被统治者感到满意。”①

儒家的思想在当时显然不合时宜。春秋战国时期是礼崩乐坏而“争于力”的时代，是通过强化君主权力而在“争于力”中获得生存发展的时代，因此，儒家的思想与时代特点不合，显得“迂腐”。此外，儒家的思想也有重大缺陷，即“礼”作为一种行为规范，主要依靠内心自觉和修炼，而不是外在力量的强制。君主与一般人不同，是唯一拥有巨大权力的人。但没有与之平行的巨大权力对君主加以限制。

① 〔美〕费正清、赖肖尔：《中国：传统与变革》，陈仲丹、潘兴明、庞朝阳译，江苏人民出版社，1992，第46页。

一旦君主失“礼”，是没有任何制度性力量加以约束的。

当然，“依礼治国”对于整个国家的治理还是具有基础性意义的。这在于，儒家的“礼”来源和内生于实际生活，是日常生活规范向政治领域的延伸。以“人伦”为中心的“礼”是历代相沿积久、约定俗成的风尚、礼节、习惯的总和，也是人们在衣食住行、婚丧嫁娶、岁时节庆、生产活动、宗教信仰、文化娱乐等方面广泛的行为规范。“是以君臣朝廷尊卑贵贱之序，下及黎庶车舆衣服宫室饮食嫁娶丧祭之分，事有宜适，物有节文。”因此，“礼者，人道之极也。”（《荀子·礼论》）“君君臣臣，父父子子”，君臣关系源于父子关系，君臣父子各自在一定的规范之中，都受到相应的限制。当每个人都守礼，也就无需外部强制了。由此也可以节省大量的治理成本。法治尽管有效，但毕竟要依靠一种外部性力量强制，治理成本高昂。“道之以政，齐之以刑，民免而无耻。道之以德，齐之以礼，有耻且格。”（（《论语·为政》）特别是对于中国这样一个分散的小农大国来说，置于日常生活中的“礼”的功能更强。美国学者费正清对此深有体会，他经过比较后说，“对一个享有较高物质生活水平的美国人来说，使他感到惊异的是中国农民在这样困苦的生活条件下，竟能维持一种高度文明的生活。问题的答案在于他们的社会习俗，这些习俗使每个家庭的人员，按照根深蒂固的行为准则经历人生的各个阶段和变迁。这些习俗和行为准则，一向是世界上最古老而又最牢固不变的社会现象。”①

更重要的是儒家的思想内核能够超越时空，反映了大时代的基本特征，这就是“人的依赖关系”。马克思从生产和交换关系的视角，将人类社会分为三种形态。在他看来，“人的依赖关系（起初完全是自然发生的），是最初的社会形式，在这种形式下，人的生产能力只是在狭小的范围内和孤立的地点上发展着。”② 人的依赖关系是在共同体内的相互依赖，各自以对方为自己的存在条件，相互约束。“父子有亲，君臣

① 〔美〕费正清：《美国与中国》（第四版），张理京译，世界知识出版社，1999，第21页。

② 《马克思恩格斯文集》第8卷，人民出版社，2009，第52页。

有义，夫妇有别，长幼有序，朋友有信。”（《孟子·滕文公上》）“人人亲其亲，长其长，而天下平。”（《孟子·离娄上》）这种人与人之间的相互依赖关系，反映了进入以地域关系为基础的国家形态之后，远古的血缘关系仍然在继续发挥相互约束的功能。正如李泽厚所指出的，以孔子为代表的儒家学说，“把这种血缘关系和历史传统提取，转化为意识形态上的自觉主张，对这种超出生物种属性质、起着社会结构作用的血缘亲属关系和等级制度作明朗的政治学的解释，使之摆脱特定氏族社会的历史限制，强调它具有普遍和长久的社会性的含义和作用，这具有重要意义。”[①] 而血缘关系的基本单位是家族。正是这一基本单位使儒家学说得以超越其他学说，有着顽强的生命力和广泛的影响力。“中国数千年间，重视家族制度之儒家学说居于正统地位，其他思想均居闰系，自无若何力量。”[②] 因此，儒家的“依礼治国”的思想在“人的依赖关系”的大时代得以长期延续，有助于建构长治久安的政治秩序。

四　独尊儒术与法家儒家化

恩格斯在论述国家起源时，除了讲到经济发展和社会分化的推动以外，还提到国家的意识形态问题。他在谈及氏族制度解体过程中，“所缺少的只是一件东西，即这样一个机关，它不仅保障单个人新获得的财富不受氏族制度的共产制传统的侵犯，不仅使以前被轻视的私有财产神圣化，并宣布这种神圣化是整个人类社会的最高目的，而且还给相继发展起来的获得财产从而不断加速财富积累的新的形式，盖上社会普遍承认的印章；所缺少的只是这样一个机关，它不仅使正在开始的社会分裂为阶级的现象永久化，而且使有产者阶级剥削无产者阶级的权利以及前者对后者的统治永久化。”[③] 恩格斯说的机关，就是国

① 李泽厚：《李泽厚十年集（1979~1989）》（第三卷·上），安徽文艺出版社，1994，第 23 页。
② 陈顾远：《中国法制史概要》，商务印书馆，2011，第 221 页。
③ 《马克思恩格斯选集》第 4 卷，人民出版社，2012，第 122~123 页。

家政权。国家政权不仅要保障私有财产，而且要宣布私有财产神圣化是整个人类社会的最高目的，将财富积累盖上社会普遍承认的印章。这就是国家政权建立的意识形态。意识形态的功能就是对私有财产、阶级国家、强制性权力等具有排他性的东西加以装饰，使人从外观上看起来具有“神圣化”，从而“盖上社会普遍承认的印章”，以得到广泛认可。因此，国家统治者不仅需要军队、警察等强制性物质手段，而且需要通过思想意识形态征服人心，建立起社会认可的权威。

中国的国家演进至秦汉，进入一个地域关系居主导地位的帝制时代，并要求有新的意识形态。“所谓‘新’是意味，正式地摆脱极为久远的氏族传统结构和意识形态，由分散的、独立或半独立的原氏族部落基础上的邦国（春秋时期），逐步合并成为真正地域性的、以中央集权为标志的统一的专制大帝国”。[①] 秦始皇是借助于强大的军事实力统一中国的。在这一过程中，法家思想是其主要的思想依据。秦统一中国后，不仅实行“车同轨，书同文”，而且焚书坑儒，统一思想，以法家思想治理国家。只是由于时间太短，秦还未来得及建立起系统的国家意识形态。“历史上只看见始皇摧残思想，未曾看见始皇指导思想。”[②] 汉取代秦之后，在相当长的时间里，其国家意识形态还处在摸索阶段。汉初主要是对秦的苛政加以调整，重视黄老“清静无为”思想，主张“与民休息”。随着“文景之治”，经济社会得以恢复，且日益活跃，出现了社会分化。通过建立国家意识形态统一思想，以图长治久安因此成为重大议题。汉武帝深感“任大而守重”，为此夜不能寐，多次向天下昭告，求治国之策。“欲闻大道之要，至论之极。”（《汉书·董仲舒传》）正是在这一背景下，被称为汉代大儒的董仲舒登场了。

董仲舒的思想主要有四个方面。

一是“天人合一”，君权天予。在董仲舒看来，构成人类社会的有三个基本要素，谓之“本”。“何谓本？曰：天、地、人，万物之本

① 李泽厚：《李泽厚十年集（1979～1989）》（第三卷·上），安徽文艺出版社，1994，第136页。

② 萨孟武：《中国社会政治史》（先秦秦汉卷），三联书店，2018，第166页。

也。”（《春秋繁露·立元神》）“以类合之，天人一也。”（《春秋繁露·阴阳义》）“天人合一的内在逻辑是：天是人的主宰，人是天的附属，人必须遵从天道的指引，服从天意的约束。”“君权天予”①。“《春秋》之法，以人随君，以君随天。”（《春秋繁露·玉杯》）

二是“大一统”，圣王一体。“《春秋》大一统者，天地之常经，古今之通谊也。”（《汉书·董仲舒传》）“大一统”构成贯通时空的规律或法则。“一”是根本原则，具有唯一性和权威性。人类社会的政治统一主要依靠具有唯一性的君主。这是因为“唯天子受命于天，天下受命于天子，一国则受命于君”（《春秋繁露·为人者天》）。“在位之君也如同圣人一般，作为沟通天人的中介，一方面统领士庶百姓事奉天，另一方面又禀承天意治理人间。”②

三是“三纲五常”，君权至上。在董仲舒看来，君臣、父子、夫妻是人类社会的三对基本关系，即“王道之三纲”（《春秋繁露·基义》）。三对关系是主从依附关系，即“君为臣纲，父为子纲，夫为妻纲”（《白虎通义·三纲六纪》）。其中，君为治国之根本，君主“立于生杀之位”（《春秋繁露·王道通三》），“操生杀之势”（《春秋繁露·威德所生》）。群臣百官服从天子。“臣之义，比于地。故为人臣者，视地之事天也。”（《春秋繁露·王道通三》）。民更是如此。“君之所好，民必从之。”（《春秋繁露·为人者天》）“三纲作为实现有序化统治的基本规定，从根本上解决了谁统治谁的问题”，“它说明了汉代统治阶级已经备具了推行有序化统治和控制整个社会的意识和能力。”③ 这种有序化的统治需要每个人的道德行为加以体现，由此产生“五常之道”，即“仁义礼智信”。

四是“罢黜百家，独尊儒术”。“大一统”、政治与社会的主从依附关

① 刘泽华主编《中国政治思想史（秦汉魏晋南北朝卷）》，浙江人民出版社，1996，第82页。

② 刘泽华主编《中国政治思想史（秦汉魏晋南北朝卷）》，浙江人民出版社，1996，第85~86页。

③ 刘泽华主编《中国政治思想史（秦汉魏晋南北朝卷）》，浙江人民出版社，1996，第96页。

系都需要得到人们的认可，将人们的思想从“百家殊方”中统一到对这一关系的认同上来。“邪辟之说灭息，然后统纪可一而法度可明，民知所从矣。”（《汉书·董仲舒传》）这一思想便是“罢黜百家，独尊儒术”。

董仲舒的思想得以被接纳，儒术成为居统治地位的国家意识形态。但这里的儒术已不是春秋战国创立的与法家思想所不同的儒家思想，而是法家思想的儒家化。李泽厚将儒家思想的变化做了区分，提出了原始儒学与后来为统治者所利用的儒家之间的区别，“这区别就在于，一个是从氏族贵族的个体成员和巩固宗法纽带立论，一个是从统一帝国和专制君主的统治秩序着眼。前者具有伦理情感，后者纯属功利需要。前者建立在氏族成员的血缘观念和心理基础之上，是原始儒家。后者是要求服务于皇帝统治的政治目的，渗透着法家精神。这个貌同而实异，正好标志着在新社会条件下新的统治阶级对原始儒家思想所作的具体改造和利用。”① 以君为主、以法治国是法家的主要思想。这一思想强调君权的唯一性和强制性，唯我独尊，严刑峻法，君民对立。在特殊时期有利于迅速建立起统治秩序，但不利于长治久安。家族私有财产、君主独占国家、强制性权力等具有排他性的东西未能加以装饰，不能使人从外观上看起来具有“神圣化”，从而“盖上社会普遍承认的印章”，得到广泛认可。秦朝的迅速灭亡便是这一结果。但秦的灭亡并不意味着法家思想的失败，而是法家思想未能实现其对国家统治的“装饰”，从而加以“神圣化”的目的。董仲舒的思想因此应运而生。他的思想反映了法家思想的内核，同时又运用了儒家思想加以论证，并有自己的创造。

首先，董仲舒从天人关系的角度论证了君主统治的合法性。过往的儒家思想是从血缘家族关系延伸到国家统治的，家有家长，国有国君。法家思想直接从权力关系论证君主的至高地位，从历史必然性论证君权的合理性。董仲舒则将君主统治的合法性提升到天人关系这一

① 李泽厚：《李泽厚十年集（1979～1989）》（第三卷·上），安徽文艺出版社，1994，第 139 页。

基本原则的高度加以认识，“将上天权威的至上性和神圣性注入了君权，使君权也变得神圣不可侵犯起来。”① 只是这种君权也要受到天道的约束，这与法家的绝对君权主张又有不同。“天子作为专制君主，其施政行令也同样受到这整体结构的限制和约束，不能像在韩非、李斯等法家理论中那样，因握有绝对权力便可以为所欲为和无所不为。皇帝虽高踞于万民之上，但又仍然受制于系统之中。”②

其次，“大一统”是过往思想家都追求的目标。法家主张的是通过强制性的权力实行“大一统”，没有能够论证为何要“大一统”。董仲舒则将“大一统”上升为社会运行的普遍法则。

再次，君主与人民的关系是政治体系的基本问题。法家以君为主，将民视为草芥。董仲舒继承了儒家的君民相互依赖关系的思想，但突出了臣对君、子对父、妻对夫的上下尊卑、单向服从关系，是对以君为主思想的反映，只是更多了一层相互依赖关系的修饰。同时，以“五常”辅之“三纲”，强调即使处于上位的君、父、夫也要有其与自己地位相称的道德修炼。这与法家独尊权力又有所不同。

最后，“罢黜百家，独尊儒术”所说的“独尊”正是法家思想内核，即思想专制的体现。李斯明确要求“别黑白而定一尊”（《史记·秦始皇本纪》）。只是董仲舒并没有要求以权力强制罢黜，而是表达了多种思想中必须有一种主导性的具有统治地位的思想。没有统一的思想，就没有“大一统”的政治。

董仲舒的思想反映了意识形态的特有功能，这就是将国家目的“神圣化”，因此得到汉武帝的高度重视。儒家思想由此提升为帝制国家的意识形态，统治中国达数千年。“公元前 221 年统一天下的秦国法家，虽有冷酷无情的有效治国方法，却缺乏道义根据，而儒家则提供

① 刘泽华主编《中国政治思想史（秦汉魏晋南北朝卷）》，浙江人民出版社，1996，第 86 页。

② 李泽厚：《李泽厚十年集（1979~1989）》（第三卷·上），安徽文艺出版社，1994，第 151 页。

了这种思想基础。”[①] 王亚南因此指出：“直到汉武帝时主张罢黜百家、独尚儒术的董仲舒，才因了要把专制官僚体制合理化、神圣神秘化的要求而痛快地予以发挥了。”[②]

作为国家意识形态并具有“独尊”地位的儒家，已不是纯粹的儒家，而吸取和整合了多种有利于帝制体系的思想，特别是法家思想。“绝对君权和三纲秩序本是秦代就有的法家理论，董（仲舒）从宇宙论的高度确认了它。”[③] 这在于，帝制国家已超越狭隘的血缘关系，成为以地域关系为主的超大国家。其政治社会的特点日益突出。“政治社会是按地域组织起来的，它通过地域关系来处理财产和处理个人的问题。”[④] 帝制体系下的“大一统”，只能主要通过在地域关系基础上形成的特殊的公共权力加以维持。君主是统治权力的象征和全国地域上所有人的总代表，因此具有其神圣地位。这种神圣地位是至高无上的“天”所赋予的。被独尊的儒术恰恰提供了这种神圣性的论证，既是对法家思想的修饰，又适应了帝制时代的特点。“武帝之崇儒，并非以儒学政治学说作为全部政策的出发点，而是注重儒术的‘文饰’功能。”[⑤] 武帝“虽好儒，好其名而不知其实，慕其华而废其质”（《司马文正公传家集》卷十二）。而“文饰”恰恰是意识形态特有的功能。萨孟武由此指出：“武帝的目的是和始皇一样，而其方法却比始皇高明，用儒家以罢黜百家，就是用仁义以推翻纵横权诈之说，试问谁能反对。其实武帝何曾实行孔孟主义，更何曾重视儒生。”[⑥]

汉初，各种思想十分活跃，特别是黄老思想一度居于统治地位，儒家反而受到冷落。为何在汉武帝寻求国策时，儒家思想得以脱颖而

① 〔美〕费正清：《美国与中国》（第四版），张理京译，世界知识出版社，1999，第58页。
② 王亚南：《中国官僚政治研究》，商务印书馆，2010，第66页。
③ 李泽厚：《李泽厚十年集（1979~1989）》（第三卷·上），安徽文艺出版社，1994，第150页。
④ 〔美〕路易斯·亨利·摩尔根：《古代社会》上册，杨东莼、马雍、马巨译，商务印书馆，1977，第6页。
⑤ 刘泽华主编《中国政治思想史（秦汉魏晋南北朝卷）》，浙江人民出版社，1996，第108~109页。
⑥ 萨孟武：《中国社会政治史》（先秦秦汉卷），三联书店，2018，第166页。

出，定于独尊？除了儒家思想特有的“文饰”功能以外，还在于它来自深深植根于长期历史延续下来的血缘关系对国家政治关系的渗透。李泽厚指出：“儒家之所以在这个新创造中占了优势和主导，是因为比较其它各家，儒家与中国古老的经济社会传统有更深的现实联系，它不是一时崛起的纯理论主张或虚玄空想，而是以具有极为久远的氏族血缘的宗法制度为其深厚根基，从而能在以家庭小生产农业为经济本位的社会中始终保持现实的力量和传统的有效性。”① 即“序君臣父子之礼，列夫妇长幼之别，不可易也”（《史记·太史公自序》）。在帝制时代，尽管地域关系日益居于主导地位，但血缘关系仍然支配着政治和社会生活。一是最高统治权的家族性，二是社会生活基本单位的家族性。由此产生出国与家的同构、国家政治关系与血缘关系的结合。“君为臣纲、父为子纲、夫为妻纲”正是这种结合的政治化反映，并构成了治国的基本法则，同时配以“仁义礼智信”的日常生活准则，将政治关系延伸到日常生活中。“纲常”因此成为帝制时代统治所有人思想的国家意识形态。“当这套意识形态在东汉最终建构完成之后，儒家学说由于有宇宙自然法则作为依据，君主制度作为推行的力量，循吏为代表的行政系统的教育与灌输，加上便于推广与普及的数字化、简约化的语词系统，本来就重视血缘亲情并以之作为社会认同基础的古代中国人很容易接纳这一套思想。”② “儒家可被视作以家庭为榜样、为国家建立道德原则的意识形态。”③

五　天理人欲与儒家生活化

国家意识形态是国家占统治地位的思想，首先是统治阶级的思想，

① 李泽厚：《李泽厚十年集（1979~1989）》（第三卷·上），安徽文艺出版社，1994，第141页。

② 葛兆光：《中国思想史》第一卷，复旦大学出版社，2001，第276页。

③ 〔美〕弗朗西斯·福山：《政治秩序的起源——从前人类时代到法国大革命》，毛俊杰译，广西师范大学出版社，2012，第117页。

主要目的是维护统治秩序。尽管在古代中国，“社稷”包括国家与社会，但作为治理主体的国家与社会还是有区别的。国家意识形态也不总是时时处处卓有成效。汉代确立了儒家的统治地位，儒家思想成为“官学”，主要在统治群体内部，还没有深入社会生活之中。在确立“独尊儒术”之后的上千年时间里，作为官方意识形态的儒家思想的影响力有限。不仅民间社会存在着不同的思想意识，就是官方也未能始终真正“独尊儒术”，如官方对佛教思想的接纳。而在汉唐末期都经历了数百年的内部大动乱，至宋朝才得以稳定下来。与此同时，宋朝的经济社会生活日益活跃，人们的思想也呈现出多样化态势。帝制国家的历史进入一个新的阶段，即避免内部分化与动乱，进行社会大整合。这一社会大整合的重要历史使命之一是如何重构能够化为人心的国家意识形态，并将其转化为每个社会成员的实际行为准则，使国家意识形态具有牢固的社会根基。宋代的理学思想应运而生，也标志着儒家思想作为国家意识形态向生活化形态的转变。

宋代的理学作为新的儒家思想，是一个由若干人组成的学派。这些人有共同特征：一是有宏大抱负，希望以自己的学理知识为天下确立法则。最有代表的是张载的话：“为天地立心，为生民立命，为往圣继绝学，为万世开太平。”（《横渠语录》）二是大多有在地方为官或作为地方官子弟的经历，比较接近于民间社会。三是热衷于传经讲道，甚至自己亲自主办教育。四是其思想既高度学理化，有深刻的学理，同时又有大量精粹的语录。如张载的《横渠语录》，朱熹的《朱子家训》等。这都反映了作为理论的理学如何将儒家生活化的条件和努力。

理学思想的核心在于“理”。汉代董仲舒思想的核心是“天”，宋代理学的核心则在“理”。“理”是世界万事万物运行的法则，任何人都不可违背。“理学诸子认为君臣、父子、夫妇、长幼、朋友是人类社会最重要的五种社会关系，并把这些关系及其具体规范称之为五伦或五品人伦。其中君为臣纲，父为子纲，夫为妇纲尤为重要，故称之为三纲。规范三纲五伦的各种道德规范可以抽象为仁、义、礼、智、信，

故称之为五常或三纲五常。”[①] “三纲五常，天理民彝之大节，而治道之本根也”（《晦庵先生朱文公文集·戊申延和奏札》）。

理学思想的重点在于“天理”与“人欲”的关系，主张“存天理灭人欲”。理学一方面将三纲五常提升到“天理”的高度加以认识，另一方面，对“天理”与“人欲”的关系作出了规范。在理学看来，“人欲”是“天理”的反面。一切违背三纲五常、仁义礼智的意识和行为皆属于人欲，都应灭掉。“圣贤千言万语，只是教人明天理，灭人欲”（《朱子语类》卷十二）。“因此，存理灭欲、革欲复理是理学的核心内容”。[②]

理学思想的要点在于生活，日常生活中时时处处都存在“理”。“理”不是遥不可及的高深学问，而就在每个人的日常生活之中。所谓“一言一语，一动一作，一坐一立，一饮一食，都有是非。是底便是天理，非底便是人欲”（《《朱子语类》卷三十八）。

理学思想的特点在于实践，每个人都是道德主体，都可以通过教育和自己的修炼而成为圣人。正因为“天理”存在于每个人的日常生活之中，生活中时时处处都有理与欲的界限，人们无时无刻经受理与欲的考验，因此，每个人都要通过教育和修炼，克服“一念之间”的差距。

汉代儒家因吸纳法家思想，被独尊为国家意识形态。宋代理学特别强调社会意识形态。“理”的法则不仅被统治者要遵守，统治者也要遵守。因此，理学在其所产生的宋朝并未受到重视。但自宋代以后，特别是明清时期，理学上升为居统治地位的意识形态。“君臣、父子、夫妇称为三纲。不仅把政权家族化，也还把每个家族政权化，在血缘关系上建立起统治与被统治的准则。”[③] 其重要基础在于道德规范的实践性和生活性。正如费正清所说，“这种新形式的儒家思想，经过加工，提供了对生活问题的更多解答。”[④] 但是，作为官方意识形态的理学具有被阉

① 刘泽华主编《中国政治思想史（隋唐宋元明清卷）》，浙江人民出版社，1996，第310~311页。

② 刘泽华主编《中国政治思想史（隋唐宋元明清卷）》，浙江人民出版社，1996，第328页。

③ 蔡美彪等：《中国通史》第九册，人民出版社，2015，第367页。

④ 〔美〕费正清：《美国和中国》（第四版），张理京译，世界知识出版社，1999，第63页。

割、被官方的特点。这就是官方选取了那些有利于维持统治秩序，特别是能够约束民众的理学话语作为全社会的规范，将理学的个别语录不分具体条件而绝对化，理学在大众化的过程中庸俗化。如“存天理灭人欲”，“饿死事小，失节事大”等否定人的一切正常欲望。

理学的官方化使之成为约束和压制人的重要思想，后人因此认为理学是“以理杀人”。戴震尖锐地指出：“其所谓理者，同于酷吏之所谓法。酷吏以法杀人，后儒以理杀人”（《戴东原集·与某书》）。尽管这“杀人”并不是理学的本意，但理学得以提升为国家意识形态，与其内在的思想还是有关的。“宋代的理学思想由于其无所不包，成了束缚中国人的思想的紧箍咒。”[①] 其背后的深刻原因是社会生活主要还是以血缘关系为纽带，家庭家族仍然是社会的基本单位。理学尽管很高深，但与血缘关系支配下的日常生活非常接近。血缘关系具有内在的约束力。只是这种基于人内心产生的内在约束力与外在的国家强制力结合起来，使理学由一种普遍的双向约束规范转变为单向的服从和顺从规范，一部分人不得不屈从另一部分人。“尊者以理责卑，长者以理责幼，贵者以理责贱。虽失，谓之顺。卑者、幼者、贱者以理争之，虽得，谓之逆。”（戴震《孟子字义疏证》）

由此可见，理学的重要特点便是植根于广大社会成员的日常生活之中，强调每个人都服从高于个体之上的规范，有助于将国家意志转换为每个人的自觉行为，实现以德治国。“在这里，思想成为原则，而原则又成为规则，而规则就进入民众生活，当民众在这种规则中生存已久，它就日用而不知地成了‘常识’，任何违背常识的行为都将成错误甚至罪孽。”[②] 所以，理学的官方化，反映了国家统治者愈来愈具有通过建构普遍的日常行为规范，实现国家长治久安的政治自觉。只是这种规范是以压制一部分人为代价的。但由于其与血缘关系和日常生活相结合，又掩饰着一层温情脉脉的面纱。

---

① 〔美〕费正清：《美国和中国》（第四版），张理京译，世界知识出版社，1999，第65页。

② 葛兆光：《中国思想史》第二卷，复旦大学出版社，2001，第272页。

当然，理学重视人作为主体的道德实践，在理论上突出了人的独立价值。李泽厚认为："由于宋明理学细密地分析、实践地讲求'立志'、'修身'，以求最终达到'内圣外王'、'治国平天下'，把道德自律、意志结构，把人的社会责任感、历史使命感和人优于自然等方面，提扬到本体论的高度，空前地树立了人的伦理学主体性的庄严伟大。"[①]这一思想又为后人超越局限性的外在规范提供了思想资源。

理学重视人的道德实践，重视作为人的自我生产单位——家庭的教育作用，具有超越时空的普遍性。这是因为每个人从一出生，就在家庭的规训下长大直至成人。《朱子家训》等家庭教育和规范不会随着国家政权的变动而失去其价值。这也是包括理学在内的儒学思想能够长期延续的重要原因。葛兆光指出："理学家对于家庭、宗族秩序的峻急观念和严格原则，显然在后来的一系列对个人行为、家庭关系、宗族组织进行指导的家礼、乡约、族规、族谱等等中有过相当大的影响"。[②]"在国家权力所笼罩的空间中，一种伦理道德同一性被逐渐建构起来，一种普遍被认同的思想世界开始形成，并终于奠定了中国人的日常生活世界。"[③]

六　血缘关系与政治统治的剥离

摩尔根认为，"一切政治形态都可归纳为两种基本方式"，"先出现的第一种方式以人身、以纯人身关系为基础，……第二种方式以地域和财产为基础，我们可以名之为国家"。[④] 这两种方式不是简单的替代关系。前一种方式将会长期延续并渗透到第二种方式之中。尤其是对于中国的文明和国家进程而言。在中国，从国家的生长开始，血缘关

① 李泽厚：《李泽厚十年集（1979~1989）》（第三卷·上），安徽文艺出版社，1994，第254页。

② 葛兆光：《中国思想史》第二卷，复旦大学出版社，2001，第272页。

③ 葛兆光：《中国思想史》第二卷，复旦大学出版社，2001，第278页。

④ 〔美〕路易斯·亨利·摩尔根：《古代社会》上册，杨东莼、马雍、马巨译，商务印书馆，1977，第6页。

系就一直延续和渗透到国家领域，并构成占主导地位的意识形态。这种意识形态虽然有所变化，但均是以血缘关系为基础，将君臣比附于父子，以家庭关系塑造政治关系，以政治关系建构家庭关系。这种意识形态一直到宋明理学，发挥到极端。然而，以地域和财产为基础的国家形态毕竟在缓慢地成长之中。特别是经济社会生活的变化，推动着思想意识的变化。这种变化集中体现在明末清初以顾炎武、黄宗羲、王夫之等号称为“清初三儒”的思想中。

“清初三儒”都出生于南方。中国的核心领域长期在北方黄河一带，北方深受主流意识形态的支配。长江一带的南方长期被视为未开化的“南蛮之地”。相比较而言，官方意识形态的影响较弱一些。与此同时，自宋开始，南方的经济发展开始超越北方，特别是商品经济萌生并日益活跃，人们的思想意识也活跃一些。而汉人统治的明朝被异族人主导的清朝所替代这一巨大的政治动荡深深刺激着文人的思想，促使他们对长期延续的国家意识形态进行质疑和挑战。“清初三儒”是其中的典型代表。其思想具有振聋发聩的价值。主要包括以下几个方面。

一是以天下为主而非以君为主，提出天下为天下人的天下而非君主一人之天下的思想。君主与天下的关系是根本性的政治关系。君主制的特点是以君为主，君主凌驾于天下民众之上。而在黄宗羲看来，这是对天下与君主关系的颠倒并成为天下之大害。“古者以天下为主，君为客，凡君之所毕世而经营者，为天下也。今也以君为主，天下为客，……然则为天下之大害者，君而已矣！”（《明夷待访录·原君》）其理由在于“以君为主”是“以天下而养一人”（《孟子师说》卷四）。由此必然导致“横征暴敛，使民无以自养”（《破邪论·赋税》）。在一人天下的制度下，臣只知绝对效忠和顺从于君主而无视民众疾苦，背离了臣道。帝制下的“所谓法者，一家之法，而非天下之法也”（《明夷待访录·原法》）。因为是“一家之法”，所以对天下人防之又防，“故其法不得不密。法愈密而天下之乱即生于法之中，所谓非法之法也。”（《明夷待访录·原法》）这种法不能治天下，相反会乱天下。由于以君为主，而非以天下为主，必然导致为争天下的杀戮，造成天下生民涂炭。

因此，只有以天下为主，君为客，才能实现长治久安。“天下治乱，不在一姓之兴亡，而在万民之忧乐。”（《明夷待访录·原臣》）

顾炎武区分了“公天下”和“私天下”，后者指君主专制一人之天下，君主视天下为私财，集大权于一身，成为各种弊端的根源。在私天下之下，“一兵之籍，一财之源，一地之守，皆人主自为之。”（《日知录》卷八“法制”条）为了维护“私财”，君主“人人而疑之，事事而制之”（《日知录》卷八“法制”条）。由此造成民穷国弱。为此，顾炎武进一步区分了“国家”与“天下”的概念。“国家”乃一家一姓的王朝，“天下”乃天下人之天下。“天下”高于“国家”。“易姓改号，谓之亡国；仁义充塞，而至于率兽食人，人将相食，谓之亡天下。”（《日知录》卷十三“正始”条）“保天下”重于“保国家”。

王夫之对“公天下”和“私天下”也做了划分，认为：“一姓之兴亡，私也；而生民之生死，公也。”（《读通鉴论》卷十七《敬帝》）他强烈主张“公天下”，“不以一人疑天下，不以天下私一人”（《黄书·宰制》）。

二是对君权的神圣性提出质疑。从天下为主的原则出发，质疑以君为主的君权神圣性。黄宗羲指出：“岂天地之大，于兆人万姓之中，独私其一人一姓乎？”（《明夷待访录·原君》）这实际上表达了天下是天下众人的天下，而不是君主一人之天下的思想。因此，当天下为一人之天下并横征暴敛时，人们对暴君的反对是正义和合理的。

在顾炎武看来，君主并不具有绝对的神圣性。君主只是各种“君”的称呼中的一种，“天子与公侯伯子男一也，而非绝世之贵。”（《日知录》卷七“周室班爵禄”条）

王夫之认为，君主只是因民而立的，如果君主只图一人一姓之私，不能保民安民，是可以革除的，“放君伐暴，成非常之事”（《张子正蒙注·动物篇》）。

三是将政治关系与血缘关系剥离开来。君权的神圣性与父权相关，君臣如父子。父子关系不可改变和颠倒，君臣关系也是如此。黄宗羲则将君与父分离开来。他认为事君与事父并不相同，父子是自然一体的血缘关系。“人子于父母，原是一人之身”，“‘孰不为事，事亲，事

之本’者，一生之力，无一毫不为父母之用，其事君事长，皆事父母所不可缺之事，非移此心以事之也。”（《孟子师说》卷四）君臣关系则不同于父子关系，它是后天因为天下事的关系结合而成的。因此，“君臣之名，从天下而有之者也。吾无天下之责，则吾在君为路人。出而仕于君也，不以天下为事，则君之仆妾也；以天下为事，则君之师友也。”（《明夷待访录·原臣》）君臣是因为天下事而存在的。“‘君使臣以礼，臣事君以忠’，为君臣之正道”（《孟子师说》卷四）。而“忠君”的原则是“忠天下”，而非简单地忠君个人。

四是主张改“独治”为“众治”。既然天下是天下人之天下，而非君主一人之天下，因此需要天下人参与天下的治理。黄宗羲主张设立宰相，横向分治；强化地方功能，纵向分治；强化学校的议政功能，社会分治。顾炎武认为“天下”关系到天下人的兴亡，匹夫匹妇有责。天下治理应该是“众治”而不是“独治”。为此他主张革除郡县制“专在上”之弊，地方适度分权，重视“清议”的社会舆论。

“清初三儒”的思想是对中国长期历史延续下来的统治思想的挑战，其核心价值在于努力抽掉君权统治的血缘基础，借此否定“家天下”，主张“公天下”。在中国，自作为特殊公共权力的国家产生，国家与社会高度混合，血缘关系与政治关系相互结合。这种混合和结合以血缘固专制，使家天下的君主统治具有牢固的社会基础，也是帝制统治深厚的权威来源。正如朱熹所说的“天不变，道亦不变”。李大钊在评价儒家思想为何能够长期居统治地位时指出，“因它是适应中国二千余年未曾变动的经济组织反映出来的产物，因它是大家族制度上的表层构造。”① 但是，随着经济社会发展，“天”开始变了。这就是地域和财产关系日益突出。民众的存在价值、个人的独立地位开始显现。建立在狭隘的血缘关系基础上的意识形态愈来愈难以限制所有人的大脑。人们的思想开始冲破长期历史延续的天罗地网，有了新的认识和

① 李大钊：《由经济上解释中国近代思想变动的原因》，《新青年》第 7 卷第 2 号，1920 年 1 月。

思考。尽管这一认识和思考的影响有很大的局限性，其理论资源主要是远古想象和儒家原则，但具有相当的历史突破性价值，已大大超越了传统的儒家思想。这些思想深刻反映了被血缘关系抑制的地域关系和财产关系的提升，建立在地域关系和财产关系基础上的“天下”意识日益增强。“天下”是地域上所有人的“天下”，而不是基于狭隘血缘关系的个别家庭的“天下”。将“天下”与“国家”、“公天下”与“私天下”、“父子”与“君臣”加以区分，都反映了基于天下的地域关系对基于家庭的血缘关系的束缚的极力挣脱，是一种思想的先声，也是关系变迁的呼声！

第五章
地域—血缘关系中的郡县与封建

恩格斯认为，国家的第一个特征是“按地区来划分它的国民”。[①]与自然形成的血缘团体不同，按地区划分国民，是国家政权按地区对国民的再组织和治理，由此形成国家整体与部分、中央与地方的关系，并配置相应的国家权力。这显然是比自组织的血缘团体高级和复杂得多的社会工程。特别是对于中国这样的大规模国家而言，国家组织和治理更为困难，统一与分裂长期伴随着国家进程。中国进入以地域关系为主的帝制国家后，通过自上而下的郡县制组织和治理国家。而长期延续的血缘关系基础上的封建制残片遗留下来，并渗透于郡县制之中。

一　大规模国家的政治联结难题

经过长时间和大规模战争，秦始皇得以统一中国，如何组织和治理一个超大规模的国家很快成为统治者的难题。于是，有雄才大略且刚愎自用的秦始皇也不得不召开会议，商讨国家如何组织和治理的问题。由此有了是实行新兴的郡县制，还是延续传统的封建制的大争论。

---

① 《马克思恩格斯选集》第4卷，人民出版社，2012，第187页。

尽管这场大争论有了结论，但问题并没有完全解决，争论还在以后的岁月里持续了很长时间。其根本原因是秦始皇统一中国后建立的国家是一个不同于过往的帝制国家。

与过往的国家相比，秦统一后的中国作为帝制国家，具有以下基本特点：一是以皇帝为代表的中央集权制，二是国家组织规模空前扩大，三是由血缘关系联结为主转向以地域关系联结为主。在一个具有超大规模的国家，如何将众多不同地域的人口联结起来，形成一个大一统的政治整体，显然是一个前所未有的难题。

中国自夏、商到周，由于血缘关系的长期延续，主要利用血缘关系的力量进行国家组织和治理，直至周代形成成熟的封建制度。血缘关系是一种自组织的力量，即当事人依据自然形成的血缘关系组织成为一个群体，并依据血缘关系进行自我治理。国家组织只是这种血缘组织的放大和扩展。秦始皇统一中国，灭掉原有主要以血缘关系为基础构建的诸侯国家，形成了一个地域规模超大的帝制国家。新型的帝制国家重新定义人口，并要依据地域而不是血缘关系将重新定义的人口组织起来，并进行有效治理。“有决定意义的已不是血族团体的族籍，而只是常住地区了；现在要加以划分的，不是人民，而是地区了；居民在政治上已变为地区的简单的附属物了。”[①] 这种以地域关系为基础，对国家组织和治理有着更高要求，也更具有难度。

如果从组织的生成看，可分为原生组织、次生组织和再生组织。以血缘关系为纽带的氏族是原生组织，是自然形成的。早期王制国家将血缘关系加以延伸和扩展，血缘关系与政治关系相结合，形成次生组织。这种次生组织是在原生组织基础上自然而然生长出来，统治者顺势而为建构的。而在次生组织基础上建构的帝制国家则属于再生组织，它不是基于血缘关系的延伸和扩展，而是通过国家政权的力量对社会的重新组织。这种组织已与原生组织和还带有很多原生组织特性的次生组织相距很远了，而与完全的国家形态更接近了。摩尔根描述了这一历史进程，

① 《马克思恩格斯选集》第 4 卷，人民出版社，2012，第 131 页。

他指出："政治社会是按地域组织起来的，它通过地域关系来处理财产和处理个人的问题。其顺序相承的阶段如下：首先是乡区或市区，这是这种组织的基本单位；然后是县或省，这是乡区或市区的集合体；最后是全国领土，这是县或省的集合体。"[①] 这显然与原始社会依照血缘性的性别和世系组织氏族完全不同，"在古代社会里，这种以地域为基础的方式是闻所未闻的。"[②] 而在中国，实行这种闻所未闻的方式的难度更大。

其一，秦始皇统一中国后的国家规模空前扩大。组织规模与组织方式密切相关。组织规模愈小，自组织愈容易；反之，组织规模愈大，自组织愈困难。基于血缘关系的氏族部落组织，是当事人的自我组织，其规模较小，之后才因为战争等需要结成氏族部落联盟，扩大组织规模。而在中国，由于治水和战争的需要，组织规模超越氏族部落而不断扩大，直至秦始皇统一中国后的超大国家。在中国，从国家的初生一直到大一统国家的建构，主要依靠的是外部性的他组织，只是在一定阶段利用了血缘关系的自组织力量。马克思对组织规模与组织形式有过深刻论述。他在谈到治水时说："节省用水和共同用水是基本的要求，这种要求，在西方，例如在佛兰德和意大利，曾促使私人企业结成自愿的联合；但是在东方，由于文明程度太低，幅员太大，不能产生自愿的联合，因而需要中央集权的政府进行干预。所以亚洲的一切政府都不能不执行一种经济职能，即举办公共工程的职能。这种用人工方法提高土壤肥沃程度的设施归中央政府管理，中央政府如果忽略灌溉或排水，这种设施立刻就会废置，这就可以说明一件否则无法解释的事实，即大片先前耕种得很好的地区现在都荒芜不毛"。[③]

显然，从组织学的角度看，他组织比自组织更困难。它必须借用一系列相应的制度才能建构相应的权威和秩序，以维持组织的存续。

---

① 〔美〕路易斯·亨利·摩尔根：《古代社会》上册，杨东莼、马雍、马巨译，商务印书馆，1977，第6页。

② 〔美〕路易斯·亨利·摩尔根：《古代社会》上册，杨东莼、马雍、马巨译，商务印书馆，1977，第7页。

③ 《马克思恩格斯选集》第1卷，人民出版社，2012，第850~851页。

因此，即使是有雄才大略的秦始皇，也不得不很快正视一个超大规模的国家如何组织和治理的问题。

其二，秦始皇统一中国后的基本组织特性。大规模组织的维系取决于基本组织的特性。在摩尔根看来，“基本单元的性质决定了由它所组成的上层体系的性质，只有通过基本单元的性质，才能阐明整个的社会体系。”① 他在论述雅典政制时说，“以类似方式组织起来的一百个乡区将决定雅典共和国的总体活动。基本单元是怎样的，其复合体也是怎样的。”② 秦始皇统一中国主要是依靠战争，而不是经济发展的推动。尽管统一中国后，重新定义了人口，实行私有地主经济和个体生产，但分散的自然经济性质没有变。这种农业经济使广大人口分散居住在不同地域，并形成特有的基本组织和政治属性。在马克思看来：“小农人数众多，他们的生活条件相同，但是彼此间并没有发生多种多样的关系。他们的生产方式不是使他们互相交往，而是使他们互相隔离。”③ “在自给自足的小农经济基础之上，一般都缺乏把各个地域联系起来的组织力量。”④ 一方面，个体小农经济在政治上要求高于他们之上的行政权力从外部加以整合，“小农的政治影响表现为行政权支配社会”。⑤ 另一方面，个体小农经济具有自给自足性，他们对以捐税为条件的行政权力又具有天生的疏离感。如费孝通所说，“乡土社会是个小农经济，在经济上每个农家，除了盐铁之外，必要时很可关门自给。”⑥ 这种对政府的疏离感又会埋下政治分离的种子，加大了维护政治一统的难度。“小农经济的分散性始终是一种对统一的瓦解力量。”⑦

---

① 〔美〕路易斯·亨利·摩尔根：《古代社会》上册，杨东莼、马雍、马巨译，商务印书馆，1977，第234页。

② 〔美〕路易斯·亨利·摩尔根：《古代社会》上册，杨东莼、马雍、马巨译，商务印书馆，1977，第273页。

③ 《马克思恩格斯选集》第1卷，人民出版社，2012，第762页。

④ 金观涛、刘青峰：《兴盛与危机：论中国社会超稳定结构》，法律出版社，2011，第24页。

⑤ 《马克思恩格斯选集》第1卷，人民出版社，2012，第763页。

⑥ 费孝通：《乡土中国　生育制度》，北京大学出版社，1998，第63页。

⑦ 金观涛、刘青峰：《兴盛与危机：论中国社会超稳定结构》，法律出版社，2011，第36页。

其三，秦始皇统一中国后的地域特性。国家是以地域为单位的，其组织和治理与地域特性相关。秦始皇统一中国前的诸侯国家组织与地域特性较为同一。秦始皇统一中国后，将大量具有不同特性的地域包括进来，不仅国家的规模扩大了，更重要的是国家地域的异质性增强了。这种异质性由于自然地理条件而使各地区相互隔绝和封闭，阻隔着国家整体的形成。“铺设于全国大范围的道路网是帝国的生命线，就中央而言，任何地方道路的中断，都意味着妨碍了对那里的统治。”[①] 秦始皇统一中国后力图通过修建驰道等方式打通各地方的联系，推动政令一统和畅通，但毕竟国家规模超大，自然地理条件不一，各地经济社会发展不平衡，特别是有大量特殊性的边缘地带，使维护国家政令一统十分困难，容易造成地方与中央、地方与地方之间的分裂和断裂。如“汉代的诏书从长安送至敦煌需要五十天”[②]。

其四，秦始皇统一中国后的经济能力。国家组织和治理需要相应的经济能力。秦始皇统一中国，不是经济有了突破性发展的产物，而是战争的结果。秦始皇统一中国后，不仅国家规模扩大，而且主要依靠国家这一特殊的公共权力加以组织和治理，其治理成本迅速扩张。但秦始皇统一中国后的经济能力并没有质的飞跃。相反，主要依托国家权力组织和治理的体制为各种权力主体获取私利提供了便利，国家汲取能力更强，与国家创富能力形成强烈反差。其后果是财富创造者得不到再生产和正常生活的必要条件，从而造成对国家权力的反抗，使国家整体的维护时刻面临巨大的潜藏危机。

正是基于以上原因，秦始皇统一中国后，在大规模国家如何进行有效的地域联结，形成规范国家整体与部分、中央与地方关系的制度便成为一道迫在眉睫的重大难题。统一与分裂一直伴随着帝制国家的国家演化与国家治理过程。“分久必合，合久必分”被视为中国历史进

---

① 〔日〕鹤间和幸：《始皇帝的遗产：秦汉帝国》，马彪译，广西师范大学出版社，2014，第62页。

② 〔日〕鹤间和幸：《始皇帝的遗产：秦汉帝国》，马彪译，广西师范大学出版社，2014，第46页。

程的一个规律。有学者甚至认为："对中国而言，分裂、分治的时间是主要的，统一的时间是非常短暂的。"① 姑且不论这一观点是否准确，但帝国从一开始，便在寻求合适的制度以推进统一，避免分裂。

二　郡县制与半封建制的政治联结

秦统一中国后，在关于如何组织和治理国家时有两种意见，一是实行郡县制，二是延续封建制。

所谓郡县制，是以皇帝为代表的中央通过直接任命地方官员等方式直接管理地方的制度。在这一制度下，由中央，到郡县地方，再到乡里，国家实行自上而下的组织和治理，基层和地方服从皇权中央。郡县地方官员由皇权中央任命，官员根据官职获得薪酬，"秉皇帝命以治郡，法令由一统，不能自由妄行处置。"② 尽管郡作为地方建制单位的名称后来有所变化，但"郡"的实质没有变化。所谓封建制，指国家统治者将地方分封给自己的家族成员或有功者，由其对地方进行自主组织和治理。"分化是封建政治的一大特点。……天子虽拥有天下的土地人民，但他不将他们都握在一人的手掌里，而是将他们分赐给许多同姓异姓的贵族。"③ 地方对中央有较大的自主权，中央政令只达到分封的地方。分封地方的首领实行家族世袭，凭借出身血统自然获得利益。"今夫封建者，继世而理"（柳宗元《封建论》）。从权力主体的角度看，郡县制的实质是郡县官僚制，封建制的实质是封建贵族制。从权力资源配置的角度看，郡县制的地方自主权力小，封建制的地方自主权力大。"'封建'一词并非对欧洲中世社会 feudalism 的翻译，而是中国的传统制度。"④

郡县制和封建制作为国家制度，基于两种关系。郡县制基于地域

① 葛剑雄：《统一与分裂——中国历史的启示》，商务印书馆，2013，第 83 页。

② 瞿同祖：《中国封建社会》，上海人民出版社，2005，第 166 页。

③ 瞿同祖：《中国封建社会》，上海人民出版社，2005，第 165 页。

④〔日〕鹤间和幸：《始皇帝的遗产：秦汉帝国》，马彪译，广西师范大学出版社，2014，第 462 页。

关系。郡县制是国家按地区进行组织和治理，郡县是一种地区单位。无论什么人都存在于一定的地区单位之中。国家通过政权组织将不同地区的人联结起来，并形成中央直接管辖下的国家整体。封建制主要基于血缘—地域关系。封建制是国家按照血缘关系分封和继承土地和人民，封地是一种血缘—地域单位，如同姓诸侯国或异姓诸侯国，前者与王权中央更为亲近。国家通过血缘性的封地形成一个整体。“在周初健全的宗法制中，大宗的精神号召作用，其重要性远大于他个人的权力影响。所以，他们把宗法制度跟政治制度连为一体，在当时是最适合环境状况的一种最有效的政治制度。”①

“经过夏商周三代上千年的逐渐演变，地域关系开始在国家政治中日益重要。……只不过当时的地域关系依然受血缘关系的支配并服务于血缘关系而已。”② 秦始皇是在经历长达数百年战争之后统一中国的。诸侯国之间的战争本身就是因为联系国家整体与部分、中央与地方的血缘纽带断裂而造成的。长时间的战争进一步割断了血缘关系的纽带。秦得以统一中国，正是得力于强化地域关系，弱化血缘关系，形成强大的中央权力，有了郡县制的基础。中央集权与郡县制是一体的。秦始皇统一中国后，将原来分布于诸侯国的权力集中于秦王朝，并要通过建立服从中央王朝的地方体制行使对各个地方的管辖权。“天下共苦战斗不休，以有侯王。赖宗室，天下初定，又复立国，是树兵也，而求其宁息，岂不难哉！”（《史记·秦始皇本纪》）因此，秦始皇理所当然地选择了郡县制，使其成为皇权中央集权体系的重要基石。“海内为郡县，法令由一统”（《史记·秦始皇本纪》）。皇权中央大权独揽，地方权力来自中央的授予并服从中央权力。“秦遂并兼四海，以为周制微弱，终为诸侯所丧，故不立尺土之封，分天下为郡县。”（《汉书·地理志》）“郡县制取代分封制的本质，是在国家体制中以地域关系取代

---

① 管东贵：《从宗法封建制到皇帝郡县制的演变——以血缘解纽为脉络》，中华书局，2010，第151页。

② 刘文瑞：《中国古代政治制度（下）：地方体制与官僚制度》（修订本），中国书籍出版社，2018，第6页。

血缘关系，由部族国家变成疆域国家。”[①] 王亚南因此指出：“秦始皇及其以后的许多专制王朝，不把领土、领民交于其诸子功臣治理，……而大权独揽，对诸子功臣仅‘以公赋税重赏赐之’，此似与周代大有区别。”[②]

对以地域关系主导的帝制国家来说，实行郡县制势所必然。唐朝柳宗元高度评价了郡县制对于帝制国家的意义，他说：“秦有天下，裂都会而为之郡邑，废侯卫而为之守宰，据天下之雄图，都六合之上游，摄制四海，运于掌握之内”（《封建论》）。问题在于秦始皇期待的二世、三世，以至万世的秦王朝，仅仅只到二世便灭亡。郡县制也因此受到质疑，传统的封建制仍然得到一定程度的沿袭。毛泽东指出：“如果说，秦以前的一个时代是诸侯割据称雄的封建国家，那末，自秦始皇统一中国以后，就建立了专制主义的中央集权的封建国家；同时，在某种程度上仍旧保留着封建割据的状态。”[③]

项羽作为推翻秦王朝的主力，在秦王朝灭亡不久便大封天下。打败项羽并最终建立汉王朝的刘邦在新朝建立不久便大封异姓功臣和同姓子弟为王，领有土地和人民。无论是秦始皇统一中国之初的封建制主张，还是项羽、刘邦实行分封，除了团结更大力量夺取政权和便于治理以外，重要理由便是基于血缘关系而产生的信任和忠诚。

基于信任的政治服从是维护国家统一的基本条件。郡县制基于地域关系，地方官员与中央更多的是利益关系，这种关系并不产生天然的政治信任。所谓“非我族类，其心必异”（《左传·成公四年》）。封建制则基于血缘关系。血缘关系会产生一种天然的信任和忠诚，并形塑出“一损俱损一荣俱荣”的利益和命运共同体。“古人有言曰‘爱之欲其富，亲之欲其贵’。故王者壃土建国，封立子弟，所以褒亲亲，序骨肉，尊先祖，贵支体，广同姓于天下也。是以形势强而王室安。”（《史记·

① 刘文瑞：《中国古代政治制度（下）：地方体制与官僚制度》（修订本），中国书籍出版社，2018，第10页。

② 王亚南：《中国官僚政治研究》，商务印书馆，2010，第45页。

③ 《毛泽东选集》第2卷，人民出版社，1991，第624页。

三王世家》）这在于“同姓同德，异姓异德”。在血缘关系纽带下，牵一发动全身，中央王朝一旦有事，有同姓地方诸侯主动加以维护。汉代班固因此高度评价封建制：“亲亲贤贤，褒表功德，关诸盛衰，深根固本，为不可拔者也。”（《汉书》卷十四《诸侯王表》）秦王朝的迅速覆灭，相当程度在于中央缺乏亲戚诸侯地方的卫护。“子弟为匹夫，内亡骨肉本根之辅，外亡尺土藩翼之卫。”（《汉书》卷十四《诸侯王表》）贾谊在总结秦朝灭亡时也说，“子婴孤立无亲，危弱无辅”（《过秦论下篇》）。

汉朝建立之初，实行郡县制和封建制并行。除王朝中央直接管辖的郡县外，大量地方分封给异姓诸王。但是，汉初的封建与西周的封建有了很大的不同。西周的封建是层级分封，周天子分封诸侯，诸侯再逐级往下分封，直至不可再分的社会基本单位。而在汉初的封建制下，只是对一定地域的分封，一定地域之下未能再分。因为西周的分封与基于血缘关系的宗法制相联系，由上一级的大宗往下再分。经过数百年的战争，过往的宗法制度已被破坏，全国人民不再是模拟血缘关系的亲人，而是基于地域关系的帝制国家同一的“黔首”。在吴稼祥看来，“商鞅变法解构氏族之后，任何分封都不是在复制西周制度，而是在重复战国故事。”① 帝制下的封建制“是在皇帝直接统治的郡县之外，由诸侯、列侯分治领地的制度”②。因此，与西周相比，汉初的分封至多为半封建制，即从中央与地方的关系来讲，分封的地方归属于王，但分封地方内部并不实行层级再分封，其治理形态与郡县制类似。“这些王国的重要官吏是汉朝廷派遣去的，法令也是汉朝廷制定的”。③

即使是半封建制，因地方权力过大，挑战中央的事件很快上演，异姓王与中央关系破裂。一般认为，这种破裂是由异姓王地方引起的。其实，这与中央和地方互不信任有关，甚至主要责任在于中央。这是

① 吴稼祥：《公天下：多中心治理与双主体法权》，广西师范大学出版社，2013，第247页。

② 〔日〕鹤间和幸：《始皇帝的遗产：秦汉帝国》，马彪译，广西师范大学出版社，2014，第462页。

③ 范文澜：《中国通史》第二册，人民出版社，2015，第44页。

因为帝制国家的中央是家天下的王朝。刘邦公开宣告："非刘姓而王者，天下共击之。"（《汉书·王陵传》）家天下对异姓王具有本能的不信任感，对能力愈强、功劳愈大的王的不信任感愈重。"刘邦跟诸侯的冲突几乎都是由刘邦的疑忌引起的。"[①] 异姓王尽管初分封为王，但在家天下的帝制下始终存在一种不安全感：皇帝可以封王，也可以随时灭王，一切都在于条件和时间。这种不安全感使异姓王生活在一种政治恐惧之中，他们在不知所措之中，往往做出令王朝中央更不放心的举动，并造成中央与地方的关系破裂。汉初，王朝中央与异姓王地方的蜜月时间不长，异姓王一一被歼灭。为汉朝取得天下做出重大贡献的韩信为此悲叹："狡兔死，良狗烹；高鸟尽，良弓藏；敌国破，谋臣亡。"（《史记·淮阴侯列传》）

王朝中央在歼灭异姓王的过程中分封同姓，以同姓王掌管地方。"高祖子弟同姓为王者九国，唯独长沙异姓……何者？天下初定，骨肉同姓少，故广强庶孽，以镇抚四海，用承卫天子也。"（《史记·汉兴以来诸侯王年表序》）封同姓为王，一则在于"家天下"的宗室共享，二则在于血缘关系毕竟有自然生成的信任和亲近的成分，三则中央比较省力。吕思勉评论说："以一个政府之力统治全国，秦始皇是有此魄力的，或亦可以说是有此公心，替天下废除封建，汉高祖却无有了。既猜忌异姓，就要大封同姓以自辅，于是随着异姓诸侯的灭亡，而同姓诸国次第建立。"[②] 这是因为，"宗法社会中，所信任的，不是同姓，便是外戚。"[③] 但高祖过高估计了血缘关系的作用。他刚封吴王，便有悔意，严肃嘱咐："天下同姓为一家也，慎无反！"（《史记·吴王濞列传》）很快，同姓王又成为新的危险。其原因便是血缘关系也是靠不住的，也有一个由亲到疏的演化过程，甚至因为利益反目为仇。血缘关系既有强大的内聚力，也有相当的排他性。利益关系不仅会淡化基

① 管东贵：《从宗法封建制到皇帝郡县制的演变——以血缘解纽为脉络》，中华书局，2010，第 98 页。

② 吕思勉：《中国通史》，上海人民出版社，2015，第 303 页。

③ 吕思勉：《中国通史》，上海人民出版社，2015，第 304 页。

于血缘关系的信任，还会造成隔阂。在利益面前，最亲近的人往往是最危险的人。正如当初秦王朝建立之初主张实行郡县制的李斯所说的："周文武所封子弟同姓甚众，然后属疏远，相攻击如仇雠，诸侯更相诛伐，周天子弗能禁止。"秦始皇也表示："天下共苦战斗不休，以有侯王。"（《史记·秦始皇本纪》）

汉初同姓王与中央关系因血缘关系而结合，又因为利益关系而破裂。从地域关系看，全国整体是由各个地方部分构成的。地方权力主体实际掌握和管理着本地。在郡县制下，中央可以通过郡县直接掌握地方。郡县无权改变国家制度，地方官不能施行个人的政治主张。"郡邑不得正其制，守宰不得行其理。"（柳宗元《封建论》）而在封建制下，地方权力主体对于分封的地方有较大的支配权，包括行政权、财政权，乃至军事控制权，并因为可以世袭权力和财富而有自我膨胀的本能。"所谓王国，是从其领土的角度来考虑的，它们父子相传；或许国与郡之间的根本区别就在这个方面；郡守各人的任期由中央政府委任。"[①] 与此同时，封地有什么权利、义务并不清晰和严格规范，存在诸多模糊性。"在'封土而治'、'分地而食'的条件下，每个封建贵族都能把他支配下的领民、领土看为自给自足单位，这虽与初期较不发达的自然经济形态相关联，但每个自给体，都不免带有离心的、独立的倾向。"[②] "高祖有天下，三边外畔；大国之王虽称蕃辅，臣节未尽。"（《史记·律书》）分封地方权力愈大，自主性和实力愈强，对于中央的威胁愈大。汉代"天下初定，郡国诸侯各务自拊循其民。吴有豫章郡铜山，濞则招致天下亡命者盗铸钱，煮海水为盐，以故无赋，国用富饶"（《史记·吴王濞列传》）。经济实力强大后导致中央号令不动。"今大国专治异政，不禀京师，恐不可传后。"（《史记·礼书》）"一代代人的过去，各藩王同皇帝的亲戚关系便日益疏远，皇帝

① 〔英〕崔瑞德、鲁惟一：《剑桥中国秦汉史》，杨品泉等译，中国社会科学出版社，1992，第509页。

② 王亚南：《中国官僚政治研究》，商务印书馆，2010，第46页。

对于中央权力抓得越紧，藩属反抗的倾向就越发强烈。”[①] 只是毕竟是同姓，在处理同姓王问题上与异姓王有所区别。王朝中央对于公开反叛的同姓王，采用的是公开压制，除此之外，更多的是缩小分封地方组织，弱化分封地方权力，使之不具有挑战中央的能力，造成地方对中央的依存。

汉文帝时，贾谊一方面提议分封，便于治理，另一方面主张弱化分封地方的力量，因为“强者先反”。“欲天下之治安，莫若众建诸侯而少其力。力少则易使之以义，国小则亡邪心。……子孙毕以次各受祖之分地，地尽而止”（《汉书·贾谊传》）。文帝实施封地拆分。汉景帝时，实行晁错削地主张，引起七国反叛。王朝中央在平息叛乱之后，极力弱化诸侯王的权力。“景帝在位期间连续立法，诸侯王于其领地已无支配权，中央对诸国行使直接政治，王国行政制度向郡划一，官员任命自朝廷，丞相贬低地位为‘相’，与郡太守同级。王的权利，惟限征取领地租税收入，以维持生活。”[②] 至汉武帝，主父偃认为：“古者诸侯地不过百里，强弱之形易制。今诸侯或连城数十，地方千里，缓则骄奢易为淫乱，急则阻其强而合从以逆京师。”（《汉书·主父偃传》）汉武帝为此实行“推恩令”，既满足了诸侯子弟均分土地的意愿，更是通过不断再分而造成分封土地的规模愈来愈小，直至趋于无。“高祖时诸侯皆赋，得自除内史以下，汉独为置丞相，黄金印。诸侯自除御史、廷尉正、博士，拟于天子。自吴楚反后，五宗王世，汉为置二千石，去‘丞相’曰‘相’，银印。诸侯独得食租税，夺之权。其后诸侯贫者或乘牛车也。”（《史记·五宗世家》）没有了土地，诸侯王族子弟再无尊贵地位，更无能力反叛中央，反而要依附于王朝中央。“自此以来，大国不过十余城，小侯不过数十里，名为王国比郡，侯国比县，而就幅员言之，户口言之，王国远不如郡，侯国亦不如

---

① 〔德〕罗曼·赫尔佐克：《古代的国家——起源和统治形式》，赵蓉恒译，北京大学出版社，1998，第 266 页。

② 姚大中：《姚著中国史 1·黄河文明之光》，华夏出版社，2017，第 318~319 页。

县。”[①] 与帝制中央集权制相呼应的郡县官僚制由此确立。“刘邦恢复的封建制无法有效运作，而不得不回到郡县制的历史潮流中来。”[②]

三 帝制体系下的封建困境

国家整体与部分、中央与地方关系是一个完整的系统，有共同的制度支撑和权威体系。

西周时期是典型的封建制。这一制度依托两个不可分离的制度共同支撑。一是宗法，二是分封。天子是地域关系基础上的政治统治者，又是血缘关系基础上的大宗，两者相辅相成。随着地方实力的增长，诸侯可以挑战天子的政治权威，但受到宗法权威的约制，其合法性不足。基于此，尽管周天子的政治权威每况愈下，特别是进入东周时期，甚至得依存于诸侯国家，但周天子仍然长期是名义上的天子，并得到地方各诸侯国的认同，直至最后被作为异姓诸侯国的秦国废除。而周天子的中央权威得以长期保持，也与其严格遵循宗法制度密切相关。如长期延续着嫡长子继承制等。

经过春秋战国的长时间战争，秦统一中国后实行帝制，其原有的宗法基础不复存在。皇帝是全国的政治统治者，但不是全国的大宗。尽管皇帝号称全国的君父，没有也不可能将全国人民视为自己的宗族同胞，而是为皇帝支配的“黔首”。皇帝主要是基于地域关系的政治统治者。以皇权为代表的中央权威，来自一姓之“孤家寡人”。所谓“非刘姓而王者，天下共击之”。在吕后专权分封吕氏为王时，受到大臣的反对。因此，进入帝制时代，国家体制和中央权威的基础都已发生变化。只是与皇权体制相配合的郡县制的形成和运用郡县制实现有效的全国性政治联结，有一个过程。传统的封建制因此得以嵌入帝制体系中来。但皇帝制度的本质是权力的专断性，嵌入封建制缺乏相应的基

① 萨孟武：《中国社会政治史》（先秦秦汉卷），三联书店，2018，第282页。

② 管东贵：《从宗法封建制到皇帝郡县制的演变——以血缘解纽为脉络》，中华书局，2010，第164页。

础，会遭遇极大困境，并造成政治动乱。这种困境表现最为突出的是西晋后期的“八王之乱”。

长期以来，中国的国家组织和政权更迭主要依靠以血缘关系为基础的血族团体。这是由原生的血缘关系自然形成的信任和依赖决定的。取得国家政权之后，统治者总是期待利用家族的力量维护政权。“一来同是族人，看在祖宗的关系上，自当如此，才不负同族的情分。二来以流血得来的领土人民，交与异族人去负责治理，实在不放心。惟有同一祖先的族人才能甘苦相共，不至于有意外的激变。”① 从西周的“封建亲戚，以藩屏周”到秦帝国建立之初的分封，再到汉初的分封同姓王，均是如此。“由于政治现实上必须有可依恃的力量才能应付危难，血缘以外又没有发展出其他的替代品，因此仍只有求助于血浓于水的亲人。所以尽管每个皇帝跟先帝所立的宗藩之间容易出现紧张关系，但也没有办法废除封建制，而只好尽量把最亲近的人（儿子、同父同母弟）立为宗藩，以建立新的最可靠的支持力。”② 这种传统一直延续到西晋。

西晋是依靠士族建立王朝的，对士族持有高度的警惕。西晋替代曹魏获得政权。曹魏政权的开创者曹操能力超强，但曹魏政权的延续十分短暂。在西晋统治者看来，这是因为缺乏宗室藩屏的保障。王夫之评论说：“魏之削诸侯者，疑同姓也。晋之授兵宗室以制天下者，疑天下也。”（《读通鉴论·晋泰始元年起》）因此，西晋建国之时，晋武帝分封 27 个同姓王，以郡为国；之后又不断扩大宗室诸王的权力，诸王可自行选用国中文武官员，收取封国的租税。晋武帝在分封同姓王的同时，又大封异姓士族为公、侯、伯、子、男等爵位，他们也有封地。

无论是封建王侯的地域范围，还是其权力，都远远超过西汉之初，在王侯权力方面甚至超过西周。晋武帝大封司马宗室子弟为王，其目

---

① 瞿同祖：《中国封建社会》，上海人民出版社，2005，第 31~32 页。

② 管东贵：《从宗法封建制到皇帝郡县制的演变——以血缘解纽为脉络》，中华书局，2010，第 111 页。

的便是想造就一个能够藩屏帝室的皇族势力，因此赋予了宗室王很大的政治权力和军事权力，如裁撤州郡武备，允许宗室王在自己的封国内有自置军队的权力，允许宗室王出镇和参政等。尤其是后者，实际上给予了诸侯地方干预中央政府的权力。这种权力就是西周诸侯也不具备的。

晋武帝赋予分封宗室如此大的权力，显然是过于相信血缘关系的力量，相信基于血缘关系产生的天然信任和权威。然而，血缘团体又有天然的自我扩张性。地方王侯在实力不断增长的过程中，也会有扩大力量，甚至问鼎中央的期待。而当时的分封制也为这种期待提供了合法性。当中央权力足够强大时，这种期待还只是一种意愿。一旦中央权力衰弱，这种期待便会转化为行动。当作为外戚的贾南风把持中央大权时，这一期待终于转化为行动。

封建制本身是一种权力相对平衡的制度，各王侯封国大体相当。这种制度对于中央权力有较高的要求。这便是执掌中央权力的统治者有足够的能力和权威，从而实现“天子令诸侯”。周王朝的由盛至衰，相当程度在于中央权威的不断流失，造成诸侯的不认同和不服从。这一基于血缘关系而产生的政治现象到西晋时再次发生。晋武帝分封王侯时，一则他是主持分封者，二是有强大的能力。之后，分封已结束，继任者的能力大大减弱，导致中央权威的流失。晋武帝死后，智力低下的晋惠帝无能力治理朝政，以致引起宗室、外戚争权夺利，作为皇后的贾南风得以专权。贾南风专权后，大量起用外戚，引起宗室诸王的不满。更重要的是，贾南风把持朝政缺乏足够的权威。封建制下，中央权威建立在严格的宗法制度之下。在实行严格宗法制的周朝，女性不可能参预政事，更不可能把持朝政。外戚干政是“孤家寡人”的帝制时代特有的产物。它与封建宗法制是相排斥的。因此，贾南风专权不具有合法性，得不到宗室诸王的认同，并为宗室诸王干预中央朝政提供了理由。由此触发了“八王之乱”。

在严格实行宗法制和封建制相配合的周朝，尽管中央权威缺失，但诸侯王的争夺主要是一种横向竞争，相互兼并。而“八王之乱”则

是围绕中央权力的争夺。对于诸王，中央权力具有唯一性。但分封制又赋予每个王平等权力。在对中央朝政的干预中，诸王之间也产生了横向竞争，直至武力相向，由此导致了全国性的政治大混乱。

“八王之乱”不仅导致西晋王朝的覆亡，而且导致全国整体与部分、中央与地方关系的全面紊乱和崩溃，带来长时间的各自为政、政权割据的大分裂。

正是鉴于“八王之乱”的惨痛教训，之后的王朝更迭长时间不再依靠封建制的宗室藩屏。唐代虽封皇室子弟为王，但“有名号而无国邑”。宋代封王只及自身，不得世袭。元代封皇子为王，只是将他们派往各行中书省，专制一方。但基于血缘关系的封建制并没有完全退出历史舞台。

明代朱元璋分封诸王，其理由仍然是宗室藩屏，他说：“天下之大，必建藩屏，上卫国家，下安生民。今诸子既长，宜各有爵封，分镇诸国。朕非私其亲，乃遵古先哲王之制，为久安长治之计。”（《明太祖实录》卷五一）只是朱元璋强调“非私其亲”，表明分封私人的正当性愈来愈弱。而分封宗室的结果也与过往相同，这就是“分封太侈”，容易导致“数世之后，尾大不掉”。朱元璋去世后，其孙子朱允炆即位。面对拥有军队的藩王，朱允炆决定削藩。吏部官员高巍对朝廷削藩持不同意见，上书称：“高皇帝分封诸王，比之古制，既皆过当。诸王又率不法，违犯朝制，不削则朝廷纪纲不立，削之则伤亲亲之恩。贾谊曰：‘欲天下治安，莫如众建诸侯而少其力。’今盖师其意，勿行晁错削夺之谋，而效主父偃推恩之策。在北诸王子弟分封于南，在南子弟分封于北。如此，则不削之削也。”这一建议未能得到采纳，由削藩引起“靖难之役”，朱允炆顾及“骨肉至亲”，造成战争失败，燕王朱棣夺取皇位。朱棣称帝后，渐进削藩，特别是藩王只能固定在各地享受俸禄，而不得干预政事。“明朝禁锢天下，最后连自己的子孙都禁锢了。”①

---

① 吴稼祥：《公天下：多中心治理与双主体法权》，广西师范大学出版社，2013，第267页。

明代实行封建制的失败再次说明封建制与统一集权的皇权制是不相容的。这种封建制不是自然生长的，且与其他制度相配套，而只是嵌入帝制体系中的以宗室藩屏的功用主义做法，因此不可持续。清朝建立之初也实行了分封，但只是一种获得和维持初生政权的功用考虑，且有及时削藩的政治自觉，因此未造成大的危害。

在帝制时期，封建贵族制长期延续，“显然是血缘宗法制度在新的政治条件下的某种变异，也是血缘政治向地缘政治转变不彻底的一种表现。它在一定条件下有利于皇权统治，故能借着皇权的庇护而得以存在，并在特定条件下迅速膨胀。但贵族制在本质上与专制中央集权政治的立国精神相背离，必然会成为悬在皇权政治上方的双刃利剑，一方面它是皇权统治的依靠力量和宗法政治的有效成分，是官僚政治的有效补充，另一方面，它又构成对皇权政治的潜在威胁和中央集权体制的否定因素。”① 正因为封建贵族制与统一集权的皇权制是不相容的，所以随着帝制体系的成熟，封建作为一种完整的制度形态而逐渐消退，只是保留了某些残余形态。这也反映了在帝制国家的演进中，地域关系愈来愈具有主导地位。

四　郡县体制中的地方自封建

与皇权中央集权体制相配套的是郡县官僚体制。但是，郡县官僚体制并不是绝对简单地与皇权体制自动耦合的。“郡县制并非独自发挥作用的，而是在与国家政治、财政、地方社会、经济变化等多种多样的关系中得以发挥作用的。”② 与封建制一样，它同样面临着在全国整体与部分、中央与地方之间的权力资源配置问题，并有自我封建化的倾向。

西周实行封建制，地方诸侯拥有政治实体权力，即孟子所说“诸

① 任怀国等：《中国历代政治制度得失》，泰山出版社，2009，第240~241页。

② 〔日〕纸屋正和：《汉代郡县制的展开》，朱海滨译，复旦大学出版社，2016，第17~18页。

侯之宝三：土地、人民、政事”（《孟子·尽心下》）。只是诸侯的这三宝，也成为日后对抗周天下，并进行兼并争霸的实力。经过兼并战争，直至秦始皇统一中国，实行郡县制，实际上是将原有地方诸侯权力集中于皇帝之手。在郡县体制下，权力集中于中央。中央直接管辖郡县，并通过郡县直接管理人民，从而形成自上而下的“条条”关系。与此同时，中央必须依靠郡县地方行使权力，郡县地方在一定的地域范围行使治权，从而形成以地域为基础的“块块”关系。“条条”与“块块”之间存在着权力资源的配置及其权力主体对执掌权力的自我认知。地域规模愈大，这一问题愈突出。

实行郡县制之初，郡县地方的权力是中央权力的整体下移。郡县地方只是皇权中央的缩小版，与中央的权力只有大小之分，甚至更为集中。除了一般的行政权、财政权、司法权以外，还有军事权。郡县地方实际是代表中央管辖一块地方。“秦汉地方行政体制的最大特点是行政、司法、军事与财政的合一。与全国政权最后集中到皇帝那里相一致，各地方的最高权力最后也都集中到各级行政长官手里，形成一个权力中心。”[①] 如果愈到中央，权力还分别执掌在对皇帝负责的各个部门之手，那么，愈往下，缺乏部门分工，各种权力事实执掌在一人之手，如郡守和县令手中执掌着各种权力。从各种类型的权力集聚度看，郡县地方官员的权力比中央部门首长的权力更大。这种大，不是指地方权力大于中央权力，而是指郡县地方首脑手中的权力集聚度高，在所管辖的地方范围内位高权重，相当于过往的一方诸侯。“郡守作为一方大吏，实际上享有生杀予夺之权。”[②] 这种权力配置方式使郡县地方首脑有可能成为当地的“土皇帝”，“容易形成对中央集权的离心因素。每个权力中心都可以自行决定许多重大问题。一旦中央控制权力削弱，地方权力中心就可以形成割据局面。”[③]

当然，在郡县制下，地方权力毕竟属于中央赋予的，郡县地方官

① 白钢主编《中国政治制度史》上卷，天津人民出版社，2016，第 236 页。
② 白钢主编《中国政治制度史》上卷，天津人民出版社，2016，第 243 页。
③ 白钢主编《中国政治制度史》上卷，天津人民出版社，2016，第 237 页。

员由中央任命决定，一般不得在一个地方长期任职，更不得世袭，地方官员服从中央的政令。这是郡县制根本不同于封建制的特性。但是，郡县制的常态运行，取决于两个条件：一是中央有足够的权威和能力，能够有效控制地方；二是地方官员能够自觉接受中央的管辖，服从中央的命令。而这两个条件并不是经常具备的。这是因为中国是一个超大规模的国家，地方之间山川河流阻隔，中央权力鞭长莫及，为中央有效管辖各个地方增加了难度。西汉统一中国后主张封建制的重要理由便是“莫若众建诸侯而少其力”（汉书·贾谊传）。封建制使中央不必劳神费力对地方事务进行直接管理，而郡县制则必须如此。这在于郡县制下的地方官员领取俸禄，受雇中央，是一种直接的经济利益关系。地方官员除了服从中央以外，有谋取自身利益的冲动。特别是在一些非常时期，实行非常举措，造成地方权力膨胀，使地方超越中央，逾越郡县制规则，具有自我封建化的倾向。

所谓自我封建化，是指郡县地方官员受中央委托行使地方管辖权，但不受中央节制，而成为不受中央统一政令节制的一方“土皇帝”，垄断甚至世袭地方权力。它与封建制有所不同。封建制是天子授土授民，具有合法性。自我封建化，则是地方首脑利用中央的委托却自行其是，将地方作为自己为所欲为的“土围子”，造成下级官员和民众对其人身依附，直至权力家族化和世袭化，甚而反叛中央。

自我封建化自郡县制产生以来便已出现，只是程度不同而已。汉初承袭秦制，但郡守权力更大，拥有立法权。地方首脑可以自行选拔官员，下级绝对服从上级。这有助于发挥地方主动性，但又可能造成地方官员对首脑的人身依附。“行政长官就特别容易与属吏建立一种人身依附关系，容易形成强固的关系网络”。[①] 东汉后期，作为特殊时期产生的一种特殊职位——刺史升格为执掌军政民管理大权的地方最高行政长官——州牧。“领州牧者实力雄厚，握有军、政、民、财、司法一方大权，威震朝廷，地位特崇。……中央对州牧缺乏有效控制，带

① 白钢主编《中国政治制度史》上卷，天津人民出版社，2016，第236页。

来了尾大不掉、地方抗令等问题，严重威胁着中央集权。”① “州地广民众，州牧有所凭借，起而反抗中央，中央难以应对。外重内轻，干弱枝强，所以刺史改牧乃是中央集权分解为地方割据的一种过程。”②

自我封建化造成严重后果最为突出的是军事权力对地方事务的支配。军事权力是有组织的暴力，也是中央得以控制地方最强大的实力。春秋战国时期，王制中央权威下降，诸侯国不受中央节制，重要原因在于诸侯国执掌的军权日益增大。在帝制下，尽管军事权力为中央所执掌，但因为军事需要，要分别为地方军事首领所执掌和实际运用。“高祖平定天下后，令每个郡、国组织军队。” “郡守掌握郡的军事权”。③ 当这种权力一旦与地方行政权结合，便会造成地方实力急剧增大，并威胁着中央权力。最为典型的是唐朝的藩镇。

唐朝时，地域规模空前扩大，成为少有的世界性大帝国。但这一帝国规模主要是依靠军事征服而来，包括大量非汉族地区。宏大整体规模内存在着不少脆弱的统治区域。为了保持帝国的统一，需要军队长期驻扎和维持地方秩序。军事与民政合一的藩镇体制因此产生。藩镇，亦称方镇，是唐朝中、后期设立的军镇。藩是“保卫”之意，镇是指军镇。唐代朝廷设置军镇，本为保卫自身安全。为适应军事战争和军事保卫的需要，藩镇节度使掌握地方兵权、财政权，拥有辖区数州的行政权。藩镇“既有其土地，又有其人民，又有其甲兵，又有其财赋，以布列天下。然则方镇不得不强，京师不得不弱”（《新唐书》卷五十《兵志》）。藩镇节度使本来为朝廷中央任命，但由于特殊的军事需要和权力过大，节度使成为朝廷中央难以节制的地方强势者，并产生出自我封建化。一是军政合一，军事力量地方化，军政首脑集军权、财权、行政权、人事权于一身，可以拥兵自重。“对自己的行政人员（使府）和军官，节度使实际上拥有任命全权。这意味着这类人员

① 刘文瑞：《中国古代政治制度（下）：地方体制与官僚制度》（修订本），中国书籍出版社，2018，第20页。

② 萨孟武：《中国社会政治史》（先秦秦汉卷），三联书店，2018，第488页。

③ 〔日〕纸屋正和：《汉代郡县制的展开》，朱海滨译，复旦大学出版社，2016，第83页。

取得官职的途径不同于和独立于中央吏部任用的人员。"[①]"在本境内，招集徒党，练兵修城，自收租税，自定法令，自用文武官吏，尽量保持独立的权利。"[②] 二是当地政府与民众受藩镇节制，形成对藩镇首脑的人身依赖，中央权力和权威严重流失。三是藩镇首脑力图将手中的权力家族化和世袭化。正是以上原因，引起著名的"安史之乱"，造成严重的政治危机。但是，由于中央军权弱小，平叛"安史之乱"之后，中央仍然依靠的是地方军事力量，使藩镇体制保留下来，且对中央的离心力量进一步扩大，最后造成军阀割据，并导致唐朝灭亡。

五　与纵横集权相协调的郡县体系

郡县体制并不必然保障中央有效管辖地方。秦始皇统一中国实行郡县制，是为了帝制国家长治久安。但在郡县体制下，朝代仍然多次更迭，甚至发生了藩镇动乱这样的大事件。这不能不使人对郡县体制提出质疑，甚至主张封建制。为了回应这种质疑，唐朝的柳宗元写下著名的《封建论》。

在柳宗元看来，西周国家成败均在封建制。秦朝灭亡在苛政而不在郡县制。汉初实行封建制造成的恶果，证明秦以来实行郡县制是正确的。唐朝出现政治乱象不在于州县，而在于军队。封建制的结果是皇帝政令只能行于封国，不能控制诸侯王，无法及时改善封国治理状况。相反，在郡县制下，皇帝政令畅通于郡县，直接控制守宰，可以及时改变郡县治理状况。只要善于掌握军队，谨慎选用地方官员，便可以实现有效的国家治理。毛泽东主席对柳宗元的思想给予了高度评价，还专门写了《七律·读〈封建论〉呈郭老》一诗："劝君少骂秦始皇，焚坑事业要商量。祖龙魂死秦犹在，孔学名高实秕糠。百代都行秦政法，十批不是好

① 〔英〕崔瑞德编《剑桥中国隋唐史》，中国社会科学院历史研究所西方汉学研究课题组译，中国社会科学出版社，1990，第516页。

② 范文澜：《中国通史》第三册，人民出版社，2015，第385～386页。

文章。熟读唐人《封建论》，莫从子厚返文王。”[①]

柳宗元主张郡县制，从根本上说，这一制度与以皇权为代表的中央集权体制是一致的，而封建制与皇权体制却是不相兼容的。唐朝的藩镇动乱不是因为郡县制，而恰恰是自我封建化造成的。为了克服这种自我封建化，必须建立起与纵横集权相协调的郡县体系。

所谓纵横集权表现在两个方面：在中央，横向集权于皇帝，纵向集权于中央；在地方，横向分权于不同机构和人员，纵向集权于中央。

郡县制的常态运行首先取决于中央有足够的权威和能力，能够有效控制地方。由此需要中央权力高度集中，如果政出多门，中央权力多元化，势必造成地方无所适从，或者地方仅仅服从中央某一权力主体，便无法实现统一的政治联结。帝制国家之初，中央设立宰相，且有较大权力，其中包括人事权。汉武帝从中意识到相权的存在不利于中央权威的集中统一，多次换相。自此之后，君权愈来愈强，相权愈来愈弱，直至废除相制。一般认为这只是皇帝专权。但这种专权恰恰是中央集权以有效控制地方的需要。只有统一的中央权威，才能增强中央对地方的控制能力。

郡县制的常态运行其次取决于地方官员接受中央的管辖，服从中央的命令，缺乏与中央抗衡的能力。

其一，地方权力分立。封建制的重要特征是封建地方军政合一，地方拥有合法的军事权。郡县本质上是行政建制单位。在帝制国家早期，由于历史的延续，地方政府首脑拥有一定的军事权力。郡始置于战国。战国时期的诸侯国在边地设郡，派官防守，官名为“守”。郡守本属于武职，有军事权力，秦始皇统一中国后，郡守成为行政长官。之后的高层地方首脑均集行政、军事、人事权力于一身，从而为地方割据提供了制度上的便利。在汉代，以郡太守为首领的官员，“负责本地区全部文职事务和军事事务，其中包括行使民法和刑法的职责。”[②]

① 《建国以来毛泽东文稿》第 13 册，人民出版社，1998，第 361 页。

② 〔英〕崔瑞德、鲁惟一：《剑桥中国秦汉史》，杨品泉等译，中国社会科学出版社，1992，第 544 页。

“正是由于地方各级只有一个权力中心，这一中心就容易形成对中央集权的离心因素。每个权力中心都可以自行决定许多重大问题。一旦中央控制权力削弱，地方权力中心就可以形成割据局面。东汉后期的州牧由于形成了一个强大的权力中心，而汉中央又因为宦官、外戚和官僚队伍的不断斗争而日渐削弱，失去了对地方镇抚威慑作用，终于酿成军阀混战的局面，并最后导向王国分立。”[①] 之后，帝制国家努力分解地方权力，避免地方权力中心化。在宋朝，地方行政与军事权力分离。“兵权收归中央之后，所有地方行政长官——知州、知县等，只管民，不管军，至多协管驻军训练和后勤，军队调动权皇帝独揽。”[②] 皇权中央力图通过横向分权制衡来遏制地方力量膨胀和自我封建化。

其二，加强中央自上而下的“条条”管理。封建制的重要特征是中央治理只到封建诸侯地方，地方性的“块块”权力很大。战国时期产生的郡县制，从本质上说是弱化地方权力，强化中央“条条”的直接治理。这是因为“使杀生之机，夺予之要在大臣，如是者侵”（《韩非子·三守》）。但在相当长时间，地方首脑仍有较大的权力，如地方上级首脑可以任命下级首脑。这容易造成下级对上级的人身依附关系。即韩非子说的“听其臣而行其赏罚，则一国之人皆畏其臣而易其君，归其臣而去其君矣”（《韩非子·二柄》）。随着郡县体系的完善，中央不断强化自上而下的“条条”管理，地方官员由中央直接任命。如“宋太祖任命朝官知县事，朝廷直接控制县政权，从基层来削弱州镇。……宋朝中央的权力一直控制到县一级，州镇不能专横了”[③]。由此可以做到“朝廷以一纸下郡县，如身使臂，如臂使指”（《宋史纪事本末》卷二）。而与中央直接任命官员相配套的是官员录用的科举制的建构。“科举制从根本上解决了汉魏时期地方士族豪强通过选才任官弄权于地方的问题，从此以后，士人对地方长官的依附被割断了，‘士为知己者死’的侠义使得入仕者竭智尽心以报主恩，皇权在无形之中得

① 白钢主编《中国政治制度史》上卷，天津人民出版社，2016，第 237 页。

② 吴稼祥：《公天下：多中心治理与双主体法权》，广西师范大学出版社，2013，第 264 页。

③ 范文澜：《中国通史》第五册，人民出版社，2015，第 25~26 页。

到了极大的加强。”[①] 宋朝的“强干弱枝”是中央集权体制最为形象的表达，目的是达到“天下一家、中国一人”。[②]

除了人以外，便是财，即中央强化财富和资源的直接控制。地方自立和分裂在相当程度上源自自身强大的经济实力。汉初的吴国因为优越的地理环境，“有诸侯之位，而实富于天子；有隐匿之名，而居过于中国。”（《汉书·枚乘传》）加强中央集权必须增强中央财权。一是由中央直接控制税收。“宋太宗时派朝官驻各州监督收税，称‘监当使臣’”。[③] 二是对盐铁、矿产和利润较大的部门，由中央直接垄断经营。中央在财政能力增强的过程中弱化地方的实力。

其三，加强对地方权力的监督。在封建制下，中央对地方缺乏监督，更多的只是一种道德约束。伴随郡县制的建立，中央对地方的直接监督便产生，专门设立了中央监督地方的机构和职位。“秦和西汉初期，在郡置监御史，作为中央在地方上的耳目。”[④] 随着帝制体系的发展，中央对地方的监督日益发达。除了常规的机构监督外，中央大量委派官员到地方巡视。汉武帝任命 13 名刺史，“他们直接对中央政府负责，每一个刺史负责视察帝国中包括一批郡和国的指定的区域。他们调查皇帝的政府运转的情况，如果发现压迫、无能或贪污的证据，就直接上报。”[⑤] 唐初，“为了加强对地方的监控，就有了按道遣使出巡之制。”[⑥] 明代有巡按，“巡按不但权重，具有较大的威慑作用，而且所察极为广泛，几乎无事不可过问。”[⑦] 明代皇帝还设立东厂、西厂

---

① 孙季萍、冯勇：《中国传统官僚政治中的权力制约机制》，北京大学出版社，2010，第 202 页。

② 参见王宇《从“强干弱枝”到“天下一家”：论宋人对中央集权制批判的深化》，《政治学研究》2018 年第 3 期。

③ 范文澜：《中国通史》第五册，人民出版社，2015，第 26 页。

④ 白钢主编《中国政治制度史》上卷，天津人民出版社，2016，第 238 页。

⑤ 〔英〕崔瑞德、鲁惟一：《剑桥中国秦汉史》，杨品泉等译，中国社会科学出版社，1992，第 173 页。

⑥ 刘文瑞：《中国古代政治制度（下）：地方体制与官僚制度》（修订本），中国书籍出版社，2018，第 57 页。

⑦ 刘文瑞：《中国古代政治制度（下）：地方体制与官僚制度》（修订本），中国书籍出版社，2018，第 92 页。

这样的特务机构用以监督地方。

其四，强化地方官员的流动性，实行异地为官。封建制的特点是权力主体长期固定在一个地方，久而久之，地方性日益强大，以至自以为王。帝制国家初期，郡县官员长期在一个地方任职并没有引起足够的重视。随着地方官员因长期任职产生的自我封建化，中央开始强化地方官员的流动性，实行异地为官，当地人不得在当地为官。唐初，“不许地方官员任职于原籍所在的州，家族纽带和个人联系会影响他们对朝廷的忠诚。他们也被定期调离，以防止形成自己的新地方势力。”①“宋代官职，从中央到地方都是以兼领为主，州县三年一轮。”②

其五，调整行政区划建制，弱化地方实力。在封建制下，统治者出于维护中央统治的需要，将自己最亲近的人分封到最重要的地方。秦始皇统一中国后，不仅地域规模扩大，而且地区发展不平衡更为突出，并在一个国家内实行不同的治理体制。中央除了将最信任的人委派到重要地方以外，就是调整地域行政区划建制，防止地方实力过强造成对中央的威胁。早在汉代，“汉郡八九十，形错诸侯间，犬牙相临，秉其阨塞地利，强本干，弱枝叶之势”（《史记·汉兴以来诸侯王年表序》）。元朝形成的省制，在行政区划上，许多省份与其他省份在地域上形成犬牙交错、互相制衡形态，同时贫富搭配。“秦汉以来，地方行政区划大多依山川地形的自然界限或历史传统等因素来确定，而自元代始，行省区划不惜打破自然地理界限，不顾区域经济联系的需要，人为地造成犬牙交错局面。……这些特殊的措施与建制均旨在尽力扼制地方独立的可能，使地方力量在层层阻碍与相互制约中无法稍越雷池。”③

---

① 〔美〕陆威仪：《世界性的帝国：唐朝》，张晓东、冯世明译，中信出版社，2016，第 64 页。

② 刘文瑞：《中国古代政治制度（下）：地方体制与官僚制度》（修订本），中国书籍出版社，2018，第 84 页。

③ 孙季萍、冯勇：《中国传统官僚政治中的权力制约机制》，北京大学出版社，2010，第 181 页。

六　以封建为名的分权分治

到明清，中国的郡县体系日益完善。一方面是中央权力高度集中于皇帝，另一方面是地方权力高度集中于中央，由此实现了超大规模国家有效的政治联结。中国再未发生汉、唐末那样的大分裂。

但是，高度集权的郡县体制也存在诸多问题。郡县制集权并不一定保障地域大国的有效的政治联结。柳宗元对郡县制的论断有一定的片面性。他注意到了郡县制是与帝制相结合的，因此再实行封建制已不可能。但他没有，也不可能指出帝制的弊端。在帝制下，最高权力如果发生问题，郡县制只会助力，而起不到限制作用。柳宗元指出封建制“私其卫于子孙”（《封建论》）的实质，强调帝制才是“公天下”，即不是一家之天下，而是疆域范围内所有人的天下。实行郡县制势所必然。但他看出了秦朝实行郡县制的私心，“其情，私也，私其一己之威也，私其尽臣畜于我也。”（柳宗元《封建论》）只是他没有将郡县制与帝制的私心联系起来。如皇帝决策失误，甚至推行暴政，郡县制不仅发挥不了限制性作用，反而会放大决策失误和暴政。“秦始皇使中央政府过于集权，上层领导的一个失败立刻会影响全局。”[①] 这在于郡县制的重要特点是“唯上”，只是行政权力的集装器，是“制”，而不是“政”。“政”如果有误，“制”只是配合，而不是限制。因此，郡县制与封建制一样，有其长处，也有其弊端。郡县制愈是趋于高度集权，其弊端愈是明显。在高度集权体制下，“唯命是从则比较安全，这就易于扼杀下层的主动性。”[②] 如钱穆在评价郡县制所说的：“自汉迄唐，就已有过于集权之势。到宋、明、清三朝，尤其是逐步集权。结果使地方政治一天天的衰落”。[③] 在宋代，地方“一兵之籍，一财之

① 〔美〕费正清、赖肖尔：《中国：传统与变革》，陈仲丹、潘兴明、庞朝阳译，江苏人民出版社，1992，第61页。

② 〔美〕费正清：《美国和中国》（第四版），张理京译，世界知识出版社，1999，第105页。

③ 钱穆：《中国历代政治得失》，九州出版社，2012，第167页。

源，一地之守，皆人主自为之”（叶适《水心别集》卷十《始议二》）。而地方力量则显得十分空虚，以致“敌至一州则破一州，至一县则破一县”（《宋史·文天祥传》）。“‘天子’通过过度的中央集权亲自治理‘天下’，既不合理，也不可能，引发了极其负面的客观效果。”[①] 由此有了对郡县制的审视，并试图改变郡县制弊端的构想。

唐代初期便有官员提出，“把封建分权制度与州县集权制度嫁接起来，由诸王世袭地方守令，由朝廷选用其治下的官吏，史称‘世封刺史’制度。贞观五年十一月，太宗下诏，厘定世封刺史名单和制度。”[②]

宋代的朱熹认为，封建制的优点是：“根本较固，国家可恃”；“君民之情相亲，可以久安而无患”；“不以天下为己私，分与亲贤共理”。其缺陷是：“若封建非其人，且是世世相继。”而郡县制的缺陷是，郡县长官“一二年辄易，虽有贤者，善政亦做不成”，故“君民不亲”（《朱子语类》卷一〇八）。他也认为，在尊君卑臣的帝制下，封建已不可行，因此主张将“封建”杂建于郡县之间，将政与制结合起来。

明清时的黄宗羲对封建制和郡县制做了比较，认为“封建之弊，强弱吞并，天子之政教有所不加；郡县之弊，疆场之害苦无已时”（《明夷待访录·方镇》）。为此，他主张加强对郡县官员的监督。顾炎武则对郡县制进行了大量专门的论述。在他看来，“封建之失，其专在下；郡县之失，其专在上”，主张“寓封建之意于郡县”（《顾亭林诗文集·郡县论一》）。这里所说的“封建”只是一个名义，实质是将封建的某些长处引入到郡县体制中，以革除郡县制所产生的官僚集权和腐败的弊端，实行分权分治。“他所讲的封建，却并不是要‘特权’，只是要‘分权’。中央早把权分给与地方，中央垮了，地方还可有办法。”[③] 郡县官僚不仅要对上负责，也要对下负责。

---

① 王宇：《从“强干弱枝”到“天下一家”：论宋人对中央集权制批判的深化》，《政治学研究》2018 年第 3 期。

② 吴稼祥：《公天下：多中心治理与双主体法权》，广西师范大学出版社，2013，第 252 页。

③ 钱穆：《中国历代政治得失》，九州出版社，2012，第 168~169 页。

封建制和郡县制的特性和利弊的背后受血缘关系和地域关系的支配。从地域关系看，郡县制不可代替，帝制时期已不可能再回到封建制了。但郡县制“专在上”造成“君民不亲”，又不如封建制。只是这种特点恰恰是与高度集权的帝制相配合的。郡县制解决了大规模国家的行政联结，而没有也不可能解决有效的政治联结问题。因为它已超出郡县制本身的功能了。在帝制体系下，国家权力要将广阔地域内的不同人群实行有效的政治联结，核心是帝制，是皇帝将天下作为“公天下”而不是“家天下”，是“圣上”时时处处英明。而这是帝制不可能做到的。郡县制只不过是帝制体系下的地方行政制度，是服从于高度集权的帝制的。不改变高度集权的帝制，郡县制“专在上”的问题也很难改变。所以在整个帝制时期，郡县制的弊端没有太多实质性改变。试图将封建分权制度与郡县集权制度嫁接起来的设想注定难以实现。如唐代初期已准备实行的“世封刺史”后因连拟定的刺史都感觉为难而不了了之。

第六章 地域—血缘关系中的城市与乡村

国家基于地域关系而产生。国家产生之后，国家的地域分别为城市与乡村。国家通过城市网络将广阔分散的乡村联结起来，形成国家地域整体。进入帝制时代，与中央集权的郡县体制建立的同时，具有政治行政功能性的城市分布于全国，成为中央集权郡县体制的地域载体。城市社会以政治行政人员为主，并实行管制性治理。与城市对应的乡村，以久远且顽强的血缘关系为基础并与地域结合。乡村社会成员逐步超越历史上的人身依附关系，并形成以自治为主的治理体系。城市与乡村的关系主要表现为统治与被统治的关系。

一　城市：国家联结与治理的节点

恩格斯指出，“国家和旧的氏族组织不同的地方，第一点就是它按地区来划分它的国民。”[①] 一是国家比氏族组织大。随着社会发展，“由血缘关系形成和联结起来的旧的氏族公社已经很不够了”[②]，所以要求有更大更高级的组织——国家。二是国家按地区划分它的国民，

① 《马克思恩格斯选集》第4卷，人民出版社，2012，第187页。

② 《马克思恩格斯选集》第4卷，人民出版社，2012，第187页。

存在着不同的因血缘和地域关系联结起来的人群。地区又分为不同类型。国家的产生以城市为标志。国家的地域由此分为城市与乡村两个部分。费正清对传统中国的地区特性作出了概括。他在20世纪中叶出版的《美国与中国》一书中写道："自古以来就有两个中国：一是农村中为数极多从事农业的农民社会，那里每个树林掩映的村落和农庄，始终占据原有土地，没有什么变化；另一方面是城市和市镇的比较流动的上层，那里住着地主、文人、商人和官吏——有产者和有权势者的家庭。"至今，"中国仍然是个农民国家，有4/5的人生活在他们所耕种的土地上。所以社会的主要划分是城市和乡村，是固定在土地上的80%以上的人口，和10%到15%的流动上层阶级人口之间的划分。这种分野仍旧是今天中国政治舞台的基础，使国家统治权难以从少数人手里扩散给多数人。"① 费正清对城市与乡村"两个中国"的概括是精当的，但是这一格局的形成却经历了漫长的过程，它们各自在中国的国家演化和治理中扮演着不同角色并形成相互关系。

城市是人口居住集中的地域，是相对于主要从事农业并具有分散性的乡村而言的。城市是国家产生的重要标志。"随着城市的出现，必然要有行政机关、警察、赋税等等，一句话，必然要有公共机构，从而也就必然要有一般政治。在这里，居民第一次划分为两大阶级，这种划分直接以分工和生产工具为基础。城市已经表明了人口、生产工具、资本、享受和需求的集中这个事实；而在乡村则是完全相反的情况：隔绝和分散。"② "物质劳动和精神劳动的最大的一次分工，就是城市和乡村的分离。城乡之间的对立是随着野蛮向文明的过渡、部落制度向国家的过渡、地域局限性向民族的过渡而开始的，它贯穿着文明的全部历史直至现在"。③ 但是，城市与乡村的完全分离，正如国家完全挣脱氏族社会的束缚一样，要经历一个漫长的历史过程。

---

① 〔美〕费正清：《美国与中国》（第四版），张理京译，世界知识出版社，1999，第20~21页。

② 《马克思恩格斯选集》第1卷，人民出版社，2012，第184页。

③ 《马克思恩格斯选集》第1卷，人民出版社，2012，第184页。

吉登斯认为：“凡是已维持足够强度的内聚力因而值得完全称之为‘国家’的那些地区，都是城市而非乡村地区成了统治阶级成员的首要的居住地。”① 在中国，早在王制时代，都城和城邑便已出现。但王制国家主要是以族成国。当时的城市有以下特征。一是城市数量极少，主要是王族集中居住的都邑。二是城市的主要功能是政治统治和军事保卫。“中国初期的城市，不是经济起飞的产物，而是政治领域中的工具。”② 三是城市与乡村联为一体，尚未分离。四是国家的地域范围较小，实现全国性联结主要依靠血缘关系和模拟血缘关系。除了都邑以外，很少有其他城邑的存在。城市形态主要表现为邦国的都邑。这是因为，“（古代）当时无论是社会或国家都比现在小得多，交通极不发达，没有现代的交通工具。当时山河海洋所造成的障碍比现在大得多，所以国家是在比现在狭小得多的疆域内形成起来的。技术薄弱的国家机构只能为一个版图较小、活动范围较小的国家服务。”③

春秋战国时期，是王制国家向帝制国家转型的时期，也是城市大规模崛起的时期。一是各个诸侯国有自己的都城，并因为诸侯国实力的增强，都城的规模扩大，人口增加。如鲁国都城曲阜，东西长约 4 公里，南北宽约 3 公里，周长约 12 公里。齐国都城“临淄之中七万户……甚富而实”（《史记·苏秦列传》）。二是在激烈的兼并争霸战争中，诸侯国纷纷修筑坚固的城墙加以防御和保卫。《左传》等古籍关于城某地、城某邑、筑某城的记载不胜枚举。“地之守在城”（《管子·度地》）。大量人口集聚到城市。坚固的城墙将城市与乡村区别开来。三是在兼并争霸战争中获得的地域设立郡县治所，产生出新型的行政型城市。郡县作为行政机构所在地，人口集中，形成郡城市。即所谓“人以群居为郡”、“悬而不离之谓县”。侯外庐因此指出，“战国

① 〔英〕安东尼·吉登斯：《民族-国家与暴力》，胡宗泽、赵力涛译，三联书店，1998，第 46 页。

② 张光直：《关于中国初期“城市”的概念》，《文物》1985 年第 2 期。

③ 《列宁全集》第 37 卷，人民出版社，2017，第 71 页。

时代的郡县制，是向地域性转化的城市制。”[①] 只是春秋战国时期的城市与乡村的分离尚没有定型，城市围墙内尚有大量农田和农业人口。有不少城市不仅“居民大多是农民，而且是城郭之内，也因人口稀少，土地空旷，还有不少农田，甚至在天子王都和诸侯首邑之内，也往往是黍离麦秀，呈现出一片田园景象”[②]，即“耕地表现为城市的领土”[③]。这也是许多城邑被围数年而不得破的经济基础所在。

进入帝制时代之后，城市与乡村作为一个国家两个不同的地域实体才开始定型。首先，帝制中国的地域版图大大扩展。秦统一中国后建立的是一个地域辽阔、结构紧密的大一统国家。这种大一统国家的形成和稳定，不是经济发展自然整合的有机体，主要依靠的是中央集权统治的强制整合。没有中央集权统治动员强大的军事力量保卫边疆，就无法抵御周边民族的侵扰；没有高度集中和统一的政治行政系统就无法遏制分散孤立的个体经济所天然具有的离心力。而大一统社会决定了根本不可能运用过往的血缘关系和模拟血缘关系进行联结，只能依靠在地域关系基础上建立的中央集权统治实现联结。“而专制统治必然要选择最有利于行使统治权的空间形式，这就是具有高度集中性的城市。专制王朝凭借人口、财富、军事和政治力量集中的城市，对外防御入侵之敌，对内管理国家事务，对广大乡村地区行使统治权。城市因此成为保卫和凝聚一定地域和人口的中枢和堡垒。”[④] 即所谓“城得而地得”（《吕氏春秋·先识览》），“民保于城”（《左传·哀公七年》），“城尽则聚散”（《韩非子·存韩》）。

其次，高度集中的中央权力要通过不同层级的郡县延伸和扩展到各个地方，从而实现全国的政令统一。中央集权和郡县治理都需要相应的人员，他们集聚在一定的空间内，专门从事政治统治和行政管理。这一地域空间便是城市。随着郡县制的推行，每个郡县都有治所，一

① 侯外庐、赵纪彬、杜国庠：《中国思想通史》第一卷，人民出版社，1957，第 13 页。

② 傅筑夫：《中国经济史论丛》，三联书店，1980，第 346 页。

③ 《马克思恩格斯全集》第 2 卷，人民出版社，2012，第 728 页。

④ 参见徐勇《城乡差别的中国政治》，社会科学文献出版社，2019，第 49 页。

大批城市应运而生。汉高祖曾“令天下县邑城”（《汉书·高帝纪》）。许多城市甚至没有任何工商业经济基础。胡如雷因此认为：“郡县制是中央集权的地主政权对全国进行统治的政治制度，郡县治所并非因工商业人口的自然集中而形成的城市，只不过是封建国家的一些政治、军事据点而已。”[①] 德国政治社会学家韦伯则指出：“中国城市是行政管理机构经过规划而后产生的。”[②] “中国的皇权官僚体制则历史悠久。中国的城市，就其外形所显示的，主要是理性行政的产物。其一是皆有围栅或墙垣。其次，通常是散居的人民被集聚到城墙之内的地区，有时或许是强制性的”。[③] 只有通过众多不同层级又相互隶属的城市才能将全国地域上的所有人口都联结起来。

再次，帝制国家成为统辖地域内所有人的治理者，担负着治理所有人的责任。乡村人口不必再像王制时代那样需要居住在城邑为自己提供安全保障。为此，秦始皇下令“堕三城”，拆毁过去许多城邑用于军事防御的城墙，使原来包括田野在内的城邑在范围上大为缩小，乡村从城邑中分离出来。一家一户为单位的个体农民，聚居或散居在一定地点从事农业生产，构成了与集中的城市相对应的分散性、孤立性的乡村社会。以农业生产为特征的乡村和以行政治理为主要特征的城市成为两个具有严格界限之分的地域单位。另外，为加强中央集权统治，秦统一中国后进一步采用并严格推行户籍制度。全国的人口通过严格的核定、登记成册，不得随意迁徙居住地。“户”不仅是经济上的基本单位，而且成为行政管理的基本单位，具有政治意义。户籍制度犹如一道牢不可破的屏障，人为地将人口严格限制在城市和乡村这两块地方，“居民在政治上已变为地区的简单的附属物了”[④]。城市主要居住着非农业人口，乡村居住着农业人口。城市作为国家或地方的政

① 胡如雷：《中国封建社会形态研究》，三联书店，1979，第247页。

② 〔德〕马克斯·韦伯：《儒教官僚政治与中国资本主义萌芽：城市和行会》，《文明的历史脚步——韦伯文集》，黄宪起、张晓琳译，上海三联书店，1988，第63页。

③ 〔德〕马克斯·韦伯：《韦伯作品集Ⅴ：中国的宗教　宗教与世界》，康乐、简惠美译，广西师范大学出版社，2004，第48页。

④ 《马克思恩格斯选集》第4卷，人民出版社，2012，第131页。

治中心，作为统治者集中居住的地方，对乡村居于统治地位。这样，城市与乡村不仅在地域上相分离，而且阶级利益相对立，城市与乡村分离并对立的格局由此定型。[①] 城市与乡村完全分离为两个地域部分。

在中国，从远古到帝制时代的漫长历史进程中，城市的性质没有发生变化，这就是政治统治的堡垒。“城是权力的象征，也是维持权力的必要工具。”[②] 城市首先是具有政治统治功能的“城”，“市”不过是依附于“城”而存在。换言之，有政治统治性的“城”，才有经济功能的“市”。这一特性一直延续下来。马克思将亚洲城市视为“王公的营垒”。[③] 黑格尔则将古代中国城市直接称为“政治建筑”。[④]

但是，在不同的时代，城市的功能有所变化。这就是，进入帝制时代，城市不仅是政治统治堡垒，更是全国和地方行政中心，是实现全国地域联结网络的节点。在中央集权体制下，地方政权是中央权力的延伸。皇权统治通过星罗棋布屹立在各地的城市，一是可以以城为点，以城管辖范围的乡村地区为面，逐级逐地从地域上将全国联成一个整体。一个城市管辖附近一定范围的乡村地方，形成一个具有隶属关系的地域单位；二是可以通过政治权力集中的城市堡垒，以超经济强制力量，从广大乡村获得赋税和劳役，为专制统治提供生存之源。离开了大量的分布均匀的郡县城市作为枢纽，分散孤立的乡村就无法联成整体网络；离开了各级各地郡县城市这一环节，专制统治权力就无法延伸到汪洋大海般的乡村中去。专制统治王朝必然会失去立足之地和生存之源，大一统社会不可避免会陷于支离破碎的状态。所以，城市是把地域辽阔、人口众多且具有分散倾向的国家联成一个政治、经济、文化整体的凝聚点。[⑤] 众多不同层级的城市构成国家治理的地域骨架。这与过往的城邑属于孤立单一的邦国都邑有所不同。在众多城

① 参见徐勇《城乡差别的中国政治》，社会科学文献出版社，2019，第 30 页。

② 费孝通：《中国绅士》，惠海鸣译，中国社会科学出版社，2006，第 61 页。

③ 《马克思恩格斯选集》第 2 卷，人民出版社，2012，第 733 页。

④ 〔德〕黑格尔：《历史哲学》，王造时译，三联书店，1956，第 135 页。

⑤ 参见徐勇《城乡差别的中国政治》，社会科学文献出版社，2019，第 50 页。

市的支撑下，国家权力扩展到全国疆域，实行政令统一的治理。尽管帝制王朝会更迭，但中央集权的郡县制度不会变，中央集权的郡县制赖以存在的地域空间——城市架构不会变。所以，在中国，可以到处看到有着数百成千年历史的古城、名城。

在吉登斯看来："城市是阶级分化社会中的主要的权力集装器"。[①]在中国，帝制时代的城市是中央集权制和郡县制赖以存在的地域空间，因政治统治和行政管理而生，因此，城市的格局表现出鲜明的同一性和等级层次性。城市大小规模的依据是对权力资源的占有。

皇帝居住和办理国务的都城，无疑是居于所有城市中的最高级别和等次。这在于都城是全国性政治中心，集聚了最高权力，象征着最高权威。正如皇帝是唯一至高无上的权威一样，都城也是全国所有城市至高无上的城市地域。在全国，不可能有任何一个城市的规模能够超越都城。都城的设立和迁移与政治统治和军事防卫密切相关。君主专制统治凭借人口、财富、军事力量、政治机构、官僚十分集中的都城对全国行使统治权。"唐朝都城所在地的关中地区集中了全国军队的40%左右，约26万人，其中约12万左右的禁军驻守长安城，其余的兵力则主要布防在附近重要的城镇和地区。"[②] 其功能一是拱卫都城，二是受君主之命随时用于保卫边疆或维护国内统治秩序。总体上看，北方是政治和军事要地，都城主要设立在北方。

在都城之下，依照行政等级，设立各个层级的城市。尽管在最低一级的县城，城市规模很小，人口也不多，但城市格局与更高一层的城市相仿，只是微缩版。"据统计，历代县城的数量为：汉代1138个、隋代1255个、唐代1557个、宋代1234个、元代1127个、明代1138个、清代1353个。" "县城成为连接农村、集镇和大中城市的交汇点。"[③] "最低一级的官员管理的'县'通常由城墙围起来的城镇以及

① 〔英〕安东尼·吉登斯：《民族-国家与暴力》，胡宗泽、赵力涛译，三联书店，1998，第43页。

② 何一民：《中国城市史》，武汉大学出版社，2012，第24页。

③ 何一民：《中国城市史》，武汉大学出版社，2012，第26页。

周围的农村组成。”[①] “政府是一个漂在半隔绝的农民社会海洋之上的相当小却高度集中的机构，两者之间的接触点是县城”。[②]

各个层级的城市之所以相似，在于它们都是大一统政治的象征，是中央集权体制的空间载体。城市的行政性高度依附于政治性。城市是政权的象征，也是权力的集装器。“在华夏文明超稳定系统中，城市行政等级体系发挥了重要的作用。秦统一中国后，历代封建王朝都是以城市作为各级政权的治所，通过不同等级的城市对区域进行层级管理，城市政治功能为城市的第一功能，在此基础上才不断地叠加经济、文化等功能。”[③] 政权的更迭造成的是城市兴衰。新王朝对旧王朝的替代首先是对旧王朝城市的破坏，同时是新王朝城市的兴建。而城市兴衰与战争烈度相当。春秋战国的兼并争霸战争主要发生于城市地域，造成对城市的毁灭性打击。“争地以战，杀人盈野；争城以战，杀人盈城”（《孟子·离娄下》）。秦始皇统一中国后，为显示其超越历史的权威，修建了前所未有的都城。而王朝的推翻与城市的毁灭同时发生。城市这一特性，使人们在居所的选择上表现出：治世入城，乱世下乡。尽管城市会伴随着王朝更迭和战乱受到破坏，但出于政治统治和行政管理的需要，又会不断地重建。行政性城市与中央集权制、郡县制、户籍制等作为帝制体系的要素长期延续，并构成与乡村不同的地域空间。人们要么生活于城市，要么生活于乡村。

二　城市社会：等级身份制

城市作为政治统治堡垒和行政中心，具有等级层次性。这一特性也表现在城市社会的构成方面，使城市社会表现多重等级性。

① 〔美〕巴林顿·摩尔：《民主和专制的社会起源》，拓夫、张东东等译，华夏出版社，1987，第136页。

② 〔美〕费正清、赖肖尔：《中国：传统与变革》，陈仲丹、潘兴明、庞朝阳译，江苏人民出版社，1992，第65页。

③ 何一民：《中国城市史》，武汉大学出版社，2012，第22页。

在王制时代，城市与乡村的分离程度有限，城乡人口具有混合性。在帝制时代，城市的政治和行政特性更加明显，城市与乡村日益分离。帝制国家通过户籍划分它的国民，并按照户口所在地管理人口。由此出现了城市人口与乡村人口的分离。

由于城市的政治行政特性，城市人口的主要构成是政治统治者。胡如雷认为："西方的封建城市是商品生产发展的产物，手工业者在整个中世纪都是最主要的城市居民，除工商业者外，其他职业和成份的城市居民微乎其微。与此相反，我国郡县城市中的绝大部分居民是官僚、地主、军队和游手等消费人口，工商业者是绝对的少数"①。政治权力资源愈是集中的地方，这种现象愈突出。如南宋都城临安，官僚体系的人口占居民总人口的23%。正因为如此，当城市的政治功能衰退时，人口就会锐减，以致迅速凋敝。国外学者博特洛以中国都城盛衰为例，得出结论说："使一个城市人口众多和强大的最好办法是拥有权威和最高权力"。②

由于城市人口的主体是政治统治者，他们与乡村人口处于不同的政治等级。城乡社会构成不同的等级身份。人们到城市去，被称为"进城"，到乡村去，被称为"下乡"。城市与乡村处于上下尊卑地位。

而在城市之间，人们也因为城市层级高低而表现出等级身份性。都城因是皇帝居所，其人口具有一种特殊的地位和身份。就是一般人口，也因为居于皇城而荣耀。

城市是政治统治权力的集装器。而政治权力是按等级分配的。城市内部社会构成的等级身份性更为突出。韦伯注意到这一现象，认为，"在长达12个世纪的时间中，人们的社会地位概由其官职决定，而不是由其财富决定。"③

随着帝制体系的建立，中国的人口因对权力的掌握，可以分为两

① 胡如雷：《中国封建社会形态研究》，三联书店，1979，第249页。

② 李范文主编《国外中国学研究译丛》（1），青海人民出版社，1986，第540页。

③ 〔德〕马克斯·韦伯：《文明的历史脚步——韦伯文集》，黄宪起、张晓琳译，上海三联书店，1988，第79页。

类，即占有权力资源的官与没有权力资源的民。官与民构成两个等级的人群。官与民不同的社会和法律地位以贵贱区分，不同的身份有官户与民户之别。这一方面在城市表现得尤其突出。在乡村，官尽管高于民，但民难以见官，可能一辈子都不会面对面见官。而在城市则不同，官与民共同生活在同一个空间。民可以每天见官，但所见的官与民有着严格的等级界限。“皇帝有卤簿，王侯以至百官仪卫各有等第，其意义除慎戒外，更有增加统治者尊严的目的，威仪煌赫，使人望而生畏，使他们得以安徐而无哗地通过街衢，不与平民混杂在一处，更不致为人所阻塞。品官出来，不但舆马鲜明，一望而知来者是何官阶，车前仪仗成行，远远即闻呵道声，行人远望遥闻，便可早作肃静回避的准备。”[①] “行路贱避贵”为法律所规定。皇帝和官员的居住空间通常在城市中心，一般民众只能在边缘地带居住。

由于地域关系居于主导地位，人口的分类更多的是职业群体而非血缘群体。在城市表现得尤其突出。帝制中国将人口分为四类，士、农、工、商，其中三类居住于城市。尽管士、工、商均属于职业人群和民的范畴，但因为与权力的接近程度不同，也具有等级身份性。统治者为维系统治秩序，将其人为地排列为不同的等级地位群体，有着不同的身份，或给予种种好处，或加以层层限制。将作为“官”的来源的“士”置于首位，使其享有各种恩惠；民中的商人因为拥有财富资源，可能造成对帝制统治的威胁，因此被置于末位，加以多种限制。在历代律令中，民还被分为具有等级身份性质的良民与贱民两类。城市中的乐户、丐户等便属于受法律和社会歧视的贱民。贱民不能应考通仕，与良民通婚等。

在占有权力资源的皇帝官员体系内部，也会因为占有资源不同而居于不同的等级地位。在王制国家，尽管天子处于最高位置，统治者也为三六九等，但因为家族亲人关系，政治等级身份界限为血缘关系所掩饰。而在帝制时代，皇帝与官僚属于非血缘关系，政治等级身份

① 瞿同祖：《中国法律与中国社会》，中华书局，2003，第170页。

突出。“身份等级制度，已成为国家制度中被确认的、正式起作用的要素了”①。皇帝作为所有权力的最终垄断者和最高权力占有者，无疑居于最高地位，其居所居于都城最中心的位置。皇帝之下的等级地位群体分为两大类：一类是直接执掌政治权力的官僚系统。官僚根据占有的权力资源居于相应的等级地位。古代行政官员的官位一般分为九等，各自有特定的身份。另一类是即使不直接执掌政治权力，但因与政治权力，特别是与皇权有紧密联系而享有特殊的政治、经济和社会诸多特权者。如历代宗室、魏晋时的士族集团、清代八旗王公贵族、因特殊功勋而受封的人及其家族。他们依据与最高权力的关系程度或封号的级别具有特定的身份，形成相应的等级地位群体。②

城市本来是以地域关系为基础的。在城市空间居住着不同的人群。这些人群之间没有血缘关系，也没有因为血缘关系而产生的人身依附关系。但是，由于帝制中国的城市是政治行政中心，是因为政治统治和行政管理需要而建的，权力在城市领域居于支配地位。城市人口因为权力而联结，并构成人身依附关系。

在帝制中国的城市，居住和生活着大批为皇帝和官僚服务的人群。他们附着于皇帝和官僚体系，并对皇帝和官僚构成人身依附关系。他们通常被称为奴才和奴婢，与皇帝和官宦的关系属于主奴关系。这些人一般出身贫寒，来自乡下，不仅出卖劳动力，而且出卖人身。尽管他们生活在高宅大院，比常人的经济生活较有保障，但是丧失了自由，主人可以对他们进行随意处罚。

官员本身是以职业活动获得生活来源的。但是，由于权力资源分配的封闭性，官员的升迁依靠上级举荐，由此造成官员之间的人身依附关系。以人身和人身关系加以联结的门生故旧成为重要的关系网络。

城市工商业者本来依靠自己的职业活动而生存。但由于城市的政治行政属性，大量工商活动依托于政府，即“工商食官”，使得他们不

① 《马克思恩格斯全集》第25卷，人民出版社，2001，第275页。

② 参见徐勇《城乡差别的中国政治》，社会科学文献出版社，2019，第131～132页。

得不依附于官府，经济关系与人身依附关系相联系。如为了获得经济来源，不得不托门子、找门子。即使是官宦之家的看门人，也可能成为托门子、找门子的对象。

基于对权力资源的占有，城市社会构成为一个等级身份和人身网络。它反映了城市作为政治统治堡垒和行政管理中心的特点。这种结构化和依附性的人群，便于城市作为一个政治和行政整体，履行其对一定地域加以统治和管辖的职能。

三　官府主导的管制型治理

在帝制中国，城市是政治统治的堡垒，要履行管辖全国和各个地方的职能。因此，安全、稳定、权威和秩序是城市治理的首要目标。

在城市治理中，官府是治理主体。由于都城重要且规模大，专门设立有管理都城的机构和人员。都城以下的城市是地方官府所在地。地方官府对于广大农村实行间接治理，对于城市则实行直接治理。

为了履行保卫功能，城市驻扎军队。且城市人口中有相当数量是军队人员。军事力量的存在，本身就构成城市治理的威慑性力量。“中国是那种军队的作用既在于击退入侵者或扩充国家的领土、又在于维持内部治安的少数大型传统国家之一。”①

基于安全、稳定、权威和秩序的需要，城市治理具有管制性的特点。即治理主体对城市地域、城市社会和人口进行人为的干预和限制。

城市是不同于乡村的政治空间。这种空间是权力的集装器。“中国古代城市的规划性是皇权政治干预的结果，也是皇权政治在城市空间上的一种物化表现。”② 皇权的分布通过一个个空间加以区别和隔离。为了保护各个权力空间的安全性，城市空间具有强烈的封闭性，各个空间相互隔离，严格限制相互之间的联系。

---

① 〔英〕安东尼·吉登斯：《民族-国家与暴力》，胡宗泽、赵力涛译，三联书店，1998，第67页。

② 何一民：《中国城市史》，武汉大学出版社，2012，第34页。

首先，城市有坚固的城墙，由此将集装了权力的城市与乡村在地域上隔离开来。“城墙的安全防御功能固然不能低估，但它更主要的乃是国家、官府威权的象征，是一种权力符号”。[①]

其次，在城市内部，集装了权力的空间内部由高大的围墙与其他空间隔离开来。“王朝国家还利用垣墙分隔城市的功能区与不同身份的居民群体，以达到控制的目的”。[②] 权力要素集聚度愈高，封闭性便愈强。皇帝生活和办理国务的地方，是最高权力集装地，封闭性最强。除了皇宫有高大的围墙外，皇宫内部的空间也是隔离和封闭的。不仅是外人，就是皇宫内部人士也不得随意走动。地方性城市的官府也有围墙与其他空间相隔离，呈自我封闭状态。这种空间的封闭性不仅仅是地域空间的隔离，更有武装力量的严格保卫，以显示出神圣不可侵犯性。皇城因此被称为“禁城”。这种空间的封闭性，不仅限制了一般人的自由出入，就连权力空间内部人士的自由出入也受到了限制。皇帝贵为天子，也不得自由离开皇宫。

最后，即使是城市的非权力空间的民居，相互之间在空间上也是隔离和封闭的。明清时期北京城的商业地带设置高大的栅栏，实行空间区隔。这种空间上的区隔除了交通出行的需要外，更重要的是便于管理，限制自由交往，建构秩序，维护稳定。

城市空间的封闭性与时间的限制性密切相关。城墙和坊门会定时开关。重要城市会实行宵禁，到夜晚一定时间便限制人们外出和自由活动，如有犯禁者要受到处罚。

与乡村相比，城市人多且杂，并是国家统治权的集聚地，统治者特别注重运用严刑峻法管制城市。早在春秋战国时期的秦国，对市民在路上倒灰这样的小过，都是处以脸上刺字的惩罚。“商君之法，弃灰于道者，黥。”（《汉书·五行志》）统治者任用一些残忍的官吏担任城市长官，以对城市严格管制。汉代尹赏任长安令，“修治长安狱，穿

---

① 鲁西奇：《中国历史的空间结构》，广西师范大学出版社，2014，第338页。

② 鲁西奇：《中国历史的空间结构》，广西师范大学出版社，2014，第338~339页。

地方深各数丈，致令辟为郭，以大石覆其口，名为‘虎穴’”(《汉书·尹赏传》)，将数百人投入其中，以示威慑。明代的特务组织对城市社会实施严密残酷的监视控制。

城市的基层治理实行坊里制。政府根据居民居住的空间建构坊里，设立坊里长，其主要职能是维护社会秩序。城市按居民居住区划分里坊，以坊长主之。坊长的任务是："编制户籍，办理徭役，讲读法令。"由于城市的基层政权组织更为直接地隶属于王朝官府，为近在眼前的官府所辖制，因而比乡村基层政权组织更能有效地将行政权力传递到社会生活基层。"居民受到强制性的隔离与管制。"① "整齐划一的坊里布局，高高的城墙，管理坊里的里正、吏、门士等官员，将坊里造成一个四合封闭的环境。居住受到严格的限制。"②

城市是地域性社会，血缘性联结较少，人们更多的是通过社会组织进行横向联结，并实行社会自治。但社会组织和社会自治受到严格限制，可允许的范围主要是基于节约政府治理成本，并辅助政府治理。

在对城市方方面面的严格管制下，城市尽管人口众多，但井然有序。马克思将这种管制治理的城市称为兵营式治理，城市"实际上是军营，只不过比设在旷野的军营稍微舒适一些和方便一些而已"。③

韦伯从比较的角度观察帝制中国的城市治理。他认为，与西欧城市相比，帝制中国的城市没有自由和自治。"同西方形成鲜明对照，中国城市作为皇帝的堡垒，在自治上所享有的正式保证比乡村的要少得多，后者能独自自由地缔结政治和经济契约。城市不能提出诉讼，一般也不能作为法人团体来进行活动。"④ 与中国的农村相比，"'城市'就是官员所在的非自治地区"。⑤ 在中世纪西欧，城市以商业为基础，

---

① 何一民：《中国城市史》，武汉大学出版社，2012，第32页。

② 冯天瑜：《从殷墟到紫禁城》，周积明执笔，武汉出版社，1989，第53页。

③ 《马克思恩格斯文集》第10卷，人民出版社，2009，第112页。

④ 〔德〕马克斯·韦伯：《文明的历史脚步——韦伯文集》，黄宪起、张晓琳译，上海三联书店，1988，第61页。

⑤ 〔德〕马克斯·韦伯：《韦伯作品集Ⅴ：中国的宗教　宗教与世界》，康乐、简惠美译，广西师范大学出版社，2004，第146页。

是一个个孤立的经济类城市，从商业交换的角度将分散的乡村联结起来。当时的西欧政治状态处于四分五裂之中。城市在这种四分五裂状态下获得自由和自治。而帝制中国的城市是政治统治的堡垒，是对大一统社会进行政治联结的节点。大一统社会需要的是安全、稳定、权威和秩序。如果作为权力集装器的城市发生混乱，会导致整个地方，甚至全国性混乱。正是在这一格局下生成了城市治理的管制性特点，自由和自治受到严格限制。

四　乡村：血缘、地域与农业

在相当长的时间里，无论是地域，还是人口，乡村都占绝大部分。乡村作为一个与城市独立的地域部分，是城市与乡村分离后的产物。

与集中性的城市相比，乡村具有分散性。这种分散性是由农业生产方式决定的。乡村是由于农业生产而形成的地域。农业生产以土地为生产对象。人们在土地上生产和生活。能够产出农产品的土地不是自然生成的，而需要人去开垦和长期耕种。在广阔的田野上，不仅存在着人类，而且存在着大量其他动物，并构成对人类的威胁。因此，在中国的先民时代，人们更多的是以集聚的方式生活，以应对环境的挑战。正如血缘与地域混为一体一样，城市与乡村也混为一体。只是随着农业生产工具的改进，人类的组织程度提高，特别是国家的产生，能够提高人类的自我保护能力，乡村与城市分离，成为与居住非农业人口的城市相对比的农业人口地域。唐朝诗人白居易以诗化语言描述了中国一个村庄的景象和特性：“徐州古丰县，有村曰朱陈。去县百余里，桑麻青氛氲。机梭声札札，牛驴走纭纭。女汲涧中水，男采山上薪。县远官事少，山深人俗淳。有财不行商，有丁不入军。家家守村业，头白不出门。生为村之民，死为村之尘。田中老与幼，相见何欣欣。一村唯两姓，世世为婚姻。亲疏居有族，少长游有群。黄鸡与白酒，欢会不隔旬。生者不远别，嫁娶先近邻。死者不远葬，坟墓多绕村。既安生与死，不苦形与神。所以多寿考，往往见玄孙。我生礼义

乡，少小孤且贫。徒学辨是非，只自取辛勤。世法贵名教，士人重冠婚。以此自桎梏，信为大谬人。十岁解读书，十五能属文。二十举秀才，三十为谏臣。下有妻子累，上有君亲恩。承家与事国，望此不肖身。忆昨旅游初，迨今十五春。孤舟三适楚，羸马四经秦。昼行有饥色，夜寝无安魂。东西不暂住，来往若浮云。离乱失故乡，骨肉多散分。江南与江北，各有平生亲。平生终日别，逝者隔年闻。朝忧卧至暮，夕哭坐达晨。悲火烧心曲，愁霜侵鬓根。一生苦如此，长羡村中民。”（白居易《朱陈村》）这首诗对帝制国家的乡村常态进行了全面而典型的刻画。

农业高度依赖自然环境，并受社会环境影响。自乡村作为与城市相对的地域之后，乡村以土地为基础，以农业人口为主体。他们“散处于全国各地，通过农业和制造业的家庭结合而聚居在各个很小的中心地点”①，形成孤立、分散的乡村社会。这种孤立和分散的乡村社会表现为不同的聚落形式。

在中国的北方平原，乡村聚落为集居，即农村人口集中居住在一定的村落地域，相互联系较为紧密。这一集居方式除了与旱作大田有关以外，就是要面对频繁的战乱。一直到21世纪初，在中国的北方地带，还可以看到许多围墙环绕的大规模的农村集居点。南方平原属于水稻产区，乡村聚落因水而成，呈散居形态，即一家一户，或者若干家户，分散居住在稻田边。除此以外，还有山区和偏远地带，农村人口以单家独户的方式居住。金其铭考证指出：北方农村聚落多为大型聚落，密度稀，形状虽各异，但以团聚状占多数；特别是“华北地区的农村聚落一般很大，也可以说是全国农村聚落最大的地区。一般都是上百户和几百户的大村庄，有些村庄甚至超过一千户，村庄分布比较均匀，这与华北地区农业发达、开垦历史悠久有关。华北地区主要是旱作，作物受到的管理照料要比水稻少得多，也不必有水田地区那样许多笨重农具，因而在历史上形成农村时，耕地可以离村庄远一些，

① 《马克思恩格斯选集》第1卷，人民出版社，2012，第852页。

一般村与村之间，相距1~2公里，虽然比长城沿线和东北距离小些，但比南方长江流域，间距要大得多。在华北平原，尽管人口密度每平方公里达500人，但由于村庄规模大，因而每百平方公里拥有的村庄数仅35~70个，相当于长江流域每百平方公里200~400个村庄的1/5~1/10”。① 费正清也指出：“水稻是长江流域和南方各处中国人生活的支柱。”② 种植水稻，难以连片耕作，只适宜随地形水情分散居住，大多表现为“因水而居”。

无论是集居，还是散居，乡村都是以家庭和若干家庭共同组合，以农业为基本生产方式，并以村落形态构成的地域。乡相对于“城”而言，村是乡的聚落形态。村落是在漫长的历史进程中自然形成的，因此被称为“自然村”。

与城市是人为建构的结果不同，自然村是历史进程中自然形成，有基于自然村形成的内在机制。这一机制便是血缘关系。从人类自身生产来看，血缘关系是最初，甚至是唯一的社会关系。因为人类生产而构成家庭，直到定型为父母子女构成的个体家庭。在以土地为生产对象的农业社会里，人们以家庭为单位从事人口生产和物质生产，并世世代代在一个地方生存繁衍。作为“中国社会基石的农村，是由家庭单位构成的”③。村落的起源大多是基于血缘关系。“村落往往以在村落里具有独占性的、或压倒性的代表氏族来命名。有时乡村社会就是氏族的联合。”④ 一般是以姓氏起头，跟随姓氏所在的地域特性，如“杨家湾”。中国的南北地理差异较大，并反映在村落名称上。北方村落名称大多为庄、寨、营、屯等，南方大多为村、冲、湾、垸、岗、台等。但无论什么地理名称，之前往往都会冠以姓氏。表明这些村落是以某一家开始形成的。更重要的是血缘关系具有自我复制和再生产

① 金其铭编著《中国农村聚落地理》，江苏科学技术出版社，1989，第183页。

② 〔美〕费正清：《美国与中国》（第四版），张理京译，世界知识出版社，1999，第12页。

③ 〔美〕费正清：《美国与中国》（第四版），张理京译，世界知识出版社，1999，第25页。

④ 〔德〕马克斯·韦伯：《韦伯作品集Ⅴ：中国的宗教　宗教与世界》，康乐、简惠美译，广西师范大学出版社，2004，第140页。

的特性。同一姓氏的人们世世代代居住在同一个地方，由家庭扩大为家族，由家族扩大为亲族网络。血缘关系的再生产机制与农业生产密切相关。农业生产方式的生产对象是土地。土地的最大特点是不可移动性。这使一家一族只能附着于土地之上，世世代代以土地为生，安土重迁。"'生于斯、死于斯'把人和地的因缘固定了。生，也就是血，决定了他的地。世代间人口的繁殖，像一个根上长出的树苗，在地域上靠近在一伙。……血缘和地缘的合一是社区的原始状态。"[①] 血缘关系深深植根于厚重不动的土壤里。费正清因此指出："从社会角度看，村子里的中国人直到最近，主要还是按家族组织起来的，其次才组成同一地区的邻里社会。村子通常由一群家庭和家族单位（各个世系）组成，他们世代相传，永久居住在那里，靠耕种某些祖传土地为生。"[②]

由于自然和社会原因，乡村村落除了同一血缘关系的单姓村以外，还有非同一血缘关系的多姓村和杂姓村。多个姓氏家庭共同居住在一个村落里。他们之间不是血缘关系，而是一种地域关系，即因共同的地域联结而成。除了村落内部以外，各个村落之间更是生活着不同的姓氏。而将村落内部的不同姓氏和不同村落的不同姓氏联结起来，则需要国家。摩尔根认为："以地域和财产为基础，我们可以名之为国家。""政治社会是按地域组织起来的，它通过地域关系来处理财产和处理个人的问题。"[③] 在土地私有和分家析产的条件下，仅仅依靠血缘关系自我调节已远远不够了，一个姓氏内部也有财产关系，并会伴随利益矛盾。不同姓氏之间的财产关系更是依靠血缘关系难以处理的。与此同时，农业所需要的水利灌溉等必要条件不是一个或者几个村落能够解决的，需要更大的组织。国家因此产生。而国家的产生又是以从农村获得赋税为条件的。为了获得赋税，统治者要掌握和控制资源。"早期的中国政府认为它理应控制农业生产的各个要素，即土地、劳力

① 费孝通：《乡土中国　生育制度》，北京大学出版社，1998，第70页。
② 〔美〕费正清：《美国与中国》（第四版），张理京译，世界知识出版社，1999，第25页。
③ 〔美〕路易斯·亨利·摩尔根：《古代社会》上册，杨东莼、马雍、马巨译，商务印书馆，1977，第6页。

和水源。统治者声称他有权处理土地和生活于其上的人民”。[①] 为了将分散的人口联结起来，处理其财产问题并获得处理问题的能力，乡村被纳入郡县乡里的国家建制组织范围，受国家的支配，构成国家的建制单位。胡如雷对中西进行比较后说：“在西方，农奴是被束缚在某个领主的领地上；在中国，农民则是被束缚在一个行政区域内”[②]。因此，乡村是历史文化和国家建制共同融合的产物。

因此，在帝制中国，土地私有、分家析产、帝制国家、城乡分离、税收徭役、郡县乡里等要素几乎是一体的，乡村构成帝制国家体系内以血缘为基础，以农业为主，与城市相对应的地域实体。

五　乡村社会：扁平化结构

随着城市与乡村的分离，城市成为政治统治的堡垒，是政治权力的集装器。权力资源的占有成为社会成员取得社会地位的主要，甚至是唯一的标准。根据权力资源的占有程度，社会成员表现出严格的等级身份性，形成金字塔社会结构。与城市不同，乡村是农业生产区域，对土地资源的占有成为乡村社会成员取得社会地位的主要标准。与此同时，秦始皇统一中国后，对全国人口重新定义，实行“编户齐民”，所有民众具有平等的国家身份。从纵向看，官民不平等，但官主要集聚于城市。从横向看，乡村社会成员都属于平等的“编户齐民”，由此形成一个身份和地位大致相同的扁平化的社会结构。

自耕农是拥有一定数量的土地并自我生产经营的农民。自耕农拥有一定数量的土地，其收获除了交纳国家赋税以外，完全归自己所有。他们在经济上不依赖他人，在人格身份上自主，在行动上自由。自耕农因此被称为“交完粮，自在王”。秦始皇统一中国后，“令黔首自实田”，主要是造就一个个核心家庭拥有小块土地的自耕农，或为“小

① 〔美〕费正清：《美国与中国》（第四版），张理京译，世界知识出版社，1999，第29页。

② 胡如雷：《中国封建社会形态研究》，三联书店，1979，第147页。

农”。尽管自耕农是一个极不稳定的社会群体，经常会发生破产。但王朝统治者仍然会以种种方式培育和造就自耕农。如国家政权实行授田和均田，抑制豪强兼并土地等。因此，自耕农是乡村社会的主体成员。他们不仅数量多，而且劳动积极性高，成为帝制国家最重要的经济支柱，是最有能力提供赋税和兵源的社会群体。

秦始皇统一中国，实行土地私有和自由买卖，一方面是造就了拥有小块土地的自耕农，另一方面是造就了拥有较多土地的地主及其佃农。地主的土地较多，将土地租给无地或少地的农民耕种，收取田租。地主与雇农因为土地租种实现经济联结。这种联结属于横向的经济关系，而非纵向的等级身份关系。在中世纪的西欧，实行领主制，领主不仅占有土地，而且占有农民的人身，形成人身依附关系。庄园领主经济的一个重要特征就是人身依附，“人身依附关系构成该社会的基础”。[①] 中国的地主只占有地，而不占有农民的人身。租种地主土地的佃农按约定交纳地租，自主经营，与地主没有人身依附关系。“贫者无田而取富人田耕种，共分其所收也。”（《汉书·食货志》）他们与地主一样都属于国家的“编户齐民”，拥有同等的政治社会地位。国家法律保护他们的人身不受侵犯。他们是国家的一分子而非某个地主的单纯依附者。国家统治者抑制，甚至打击豪强地主，不仅是防止土地兼并，还在于争取人口。“君主对人民的统治并不是通过土地作媒介来掌握人民的，而是通过直接掌握人民得以实现的。”[②]

除佃农外，乡村社会成员还有一部分为雇农。他们是既无土地，又无劳动工具而仅靠出卖劳动力获得生活来源的农民。即所谓“无田之农受田于人，名为佃户。无力受田者，名为雇工，多自食其力”[③]。雇农靠出卖劳动力为生，大多以为地主做长工或打短工的形式出现。其来源往往是破了产的农民。也有的雇农本是佃农和自耕农，由于各种原因在一定时间内为地主做工，以补充家庭收入。雇农的重要特征

① 《马克思恩格斯文集》第5卷，人民出版社，2009，第95页。

② 〔日〕西嶋定生：《中国经济史研究》，冯佐哲译，农业出版社，1984，第201页。

③ 《古今图书集成·职方典》卷760《扬州府风俗考》。

之一是他们和雇主的关系为雇佣关系。这种关系是平等的交换关系，即雇农出卖自己的劳动力以换取收入，但不出卖自己的人身，与雇主不是人身依附关系。他们主要依靠有形和无形的“人市”（劳动力市场）来获得出卖劳动力的机会。尽管有的雇工长年居住在主家，但主家也不得随意侵犯其人身。他们与城市里的“奴婢”有所区别。

乡村社会成员的平等地位，是从国家身份而言的，即所有社会成员都属于国家的“编户齐民”，都要履行国家义务，同时国家为每个社会成员提供基本的人身保护。如马克思分析亚洲社会时所说的，“所有臣民对这个国家都有的臣属关系”。① 与此同时，由于分家析产和土地自由买卖，乡村社会成员的经济地位和社会身份不是固化的。即“人之贫富不定，则田之去来无常”（《皇清经世文编》卷三〇）。胡如雷指出：“在土地买卖的制约下，中国封建社会各阶级的阶级地位和经济身份还具有变动不居的特色。”② 因此，乡村社会成员之间的横向关系是相对独立和平等的，由此形成与城市社会等级结构不同的扁平化结构。

当然，这种结构并不意味着乡村社会成员的地位都是整齐划一的，其社会单位内部也有一定差异。

首先，乡村社会的基本单位是家庭，而不是独立的个人。所有社会成员都要依附于家庭存在。“每个农家既是社会单位，又是经济单位。其成员靠耕种家庭所拥有的田地生活，并根据其家庭成员的资格取得社会地位。”③ 作为家庭负责人的父亲的地位要高于其他家庭成员。由核心家庭扩展到更大的家族或者宗族，由父亲延伸的族中长老的地位要高于族中其他成员。

其次，乡村的村落是一个社会单位。它是由多个家庭构成的，有超越于家庭之上的社会事务。一些在社会事务中有感召和影响力的领导人物，能够获得较高的社会声望，并取得较高的社会地位。如乡绅和民间社会团体头面人物。乡绅是有学识文化的人物。中国文字和文

① 《马克思恩格斯全集》第25卷，人民出版社，1974，第891页。
② 胡如雷：《中国封建社会形态研究》，三联书店，1979，第53页。
③ 〔美〕费正清：《美国与中国》（第四版），张理京译，世界知识出版社，1999，第25页。

化“具有一种社会制度的性质，而不仅是一种社会工具”。[①] 中国的象形方块文字和浩如烟海、博大精深的儒家经典，并不是随便什么人都可以简单掌握的，它必须经过长时间专门系统的学习。有可能获得专门系统的学习条件，并成为具有学识文化者只可能是少数。大多数人忙于生计，只能是一字不识或识字不多的愚民。有学识文化者可以进入公共和上层社会，其他人则被排斥在外，并要在诉讼、契约等公共事务方面求助于前者。有学识文化者因此能够得到社会的尊重，成为具有特殊地位和身份的阶层。明清时期，一旦成为有学识文化的生员，就可以免除徭役负担，不受里胥的侵害，能够以礼会见官长，如有过失还可免受笞捶之辱，总之，可享受一般人无法享受到的特权。[②]

最后，乡村社会为国家所编制。尽管国家正式权力机构设立在县城以上，但国家的功能性权力一直延伸到乡村每个家户。承载着国家职能的基层组织负责人因为有国家背景，而拥有较高地位。特别是乡长、保长的国家功能身份较强，地位较高。

以上差异是由血缘、地缘、财产、文化、政治等多重关系构成的。多重关系有可能使地位资源集聚在个别人手上，形成乡村社会的强势人物；也可能使地位资源分散于不同人手上，产生多个有影响的人物。

当然，乡村社会内部的差异性都属于扁平化社会结构内部的差异，即无论有多大差异，他们都属于“民”的范围，属于“士、农、工、商”四民中与农业有关的“民”。他们对于国家而言，属于无差别的同一体。这种无差别的同一性，从根本上取决于乡村的经济社会属性，即国家统治的经济基础，反映了城市与乡村之间的差别。有权势的人物主要集聚于城市。尽管他们有大量土地在乡村，但更多地居住在州县城，并由各个地方的代理人为其代管土地和收取地租等事务。一则在于他们占有的土地不仅跨乡村，甚至跨州县；二则城市更为安全，三则城市消费更为丰富，四则城市与权势更为接近。而乡村社会成员

① 〔美〕费正清：《美国与中国》（第四版），张理京译，世界知识出版社，1999，第 42 页。
② 参见徐勇《城乡差别的中国政治》，社会科学文献出版社，2019，第 59 页。

主要与农业生产直接相关，尽管他们的经济地位有所差别。

乡村社会内部的差异性主要是由经济地位造成的。但在乡村社会，人们世代居住在同一村落，血缘关系和地缘关系掩饰和消解着利益的差距和对立。地主和农民、大家和小户出自同一家族，居住在同一地域，具有某些共同的文化价值观念。阶级与家族、门第、尊卑、长幼、亲疏、男女、乡亲融为一体，既是等级关系，又是亲邻关系；既有阶级对抗，又有亲邻之情。“亲不亲，同姓人”、“亲不亲，同乡人”的宗族乡邻意识很容易模糊阶级的自我意识和认同感。加之国家法律关于“夷三族”“夷九族”“什伍连坐”等规定，更使人们容易产生个体与家族、与乡邻“一损俱损、一荣俱荣”的观念和情感原则。[①] 由此淡化着乡民之间的等级身份心理界限，从而与有着严格的等级身份界限的城市社会区别开来。

六　乡村社会的自我治理

与城市主要依靠官府治理不同，乡村社会主要是自我治理。一是小农经济具有自给自足性，内生出自我治理的动力。如费孝通所说，“乡土社会是个小农经济，在经济上每个农家，除了盐铁之外，必要时很可关门自给。”[②] 二是乡村具有孤立分散性，农家和村落散落在广袤的田野上。“乡土社会的生活是富于地方性的。地方性是指他们的活动范围有地域上的限制，在区域间接触少，生活隔离，各自保持着孤立的社会圈子。”[③] 国家缺乏足够的能力对孤立分散的乡村社会进行直接治理，从而实行不干预主义。如其他中央集权的官僚帝国一样，“国家也极少‘干预’经济生活，绝大多数农民是在独立于政治中心所发生的一切这种状态下从事劳作的。”[④] 三是国家对乡村的需要主要是汲取，

① 参见徐勇《城乡差别的中国政治》，社会科学文献出版社，2019，第 70 页。

② 费孝通：《乡土中国　生育制度》，北京大学出版社，1998，第 63 页。

③ 费孝通：《乡土中国　生育制度》，北京大学出版社，1998，第 9 页。

④ 〔英〕安东尼·吉登斯：《民族-国家与暴力》，胡宗泽、赵力涛译，三联书店，1998，第 85 页。

获得赋役，与乡村的实际生活需要关联度不大。特别是国家治理具有相当程度的暴力压制性，难以得到乡村社会的自我认同。孙中山因此说：“在清朝时代，每一省之中，上有督抚，中有府道，下有州县佐杂，所以人民和皇帝的关系很小。人民对于皇帝只有一个关系，就是纳粮，除了纳粮之外，便和政府没有别的关系。因为这个原故，中国人民的政治思想便很薄弱，人民不管谁来做皇帝，只要纳粮，便算尽了人民的责任。政府只要人民纳粮，便不去理会他们别的事，其余都是听人民自生自灭。”①

乡村社会的自我治理是指乡村社会主体根据需要，通过治理活动促进乡村活动有序运行。乡村治理的基础是乡村社会。乡村社会的构成要素首先是家庭。家庭是生命生产和物质生产的基本单位。乡村社会成员首先生活于家庭之中。家门构成乡村社会成员的核心圈层。家庭状况决定着乡村社会成员的基本生活和命运。家庭治理因此成为乡村治理的核心要素。在家庭治理中，家长是首领和负责者。

家庭作为血缘单位，具有自我繁衍和扩展性。由核心家庭扩展为若干家庭构成的家族或者宗族。家族或宗族具有血缘关系与地缘关系的重叠性，族人既是亲人，又是邻里。人们在家庭中无法解决的问题，更多的是寻求族人的相助。家族或宗族治理也成为乡村社会治理的重要因素。

乡村还是一个地方性社会。若干家庭或家族组合而成一个村落。村落是比家庭和家族规模更大的地域共同体，集聚着多种社会要素。人们通过血缘、地缘、经济、文化、社会和政治的多方面联结，形成一个功能完整的村落社会。村落因此成为乡村治理中的主体单元。由于村落的孤立性、分散性和自主性，乡村社会的自我治理主要表现为一个个村落的自我治理。

村落社会是由多个要素集聚而成的。村落治理体现为两个层次。一是家庭或家族单位的自我治理。大量家庭和家族性事务由家庭和家族进行自我治理。二是家庭和家族以外的社会事务治理。后者包括村

---

① 孙中山：《三民主义》，岳麓书社，2000，第89~90页。

落内部的社会事务治理。如与村落成员相关的经济、社会和文化事务。同时，村落社会的孤立分散性只是就村落之间的横向关系而言的。进入帝制时代的乡村社会的一个重要特点，就是乡村成为国家的地域实体，村落成为国家建制单位。国家事务不可避免地进入乡村社会。只是这种事务也需要通过村落治理加以处理。

乡村社会的自我治理是一个历史过程，且不同时期表现形式不同。在秦汉之初，国家对乡村社会的介入程度较高。一是为了迅速将分散、孤立的乡村整合到国家体系中来，二是乡村社会的自我治理能力较弱。因此，秦汉至唐朝，国家的乡村基层组织成为乡村治理的重要主体。随着以上条件的改变，乡村社会治理主体的民间性和地方性成分愈来愈多。一是在处理与村落成员相关的经济、社会和文化事务中产生的组织和首领。二是社会地位较高的士绅在乡村治理中发挥着重要作用。士绅是拥有地产基础，且有相当的文化和声望，能够沟通上下的特殊群体。一方面，他们可以利用其影响，将众多的家庭联结起来，兴办公共工程和处理公共事务。另一方面，他们可以利用其影响，成为官方与农民之间的“中介人”。“旧中国官吏以士绅家族为收捐征税的媒介。同样，士绅也给农民做中间人，他们在执行官吏压迫农民的任务时，也能减轻些官方的压迫。地方官吏在应付水灾、饥荒或早期叛乱以及众多的次要刑事案件和公共建筑工程时，都要靠士绅的帮助。他们是平民大众与官方之间的缓冲阶层。”[①] 当然，士绅给农民做中间人，是因为他们立于乡村社会之中，能够在由众多分散的农民构成而皇权鞭长莫及的乡村社会里维护乡村基本秩序。由于这一阶层的出现，国家更可以以间接的方式实现对乡村的治理。

与城市是政治堡垒不同，乡村是经济社会实体，要提供物质财富。如果说城市治理的主要对象是对人的管制，那么，乡村治理的对象除了人以外，更主要的是各种各样的事务。乡村治理必须通过处理各种生产和生活事务，才能保证乡村社会的持续运转。尽管家庭是乡村社

① 〔美〕费正清：《美国与中国》（第四版），张理京译，世界知识出版社，1999，第36页。

会的核心组织，但家庭要完成生命生产和物质生产全过程，离不开对村落社会的依赖。如水不仅是农民生活，也是生产的基本要素。而对水的治理不是单个家庭能够完成的。乡村社会大量的事务主要依靠乡村社会的力量自我办理。

乡村社会要将众多的人联结起来进行自我治理，必须有一定的规则。这一规则便是世代沿袭的礼俗。礼俗来自乡村社会成员在长期生产和生活中形成并自我认同的规范和习惯。它是在长期历史过程中基于当事人的内在需要自然形成的，具有悠久的历史传承性。恩格斯在谈到氏族社会时说，“一切问题，都由当事人自己解决，在大多数情况下，历来的习俗就把一切调整好了。”① 即使有了国家，习俗作为一种基于当事人的需要并认可的制度长期延续下来，只是内容有所不同。习俗的作用与乡村社会构成有关。乡村社会成员首先是亲人，其次是熟人。他们之间不仅容易形成对习俗的共同认可，而且在发生矛盾时更愿意通过习俗的力量加以调节。对乡村社会成员来说，有冲突不轻易见官和寻求国家法律。在费孝通看来，传统乡土社会“是个‘无法’的社会，假如我们把法律限于以国家权力所维护的规则，但是‘无法’并不影响这社会的秩序，因为乡土社会是‘礼治’的社会……而礼却不需要这有形的权力机构来维持，维持礼这种规范的是传统”②。相对于内生的礼俗来说，国家法律则是外部强加的。不到不得已，乡民不会上告官府，寻求法律的保护和支持。一则外部力量的介入会造成所谓的“家丑外扬”，破坏共同体的持续团结；二则“打官司”并不一定能够获得当事人认可的公正。重要原因在于，“法律是政体的一部分，它始终是高高地超越农村日常生活水平的、表面上的东西。所以，大部分纠纷是通过法律以外的调停以及根据旧风俗和地方上的意见来解决的”。③ 此外，从根本上说，家族习俗和国家法律从行为的终极

① 《马克思恩格斯选集》第4卷，人民出版社，2012，第109页。

② 费孝通：《乡土中国 生育制度》北京大学出版社，1998，第49~50页。

③ 〔美〕费正清：《美国和中国》（第四版），张理京译，世界知识出版社，1999，第113页。

规范上都是一致的，即它们都共同遵守长期自然历史形成的“传统”，只是“传统”的内容和范围有所不同而已。如向国家提供税费兵役尽管也是国家外部施予农民的行为，但由于长期历史形成的传统，农民将其视之为理所当然的规则。所以，地方官僚不必运用更多的法律手段征收税赋。在农业剩余不多的条件下，这种“无讼而治”，是一种节约治理成本的更好选择。乡村社会的自我治理不是超越国家之外的治理，恰恰相反，是在国家整体统治之下的有限自治。它反映了在地域关系主导的帝制时代，乡村社会也是整个帝制体系的一个地域实体的特性。这与王制时代主要依照血缘关系进行治理有所不同。

七　城市与乡村的互动与影响

在帝制时代，地域关系居于主导地位。国家的地域分为城市与乡村两个部分。它们的地位、功能和影响与帝制中国的总体背景相关。中国的国家产生便与农业相关。无论政治形态如何变动，农业社会一直以来都是国家的社会根基。只是在帝制时代，随着地域的扩大，形成大规模的农业社会。但这一社会却是由无数个自给自足的小农构成的，表现为大国小农。这种封闭的小农自然经济天生具有分离性因素。小农特性与马克思描述的法国小农极具相似之处。他说：“小农人数众多，他们的生活条件相同，但是彼此间并没有发生多种多样的关系。他们的生产方式不是使他们互相交往，而是使他们互相隔离。”“他们进行生产的地盘，即小块土地，不容许在耕作时进行分工，应用科学，因而也就没有多种多样的发展，没有各种不同的才能，没有丰富的社会关系。每一个农户差不多都是自给自足的，都是直接生产自己的大部分消费品，因而他们取得生活资料多半是靠与自然交换，而不是靠与社会交往。一小块土地，一个农民和一个家庭；旁边是另一小块土地，另一个农民和另一个家庭。一批这样的单位就形成一个村子；一批这样的村子就形成一个省。”“就像一袋马铃薯是由袋中的一个个马

铃薯汇集而成的那样。”“小农的政治影响表现为行政权支配社会。”①帝制国家正是依靠分布在各个地方的城市行使统治权，从而将分散分离的小农社会联结起来。

因此，帝制时代的城市主要是政治统治的堡垒，统治着一方乡村社会。当一座座城市从旷野中拔地而起时，它并不是消极无为的，而是发挥着特有的政治功能，维系着超大规模国家的整体性。世界上的帝国因为地域辽阔经常发生分裂。而帝制中国作为幅员辽阔、人口众多的统一国家长期延续下来。正如黑格尔所说：“只有黄河、长江流过的那个中华帝国是世界上唯一持久的国家。”② 费正清通过比较也表示：“尽管中国疆土广袤而各地景象又千差万别，但这次大陆始终维持一个政治统一体，而欧洲却未能做到这一点”。③ 其重要原因，一是帝制中国能够通过分布均匀并有强大辐射力的城市，将强大整合力量传递到国家赖以生存的乡村地区，形成牢固稳定的帝国官僚统治体系。二是作为政治统治堡垒的城市集聚了大量的资源、人口、文化和需求，创造了高度发达的文明。“中国文明以其顽强的生命力和对人类遗产的巨大贡献，始终居世界领先地位。”④ 而文明的创造必须依托一定的空间形式。城市通过资源、财富、人口、需求的集中可以形成巨大的创造力量。斯宾格勒甚至认为“人类所有的伟大文化都是由城市产生的”⑤。中国文明与城市的崛起相伴随。“政治上的城乡对立关系，在西方表现为农村的封建领主对工商业城市进行统治，在中国则表现为郡县城市对农村进行统治。”⑥ 虽然战乱经常摧毁城市，但城市突出的政治功能使它能在反复摧毁中不断重建。文明正是在这种不断重建的过程中延续下来的。同时，城市的集中性特别强。由于城市统治乡村

① 《马克思恩格斯选集》第1卷，人民出版社，2012，第762、763页。

② 〔德〕黑格尔：《历史哲学》，王造时译，三联书店，1956，第160页。

③ 〔美〕费正清：《美国与中国》（第四版），张理京译，世界知识出版社，1999，第8页。

④ 〔美〕斯塔夫里阿诺斯：《全球通史：1500年以前的世界》，吴象婴、梁赤民译，上海社会科学院出版社，1988，第294页。

⑤ 〔德〕斯宾格勒：《西方的没落》，陈晓林译，黑龙江教育出版社，1988，第106页。

⑥ 胡如雷：《中国封建社会形态研究》，三联书店，1979，第283页。

的格局，统治者可以凭借统治权将大量财富、资源、人口、需求集中，形成较大规模的城市，从而创造出无与伦比的古代文明。文明吸纳政治。帝制国家尽管会发生王朝更迭和异族统治，但任何一个统治者都不得不接受具有较高形态的文明。三是政治性城市为广大乡村地区提供一定的安全保障，使乡村地区在一定程度上免受战乱祸害，农业文明得以长期延续，为帝制国家的延续提供了根基。

当然，政治性城市不可能独立存在。它的存在是以对乡村的经济剥夺为条件的。帝制时代的城市对于乡村，在政治上是统治关系，在经济上是剥夺关系。这种剥夺主要是一种超经济强制，即凭借特殊的公共权力强制性汲取资源。大量的赋税和劳役用于城市。秦始皇刚完成统一大业就从全国各地征用七十余万名民工修建骊山陵墓和阿房宫。历代王朝的更迭都以修建城市为重要使命，但其人力和财力主要来源于乡村。马克思注意到："在亚洲，城市的繁荣，或者更确切地说，城市的存在，完全依赖于政府的地方性开支"。[①] 这种开支来源就是乡村无偿提供给国家的赋税和劳役。城市的每一次破坏造成的结果是进一步对乡村的汲取。而对乡村的过度汲取必然导致社会动乱，甚至王朝的颠覆，结果是城市文明的再次毁灭。政治风暴对城市及文明的破坏，虽然严重打击了统治阶级，荡涤了腐朽的社会势力，但同时也严重破坏了生产力，社会进步因素，特别是蕴藏于城市中的未来新社会的萌芽形式受到严重摧残。具有极大盲目性和随意性的暴力反抗，表现为一种"野性的、盲目的、放纵的破坏力量"，[②] "造成了牛死虱死的悲惨局面。"[③] 由此形成剥夺与反抗、重建与毁灭的恶性循环。

城市与乡村的统治与被统治、剥夺与被剥夺的关系造成了城乡的对立，并制约着国家能力的施行。在韦伯看来，"事实上，皇权的官方行政只施行于都市地区和次都市地区。因为在这儿，它不用面对在这些地区以外所遭遇到的、强固的氏族血缘纽带的对抗，行政便能有效

① 《马克思恩格斯全集》第36卷，人民出版社，2015，第281页。
② 《马克思恩格斯选集》第1卷，人民出版社，2012，第854页。
③ 参见吕振羽《中国社会史诸问题》，华东人民出版社，1954。

地运作于商人与工匠的行会。出了城墙之外，行政权威的有效性便大大地受到限制。因为除了势力强大的氏族本身之外，行政还遭到村落有组织的自治体之对抗。”① 对抗的深刻根源便是城市对乡村的剥夺。

尽管国家行政可以有效施行于城市，但是政治上对乡村的统治和经济上对乡村的依赖，抑制了城市发展经济的内生动力，未能生长出与农业社会不同的新生社会要素。依托乡村社会，帝制中国创造了灿烂的农业文明。但这一文明进程经常遭受到严重破坏。尽管乡村社会不断产生对王朝的反叛，但由于缺乏新的社会要素，其结果只是对传统的恢复，而不是革命性创造。这是因为自给自足的农业自然经济难以内生出革命性要素。“由于农民家庭这样一来实现几乎完全的自给自足，由于它不依赖于市场和它以外那部分社会的生产运动和历史运动，总之，由于自然经济本身的性质，这种形式也就完全适合于为静止的社会状态提供基础”②。城市受政治统治的抑制，很难发育商品经济新要素，有限的商品经济的萌芽难以与乡村结合，带动乡村走出自给自足的封闭状态。整个社会因此陷入发展极其缓慢且会经常中断的停滞状态。正如马克思在论述亚洲社会停滞不前时所说的，自给自足的自然经济“为揭示下面这个秘密提供了一把钥匙：亚洲各国不断瓦解、不断重建和经常改朝换代，与此截然相反，亚洲的社会却没有变化。这种社会的基本经济要素的结构，不为政治领域中的风暴所触动”③。“亚细亚这部分停滞的性质，不管政治的表面上一切无目的的运动怎样——可由两种互相依赖的状况完全说明：（1）公共设施为中央政府的事业；（2）公共设施之外，除少数较大的城市外，全国分解为村落，这种村落具有一种完全分离的组织，而且自成一个小世界。”④

---

① 〔德〕马克斯·韦伯：《韦伯作品集Ⅴ：中国的宗教　宗教与世界》，康乐、简惠美译，广西师范大学出版社，2004，第146页。

② 《马克思恩格斯文集》第7卷，人民出版社，2009，第899页。

③ 《马克思恩格斯全集》第42卷，人民出版社，2016，第368页。

④ 《马克思恩格斯通信集》第1卷，李季译，三联书店，1957，第553页。

第七章
地域—血缘关系中的政权与族权

人们因为各种关系而联结为不同组织。进入帝制时代，受地域关系支配，国家政权成为将地域内的各种人群联结起来的主导力量，政权居于国家的中心地位。而帝制国家并没有“炸毁”长期延续的血族组织。原生的血缘关系不断生产和再生产出来，因血缘联结的血族组织以不同形式存续，并在自我组织中内生出支配性权力。政权与族权的互动成为帝制国家演化和治理的重要内容。

一　政权他组织与血族自组织

在恩格斯看来，“国家和旧的氏族组织不同的地方，第一点就是它按地区来划分它的国民。”[①] 国家产生的条件，是“由血缘关系形成和联结起来的旧的氏族公社已经很不够了”。氏族公社的重要特点“是以氏族成员被束缚在一定地区为前提的”。而“按照居住地组织国民的办法是一切国家共同的”[②]。只是在不同国家的路径和表现形式不同而已。

国家是以地域关系为基础的。不同地域的人不会自动联结，需要

① 《马克思恩格斯选集》第 4 卷，人民出版社，2012，第 187 页。
② 《马克思恩格斯选集》第 4 卷，人民出版社，2012，第 187 页。

政权组织加以联结。政权组织的联结不是无边无际的，总有一定的范围，这便是由一定地域构成的疆域或领土。政权是一定疆域或领土范围所有人的组织者和治理者，拥有治理这一疆域或领土范围的人和事务的公共权力。正是通过政权将特定地域的人联结起来而形成国家。因此，政权居于国家的中心地位。尽管国家政权具有阶级性，为特定的人群所掌握，但它在形式上又要超越于一定社会人群，成为整个社会的代表。维护政权的稳定和实现政权的治理功能，是任何一个国家的统治者的本能。

由政权组织民众所形成的国家，无疑是人类的高级组织形态，或者是人类社会组织的再生形态。但国家不是从来就有的。在国家产生之前，便已产生诸如氏族之类的原生组织。只是由于国家进程的不同，这类原生组织的命运有所不同。恩格斯在论述罗马国家产生进程时说，“罗马的行政和罗马的法到处都摧毁了古代的血族团体”，“广大领土上的广大人群，只有一条把他们联结起来的纽带，这就是罗马国家”。[①] 而当罗马政权崩溃，整个国家的联结也因此断裂了，社会由此陷入大分裂的状态，重新进行自我联结。

与罗马不同，中国的国家产生不是血族团体被炸毁的结果，相反，血族集团不仅保持下来，而且构成国家的社会基础。王制国家便是以血缘关系为主导的政治共同体。进入帝制之后，国家不再是一姓一族为主体的国家，而是天下百姓共同构成的国家。然而，天下百姓的原生组织仍然是以血缘关系为基础。正是通过基于血缘关系的组织，将天下百姓联结成一个个血族单位。帝制国家不过是凌驾于各个血族单位之上的政治组织。

政权对天下百姓的联结是一种他组织，即它不是与生俱来或内生于民众社会内的组织，而是基于地域关系所产生的再组织。它依靠特殊的公共权力，强制社会接受某种制度安排，承担超越社会的公共职能，实现对全社会所有人群的统治。与政权组织相比，血族组织是以

① 《马克思恩格斯选集》第4卷，人民出版社，2012，第164页。

血缘关系将一定范围的人群联结起来的社会团体。血族成员的联结是一种自组织。它不仅与生俱来，而且内生于民众之中。如父母子女自动组织为血缘家庭，不需要外部力量的介入。

血族组织是人们生命生产和生活的重要单位，具有自我存在、自我发展、自我扩张的天然本能。在原始社会，个体家庭难以独立存在，只能依附于氏族。氏族成为基本单位，而个体家庭不是。在国家公共权力产生以后，氏族组织还存续了相当长时间，只是表现形式有所不同。初始人类的自我联结方式主要是血缘关系。血缘联结与地域联系有所不同，它的范围有限，局限于彼此有血缘关系的人群。因此，与建立在地域关系基础上的国家来讲，血族团体的规模更小，并在一个国家内存在着多个不同的血族组织。这些血族团体彼此间会发生竞争、冲突和合作。这种状况早在国家产生之前便已出现，因此有氏族、氏族部落。部落和部落联盟的出现便是氏族为了应对外部竞争而形成的。国家便是因为由于部落联盟也难以解决日益扩大的社会冲突而产生的。国家的出现并不意味着社会冲突自然消失，相反，社会竞争和冲突还会再产生，甚至因为国家权力的存在更为激烈。而在社会竞争和冲突中，人们为了增强和扩大力量，会自动联结为更大的群体，如以血缘关系为纽带的血族团体，以经济交往和利益关系为纽带的阶级团体。在中国，由于农业生产，阶级团体不发达，社会联结主要是血缘关系。“在生产力不发达的时代，人们谋生不易，很自然地借助于血缘关系”。[①] 人们力图通过血缘关系的纽带，形成不同的血族团体。这些团体受血缘关系支配，为了自身的利益，有自我复制和自我扩展的天然本能。在社会竞争和冲突的格局下，一些团体失败了，甚至消亡了，一些团体成功了，兴盛了。为了获得成功，避免失败，这些团体与具有唯一性和强制性的国家政权形成了不同的互动关系。国家政权在这些团体的基础上发挥作用，并会受其制约。国家政权本身甚至就是在竞争中获得优势地位的血族团体的产物，如中国的夏、商、周等朝代。

① 冯尔康等：《中国宗族社会》，浙江人民出版社，1994，第 21 页。

即使是帝制时代的国家统治权也执掌在个别家族手中，只是在政权形式上表现出超越个别家族的公共性。

任何组织都包含着支配关系，蕴含着权力。国家的本质是政治权力，通过政权支配民众。血族组织作为一个相对稳定的社会团体也包含支配关系，蕴含着权力。主要是内生组织之中的经济、社会和文化权力，而没有凌驾于血族组织之上的政治权力。而血缘关系产生的家世、身份、地位等权力，并会影响和渗透于政权。在毛泽东看来："政权、族权、神权、夫权，代表了全部封建宗法的思想和制度，是束缚中国人民特别是农民的四条极大的绳索。"[①] 这四种权力各有其来源、特性，并存在此强彼弱、此消彼长的互动关系。

因此，当国家这一公共权力组织出现之后，便面临着政权与族权的关系问题。中国的国家演进和国家治理，长期受政权与族权互动关系的制约和影响。

二　政权与族权的一体与分离

由于中国的国家组织不是在以血族团体为基础的旧社会被炸毁的基础上产生的，血族团体长期延续下来，不仅构成国家的基础，而且成为国家统治的主体。王制国家的重要特征便是，政权与族权合为一体。国家政权为占统治地位的血族团体所掌握。人们根据血缘关系中的位置和身份获得统治权力。国王、诸侯、卿大夫等既是作为血族团体的宗族身份，又是作为政治团体的国家地位。

帝制国家的重大变化，就是超越血缘关系，在地域关系的基础上建立起来统一的国家政权。这就柳宗元所说的，秦之前的国家实质上是"私其力于己也，私其卫于子孙也"。"然而公天下之端自秦始"（《封建论》）。帝制国家重新定义人民，将宗法制下的有差等的宗族（拟宗族）亲人定义为同一"黔首"，自上而下建立起从中央，到郡

① 《毛泽东选集》第1卷，人民出版社，1991，第31页。

县，再到乡（亭）里的政权制度。通过什伍制、户籍制、告奸制等，政权全面深入地渗透到人们的生活中。这一政权制度将所有人联结起来，打破政权与族权合为一体的政治基础。与此同时，实行土地买卖，改变将宗族成员束缚在一定地区土地上的制度；拆分宗族，将大家庭裂变为个体家庭，由此消解宗族共同体的经济社会基础，宗族权力大大弱化。这一系列举措有助于建立一个新的社会形态，即“按地域组织起来的，它通过地域关系来处理财产和处理个人的问题”的政治社会，从而超越“以人身、以纯人身关系为基础”① 的族群社会。在以地域关系为基础的政治社会里，政权与族权相分离，人们不能再凭借宗族身份自动获得政治权力。

政权与族权的分离是一个过程。它取决于两个条件：一是政权有足够的能力将所有的人有效地联结起来，造成人们对政权的认同和依存；二是人们通过其他方式实现社会的自我联结，解决各个个体无能为力解决的社会问题。而这两个条件并不会因为帝制国家一建立便可以达到。秦始皇统一中国，只是建立起帝制政权的基本框架，政权体系尚在初步建立之中，没有足够的能力有效联结所有人群。特别是秦朝建立后充分暴露出政权的私有本质，“私其一己之威也，私其尽臣畜于我。”（《封建论》）由此造成人们对政权的背离。政权不仅不能保护和造福于民，反而成为压制民众的猛如虎的“苛政”。另外，当宗族社会裂变为个体家庭社会之后，一方面加强了社会竞争和冲突，另一方面，大量的生产生活问题缺乏替代组织加以解决，人们还未能找到一个替代宗族的社会联结纽带。为了在激烈的社会竞争中保存自己，解决自己面临的各种社会问题，自然形成的血缘关系被再生产出来，继续成为人们自我联结的主要纽带。对于个体家庭而言，一方面要通过生命再生产，实现生命活动和人生价值的延续，保有家庭“香火不绝”；另一方面要在家庭竞争中发展自己，增强自己的竞争实力，“光宗耀祖”，因此要通过血缘关系联结成

① 〔美〕路易斯·亨利·摩尔根：《古代社会》上册，杨东莼、马雍、马巨译，商务印书馆，1977，第 6 页。

为一个更大的团体。人们在这种自我联结中形成各种血族团体，并内生出各种权力。族权也由此被再生产出来。

因此，秦始皇统一中国后，政权无疑居于主导地位，但长期延续的族权并没有消失，反而不断再生。只是从总体上看，在帝制下，族权再也不能与政权合为一体，更多的是两个相对独立的权力主体的互动。这种互动在不同时期表现不同的特点。

三　政权与经济权力互动的豪族

秦始皇统一中国时，有一项重要举措，就是田得以买卖。他注意到了这一举措对解构宗族整体社会的作用。因为，“氏族制度同货币经济绝对不能相容”①。但他没有预见到这一举措的社会后果，就是加速造就了一个豪族阶层。

豪族，广义上是大族，是一个以血缘关系为纽带的势力强大的血族群体。大族是相对小族而言的，历史上早已有之。在早期国家，统治者便是大族。商代夏，周代商，秦统一，都存在一批旧朝代的大族。豪族则是在进入帝制时代后产生的一个以占有大量土地为基础，并有强大势力的血缘族群。

在马克思主义看来，经济基础决定上层建筑。春秋战国时期，过往的宗法村社经济解体，地主经济居主导地位。秦始皇统一中国时，首先是肯定了私人对土地的占有，并尽可能平分土地，以造就无数个体小农，使国家能够获得源源不断的税收。土地由村社共同体向个体家庭分散。与此同时，允许土地买卖，土地由过往固化在宗族村社范围，转变为自由流动。由此便会出现这样一种趋势，便是分散在个体家庭的土地向少数族群手中集中。土地从分散到集中会造就出一个占有较多土地的地主阶级。进入汉代，地主阶级的一部分很快成为占有大量土地且有很强政治势力的豪族。

---

① 《马克思恩格斯选集》第4卷，人民出版社，2012，第125页。

豪族的产生与中国特有的国家进程和土地制度密切相关。在马克思看来，人类社会愈是早期，政治权力对经济权力的支配性愈突出。这一点在亚洲表现得又特别突出，从而产生出所谓亚细亚生产方式。像在亚洲那样，国家“既作为土地所有者同时又作为主权者”。① 国家作为主权者，对土地的所有权具有支配性作用。人们对土地的占有与占有的政治权力密切相关。西周的层级分封，尽管为宗法层级所掩饰，但从根本上说又是由对政治权力的占有所决定的。拥有国家最高主权的周王成为土地的分配者，之下的诸侯、卿大夫等根据宗族次序和政治位次占有相应的土地。这些人本身便是大土地占有者，也是大家族。如晋国六卿中的赵氏、韩氏、魏氏、智氏、范氏、中行氏六家。秦始皇统一中国的战争，是对原有的占有大量土地的大家族的消灭，统一中国后又与以往的朝代更迭一样，将大家族从原有的土地上迁徙到都城和外地。

秦始皇消灭了旧的大族，但没有消灭产生大族的土壤，即政权支配产权。随着朝代的更迭，新的大族很快再生产出来了。这就是在私有制条件下，利用土地买卖，实行土地兼并，获得大量土地，并具有政治优势地位的豪族。姚大中因此指出：“豪族面目本色，系土地私有制成立后，伴随土地得以自由买卖而必然产生的地主。”② 而占有大量土地之后，经济权力使他们的政治势力和影响更大，成为一方强势者。因此，豪族又被称为豪强，或者豪强地主。

豪族是一种血缘团体。“定型了的豪族轮廓，乃以同族的结合为中心，同时又结集了非血缘者客体与奴隶支配关系的大土地所有者。”③ 它的产生有一个过程，且是经济权力与政治权力互动的过程。

社会是由人群结合而成的。不同的产权构成不同的社会组合方式。秦之前的社会基本单位是宗族村社大家。经过秦的“分家”，“承袭秦朝郡县制下的汉朝社会，构成单位纯已系‘家’而非‘族’，社会基

① 《马克思恩格斯文集》第7卷，人民出版社，2009，第894页。

② 姚大中：《姚著中国史1·黄河文明之光》，华夏出版社，2017，第416页。

③ 姚大中：《姚著中国史1·黄河文明之光》，华夏出版社，2017，第419页。

部也已非氏族其存的血族集团，而乃分解了的一个个‘家’所聚居，为全然地缘团体意味的乡村组织。”① 但是，“家”本身仍然是血缘单位，同时又是生产单位。这种以各个“小家”为单位的生产方式，有助于提高经济效率，但缺乏过往的宗法村社的相互帮助和保护，要独自应对各种外部风险，其抗风险能力大大降低。“一夫不耕，或受之饥，一女不织，或受之寒。”（《汉书·食货志》）“小家”还是国家纳税单位。在各种压力下，一部分小家难以为继，甚至濒临破产。作为他们的主要财产的土地，则会因为天灾人祸而可能流失。“有卖田宅鬻子孙以偿责者矣。”（《汉书·食货志》）

人类生产除了物质生产外，还有生命生产。作为生命再生产，血缘家庭会不断扩大，由小家自我联结为大家。那些较少再分家的家庭便会扩大为稳定的家族。家族是规模大于家庭的血缘团体，其生存和发展能力显然要大于一般家庭。秦之后的土地买卖制度则推动了土地由分散的小家向居于优势地位的家族集中，并产生出拥有较多土地的豪族、大族。“它们一般都聚族而居，血缘关系比较强固，还保留着或残存着某种类似于历史上的宗族的组织。”②

豪族、大族并不等于血缘家族。只有那些居于经济优势地位的家族才能成为豪族。因为只有他们才拥有购买土地的经济能力。

居于经济优势地位的家族的主要来源有三：一是经商。自春秋战国，商人崛起并日益活跃。但土地的村社所有限制了商人对土地的投资。秦之后，一些家族依靠经商和高利贷获得的经济收入可以购买土地。“此商人所以兼并农人”（《汉书·食货志》）。

二是达官贵人。这其中既包括过往的贵族后裔，也有当朝和致仕的官员。这些权势家族不仅通过权力获得大量土地，而且利用土地买卖和自由流动机制，实行土地兼并，将分散在个体家庭手中的土地集中到自己手中。

① 姚大中：《姚著中国史1·黄河文明之光》，华夏出版社，2017，第401~402页。

② 徐扬杰：《中国家族制度史》，武汉大学出版社，2012，第157页。

三是地方大族。乡里地方一些大家族凭借他们的优势地位和影响，有一定的经济能力，可以获得更多的土地。“豪族原型便是社会基层乡里中大势力家族与父老身份的结合，此等地方上具有发言权的父老在土地经济力强化时，乃成为最初形态的豪族。”①

由最初形态的豪族发展到定型，在于豪族的来源分布更为广泛，商、官、势因土地兼并合为一体。在其“成长过程中，除固有乡里社会中的高地位者外，又以高官退休返乡，外来官吏于地方土著（包括诸侯王增加分家时的财势者），或者大商人转化，而豪族系谱增广，但均以土地投资而在地方生根，站立到地方的社会高地位”。②

除了正常的土地买卖以外，土地的集中还有相当成分的巧取豪夺。后者更加剧了土地的集中兼并。汉代开始用土地兼并来形容土地集中，是相当精确的。它意味着土地集中不只是土地买卖这一自然的经济行为，更带有巧取豪夺这样的非经济行为。

汉代之初，王朝实行“无为而治”，与民休息。大量个体家庭农民的存在，使生产迅速恢复，财富增强，从而出现了著名的“文景之治”。但是，盛世之下掩藏着危机，这就是土地兼并日益严重。在“无为而治”的不干预格局下，经济社会以家庭为单位充分竞争。这种竞争既有基于各自经济能力的竞争，更有强势介入的超经济强制的竞争。在双重竞争压力下，造成一部分小家庭迅速破产，不得不变卖土地，另一部分大家族获得大量土地，形成豪族。

豪族作为一个相对独立的群体，通过其经济权力，将更多的人群联结起来，形成一方强势力量。“所谓豪族，并不是单纯的同姓同宗的集团；是以一个大家族为中心，而有许多家许多单人以政治或经济的关系依附着它。这样合成一个豪族单位。”③ 豪族同族的集居规模达宗人数百家，包括依附于豪族的“客作”“客佣”等，其势力远远强于一般家庭。“汉朝中期以后，豪族代表社会特色的形势，因之渐已成

① 姚大中：《姚著中国史 1 · 黄河文明之光》，华夏出版社，2017，第 416 页。

② 姚大中：《姚著中国史 1 · 黄河文明之光》，华夏出版社，2017，第 416 页。

③ 杨联陞：《东汉的豪族》，商务印书馆，2011，第 10 页。

立。出现于汉朝文献的‘豪族’一词，又以大豪、豪大家、豪富、豪杰、豪强、豪右、豪姓、豪宗、大姓、大族、著姓等称谓多方面表现，其成长时阶层构筑的雄厚可见。”① 豪族的崛起一开始并没有引起王朝政权的足够重视。这是因为豪族与政权有千丝万缕的联系，甚至本身就属于政权体系的一部分。“有些豪族，是先有了政治地位，然后建树起经济势力。有的则是先有了经济势力，再取得政治地位，这政治地位又帮助了经济势力的发展。”② 但是，随着豪族成为一种社会势力，王朝政权不得不正视。这在于豪族势力的强大有可能动摇政权统治的根本，豪族阶层拥有的强大经济权力威胁着统治者的政治权力。

贫富分化加剧。随着人口增加和土地兼并，产生出大量失地农民，加剧贫富分化。其典型状况是“富者田连阡陌，贫者无立锥之地”，“豪富吏民，訾数巨万，而贫弱愈困。”（《汉书·食货志》）“庶人之富者或累巨万，而贫者或不厌糟糠。”（《史记·平准书》）严重的贫富分化必然会带来大量的社会问题，影响政治统治。

国家税源流失。个体家庭是国家税赋的主要来源。土地兼并造成大量家庭破产，无力交纳税赋。“豪族势力膨胀，被牺牲者直接都是地方上自营小农民，或通常所称的自耕农。”③ 豪族拥有大量土地，但自己经营不了。他们实行庄园经济，大量无地和少地的农民依附于庄园。庄园与一般的地主经济不同，庄园主由于与政权的联系，可以隐瞒人口和土地，逃避税收。而税收则是国家存续的经济基础。“豪族以领有私的隶属民接替国家权力，非只租税（佃租），也兼及了徭役。”④

人口性质变化。帝制国家实行编户齐民。国家通过户籍管理所有地域上的人口，进而治理社会。但是，随着土地兼并，大量人口成为豪族的私奴，有的豪族甚至拥有成千上万的私奴。基于地域关系的平

---

① 姚大中：《姚著中国史1·黄河文明之光》，华夏出版社，2017，第416页。

② 杨联陞：《东汉的豪族》，商务印书馆，2011，第10页。

③ 姚大中：《姚著中国史1·黄河文明之光》，华夏出版社，2017，第416页。

④ 姚大中：《姚著中国史1·黄河文明之光》，华夏出版社，2017，第423页。

等编户演变为附属于基于血缘关系的豪族。在豪族社会，以人身、纯人身关系为基础，从而与建立在地域关系基础上的国家相冲突。

形成地方势力。“豪强大族的抱负不是简单的囤积土地和聚集财富，更在于利用这些土地和财富来构建广泛的网络，把忠心于自己的、能够听从支配的亲戚、代理人和邻居们联系在一起。”① “如果一个家庭没有加入这样的网络或集团中，它就会被称之为‘孤门’‘细族’‘小家’‘寒门’等。”② “这种先和本宗族的人建立关系网，而后再与地方居民们建立关系网的做法，使得地方豪强大族能够召集到成千上万人听其号令”。③ 地方社会因此成为以豪族为中心联结起来的大族力量，应将地方所有人联结起来的地方政权反而无足轻重。

社会秩序动荡。由于大量人口挤压出土地，缺乏生存来源，一部分人只能以非正常手段谋生，社会秩序动荡不安。“此商人所以兼并农人，农人所以流亡者也”。“民愁亡聊，亡逃山林，转为盗贼”（《汉书·食货志》）。

危及既有政权。土地占有形成经济权力。豪族大量占有土地，经济权力不断膨胀，要求获得和影响政权，以保护和扩展自己的利益。“因其富厚，交通王侯，力过吏势，以利相倾”（《汉书·食货志》）。豪族除了经济权力以外，还有相当的权势，可以横行乡里，凌驾于基层政权之上，甚至基层政权成为其附属。“长官是有任期的，届满就调走了，由强宗大姓充任的地方僚佐则往往是终身制，甚至父死子继。强宗大族就利用这种情况控制和干预地方吏治，不服从中央政权的调遣，破坏朝廷的统一法令。”④ 出于保卫，豪族还拥有私兵。有的势力强大的豪族连地方长官都不得不避让三分。“时，郡比得不能太守，涿

① 〔美〕陆威仪：《早期中华帝国：秦与汉》，王兴亮译，中信出版社，2016，第118页。

② 〔美〕陆威仪：《早期中华帝国：秦与汉》，王兴亮译，中信出版社，2016，第119页。

③ 〔美〕陆威仪：《早期中华帝国：秦与汉》，王兴亮译，中信出版社，2016，第122页。

④ 徐扬杰：《中国家族制度史》，武汉大学出版社，2012，第162页。

人毕野白等由是废乱。大姓西高氏、东高氏，自郡吏以下皆畏避之，莫敢与牾，咸曰：‘宁负二千石，无负豪大家。’”《汉书·严延年传》

豪族的壮大使豪族由政权统治的基础演化为政权的威胁者。从维护政权稳定出发，国家统治者采用各种举措抑制土地兼并，打击豪族势力。

早在汉初，晁错便意识到土地兼并的危害性，要求防止兼并。之后的董仲舒更是尖锐指出土地兼并的恶果，要求阻遏。为此，西汉中期，统治者开始采取一系列举措抑制和打击豪族，包括强行迁徙，限制土地和奴婢数量；禁止官吏阿附豪族等。如将豪门富户和大族迁徙到京城，加以监视，严厉惩处。如汉武帝用酷吏强压豪族，甚至借助杀戮来强制豪族放弃其独立性。“王温舒为河内太守，捕郡中豪强，连坐 1000 余家，大者族诛，小者处死”①。

豪族依托于政权获得经济权力。与拥有合法强制力的政权相比，经济权力的力量毕竟有限。在一系列抑制和打击下，豪族作为一个整体，其影响有所缩小。但由于政治权力与经济权力的一体性，这种抑制和打击是有限的。许多打击豪族的官吏自身也转化为豪族，毕竟拥有土地财产是所有人所向往的。限制土地和奴婢的数量很难实施。因此，在相当长的时间里，政权与豪族权力呈此消彼长的博弈状态。西汉末年，王朝中央权力衰败，地方豪族势力进一步崛起。东汉王朝政权的建立本身便是地方豪族势力的产物。东汉开国皇帝刘秀出身于南阳持有大土地的豪族大地主，其母亲的家族樊氏更是典型的豪族，“为乡里著姓……田土三百余顷……赀至巨万”（后汉书·樊宏传》）。

由于东汉王朝之初建立在豪族基础之上，豪族与国家权力结合得更为紧密，并出现了进一步扩张的势头。一是开放商人对土地的投资，二是豪族对国家权力的影响更大。不仅基层政权成为豪族的代理人，而且国家权力广泛向豪族开放，甚至连皇室也与豪族联姻。“能够积累如此大量地产的豪强，多数出身于高级官僚、皇室亲属、皇帝配偶家

① 徐扬杰：《中国家族制度史》，武汉大学出版社，2012，第 165 页。

庭以及在宫廷握有大权的皇后的亲属。”[①] 三是进一步影响国家统治。仲长统认为，“扰乱编户齐民（登录于户籍的平民）之世的是豪族的兼并”。[②] “豪人之室，连栋数百，膏田满野，奴婢千群，徒附万计”（《后汉书·仲长统传》）。

凭借豪族登上皇位的刘秀，对豪族的政治能量认识更深。为了维护政权统治，东汉政权对豪族也进行了打压和疏导。如刘秀释放奴婢和度田。但是，刘秀对豪族的打压是非常有限的。其根本原因在于豪族与政治权力有着千丝万缕的联系。政权从形式上看具有全国性，但政权的执掌者毕竟是少数集团。当刘秀清查和限制土地的政策涉及南阳皇亲国戚时，便难以推行下去了。

豪族的产生是政治权力与经济权力互动的结果。一方面，它们相互依赖。豪族拥有的经济权力在相当程度上依赖于在政权体系中的优势地位，并寻求政权体系的保护，影响政权体系的运行，甚至更迭。另一方面，政权体系在一定程度上对于拥有经济权力的豪族持包容，甚至放纵和支持的态度，当豪族势力过大，有可能危及整体国家统治时，又持抑制和打压的态度。“若从王朝国家施政方针的角度来看，一方面东汉政府对在那些西汉以来当地豪族势力过于强大的地域不得不予以抑制；另一方面对于那些当地豪族支持中央集权地方政治的地域，又必须与其保持合作关系。”[③]

在整个帝制时代，豪族从未完全消失。只是作为一个独立的阶层，它们与皇权制度是冲突的。它们不仅拥有经济权力，而且以此为基础，通过血缘联结及其扩展了的关系网络，形成社会势力，侵蚀国家权力，挑战专制皇权权威。它们的出现，反映了帝制体系尚在成长中，皇权渗透和政权他组织能力还不强大，社会尚存在着较大的空间，使血缘

① 万志英：《剑桥中国经济史：古代到19世纪》，崔传刚译，中国人民大学出版社，2018，第120页。

② 〔日〕鹤间和幸：《始皇帝的遗产：秦汉帝国》，马彪译，广西师范大学出版社，2014，第455页。

③ 〔日〕鹤间和幸：《始皇帝的遗产：秦汉帝国》，马彪译，广西师范大学出版社，2014，第450~451页。

组织通过自我联结不断扩展。随着帝制体系的成长，特别是皇权的扩张，社会空间压缩，豪族势力和影响日益减小。豪门大族转而以其他方式继续存在。

四　政权中固化出身血统的世族

在帝制时代，国家是土地的主权者。土地的占有者必须依靠国家权力才能占有和维护持久占有，产权严重依赖政权。从社会地位看，只有占有国家权力者才居于最高位置。获得国家权力是人们的普遍意愿。到东汉，豪族作为一个拥有经济权力的大族，尽管受到抑制，但仍然存在。但是，人们通向国家权力的道路发生了变化。

以皇帝为中心的中央集权制和郡县官僚制是帝制的核心制度。政权要有效行使对全国的治理，必须有大量的官员。官员的选拔便成为帝制国家的一项重要事务。西汉早期入官，依靠举孝廉。地方难以掌握孝廉的标准也难以推举。皇帝经常迁怒地方为何难以推举孝廉以供官府使用。汉武帝独尊儒术，儒学居主导地位。儒学是一门专门的学问，需要长时间学习。之后，官府设立太学。到东汉时太学生达数万人。更重要的是掌握学问成为入官升官的主要渠道。而学问如何，则需要人评价。士族由此产生。士起源于春秋战国，是指有专门学问并以其学问为官之人。到了汉代，只有那些有经济基础的家族才能供养成员掌握专门学问。这些家族掌握了通向官府的专门学问，也就拥有了文化权力。

文化是一种习惯，是一种为人们共同认可的规范。文化权力是基于专门的文化形成的一种支配力。人们通过文化，设立标准，制定规范。标准和规范能够为人们所广泛认同和接受。如西周时期的“礼”。在中国，由于长期的血缘关系的影响，基于血统而产生的门第、出身意识相当顽强。人们对一个人的品质的评价，相当程度来源于其出身的家族。只有那些有学问和道德的家族才能居于社会的较高地位。由于家族的家风和教养，他们的后代也拥有相应的品质和声望。士族因

其血统世世代代处于高位，又称为世族、世家、门第、衣冠、势族、巨室、门阀等。尽管称呼和后人的理解有所不同，但拥有财富、权力基础并通过文化获得和长期保有财富和权力，从而固化家族高贵出身血统是共同的。[①]

士族与世族略有区别。士族主要指以专门的学问为官的名门望族。如汉代“董仲舒子及孙皆以学至大官”（《史记·儒林列传》）。为了维持其政治和社会地位，这一族群有非常强烈的自我意识，不断自我强化他们的血统、出身、门第的高贵性，以与庶族、寒门相区别，从而不断固化其特殊地位和身份，使其地位和身份世代显贵。因此，世族更能表达士族的强烈的身份自我认同和建构意识。“秦汉以来，世家大族，似乎渐渐地都有谱牒。而其事较近，各家族中，有何等人物，事迹，亦多为众人所能知，所能记，在这时期以内，一个家族中，要多有名位显著的人，而切忌有叛逆等大恶的事。如此，历时稍久，即能受人承认，为其地之世家。”[②] 谱牒便是一种身份识别、认同和建构的载体，它可以确定世族成员的边界。世族通过婚姻强化其高贵身份，门第相等，才通婚姻。一方面可以进一步提高自己的特殊地位，另一方面可以形成横向的世族联结，相互提携，其势力更强。就是连日常生活方式，世家也有自己独特的地位和界限。这都是为了强化世家贵族的自我意识。“豪族大家在体制化的过程中，不断朝着门阀贵族制的方向自我发展。”[③]

身份本是一种古老的社会现象。在摩尔根看来，人类最早出现的社会是“以人身、以纯人身关系为基础”。[④] 随着社会交往的扩大，人们依据一定标准获得特定的身份和地位。但是，这种身份和地位一旦为人们所认可和普遍接受，特别是为政权体系所接纳，便可以获得特

① 参见田余庆《东晋门阀政治》，北京大学出版社，2012，第 320 页。
② 吕思勉：《中国通史》，上海人民出版社，2015，第 58 页。
③ 〔日〕池田雄一：《中国古代的聚落与地方行政》，郑威译，复旦大学出版社，2017，第 25 页。
④ 〔美〕路易斯·亨利·摩尔根：《古代社会》上册，杨东莼、马雍、马巨译，商务印书馆，1977，第 6 页。

殊的权力。

与庶族、寒门相比，世族首先是有高贵的出身，其家族成员居于或曾经居于高位，执掌过权力，有的甚至世代为官。其次，世族有相当的经济地位，拥有土地等大量财产。如此，他们才能读书，掌握专门的知识，拥有文化权力。从拥有土地财产看，他们与豪族相同。“世家大族和士族的存在，都是以大田庄为其物质基础。依靠宗族，大田庄经济比较容易形成，比较容易巩固，也比较容易持久。”[①] 最后，他们掌握专门的知识，有较强的文化影响，拥有话语权。“‘士族’就是士人官僚的家族，他们通过雄厚文化而世代居官，由此建立了崇高门望。”[②] 从这一方面看，他们与豪族又有所相同。如果说豪族是富有的土豪，那么，世族则是有学问的贵族。这就是萨孟武所说：“东汉以来，豪宗大族渐次发生，膏腴之士见重于世，一切选举又有‘以族举德，以位命贤’的现象。”[③] “从以氏族血缘结合为纽带的这样的阶级身分性，产生了封建政权中的累世公卿制度。”[④]

豪族附着于土地，相互之间缺乏横向联结。世族通过文化权力则可以将不同地方的世族横向联结起来，形成强大的社会势力，并影响和获得政权。

东汉时期，因专门的学问获得权力和地位，为世族的产生开辟了通道。一些过往的豪族地主培养自己的子弟读书，掌握专门的学问。在政权的需要和支持下，有学问的人的地位日益提高。学问愈高的人，地位愈高，影响愈大，由此产生出名士。名士品评人伦、操纵选举，从而有了相当的文化权力。这些名土将学问传给自己的后代，下一代可以继续为官，由此将学问和官位相对固定在本家族，形成世家大族。东汉沛郡桓氏家族，自桓荣至玄孙桓典，“世宗其道，父子兄弟代作帝

① 田余庆：《东晋门阀政治》，北京大学出版社，2012，第 333 页。

② 阎步克编著《波峰与波谷：秦汉魏晋南北朝的政治文明》，北京大学出版社，2017，第 95 页。

③ 萨孟武：《中国社会政治史》（三国两晋南北朝卷），三联书店，2018，第 41 页。

④ 侯外庐、赵纪彬、杜国庠、邱汉生：《中国思想通史》第二卷，人民出版社，1957，第 38 页。

师，受其业者，皆至卿相，显乎当世。”（《后汉书·桓荣传》还有汝南袁氏（袁绍的家族）、弘农杨氏（杨彪的家族）等世代高官的世族。“这些士家大族在儒学教育中有很高地位，许多学人都投靠到他们的门下学习，成了士族的门生故吏。士家大族往往依靠自己儒宗的地位，授经收徒，并且推荐自己的生徒做官，这样就形成了庞大的门生故吏系统。”① 世家大族得以利用其特殊地位长期为官，使族权与政权相结合。在徐扬杰看来，“宗法式家族制度瓦解之后，战国两汉的数百年间，政权和族权已经基本分离。……可是随着东汉政权的豪强化和世家大族式家族制度的逐渐形成，到东汉中叶以后，政权和族权呈现出再一次结合的趋势。不仅乡里政权进一步为强宗豪右所控制，郡县政权为世家大族把持的现象也非常普遍，甚至中央政权的某些部门，特别像宰相这样的职位，为几姓世家大族世代传袭，即历史上说的世家大族累世公卿的局面也出现了。”② 如弘农杨氏四世为三公，共历十二任，祖孙父子相继执掌东汉朝政 60 余年。汝南袁氏世代为相，延续百年。

东汉末年大动乱中崛起的曹魏政权，在获得政权时，强调唯才是举，淡化出身门第，获得政权后又非常重视由世家大族所掌握的德行标准，并制定了九品中正制。这一制度使政权体系用人有了相对客观的标准。只是这一标准的首条便是家世，即家庭出身和背景，指父祖辈的资历仕宦情况和爵位高低等。对于政权体系而言，人的德行是最主要的。而政权体系又无能力去考核和了解人的德行，追溯人的身世无疑是重要方式。从血统论看，“根子好”，“苗才壮”。家世标准以及掌握标准的人使那些具有高贵家世的人能够获得特殊地位。高门士族子弟往往弱冠便可直接从家入仕，而不必经过察举。由于执掌选拔官员的人本身便属于世族，在实施九品中正制的过程中，才德标准逐渐被忽视，家世则越来越重要，甚至成为九品中正制的主要标准，到西晋时终于形成了“上品无寒门，下品无势族”（刘毅《请罢中正除九

① 岳庆平主编《中国大通史·秦汉》上，学苑出版社，2018，第 378 页。

② 徐扬杰：《中国家族制度史》，武汉大学出版社，2012，第 188 页。

品疏》）的局面。“士庶之际，实自天隔。”（《宋书·王弘传》）到南朝时期，在中正的评议中，所重视的只是魏晋间远祖的名位，而辨别血统和姓族只须查谱牒，中正的品第反成无足轻重的例行公事。由此形成只重视血统和姓族的门阀制度。官职任命皆为世家门阀所把持。“东汉以下，士人逐渐得势，以累世之传经而变为累世之公卿，逐渐地造成一种新阶级，即历史上所谓‘门阀’是也。门阀在政治上之地位，虽不能父子世袭，而迹近于父子世袭；政治地位落到几乎限定的几个氏族手里，几乎可以说是古代贵族之变相的复活。”①

士族通过仕宦途径和婚姻关系来维护门阀制度，形成封闭性集团。元代的马端临为此指出：“魏晋以来，最重世族，公家以此定选举，私门以此定婚姻。”（《文献通考·职役考一》）“阀阅中人不与庶民同婚姻，而且一举一动，都不屑与庶民接触”。② “士族是一个特殊的阶级，不但严格讲求谱系阀阅、郡望房次、官位爵邑，来保证朝廷官位的占有，并且严格举行同阶层的通婚，用通婚来加强右族的团结。当时寒人要加入这个集团，比登天还难。”③ 士族的行为在于维持其特殊的族群地位。“士族为保持其尊严，平日犹避免与庶族往来，自更不肯与之通婚，社交的范围与婚配的范围都是限于同一阶级之内的。从另一方面来说，士庶之分既纯以门阀郡望为基础，身分为家世的承袭，与个人在政治经济上的成就就无关，为了保持家世血统的崇高，避免低门血统混入，阶级内婚自属必须，否则家世便无法永久维护了。”④ 因此，“土地集中是世族政治的经济基础，身份观念是世族政治的精神条件。”⑤

九品中正制的实行，为世家大族垄断高级官位提供了制度台阶，更增强了其地位，结果是推动在中央层面实现族权与政权的结合。这

① 钱穆：《中国历史研究法》，九州出版社，2011，第143~144页。

② 杨联陞：《东汉的豪族》，商务印书馆，2011，第1页。

③ 吴晗等：《再论绅权》，载费孝通、吴晗等《皇权与绅权》（增补本），华东师范大学出版社，2015，第44页。

④ 瞿同祖：《中国法律与中国社会》，中华书局，2003，第182页。

⑤ 萨孟武：《中国社会政治史》（三国两晋南北朝卷），三联书店，2018，第52页。

就是西晋王朝的建立。司马家族世代为官，拥有强大的经济实力，通过婚姻结成广泛的家族网络，最后建立起“中国历史上由世家大族完全控制的第一个统一的王朝”①。

随着世族与政权的结合，为了巩固其特殊地位，世族借助政权的力量建立起相应的制度，这就是门阀制度。“所谓门阀士族制度，是世家大族为了维护自己优越的社会地位和政治经济特权，保证自己的子孙和家族世世代代垄断政权而创立的一种政治制度，也即是朝廷通过立法对世家大族的这种特权予以确认的制度。”② “门阀，主要是根据家族的血缘关系决定的。一些家族天生的血统高贵，而另一些家族则天生的血统卑贱”。③ 于是作为社会单位的家族被划分为士族和庶族、高门和卑门，相互之间有严格的等级界限，在经济、社会、文化乃至日常生活诸方面有着不可逾越的族际鸿沟。士族和庶族互不交际，坐不同席，行不同车。士族连与庶族同行，也会视为耻辱。与此同时，世族借助政权的力量处处压制庶族、寒门。正是“根据这种制度，几姓、几十姓十分显赫的世家大族式家族，由于血统特别‘优秀’，门第特别高贵，因此社会政治地位特别优越，享有政治上、经济上的种种特权，世代把持从朝廷到地方的各级政权。……全国政权就是几姓、几十姓世家大族式家族的绝对统治。”④ “在中国，亲戚关系再次成为权力和地位的主要途径”。⑤

门阀制度是为了维护世族的特权地位。而这一制度是在统一的帝制国家处于动荡和割据状态时期形成的。随着统一的帝制国家的重建，世族的特权地位日益衰败。这是因为，在帝制时代，国家政权是以地域关系为基础的，是地域领土范围所有人的政权，而不是某些家族力量的政权。赋予某些家族以特权，势必排斥其他民众，且特权家族之

① 徐扬杰：《中国家族制度史》，武汉大学出版社，2012，第 192 页。
② 徐扬杰：《中国家族制度史》，武汉大学出版社，2012，第 193 页。
③ 徐扬杰：《中国家族制度史》，武汉大学出版社，2012，第 235 页。
④ 徐扬杰：《中国家族制度史》，武汉大学出版社，2012，第 226～227 页。
⑤ 〔美〕弗朗西斯·福山：《政治秩序的起源——从前人类时代到法国大革命》，毛俊杰译，广西师范大学出版社，2012，第 136 页。

间也会产生冲突，从而导致国家整体的裂变。在帝制时代，独揽的皇权从根本上是不允许有其他强势权力存在，并与其分享利益的。“两汉时代世族只是地主，佃农仍是国家的编户。三国时代世族变成领主，其所荫庇的人都是世族的领户。世族的领户对于国家不必负担纳税与当兵的义务。世族多一个户口，国家便少一个户口。”① 因此，在田余庆看来，门阀政治“是皇权政治的一种变态，是皇权政治在特殊条件下出现的变态”②。世族权力与皇帝政权具有此消彼长的两面性。当皇权衰弱时，世族力量强大；当皇权强大时，世族权力弱小。“朝廷要限制世族的土地，不能实行；要限制世族的佃客，不能实行；要解放奴隶，世族出来反对；要改良税制，世族出来掣肘”。③

皇帝政权与世族族权的冲突终于在唐朝初期集中爆发。唐太宗命令修《氏族志》，分为九等。主持人依照血统出身的标准，将崔氏定为第一，李氏列居第三，引起唐太宗强烈不满。唐朝皇帝要将女儿嫁给崔氏，崔氏竟然不允。崔氏等老牌名门望族，之所以不愿意和皇家结亲，是因为皇姓李氏不属于七宗五姓。“当时门第望族的品级和勋官的品级是社会上同等重要的等级标志，因此争取姓氏的高下，虽唐太宗也要眼红。”④ 但是，在帝制时代，皇帝家族理所当然是第一家族，世族地位无论多么显赫都不可以超越第一家族。皇帝拥有具有唯一性的公共权力。这是世族无论如何都无法与之抗衡的。为了巩固帝制皇权，唐朝皇帝实行了一系列打压世家贵族的举措，建立了一个以皇室为中心，更具有包容性和开放性的世族团体。唐太宗修的《氏族志》，共收录 293 姓 1651 家，以李氏为第一等，外戚为第二等，崔氏降为第三等。“中央国家的力量，正好与家族团体的力量成反比。”⑤

更重要的是，至唐朝时，科举制日益成熟。与过往的九品中正制

① 萨孟武：《中国社会政治史》（三国两晋南北朝卷），三联书店，2018，第 59 页。

② 田余庆：《东晋门阀政治》，北京大学出版社，2012，第 327 页。

③ 萨孟武：《中国社会政治史》（三国两晋南北朝卷），三联书店，2018，第 238 页。

④ 侯外庐主编《中国思想通史》第四卷上册，人民出版社，1959，第 41 页。

⑤ 〔美〕弗朗西斯·福山：《政治秩序的起源——从前人类时代到法国大革命》，毛俊杰译，广西师范大学出版社，2012，第 140 页。

相比，科举制不论出身，只重才学，使政权可以获得大量有能力的人。在韦伯看来，“实施科举，以教育资格而不是出身或世袭的等级来授予官职。这对中国的行政与文化都具有决定性的重要意义”。[①]“科举以文章取士，原不问先世阀阅，对于门第观念的消灭，自有其贡献。”[②] 这一制度客观上淡化了出身门第，也削弱了执掌在世族手中的文化权力。“士族便会很快认识到只有认同科举才能避免成为衰宗小姓。”[③] 他们的文化权力为政权所收走并加以垄断。世族作为一个以文化为垄断的特权阶层，逐渐消失。血缘组织的自我联结转而以其他方式延续。

五　与政权体系若即若离的宗族

在中国，由于血缘关系的延续，宗族一直是社会自我联结的纽带，其发展顶峰是宗族权力与政治权力合为一体的西周。这一体系经历了数百年才慢慢解体，直至春秋战国战争和秦始皇分家，给了宗族制度以最后一击。在相当长的时间里，血缘组织以豪族、世族等其他方式存在。豪族、世族与政权密切相关。随着王朝更迭，特别是长期战乱，豪族、世族作为一个独立的社会阶层，逐渐消退。沉淀在乡村社会之中的宗族则开始兴盛，至宋朝到明清，宗族成为一种普遍的社会联结方式。“在家庭与国家之间广阔的中间地带，中国人的最重要的集团是宗族”。[④]

汉和唐是帝制中国两个最为鼎盛的朝代。也就是在这两个朝代，都经历了王朝崩溃和长期战乱，并大大改变了中国的地域格局。一是经济重心由北方的黄河地域向南方的长江流域转变；二是大量北方人口为躲避战乱向南方迁徙，一直到长期被视为蛮荒之地的南方边缘地

---

① 〔德〕马克斯·韦伯：《韦伯作品集Ⅴ：中国的宗教　宗教与世界》，康乐、简惠美译，广西师范大学出版社，2004，第96页。

② 瞿同祖：《中国法律与中国社会》，中华书局，2003，第186页。

③ 冯尔康等：《中国宗族社会》，浙江人民出版社，1994，第341页。

④ 〔美〕许烺光：《宗族·种姓·俱乐部》，薛刚译，华夏出版社，1990，第7页。

带。这一人口迁徙过程到宋朝和明朝，还在持续。这些迁徙到南方的人被称为“客家人”。

中国人口长期以土地为生，习惯于安土重迁。因为战乱，人们不得不流离失所。在颠沛流离中，面对陌生的环境和未知的风险，人们以家族的方式迁徙。进入新的环境之后，人们安定下来之后，为了应对各种挑战，选择聚族而居。即一个祖宗的后人世世代代居住在一起，共同生活，从而形成一个以血缘关系为纽带的宗族。“像由一个泉分成几股水流那样流淌，或者像由一个主干生出千枝万叶那样繁茂，宗族无非是一个祖先之生命的延长扩大。由于族人之间重视祖先而产生同族的结合。”①

宋之后的宗族主要指同一祖先的人世代聚族而居所形成的血缘共同体，是一个较为完整的次级社会形态。它具有两重性，一是由若干核心家庭构成的基本单位；二是同一祖先将这些家庭紧密地联结在一起，形成一个血族社会团体。这一团体以个体家庭为基础，但以合为目标，即将个体家庭合为一个更大的整体。“狭义宗族是指血缘关系明确、存在经济联系并通常同居一地的父系组织；广义宗族是指所有的同姓。”② 无论如何，宗族整体大于和高于个体家庭。宗族规模也大于一般家庭和家族。在许多地方，村庄与宗族同为一体。一个村同一个姓，同一个祖宗，表现为血缘与地域的重叠。同一宗族的人世世代代居住在一个村落地方，形成有共同的认同感和归属感的血族共同体。因为血缘关系的自我扩展，世代聚族而居的宗族可以达到相当大的规模。“一个祖先的几代甚至十几代的子孙，数十百口以至数千口人同居共财，同爨合食，不分家，不析产，不异爨。”③ 如江州义门陈氏宗族，族人 3900 余口历 15 代 330 余年聚族而居、同炊共食、和谐共处不分家。但典型的宗族还是将血缘与地域结合为一体，具有多重功能的同

① 〔日〕滋贺秀三：《中国家族法原理》，张建国、李力译，法律出版社，2003，第 30 页。

② 岳庆平：《中国的家与国》，吉林文史出版社，1990，第 63 页。

③ 徐扬杰：《中国家族制度史》，武汉大学出版社，2012，第 278 页。

族群体。“典型的宗族既是仪式单位、经济单位和法律单位，又是教育单位、自卫单位和地缘单位。”①

宗族作为以血缘关系为纽带的共同体，至少有以下核心要素。

一是祠堂。宗族世代聚族而居，实际上是围绕祠堂而居。祠堂是敬奉祖先的地方。宗族意味着同宗共祖。祖宗是所有族人的生命来源，也是将所有族人长期联结在一起的精神纽带。“人类社会初期，人们就产生自然崇拜、人造物崇拜、祖先崇拜，人们对祖先崇拜最为持久，因为它同人类生存及其自身再生产联系在一起。”② 祖先崇拜则是同族人能够长期聚居而不散的首要条件。同族之人，必始自一人。“中国的宗的观念历经长久的历史而毫不减弱地一直维持到最近的最大的原因，大概应在并非是权力而是植根于对血脉这种自然性的事物所具有的一定看法这一点上来求得”。③ 战乱使人们颠沛流离，流落他乡，愈是如此，人们愈需要以血缘关系的力量将自己凝聚在一起。这一力量便是祖先崇拜，其物质载体便是祠堂。族人从出生到死亡的生命活动都要在祠堂举办仪式，以表示“认祖归宗”。即使是死后也要通过祠堂为灵魂寻找一片安息之地。涉及宗族共同体的大事、对族人奖励与惩罚等都要在祠堂，即在祖宗面前进行。祖宗如“上帝”，在每时每刻关注着族人的存在和延续。正如韦伯所说，“氏族的凝聚，无疑地，全然仰赖于祖先崇拜。”④

二是族谱。族谱用于记录祖先和族人的来源、身份、事迹和财产。宗族是一个血缘共同体。作为共同体成员必须有认定的标准，从而取得共同体成员的资格。“族谱的存在意义，首先是对宗族成员资格的确认，并为本族成员提供了与其他同姓宗亲发生关系的依据；其次，它

① 岳庆平：《中国的家与国》，吉林文史出版社，1990，第 64 页。

② 〔法〕爱弥尔·涂尔干：《宗教生活的基本形式》，渠东、汲喆译，上海人民出版社，2010，第 161 页。

③ 〔日〕滋贺秀三：《中国家族法原理》，张建国、李力译，法律出版社，2003，第 32 页。

④ 〔德〕马克斯·韦伯：《韦伯作品集Ⅴ：中国的宗教 宗教与世界》，康乐、简惠美译，广西师范大学出版社，2004，第 140 页。

在一个父系观念强大的社会中，明确地标志出作为本人及其群体自我认同根基的父系祖先源流。”“对于宗族这一中国式父系集团来说，可以被称之为‘宪章’的，则是它们的族谱。”[①] 通过它就可以找到自己的根，体现了“水流万里共一源，树长千枝同根生”的渊源关系。人们颠沛流离，流落他乡，随身携带族谱，以不忘自己从哪里来，祖先是谁；人们聚族而居，在于族谱有记载，能够确定自己的社会和心理边界。为了表达自己宗族的地位，显示自己的祖先的久远和荣耀，族人可以无限追溯，甚至想象自己的祖宗荣耀。“谱牒虽以生物学为基础，但并非每个具有血缘关系的人都能跻身其中，违背道德规范的人常被取消入谱的资格，甚至已入谱者也可因违背道德规范而被削除。”[②]

三是族产。族产指归属于全体族人共同所有的财产，包括土地、山林、房屋等。宗族聚族而居，除了祖先崇拜的精神纽带外，还必须有物质基础。在世界上其他地方，乃至中国一些区域的血缘共同体未能延续下来的重要原因就是缺乏血缘团体的共同经济基础。国外历史学家魏特夫因此认为“中国南方的‘氏族家族主义（Clan familism）’是一个‘令人费解的现象’”。[③] 为此，人类学家弗里德曼特别关注中国血缘团体的共同经济基础。中国北方的宗族不甚普遍，重要原因是战乱造成族产的缺失。而在南方，由于战乱较少，族产能够长期保留下来，成为聚族而居的重要物质条件。有些宗族的共有族田占全宗族的30%~50%。族人的土地不能随意处置，如确实需要处置，要“由自己所属的氏族先申请将田地买进之后，才准许将土地自由卖出”[④]。

以上要素使宗族成为一个社会共同体。“祠堂用以尊祖敬宗，族田、家谱用以收族，即是说，祠堂、家谱从精神上，族田从物质上团

---

① 〔日〕濑川昌久：《族谱：华南汉族的宗族·风水·移居》，钱杭译，上海书店出版社，1999，第21、2页。

② 岳庆平：《中国的家与国》，吉林文史出版社，1990，第112页。

③ 〔英〕莫里斯·弗里德曼：《中国东南的宗族组织》，刘晓春译，上海人民出版社，2000，第1~2页。

④ 〔德〕马克斯·韦伯：《韦伯作品集Ⅴ：中国的宗教　宗教与世界》，康乐、简惠美译，广西师范大学出版社，2004，第125页。

聚族人”。[①] 其主要功能是组织、保护、救助族人。首先是将宗族成员组织为一个整体。通过血缘关系，将同一祖先的个人、个体家庭、房支门头联结为一个宗族整体。其次是当宗族成员受到侵犯时，以宗族整体的力量保护个体族人，或者保卫整个宗族。最后是当族人生活有困难时，宗族给予救助，使同一祖先的子孙都能共同生活下去。范仲淹因此说：“吴中宗族甚众，于吾固有亲疏，然以吾祖宗视之，则均是子孙，固无亲疏也，尚祖宗之意无亲疏，则饥寒者吾安得不恤也”（《告诸子及弟侄》）。

宗族的社会功能不是自动实现的，它需要有相应的治理。因此，宗族有族长、房头、家长、宗族议事会等治理者；有适用本宗族的宗法族规；有维护宗族整体的规训和惩罚等。在宗族治理中蕴含着宗族权力。毛泽东将其概括为“由宗祠、支祠以至家长的家族系统”的祠堂族长的族权。[②] 这种权力支配着所有宗族成员的共同生活，包括主持祭祀、管理族产、调解纠纷、制定族规、奖惩族人、对外的宗族代言等，甚至可以决定对族人生命的剥夺。正是由于宗族的特点，“它们在地方上发挥准政治的功能，在很多事情上取代国家成为权力的来源。”[③]

宗族权力更主要的是一种社会权力，即维系宗族社会共同体存续的权力。它内生于血缘关系之中，依照血缘关系建构一种维持宗族社会整体的秩序。族长、房头、家长、宗族议事会等治理者拥有着治理权，但权力主体内生于社会之中，且要共同遵守宗族规则。他们的公共权威正是建立在模范遵守祖先传承的内在规则的基础上，一旦逾越规则，其权威迅速流失。正因为如此，血缘共同体的领袖同时也是道德权威。族长并不是可以轻易充任的，有着十分严格的条件。只有有品行、有实力、有文化、有地位的人才能做族长。

---

① 徐扬杰：《中国家族制度史》，武汉大学出版社，2012，第 280 页。

② 《毛泽东选集》第 1 卷，人民出版社，1991，第 31 页。

③ 〔美〕弗朗西斯·福山：《政治秩序的起源——从前人类时代到法国大革命》，毛俊杰译，广西师范大学出版社，2012，第 101 页。

宗族和宗族权力一旦生成，便面临着与政权的关系。宋朝之后产生的族权与政权的关系模式不同于西周。在西周，族权与政权合一。而在帝制时代，政权组织延伸到宗族社会。政权与族权分离，族权服从政权。宗族在国家之下，宗法在国法之下。同时，政权与族权的关系模式不同于汉唐。在汉唐，豪族、世族的势力强大，可以左右中央政权。宋之后的宗族权力限于本乡本土，“宗族对政治几乎没有什么影响力，政权亦无对宗族组织基本的礼法制度，对宗族制度的重建持放任的态度，这同世族制下宗族与国家强烈的互动关系形成鲜明的对比。”①

从总体上看，宋之后的宗族权力与国家政权表现出若即若离的状态。“即”是族权在国家政权之下，两者具有相通性。宗族权力作为社会权力，在一定范围之内，且一般远离政治中心。国家政权从组织和治理基层社会、维持地方秩序的角度，对宗族权力持包容和支持态度。宋朝的理学家们提出要重视血缘关系的社会联结。在他们看来，过往的战乱和社会竞争造成血缘组织解体，同一祖先的子孙视若路人，亲人不亲，甚至骨肉相残，社会崩溃。由此需要重建血缘关系，通过宗族发挥“敬祖收族”的功能。“人们由亲亲而尊崇祖先，由尊祖而敬重同宗，由敬宗而团聚族人。”② 国家以宗族为单位进行组织和治理，远远比以分散的个体家庭为单位进行组织和治理更为容易。“宗族在维系农民与统治秩序的关系上似乎更为有效。……通过宗族这一渠道，儒家的敬老、崇古等一整套概念渗透到农民的思想中。”③ 政权需要依托族权加以治理。“在中国的大部分地区，宗族一旦形成，便成了指导其成员行为举止的组织，甚至在一定程度上分担了政府维持法律和秩序的责任。”④ 特别是在那些皇权鞭长莫及的偏远地区，族权能够发挥政权所不能及的作用。清人冯桂芬将政权治理与族权治理的互为补充关

① 冯尔康等：《中国宗族社会》，浙江人民出版社，1994，第 211 页。

② 徐扬杰：《中国家族制度史》，武汉大学出版社，2012，第 279 页。

③ 〔美〕巴林顿·摩尔：《民主和专制的社会起源》，拓夫、张东东等译，华夏出版社，1987，第 164 页。

④ 〔美〕许烺光：《宗族·种姓·俱乐部》，薛刚译，华夏出版社，1990，第 8 页。

系概括为“保甲为经，宗法为纬”（冯桂芬《校邠庐抗议·复宗法议》）。“不少宗族法规就是以国家的法规为参照而设置的。”①

基于宗族可以发挥“敬祖收族”、建构宗族社会秩序的功能，国家政权给予宗族以支持。对那些有影响的宗族赐予“义门”的称号，给予表彰，并能享受种种好处。政权对于族权给予一定程度的支持。“官府承认族长有权在族内执掌刑罚，宗族组织实际上成了最低一级的司法机构。族长的处罚权限包括罚款、笞杖、褫夺族规赋予的应享权力，逐出族门和名字不得载入族谱。”② 这在于“族权是介于君权与父权之间的一种权威，在裁判方面族权一般能够起到君权与父权所难以起到的作用，冯桂芬说‘牧令所不能治者，宗子能治之，牧令远而宗子近也；父兄所不能教者，宗子能教之，父兄可从宽而宗子可从严也。宗子实能弥乎牧令、父兄之隙者也’”③。

族权对政权持认同态度。宗族往往举全族之力，供养族中子弟读书，通过科举考试做官，建立起与国家政权的纵向联系。至1063年，义门陈氏一家历代为官人数约400人，历受封赠42人，历代累计中举120余人，其中官至宰相2人、在京高官30人。“精英地位经久不衰往往与宗族联系在一起，并且特别是与族产有关系”。④ 当宗族之间发生冲突时，宗族需要借助政权组织的力量寻求保护和支持。宗族之间的冲突和械斗是宗族社会的伴生物。宗族的内聚力正是建立在对外的排斥力基础之上的。而宗族之间的冲突和械斗是宗族社会自我难以解决的，只有通过超越血缘性宗族之上的地域性国家政权才能加以调解和处理。

“离”是指族权与政权相对分离。任何一种社会组织和权力一旦生成，便具有相对独立性。宗族作为一种血缘团体，具有自我联结和自

① 冯尔康等：《中国宗族社会》，浙江人民出版社，1994，第345页。

② 〔英〕莱芒·道逊：《中华帝国的文明》，金星男译，上海古籍出版社，1994，第188页。

③ 岳庆平：《中国的家与国》，吉林文史出版社，1990，第67页。

④ 〔美〕柏文莉：《权力关系：宋代中国的家族、地位与国家》，刘云军译，江苏人民出版社，2015，第193页。

我扩张的天性。血缘关系是基于生命生产和再生产而形成的。在不断的再生产过程中，血缘团体会愈来愈大。为了维系宗族整体，一些宗族长期不分家，世代聚族共居。同时，宗族通过婚姻的方式扩大血缘团体的横向联结。久而久之，一些宗族的力量不断扩张，自成一体。宗族与过往的豪族、世族有所不同，更具有民间性，也没有前者那样的政治特权。也正是因为这一特点，宗族的发展也有可能产生对政权组织的疏离性。从国家的角度看，政权与族权并存，国法与宗法同行，保长与族长同在。但在宗族共同体领域内，族权大于政权，宗法高于国法，族长强于保长，由此产生对政权的离心力，从而引起政权的不安。出于对社会组织力量的恐惧，国家政权要求大宗族拆分。如宋仁宗在文彦博等重臣上疏建议下，将义门陈人分迁全国 72 个州郡（144 县），分析大小 291 庄（另加 43 官庄共 334 庄）。一门繁衍成万户，万户皆为新义门，从而拆分了著名的“义门陈”。在清朝，“广东巡抚还提出由朝廷对大族的族产实行强制私有化，以削弱宗族公社的经济力量。乾隆不仅对此表示同意，还旨令在全国各地推行，要求对那些‘自恃祠产丰厚’而尾大不掉的强宗巨族进行打击，把各该族祠产业清查后分给族人。”[①] “专制国家对‘强宗右族’的疑惧与礼教对大家族的褒奖始终是表里并存的。”[②] 宗族为求自保，主动向国家靠拢，在家法族规中，“除了要求族人及时完纳国税外，很少涉及国事”，“增订有关禁止子弟议论国事”的条款，成为官府治理地方的辅助工具。[③]

六　作为政权体系基础的家族

国家政权要求拆分大的宗族，突出小家族的地位，从根本上说，只有规模较小的家族，才是帝制时代国家政权的社会基础。

秦始皇统一中国前的一个重大举措，便是对旧的大家族的拆分，

---

① 秦晖：《传统十论》，东方出版社，2014，第 85 页。

② 秦晖：《传统十论》，东方出版社，2014，第 173 页。

③ 费成康主编《中国的家法族规》，上海社会科学院出版社，1998，第 22 页。

核心家庭成为社会的基本单元。分家必分产。“地产不断分成小块，往往使家庭拥有地产的情况发生中断，防止大官们扩大其占有土地的特权”。[①]“既然租税与徭役是以家为单位，财政当局便鼓励甚至强迫人民分家，以便负有纳税义务的单位数目能增加到最大值。”[②] 但是，核心家庭并不能孤立地存在，它会从核心家庭出发自动扩展到家族。家族是以核心家庭为主干，因为血缘和婚姻关系向外扩展，形成比核心家庭更大的血族团体。从生命生产和再生产看，家庭会自我繁殖衍生，由初生的父母生育若干子女，若干子女经过婚配，再衍生若干子女，以致于无限。用韩非子的话，“今人有五子不为多，子又有五子，大父未死而有二十五孙”（《韩非子·五蠹》）。如果不分家，便会形成一个庞大的家族。但自秦朝，分家成为常态，儿子成年后便要分家独过，原生家族经过分家裂变而再生出新的家庭。社会始终以核心家庭为主干，只是原生家庭成员和婚配关系产生的新的成员，会构成比核心家庭更大的家族。换言之，帝制时代的家族，是以核心家庭为主干，并由于血缘和婚配关系形成紧密联系的血族共同体。“狭义家族是指血缘关系较近、经济联系密切但又不同居共炊共财的父系组织；广义家族是一种纵横结合的组织，它不仅包括纵的血缘的父族，而且包括横的以姻缘为主的母族和妻族。”[③]

在帝制时代，家族具有超越时空的普遍性。也就是说，家族一直存续于整个帝制时代，无论何时何地。豪族、世族、宗族不过是家族的扩大版，其成员规模比一般家族都要大。豪族、世族也是以核心家庭为主干，只是因为占有资源更多，其家族成员更为广泛，甚至有大量非同姓的依附民。它们属于家族整体中的上层家族，在整体家族体系中只占极少数。宗族也是以核心家庭为主干，只是更加注重世代聚族而居，核心家庭统属于宗族整体之中，有共同的精神纽带和物质基

① 〔美〕费正清：《美国与中国》（第四版），张理京译，世界知识出版社，1999，第26页。

② 〔德〕马克斯·韦伯：《韦伯作品集Ⅴ：中国的宗教　宗教与世界》，康乐、简惠美译，广西师范大学出版社，2004，第121页。

③ 岳庆平：《中国的家与国》，吉林文史出版社，1990，第63页。

础，能够将更多的家族成员联结为一个紧密的共同体，因此宗族规模比一般家族要大。长期不分家的宗族可以达到数千人共同生活。

宗族本质上也属于家族，但重要区别在于分家裂变。对一般的家族来说，同一祖先的后代分家立户，开枝散叶，缺乏共有财产等共同联系的物质基础，甚至因为生活而离开原居住地，与原生家庭的联系更为松散。宗族则恰恰相反。“家族与宗族的区别在于，前者是血缘关系比较密近的亲族集团，而后者则包括血缘关系比较疏远的同姓宗亲。大体可以规定五服之内为家族，超出五服的共祖同姓为宗族。”①

家族仍然是以核心家庭为主干。“家族在结构上包括家庭；最小的家族也可以等于家庭。因为亲属的结构的基础是亲子关系，父母子的三角。家族是从家庭基础上推出来的。”②

核心家庭的特点是家庭成员同居共财，会不断分家裂变。这种分家裂变造就出一个个生命生产和物质生产的基本单位——由父母子女所构成的核心家庭。从生命生产和生活看，核心家庭通常由父母子女所构成。为此，帝制时代的思想家将人之大伦定义为“父为子纲，夫为妻纲”。核心家庭还是物质生产的基本单位，即一家一户为单位进行物质生产和再生产的个体经济。毛泽东认为，“百代都行秦政法”，其中也包括秦确立的核心家庭制度。在毛泽东看来，“几千年来都是个体经济，一家一户就是一个生产单位。”③ 但是，一家一户的生产方式仅仅是就个体家庭本质而言的。事实上，不依靠任何外部力量的纯粹的一家一户生产是难以为继的。核心家庭无论是生产，还是生活，都要与外部社会发生联系，并借助外部力量完成自己的全部生产生命活动。这种外部性的最基本联系便是与核心家庭紧密联系的亲族，包括分家的兄弟和婚配的亲家。前者不仅有血缘方面的天然联系，而且地域上居住相近。更重要的是，核心家庭存在于家族网络之中，不可脱离家族网络而孤立存在。家族网络既是核心家庭的庇护者，又是核心家庭

---

① 王利华：《中国家庭史》第一卷，广东人民出版社，2013，第 2 页。

② 费孝通：《乡土中国　生育制度》，北京大学出版社，1998，第 39 页。

③ 《毛泽东选集》第 3 卷，人民出版社，1991 年，第 931 页。

的制约者。如核心家庭内部发生的夫妻矛盾、分家析产等问题，通常要由妻子方面的“娘家人”出面解决。因此，从完成全部生产和生命活动的角度看，帝制时代的社会基础是家族。无论是上层，还是下层，都是以家族为基本单位完成其全部生命活动的。

家族作为以核心家庭为主干的血族群体，其功能有维系核心家庭的秩序，增强核心家庭生存发展的能力，维护整个家族的共同利益等。

家族作为一个血族团体，要长期维持，必然会内生出其权力，形成成员间的支配关系。家族以核心家庭为主干，家族权力则是以父家长权力为主干。父家长表现为两个方面：父亲对于子女处于支配地位，表现为父权；丈夫对于妻子处于支配地位，表现为夫权。这两种权力又来自于两种生产。从物质生产来看，父亲和丈夫承担着创造家产的主要责任；从生命生产来看，因为世系，父亲和丈夫是生命延续的承担者。通过父家长权力，建立家庭权威和秩序。

除了父家长权力以外，家族整体也拥有一定权力。父家长权力存在于家族整体权力网络之中。如为父不尊，不能承担维系家庭的责任，会受到族人的谴责。丈夫虐待妻子，“娘家人”有权指责丈夫。“族既是家的综合体，族居的大家族自更需一人来统治全族的人口，此即我们所谓族长。……没有族长，家际之间的凝固完整，以及家际之间的社会秩序是无法维持的。族长权在族内的行使实可说是父权的伸延。”①

家族权力是内生于家族社会内部的，维系着家族社会的存续。而在国家状态下，家族的存在必然会与国家发生联系，家族权力必然会与国家政权发生联系。

在恩格斯看来，国家是按地区划分它的居民的。“按地区来划分就被作为出发点，并允许公民在他们居住的地方实现他们的公共权利和义务，不管他们属于哪一氏族或哪一部落。”② 然而，居民在不同时代

① 瞿同祖：《中国法律与中国社会》，中华书局，2003，第19页。
② 《马克思恩格斯选集》第4卷，人民出版社，2012，第187页。

是以不同的方式存在，并获得其权利和义务。不同的组织方式构成社会的基本单元。摩尔根认为，“基本单元的性质决定了由它所组成的上层体系的性质，只有通过基本单元的性质，才能阐明整个的社会体系。”① 社会的基本单元构成国家组织和治理的基础。

从国家的组织联结看，帝制中国是一个超大规模的农业分散社会。通过单个人和孤立家庭实现全社会的组织联结十分困难。家族大于单个人和核心家庭，又是紧密联系的血族共同体，能够以血缘关系为纽带，自动将同家族的人联结起来。国家以家族为单位实现全社会的联结和组织较为容易。

从国家政权对社会的治理看，帝制政权是家族垄断和传递的政权。从帝制的天性看，它不允许有更大的单位分享权力和利益。所以，对豪族、世族的打击，对宗族的拆分，都是基于维护帝制家族的本能。而家族单位较小，其内生的权力主要在于维护家族内部秩序，并不构成对国家政权的挑战。因此，帝制国家与家族社会，帝制政权与家族权力呈上下贯通状态，相互依存，相互支持，从而形成一个稳定持续的帝制国家体系。“在中国较小的家族大量存在的地方，宗族的作用并不显著，这种小家庭也包括缙绅和农民，起着与宗族相同的作用，即维护统治者与被统治者的关系。”②

从帝制时代政权与族权的演化可以看出，政权与族权呈此消彼长的状态。在国家政权较弱时，族权较强；政权较强时，族权较弱。从总体趋势看，血族组织单位规模愈来愈小，豪族、世族、宗族等大规模的血族单位消失或趋弱，长期存续的家族是帝制政权的根本性基础。政权、族权和夫权合为一体，共同构成对国家的统治。血缘团体的组织规模愈小，愈有利于超越血缘关系的地域性的政权治理。政权组织可以穿破血缘团体的外壳，将国家权力渗透于社会之中。因此，血缘

① 〔美〕路易斯·亨利·摩尔根：《古代社会》上册，杨东莼、马雍、马巨译，商务印书馆，1977，第234页。

② 〔美〕巴林顿·摩尔：《民主和专制的社会起源》，拓夫、张东东等译，华夏出版社，1987，第165页。

组织的规模愈来愈小，反映了随着国家的演化，地域关系日益取代血缘关系居于主导地位。作为支配国家政权的地域关系愈来愈强，支配血族团体的血缘关系逐步趋弱，但它在不同时期和不同区域仍然有着顽强的表现。

第八章
地域—血缘关系中的编户与齐家

国家是因为仅仅依靠血缘关系形成和联结起来的氏族组织已经不够治理后形成的。国家作为高于氏族的组织形态，要将所有地域上的成员联结起来，实现全国性治理。这种治理需要有微观的组织单位作为支点。在中国，经过漫长的历史进程，以地域关系为基础的帝制国家得以形成，国家实行编户齐民，皇权从中央，经郡县，到乡里，一直延伸到家户。与此同时，长期历史存在的血缘关系仍然延续，重要特点便是作为生命生产和物质生产相合一的家庭，构成社会的细胞。家户一体形塑家户制度。通过编户和齐家，国家治理获得稳定的基础。

一　分家立户：国家纵横治理的基点

秦统一中国前的商鞅变法，做了两件事，一是分家，二是立户。这两件事在当时与兼并争霸战争相比，可能是非常不起眼的小事。然而从历史长河看，它们却是改变了整个国家组织和治理格局的两件大事，构成“百代都行秦政法”的基石。

恩格斯指出：“国家和旧的氏族组织不同的地方，第一点就是它按地区来划分它的国民。正如我们所看到的，由血缘关系形成和联结起

来的旧的氏族公社已经很不够了，……因此，按地区来划分就被作为出发点，并允许公民在他们居住的地方实现他们的公共权利和义务，不管他们属于哪一氏族或哪一部落。这种按照居住地组织国民的办法是一切国家共同的。”①

但是，国家按地区划分国民并不是自国家公共权力一产生便形成的，它经历了漫长的历史演化过程。

在中国，基于地域关系的国家与基于血缘关系的社会长期混合在一起。国家的组织单位是血缘关系基础上的族群。各个族群既是社会组织单位，又是国家治理单位。国家权力只是到达族群，不能直接控制作为国家基本要素的人口、土地和政事。这些基本要素为诸侯所掌握。这便是孟子所说的，“诸侯之宝三：土地、人民、政事”（《孟子·尽心下》）。周天子因为缺乏这“三宝”而失去了天下，而诸侯正是凭借着这“三宝”而兼并天下。谁能率先掌握这“三宝”，谁就能在兼并争霸中获胜。正是在此背景下，商鞅变法做了两件事，一是分家，二是立户。

所谓“分家”就是通过分家析产，将过往的宗族大家拆分为一个个拥有小块土地的小家——由父母子女构成的核心家庭。“民有二男以上不分异者，倍其赋。”（《史记·商君列传》）所谓“立户”，就是以家庭为依据将所有人口编制为户籍人口，负责纳税、服役、完成官府任务。家有土地，户有人口，由政府处理相应的政事。土地、人民和政事因此均被国家所掌握，秦因商鞅这一变法而率先崛起。秦统一中国后，在全国范围继续推行这两大举措：一是秦始皇二十六年（前221年）下令“更名民曰‘黔首’”（《史记·秦始皇本纪》）。所有人，无论过往他们属于哪一家族或哪一部落，都统一命名为“黔首”，从而获得国家臣民的身份。秦始皇三十一年（前216年）下令“使黔首自实田”，即命令占有土地者，不管是地主或者自耕农，都要按照实际占有土地数额，向政府呈报。政府承认私有土地的合法性，赋予国家臣

① 《马克思恩格斯选集》第4卷，人民出版社，2012，第187页。

民拥有土地的公共权利。土地占有者作为国家臣民向政府承担交纳赋税的义务。二是实行“编户齐民”。尽管每个人都属于“黔首”，但国家对“黔首”的组织则是以“户”这样崭新的单位建制进行的。早在秦献公十年，实行“为户籍相伍”的措施，打散了国野制的区分，把个体小农按五家为一伍的编制，编入国家的户籍，使所有人都成了国家的“民”，即所称的“编户齐民”。“四境之内，丈夫女子皆有名于上，生者著，死者削。”（《商君书·境内》）秦统一中国后继续实行这一举措，并于汉武帝时完善。

国家对全国所有人口进行编户，反映了国家按地区而不是血缘关系划分国民，国家的地域关系基础增强。“‘伍’的构建是以居住地就近为原则，而不是看亲属关系。”[①] 但是，中国的国家编户是以血缘性的家庭为单位的。“户”是国家对家庭单位的指称，具有重叠性和复合性。“家族观念表现于政事法者，首为视家户为编组之单位，次为认家户为政令之所托，再为使家长具公法之责任；且在义理上，以家族无异国家之缩小，遂又拟国家为家族之扩大。”[②] 这标志着，在中国，地域国家的产生并不意味着血缘关系的断裂。

在摩尔根看来，社会基本单元的性质决定着社会的特性。在古希腊，随着政治社会的建立，整个社会重新组织，即由过往的血缘单位改变为地区单位。氏族组织改变为乡区或者市区，然后是县或省，最后是全国。“他们以地域结合的体系代替了由人身结合的迭进体系。……一个人要成为国家的公民，首先必须成为一个乡区的公民。”[③] 但是，这些地域组织的基点是公民个人。每个地域组织的公职都是由公民个人选举产生的。政治社会的出发点和基本单元是公民个人。国家是以个体公民为基点，自下而上组成的。而这一进程与古希腊商品

① 万志英：《剑桥中国经济史：古代到 19 世纪》，崔传刚译，中国人民大学出版社，2018，第 77 页。

② 陈顾远：《中国法制史概要》，商务印书馆，2011，第 222 页。

③ 〔美〕路易斯·亨利·摩尔根：《古代社会》上册，杨东莼、马雍、马巨译，商务印书馆，1977，第 270 页。

经济形态密切相关。工商业者是以自然人个体为单位的。首先是个体自然人的联结，再因为地域国家的形成产生出个体公民，进而由个体公民组成国家公共权力。

与古希腊不同，中国远古以来便属于农业经济。这一经济形态并没有因为秦始皇统一中国而改变。农业经济形态是单个人难以进行生产和再生产的，它必须依赖组织，最好的组织形态便是血缘组织。秦始皇统一中国，拆分家庭，只是将宗族大家庭拆分为个体小家庭，而不是拆分到个人。个体小家庭与小块土地结合构成的小农家庭，能够提高生产效率，为国家提供更多税赋，因此成为国家治理的经济社会基础。进入帝制时代，个体家庭而不是个人才是社会的基本单元。“户口调查登记的法定单位都是‘户’。”① 国家编户以家庭为基础。首先是由家庭实现对个体成员的联结，再因为地域国家的形成，产生出家庭为单位的编户，进而由国家权力自上而下进行治理。

分家立户具有革命性意义。它使国家权力穿越过往的族群外壳，直接到达社会最基本的组织单位。同时，它也是帝制时代国家治理体系的基础，皇权从中央，经由郡县，到达乡里，一直延伸到家户，大大提升了国家对社会的纵向渗透和控制能力。国家治理充分利用家庭这一生命生产和物质生产合为一体的血缘组织，将个体成员横向地联结起来实行自我治理，从而节约治理成本，提升国家治理的再生能力。林浩指出：“以集团为单位的控制从部落时期开始在总体上维持到西周末，以家庭为单位的户籍控制从春秋时期在总体上维持到今天。”②“这是一种制度体系替代另一种制度体系的制度变迁，因此具有革命性的意义。”③

① 宋昌斌：《中国户籍制度史》，三秦出版社，2016，第392页。
② 林浩：《中国户籍制度变迁——个人权利与社会控制》，社会科学文献出版社，2016，第336页。
③ 林浩：《中国户籍制度变迁——个人权利与社会控制》，社会科学文献出版社，2016，第337页。

二　户籍：国家身份的平等与差等

国家高于氏族组织。它不同于氏族组织是一种自然形成的组织。国家的成立既是历史条件的产物，又是人为建构的结果。国家产生之后，要通过一定的建制单位，行使国家权力。设置建制单位的建制权，是国家特有的权力。

在人类文明和国家进程中，户籍制度的产生表明了人类组织方式的变革，体现了国家的建制权。摩尔根在分析古希腊社会时说："古代社会建立在人身关系的组织上，它是通过个人与氏族、与部落的关系来进行治理的；但希腊部落的发展已经超越了这种原始的政治方式而开始感到需要一种政治制度了。要达到这个目的，所需要的就是创立乡区，环之以边界，命之以专名，并将其中的居民组成一个政治团体。于是，乡区连带它所包括的固定财产以及当时居住于其中的人民，便成了新政治方式中的组织单元。从此以后，氏族成员一变而为市民，他与国家的关系是通过地域关系来体现的，不是通过他个人与氏族的人身关系来体现的。他将注籍于他所居住的乡区，籍贯成为他的市民身分的证据；他将在他的乡区投票、纳税和被征服兵役。"① 但户籍制度的产生在不同国家的进程和形式不一。

在早期中国，国家以一个部族、宗族为核心组织而成。国家公共权力产生了，血族团体并没有消失，反而与国家组织混合为一体。国家主要是通过个人与部族、宗族的关系来进行治理，个人的部族、宗族身份更为重要。大宗的地位高于小宗。只是到了春秋战国，在激烈的兼并争霸战争中，为实行战争动员，才有了创造一种政治制度的需要。这就是由国家以家为单位编制户籍。这一制度随着秦始皇统一中国，建立中央集权的皇权制、郡县制和乡里制而定型。这就是"编户

① 〔美〕路易斯·亨利·摩尔根：《古代社会》上册，杨东莼、马雍、马巨译，商务印书馆，1977，第218页。

齐民”。

编户齐民是国家政权实行的户籍制度，规定凡政府控制的户口都必须按姓名、年龄、籍贯、身份、相貌、财富情况等项目一一载入户籍，被正式编入政府户籍的民众，称为“编户齐民”。通过“编户齐民”，每个人一变而为国家臣民。人们要在所在郡县乡里登记入册，取得户籍。他与国家的关系是通过地域关系来体现的，不是通过他个人与氏族的人身关系来体现的。

“编户齐民”的户籍制度，不仅改变了人们与国家的联结方式，更重要的是改变了人们在国家中的地位。

在中国，作为公共权力的国家产生以后，血缘关系团体长期延续下来。国家是以血族团体组成的。为了缓和国家权力与社会成员之间的矛盾，西周基于血缘关系，将天下人视为亲人，“天下一家”。从亲人的角度，每个人都是平等的。但是，血缘关系内生着差等性，父子有分，男女有别。正是依据血缘关系的差等性，天下实行层级分封，每个人的地位具有差等性，有大宗小宗之分，有诸侯卿大夫之别。这种差别因为“礼”而加以规范，不可逾越，更不可改变。社会身份的差别演化为国家身份的等级。只是后者被自然天成的血缘关系所掩饰，目的是将所有人都整合和限制在宗法共同体之内。

“编户齐民”的户籍制度改变了国家通过个人与氏族、与部落的关系来进行治理的方式，实行个人通过所在地域的户籍与国家发生直接联系。在一定地域内，无论是旧的血缘关系产生的身份、地位的差等性，还是因为新的财产关系产生的差别性，所有人都是国家的“编户齐民”，都平等享受着国家依照居住地赋予的公共权利与义务，包括占有土地、人身自由和纳税、服兵役等，由此取得平等的国家身份。这在宗法制的国家是难以想象的。过往不允许民众自由占有土地，每个人都依附于宗族组织，不允许自由流动，贵族上层有诸多特权等。户籍制度的建立，造成的是“贵贱等级界线的逐步打破和个体家庭逐渐

挣脱家族和宗法组织而独立”[①]。在帝制国家，即使是占有大量土地的地主也不可以随意占有他人人身。地主只能占有土地，不可占有人。所以，编户的结果是“齐民”。所有户籍人口对于国家来讲，具有平等性，在国家法律面前人人平等。“从秦汉起，凡是能独立立户，进入地方户口登记序列的人户，统称为‘编户齐民’。编户者，指由国家统一编制；齐民者，指不管是官是民，是农是兵，在形式上，都是平等的。”[②]“大家都在一人之下，应徭纳税，万民平等。哪怕是丞相的儿子，轮到戍边也不能逃脱。”[③] 正如黑格尔所说的，中国人一律平等。[④]“‘编户齐民’制度的重大意义在于，它使个体家庭最终摆脱了宗族和家族组织的控制，并在政治上赋予家庭以独立的法权地位，使之在经济上成为一个受国家认可和法律保护的生产资料占有、生产经营自主的单位，同时也成为一个必须独立承担赋税徭役义务的单位。”[⑤]

需要注意的是，“编户齐民”的“民”是臣民而非“公民”。这是因为，国家身份的定义是作为公共权力的国家特性决定的。在古希腊，氏族成员一变而为市民，市民在所在乡区投票选举国家公职人员，成为国家的主权者及享受相应权利的“公民”。而在具有超大规模的中国，实行的是帝制。国家最高权力是家族独占和世袭。郡县官僚的权力来源于皇权。“编户齐民”没有权利决定国家公职人员，也更不可能参与国家公共事务。他们的平等地位是凌驾于社会之上的国家权力自上而下赋予的，更多的是基于国家治理的需要。“编户齐民”对于国家具有人身依附关系，他们所承担的更多是非经当事人同意的国家义务，如纳税、服兵役、维护治安等，而不享有决定这些事务的权利。“编户齐民”的平等地位，“多半还是指在国家赋税徭役方面，原则上都是承担者。”[⑥] 从户籍制原生于国家战争动员时期便可看出这一特点。但无

① 王利华：《中国家庭史》第一卷，广东人民出版社，2013，第167页。
② 宋昌斌：《中国户籍制度史》，三秦出版社，2016，第397页。
③ 杨联陞：《东汉的豪族》，商务印书馆，2011，第1页。
④ 〔德〕黑格尔：《历史哲学》，王造时译，商务印书馆，2007，第77页。
⑤ 王利华：《中国家庭史》第一卷，广东人民出版社，2013，第168页。
⑥ 宋昌斌：《中国户籍制度史》，三秦出版社，2016，第397页。

论如何，作为国家平等的臣民在中国文明和国家进程中仍然是一大进步。

“编户齐民”是由国家自上而下地界定的，而帝制时代的国家仍然保留了旧时代国家的基本特性，如由个别家族占有和世袭国家权力，历史上长期存在的等级秩序延续下来。因此，与平等的“编户齐民”制度相伴随的，还有相当多的差等性的国家身份。其户籍内含着不同的权利和义务。

一是享有政治特权地位的人员。商鞅变法时强调“宗室非有军功论，不得为属籍”（《史记·商君列传》）。宗室人口显然不同于一般平民。汉代设立“宗师”管理宗室人口。皇帝对于宗亲和功臣给予若干数量的“封户”。南朝的户口登记中有专门的“士户”和“庶户”之别，前者享有种种特权。宋代有“官户”。凡“进纳、军功、捕盗、宰执给使，减年补授，转至升朝官，即为官户。身亡，子孙并同编户”（《宋史·食货志》）。官户享有种种特权，如可以官秩、爵位等抵罪，平民不得与官对簿公堂等。它“是宋代最高统治者奉行特别优待官僚士大夫的国策的必然结果”①。

二是权利受到限制和社会地位较低的人员。由于分工分业，出现了社会分化。国家以农为本，对于那些非农产业的人口的户籍给予差等性对待，社会地位较低。“与农户相比，工、商户在许多时候被置于‘贱民’之列。”② 明代的“匠户”，世代相袭，不得脱籍，不得入仕。还有些特殊性人口，因为国家统治的需要，其权利也受到一些限制。魏晋南北朝时期为士兵及其家属设立“兵户”。“兵户的社会地位低于一般民户。在政治上，一入兵户，即须世代为兵，不得入仕；在经济上，兵士及其家属要为领兵将领和国家从事各种繁杂的劳役，形成极强的人身依附性，成为实际上的奴仆；在婚姻上，兵户子女只能本色匹配，不许与吏、民为婚。”③

---

① 宋昌斌：《中国户籍制度史》，三秦出版社，2016，第210页。
② 宋昌斌：《中国户籍制度史》，三秦出版社，2016，第395页。
③ 宋昌斌：《中国户籍制度史》，三秦出版社，2016，第196页。

三是不能入籍的人员。奴婢不属于平等的“编户齐民”，只能依附于主人，“作为财产或贱口进入主人户籍，而不能单独立户。”[①] 法律上有良贱之分。“一沾贱籍，便丧失独立的人格，遭受非人的待遇，他的配偶将与之同命，他的子孙也将世世承继他们的身分。法律上良贱实处于不平等的地位，而分别适用特殊的法律。”[②]

三　治之基在户：户籍功能

在摩尔根看来，“政治社会是按地域组织起来的，它通过地域关系来处理财产和处理个人的问题。”[③] 而不同的国家，通过地域关系来处理财产和处理个人问题的方式有所不同。摩尔根描述了罗马帝国的方法是采取户籍制。“按照这种制度，无论平时或战时，人民履行职责不再象以往那样以个人为标准，而是以个人财富的多寡为标准了。每一个人都必须在他所居住的市区注籍，并登记自己的财产数额。这是在户籍官监临下办理的；户籍册登记完毕后便为定阶级提供了根据。”[④] 因此，户籍制度是以地域关系为基础的国家处理财产和个人问题的基础性方法。

在中国，“编户齐民”的户籍制度与帝制国家的产生是同步的，是国家形态的基础由血缘关系向地域关系转变的必然产物。它是帝制国家的治理基础，被古人称为“治民之基”。这是由户籍制度的特有功能所决定的。

一是统计人口。

人口是国家的基本要素。但人口只有为国家所掌握，才能真正构成国家的基本要素。而国家要掌握人口，得需要相应的条件。在中国

① 宋昌斌：《中国户籍制度史》，三秦出版社，2016，第 123 页。

② 瞿同祖：《中国法律与中国社会》，中华书局，2003，第 186 页。

③ 〔美〕路易斯·亨利·摩尔根：《古代社会》上册，杨东莼、马雍、马巨译，商务印书馆，1977，第 6 页。

④ 〔美〕路易斯·亨利·摩尔根：《古代社会》下册，杨东莼、马雍、马巨译，商务印书馆，1977，第 334 页。

的王制国家时代，实行间接治理，中央政权并不直接掌握人口。“直到西周初年，国君还只掌握所属的氏族数量及其首领，而不是直接管理这些氏族的全部人口，所以也没有必要调查或登记这些人口。”① 西周的周宣王因为战争，财政紧张，计划通过“料民”，即调查核实户口，以便征收军赋、田赋和兵役，扩充兵员和充实财力。但此举遭到强烈反对。“宣王既亡南国之师，乃料民于太原。仲山甫谏曰：‘民不可料也。’宣王不听，卒料民。”（《史记·周本纪》）因为此时的人口依附于诸侯国的宗族手中，天子“料民”，触犯诸侯利益。在春秋战国的兼并争霸战争中，诸侯国为了战争的需要，将人口从宗族的依附民变为国家直接掌握的臣民，因此对所管辖的地域范围内的人口进行统计，包括人口数量、年龄、财富等。“令曰：常以秋岁末之时，阅其民，案家人，比地，定什伍口数”（《管子·度地》）。

进入帝制时代，实行“编户齐民”，其首要内容便是统计人口。特别是王朝更迭之初，统计人口成为新王朝的重要事务。明朝建立之初，开国皇帝朱元璋“下旨户部：‘如今天下太平了也，止是户口不明白俚。’他要求重籍天下户口，写明各户性别、年龄（为了区分中青年人和老幼，因为只有中青年人要负担徭役），以及房屋、田产数量。这些信息被编制成户帖，一份给民，另一份令有司造册，藏于县衙”。②

二是分配义务。

统计人口只是“编户齐民”的户籍制度的基础，其目的则是获取税赋和兵役。恩格斯认为，国家与氏族组织的“第二个不同点，是公共权力的设立，这种公共权力已经不再直接就是自己组织为武装力量的居民了”，“为了维持这种公共权力，就需要公民缴纳费用——捐税。”③“赋税是政府机器的经济的基础”④。可以说，自有了作为特殊公共权力的国家，便有了国家所管辖的人口所承担的税赋和兵役等义

① 葛剑雄：《中国人口史》第 1 卷，复旦大学出版社，2002，第 218 页。

② 〔加〕卜正民：《挣扎的帝国：元与明》，潘玮琳译，中信出版社，2016，第 39 页。

③ 《马克思恩格斯选集》第 4 卷，人民出版社，2012，第 187、188 页。

④ 《马克思恩格斯选集》第 3 卷，人民出版社，2012，第 375 页。

务。没有税赋和兵役，国家便难以为继。而国家在分配义务时，必须依托于相应的单位与治理体制。

在中国的王制时代，国家义务的分配主要以分封诸侯为单位，实行间接治理。而当诸侯因故不提交，国家治理便发生困难。周宣王之所以要“料民”，是因为财政困难；难以“料民”，因为义务分配单位在于诸侯。春秋战国时期，各诸侯国不约而同地统计人口，实行户籍制度，原因便在于由诸侯国直接掌握人口，并按人口分配义务。可以说，户籍制度从其产生那一天起，便是以国家获取税赋和兵役为目的的。“通过郡县、乡里和户籍以及连坐、告奸等制度，千万小农被纳入了政府的紧密控制之下了，变成了赋役的可靠来源。”① 帝制国家专门设立的中央机构——户部，其职能便是田地清丈、户籍登记和赋税征收三位一体。“编户齐民”的重要特点，便是以家户为单位分配国家义务，包括税赋和兵役等。“对农民划定户籍，正是把他们束缚在土地上的武力法律，它意味着对他们人身权的不完全占有的固定化的形式”。② 在明代，“国家将每户家庭、每个有劳动能力的成年男子、每一块可以征税的田地都登记在册。登记户口的是黄册，登记田地的是流水簿——顾名思义，没有一寸田地能逃脱登记。”③

以户为单位分配义务。其中又包括两个基本方面。一是户口的人数，通常称之为“人丁”。特别是能够直接提供税赋和兵役的人口最为重要。如能够服兵役的“壮丁”。一是户口名下的土地。在帝制时代，土地私人占有以家户为单位，实际是家户私有。按“人丁”分配义务，反映的是地域关系，即只要是在国家管辖的地域范围内的人口，都要履行义务。按土地分配义务，除了地域关系以外，还有财产关系。因为“有土斯有财”，有财才有税。汉初编户齐民对帝制国家的义务：（1）田租：三十税一；（2）人头税，包括算赋：15~56 岁 120 钱；口

① 阎步克编著《波峰与波谷：秦汉魏晋南北朝的政治文明》，北京大学出版社，2017，第 11 页。

② 侯外庐主编《中国思想通史》第四卷上册，人民出版社，1959，第 28 页。

③ 〔加〕卜正民：《挣扎的帝国：元与明》，潘玮琳译，中信出版社，2016，第 44 页。

赋：7~14岁20钱；（3）徭役：每年一个月，并戍边三日，戍边三日不去则交更赋（300钱）代役；（4）兵役：一生服役2年。

三是维持秩序。

秩序是人类生存的基本需要。原始社会主要依靠氏族组织自我管理维持秩序。只是在氏族组织解体，产生社会分化和冲突之后，国家应运而生，成为维护社会秩序的主要力量。但在早期中国，国家并不直接介入作为社会基础秩序的管理。只是到了春秋战国时期，大量人口脱离原来的宗族，有了社会流动和社会分化，从而有了社会治安问题。户籍制度的产生除了分配义务以外，重要功能就是维护治安，实行国家管制。“夫善牧民者，非以城郭也，辅之以什，司之以伍；伍无非其人，人无非其里，里无非其家。”由此造成，“奔亡者无所匿，迁徙者无所容，不求而约，不召而来。故民无流亡之意，吏无备追之忧”（《管子·禁藏》）。商鞅在秦国变法，始创“什伍连坐法”，将居民按照什、伍编制，什伍之中，一家有罪，其余各家均应告发，否则将连同惩罚。“令民为什伍，而相牧司连坐。不告奸者腰斩，告奸者与斩敌首同赏，匿奸者与降敌同罚。”（《史记·商君列传》）商鞅本人试图逃匿时，亲身体会到户籍的强大治安功能，感叹“为法之敝”。

帝制时代的“编户齐民”除了维护社会治安以外，重要功能还在于将人口牢牢地限制在土地上。尽管在帝制时代，国家将人口从宗族依附关系中解放了出来，享有了人身自由，但这种自由是有限度的，即不能随之脱离土地。因为大量人口脱离土地，税赋和兵役便难以完成。赵秀玲指出：“编户除了以此作为征收税役，就是把百姓定死在土地上，甚至连和尚也必须服从这一制度。”①

四是调节矛盾。

“编户齐民”不简单的只是一种户籍制度，还在于通过它能够掌握社会实际状态，了解社会矛盾，实行有效的国家治理。

① 赵秀玲：《中国乡里制度》，社会科学文献出版社，1998，第22页。

户籍制度的基本功能是分配义务。但按照什么标准分配，其结果不一样。在相当长的时间里，国家主要是根据人丁分配义务，即所谓的“人头税”。有人口在国家统辖的地域上存在，就必须承担相应的国家义务。“租庸调之法，以人丁为本。”（《新唐书·食货志二》）其结果，无地的贫户与有地的富户之间的贫富差距更大，加剧社会矛盾。这就是所谓的“富室田连阡陌，竟少丁差，贫民地无立锥，反多徭役”。[①] 出于维护长久统治的需要，清王朝对此加以改革。“清代土地税收是两种赋税的结合，其一是根据每户成丁人口所课的丁税，其二是根据每户持有的田地，以预估收获量课征的田赋。在18世纪20年代之前，这两种税赋分开征收，直到清朝的第三位皇帝雍正决定取消丁口税，而仅向各户依土地课税，即所谓‘摊丁入地’。这项改革将税收负担转移到土地持有者身上，依照其持有的地产征税。”[②] 这一方式取消长期延续的“人头税”，地多者多交，地少者少交，无地者不交，有助于缓和社会矛盾，也反映了地域关系向财产关系的转变。

调整家与户、人与户的关系。一户通常以一家为基础。但是，由于政权控制弱化，造成多家一户，大量人口依附于豪强大户，国家税役难以收取。国家政权通过打击豪强大户和核定户籍，直接掌握人口和税役。宋朝将大宗族拆分为小户，便于国家政权对人口和税役的直接掌握。如将义门陈人分迁全国72个州郡（144县），分析大小291庄（另加43官庄共334庄）。一门拆分成万户，万户皆为纳税户。

划分等次。随着财产关系的发展，统治者根据土地和财产将户分为上户、中户、下户等不同等次，以加以调节。宋朝根据土地占有状况分主户和客户，其中又分为若干等次。通过等次的划分，掌握土地占有和变化状况，进行必要调节和治理。宋代客户的法律地位较前代佃客有所提高，客户被主人伤害致死，即使是官户也要科罪。

---

① 《朱批谕旨》，雍正二年九月十四日，山西布政使高成龄奏。

② 〔美〕罗威廉：《最后的中华帝国：大清》，李仁渊、张远译，中信出版社，2016，第36页。

四　编户：以户为基点的官治

人口是国家的基本要素。国家按地区划分它的国民，并进行治理。摩尔根以古希腊为例，指出，“政治社会是按地域组织起来的，它通过地域关系来处理财产和处理个人问题。其顺序相承的阶段如下：首先是乡区或市区，这是这种组织的基本单位；然后是县或省，这是乡区或市区的集合体；最后是全国领土，这是县或省的集合体。”① 而构成乡区成员的是个人，还是团体，摩尔根没有明示。

在中国，按地域组织政治社会是一个过程。“从殷周两代开始，经历春秋战国，过去以人群组合作为基础的共同体逐渐转变。总的趋向，乃是从属人的族群转变为属地的共同体”。② 这一共同体的基点便是以家庭为单位编制户口。实行“编户”，很重要的特点便是将人口编制为一个户口单位，所谓的“一家一户”。人们首先是家户的成员，若干人口组成一个户籍单位。若干户组成国家的基层组织——乡里或保甲，若干乡里或保甲组成郡县或州县，若干郡县或州县组成国家。国家组织始于户，终于天子。通过“编户”，将国家的所有人口与政权体系联结起来。换言之，国家通过“编户”，从中央到郡县或州县为基点，经由乡里或保甲，一直到家户，从而将国家权力一直延伸到所有人的家门口。这一自上而下的纵向体系是以家户团体为基点的。“郡县制的经济意义，即首先使血缘的氏族，落地成为地缘的家族，所谓‘人以群居为郡’，‘悬而不离之谓县’。”③ 在帝制中国，国家组织单位经常变化，但有两个单位长期未变，一是县，二是户。由户到县的基层组织单位变化较多，在汉唐大体为乡和里，在宋之后大体为保和甲。这在

① 〔美〕路易斯·亨利·摩尔根：《古代社会》上册，杨东莼、马雍、马巨译，商务印书馆，1977，第6页。

② 许倬云：《说中国：一个不断变化的复杂共同体》，广西师范大学出版社，2015，第66页。

③ 侯外庐、赵纪彬、杜国庠、邱汉生：《中国思想通史》第二卷，人民出版社，1957，第29页。

于县是国家基层政权组织，户是国家的基础单元。其他组织可以因时因地而变，只有这两个单位长期稳定，构成国家的基本组织要素，其中，户作为最微观的单位构成国家治理的基点。清人陆世仪说："治一国，必自治一乡始；治一乡，必自五家为比、十家为联始。"（《保甲书·广存》）无论基层组织如何变化，但以户为单位的建制不会变，变的只是户数和名称。"秦兴，确立郡县制度，地方组织以县为初级区域，然县以下之编组系统，不特秦世未曾改变五家为伍十家为什之旧制，历代依然以家户为编组之起点。"①

帝制中国实行郡县制，"皇权不下县"。这只是指国家政权单位只到县一级，但并不意味着国家权力只到县，否则国家政权便悬浮在半空。在县以下，国家主要是通过"编户"及其以户为单位的基层组织，将国家权力传递到所有人口。"家户为政令之所托。"② 国家首先是"编户"，再由若干户组成为一里或一甲，再由若干里甲组成为一乡或一保，进而由若干乡或保组成一个县。"保甲是一种以十户、百户、千户为单位的人为层级组织，每个单位须为其成员的行为负连带责任。每个单位由其中一户之长领导，他在理论上不仅须对自己亲族，也须对邻居的行为负责。为此，他管理户籍登记、维持和谐、解决争端、向县官通报不法，并为审判诉讼做证。"③ 国家治理通过郡县达到家户，实行以官僚为主体的自上而下的官治，其主要任务是实现国家政权的目的。"役民者官也，役于官者民也。郡有主，县有令，乡有长，里有正，其位不同而皆役民者也。"（马端临《〈文献通考〉自序》）明清之际的思想家顾炎武认为："天下之治，始于里胥，终于天子，其灼然者矣。"（《日知录》卷八"乡亭之职"条）鲁西奇认为："乡里制度、户籍制度、土地制度是中国古代王朝国家控制乡村社会的基本制度。王朝国家通过掌握土地支配权，在不同程度上'授田'给乡村民户，

① 陈顾远：《中国法制史概要》，商务印书馆，2011，第223页。

② 陈顾远：《中国法制史概要》，商务印书馆，2011，第224页。

③ 〔美〕罗威廉：《最后的中华帝国：大清》，李仁渊、张远译，中信出版社，2016，第46页。

从而获得了控制并剥夺农民的权力与‘合法性’，并进而将农民尽可能固定在给定的土地上，使之‘土著’并‘安土重迁’；通过户口登记，掌握乡村民户，将之编组进层级制的乡里体系中；又通过乡里制度，控制、调整乡村民户的土地占有和使用，检括户口，强化对乡村民户的人身与经济控制，强制性地征发赋役，从而最大程度地满足王朝国家的各种需要。其中，户籍制度和乡里制度更为紧密地联系在一起，是王朝国家实现其乡村控制的根本性制度保障。”①

户是一个户籍单位，同时也是一个政治责任团体。国家治理以户为基点，逐级展开。户有户主，作为户的责任代表。户主既是家户的主持人，对外则是家户的代表。国家税赋和兵役、维持秩序的责任要由户主承担，而不是家户每个成员。国家法律规定了户主的法定责任。在秦律中，奴隶“只能依附于主人名下，故有主人犯罪，不连坐奴隶，而奴隶犯罪，却要问罪主人的规定”②。唐朝法律规定：“诸户主皆以家长为之。”（《通典·食货七》）“诸脱户者，家长徒三年”（《唐律疏议·户婚》）。家长除有治家权利以外，还对国家负有缴纳赋税、服役、户籍申报等义务。

在户主之上，是里长或甲长。里长或甲长管事不多，主要是传达乡或保的指令，督促户主加以实施。

在里长或甲长之上是乡或保的负责人。乡或保的负责人有一定的职数，并有具体的分工，分别负责国家基层管理事务。如汉代的乡设立三老、孝悌、力田、啬夫、游徼、乡佐等职位。三老掌教化。啬夫职听讼，收赋税。游徼禁贼盗。啬夫是一乡官吏之首长，权势最大。以致后人说：“人但闻啬夫，不知郡县。”（《后汉书·爰延传》）

在乡或保之上是县的长官。县官通常被称为当地的“父母官”，全面负责国家对本县的管理事务。

户及其由户构成的基层组织，尽管不属于政府组织，但因国家管

① 鲁西奇：《中国古代乡里控制体系的基本结构》，《南国学术》（澳门）2018 年第 4 期。

② 宋昌斌：《中国户籍制度史》，三秦出版社，2016，第 123 页。

理而设立，其主要功能是完成国家任务。“以家庭为单位的控制模式的出现，不仅依赖个体家庭的独立，还以郡县乡里等基层组织的建立为条件。”① 如果没有郡县乡里组织，国家治理也会悬在空中。卜正民指出：“人口统计和赋税定额，编户和移民，族群聚合和分离，这些都显示出，国家通过设计各种程序和机制来登记和控制国境内的每一个臣民。这种控制之所以可能，是因为有一套自上而下、各行政单位彼此勾连的体系，其触角一直延伸到乡村，深入每一户家庭，最底层单位的官员亦由中央任命。没有哪个人的生活能超然于国家单位之外——至少这是该体系的目的。”②

五　家庭功能：国之本在家

国家以家户团体为基点，而不是个人。根本原因在于，户与家合一。户作为国家行政单位的基点与作为血缘社会单位基点的家庭是合为一体的，即“一家一户”。家是血缘关系单位的基点，户是地域行政单位的基点。家与户的合体，反映了长期存续的血缘组织与地域行政组织联为一体。在王制时代，个体家庭包裹在部族和宗族等更大的血缘共同体之内。部族和宗族既是血缘关系单位，又是地域行政组织单位。只是到了春秋战国，个体家庭突破部族和宗族的外壳，脱颖而出，成为独立的社会组织单位。“中国家庭的历史，也终于由以家族为本位的古典时代进入了以个体小家庭为本位的传统时代。”③ 人们“对血脉或家的责任总要强于对范围更大的家族的责任”④。而在个体家庭脱颖而出时，也是国家编制户籍之时。“称家为‘户’，则系确定于秦

① 林浩：《中国户籍制度变迁——个人权利与社会控制》，社会科学文献出版社，2016，第 336 页。

② 〔加〕卜正民：《挣扎的帝国：元与明》，潘玮琳译，中信出版社，2016，第 43 页。

③ 王利华：《中国家庭史》第一卷，广东人民出版社，2013，第 172 页。

④ 〔美〕柏文莉：《权力关系：宋代中国的家族、地位与国家》，刘云军译，江苏人民出版社，2015，第 200 页。

世。”① 因此，个体家庭与户籍有着天然的联系，表现为家户合体。“‘家’和‘户’是同一事物的两个异称：‘家’是对家庭作为一个基本亲属组织的称谓，‘户’则是一个具有行政管理意义的名词。”② 在中国的话语体系中，“家”与“户”连体，如“一家一户”“千家万户”“单家独户”等。

户是国家法定概念，是国家行政组织的根基。家则是血缘关系概念，是社会组织的根基。在费正清看来：“中国家庭是自成一体的小天地，是个微型的邦国。从前，社会单元是家庭而不是个人，家庭才是当地政治生活中负责的成分。”“每个农家既是社会单位，又是经济单位。其成员靠耕种家庭所拥有的田地生活，并根据其家庭成员的资格取得社会地位。”③ 将国家法定概念的户与作为血缘单位的家联为一体，在于家庭在中国的多重特性和功能。

第一，家庭是生命生产单位。生命生产是人类两种基本生产之一。而生命生产只有通过家庭才能进行。作为生命生产成果的人口，是国家的基本要素。对于以农业为主体的中国来说，人口数量特别重要。而在长期延续的血缘关系中生长出的文化，使人们特别重视生命的延续和人口的增长。“人丁兴旺”是期盼，“不孝有三，无后为大”，而这些都要依托家庭来完成。

第二，家庭是生活单位。家庭作为由父母子女构成的血缘组织，人们共同居住，在同一个空间里吃、穿、住、行，满足基本的物质生活需要。

第三，家庭是财产单位。人们的吃、穿、住、行及其他生活，都需要物质基础。家庭拥有共同的财产，至少有共同的房屋空间。个体家庭之所以能够从部族和宗族组织中脱颖而出，关键是因为有独立的财产基础，特别是土地。“使黔首自实田”，国家承认土地的私有占有，

① 陈顾远：《中国法制史概要》，商务印书馆，2011，第220页。

② 王利华：《中国家庭史》第一卷，广东人民出版社，2013，第164~165页。

③ 〔美〕费正清：《美国与中国》（第四版），张理京译，世界知识出版社，1999，第22、25页。

占有单位则是家庭。

第四，家庭是生产经营单位。家庭不仅是财产单位，更是生产经营单位。在中国，“几千年来都是个体经济，一家一户就是一个生产单位”。[①] 有土地财产的，需要以家庭为单位进行生产经营。许多家庭尽管没有土地财产，也以家庭为单位进行生产经营活动，以获得生活来源。如以家庭为单位租种地主土地。人们即使是为他人务工，所获得的收入也要提交家庭，统一安排。

第五，家庭是社会交往单位。由于家庭的同居共财，个人对于家庭有依附关系。个人的活动更多的是以家庭为单位进行的。家庭是人们生活生产交往的单位，如家庭之间的帮忙，婚姻嫁娶讲究家庭出身门第。

第六，家庭是精神文化单位。人们以家庭为单位传宗接代，同居共财，朝夕相处，形成共同的精神和文化意识，并转化为共同的习俗。人们对家庭有天然的认同感和归属感。家户成员的行为不是纯粹的个人行为，而是关涉家户兴衰的家户行为。家户成员因此将“发家致富”和“光宗耀祖”视为自己的荣耀与责任。“一个人既生在某家，就必须抱定生死与共，风雨同舟的精神，为这家族团体的事业而努力。家族的事业就是他自己的根本事业。”[②]

第七，家庭是政治责任单位。人们以家庭为基础登记户口，获得国家身份和责任。“国家的税收、劳役、管理、秩序等活动是以家户为基本单位进行的，实行家族连带。为了维系家户的存在，家户成员必须努力从事生产劳动和遵纪守法。”[③] 韦伯在进行中西方比较时说，“帝国的税制，并不是以村落，而是以家族及其具有劳动能力的成员

① 《毛泽东选集》第3卷，人民出版社，1991，第931页。

② 全慰天：《论“家天下”》，载费孝通、吴晗等《皇权与绅权》（增补本），华东师范大学出版社，2015，第84页。

③ 徐勇、张茜：《公平与效率：中国农村组织制度变迁的内在机理》，《探索与争鸣》2016年第6期。

（丁，多半从15岁计起到56岁）为其课税的单位。”[①] 共同的财产和家庭连带的共同责任，使家庭成为“一损俱损，一荣俱荣”的命运共同体。

尽管家庭作为血缘关系单位，是历史长期延续的产物，但只有到了帝制时代，才具有前所未有的独立地位和完整功能，因此成为国家的基础。“家族，一串生物的血统关系，真把全家人连锁成了一个牢不可破的事业团体。”[②] 正因为如此，对理想国家形态有准确把握的孟子认为，“天下之本在国，国之本在家”（《孟子·离娄上》）。

六　家庭制度：上下尊卑关系

家庭是历史的产物，经历了不同的历史发展时期，并具有相应的形式和特点。在帝制时代，个体家庭从更大的血缘共同体破壳而出，成为独立的社会基本单位。“在中国，家户是产权、生产经营、分配、消费、继承、生育、纳税等活动的基本单位，并在长期历史进程中形成了稳定而具有持续性的微观社会组织制度。”[③]

家庭是由不同的家庭成员构成的。家庭成员之间会形成一定的关系。这种关系长期稳定持续，便构成一定的家庭制度。“家庭制度是等级制的同时又是专制的。每个人的地位由其辈份和婚姻状况而定。有复杂的专门名称详细说明亲属等级。”[④]

家庭作为基本的社会单位，父子和夫妻是基本的关系。前者是血缘代际传递的纵向关系，后者是男女婚姻结合的横向关系。个体家庭

---

① 〔德〕马克斯·韦伯：《韦伯作品集Ⅴ：中国的宗教　宗教与世界》，康乐、简惠美译，广西师范大学出版社，2004，第114~115页。

② 全慰天：《论“家天下”》，载费孝通、吴晗等《皇权与绅权》（增补本），华东师范大学出版社，2015，第84页。

③ 徐勇、张茜：《公平与效率：中国农村组织制度变迁的内在机理》，《探索与争鸣》2016年第6期。

④ 〔美〕费正清、赖肖尔：《中国：传统与变革》，陈仲丹、潘兴明、庞朝阳译，江苏人民出版社，1992，第15页。

的特征是父权制家庭，即根据父亲的世系继承姓氏和财产。在这一家庭制度下，父子纵向关系高于夫妻横向关系。人们是为了生子而娶妻。为了生子可以多娶妻。这就是恩格斯所说的一夫一妻的个体家庭只是对于妻子而言的，男子可以有多个妻子。“专偶制的产生是由于大量财富集中于一人之手，也就是男子之手，而且这种财富必须传给这一男子的子女，而不是传给其他人的子女。为此，就需要妻子方面的专偶制，而不是丈夫方面的专偶制，所以这种妻子方面的专偶制根本不妨碍丈夫的公开的或秘密的多偶制。”① 这一特征在中国长期保持下来。愈是富有高贵的家庭，愈是会娶多位妻子。处于最高地位的皇帝除了一个正妻外，还有大量的嫔妃。娶多个妻子的最重要的目的，是保证后继有人，人丁兴旺。因为从血缘关系的角度看，人的生命来自父母祖先，只有将生命血脉传承下去，将父母祖先传下来的家业继承下去，才是人的最高使命。因此，在父权制家庭下，父子关系居于主导地位，夫妻关系处于依附关系。如费孝通所说：“我们的家既是个绵续性的事业社群，它的主轴是在父子之间，在婆媳之间，是纵的，不是横的。”②

父子关系属于上下关系。无论是从生命生产，还是物质生产的角度看，没有父亲就没有儿子。父亲的支配性地位是由血缘和财产关系所决定的。父亲在上，属于上辈、前辈、先辈，儿子在下，属于下辈、后辈、晚辈。儿子服从父亲是天经地义的自然法则。费正清谈到传统中国家庭时指出：“父亲是至高无上的独裁者，掌管并处置家中的全部财产和收入，对安排子女的亲事有决定性的发言权。子女对他们的父亲有爱、敬和畏交织在一起的情感，这种情感更由于对老年人的尊崇而加深。老年人智慧的增长，弥补了他精力的衰退而有余。只要家长活着而脑子还清楚，他就有一切理由来主宰家中的一切。法律许可他鬻儿卖女，甚或处决逆子。”③

父权制家庭下，夫妻关系属于尊卑关系。妻子依附和服从于丈夫。

---

① 《马克思恩格斯选集》第 4 卷，人民出版社，2012，第 86 页。

② 费孝通：《乡土中国　生育制度》，北京大学出版社，1998，第 41 页。

③ 〔美〕费正清：《美国与中国》（第四版），张理京译，世界知识出版社，1999，第 22 页。

“旧式家庭里同以长凌幼这种现象并驾齐驱的是男尊女卑。……在小康以上的家庭里，她还可以看到丈夫娶进第二个老婆或姨太太，特别是如果她没有生育男孩。她会被丈夫以各种理由遗弃。丈夫一死，她不能轻易改嫁。这一切反映了妇女没有独立经济地位的事实。”① 由于男尊女卑，母亲的地位甚至不如儿子。父权制家庭制度为女子设立了专门的道德规范，即“三从四德”。“三从”指妇女未嫁从父、出嫁从夫、夫死从子；“四德”指妇德、妇言、妇容、妇功。“社会习俗强加于女人的低下地位，在中国这个讲究身份的社会里，只不过是等级制的表现方式之一而已。”②

父子夫妻上下尊卑关系无疑是父权制的延续，并以社会习俗和规范的方式加以固化，构成家庭制度的核心。但是，这一差等性的家庭制度并不是固定不变的。特别是当个体家庭作为独立的社会基本单元时，家庭制度被赋予了新的活力。

首先是生命和财产的同等性。个体家庭的独立存在是一个漫长的过程。在中国，家庭长期包裹在部族和宗族之内。家庭成员的地位与身份取决于血缘宗法关系。在宗族社会内，同样的家庭成员分为大宗小宗，长子作为大宗，天然地享有比其他儿子更高的地位。可以说，人的生命活动和财产地位是先天命定的。随着宗法制的解体，个体家庭的独立存在，长子继承制被“诸子均分制”所替代。国家甚至明文规定：“应分田宅及财物者，兄弟均分。”（《唐律疏议·户婚》）“分析家财田产，不问妻妾婢生，止依子数均分。”（《大明令·户令》）“长子单独继承制的废除，产生了把一家土地平均分给所有儿子的制度。”③ 这一制度的变革具有重大意义。一是它标志着所有儿子在生命和财产方面具有同等地位。儿子们的生命都是父母给予的，有同

① 〔美〕费正清：《美国与中国》（第四版），张理京译，世界知识出版社，1999，第22页。

② 〔美〕费正清：《美国与中国》（第四版），张理京译，世界知识出版社，1999，第23页。

③ 〔美〕费正清：《美国与中国》（第四版），张理京译，世界知识出版社，1999，第26页。

等的生命权，不可厚此薄彼，而是同等享受家庭财产。二是实行“诸子均分”式的“分家析产”，强化了分家后儿子们组建新家后的竞争。均分后的家庭再无“大锅饭”可吃，各家只有尽自己努力，才能养家糊口，发家致富。这种儿子们的横向竞争，为家庭注入了活力。

其次是家庭权责的对等性。在王制时代，人们的地位是基于血缘先天赋予的，差等性的权利和地位是单向的，宗主对于宗子有天然的支配权。随着个体家庭突破宗法体系的外壳，成为独立的社会单元，需要所有家庭成员共同努力才能维系家庭的存续。在个体家庭内，父子夫妻上下尊卑关系并不是单向的，而是相互依赖、双向对等的。父亲拥有着绝对的支配权，是以其担负着养家糊口的责任为前提的。“父慈”才能“子孝”。每个成员尽管在家庭中居于不同地位，但同时承担相应责任。这种权利和责任是相互的，可以预期和能够获得回报的。“如果父亲年轻时没有正当理由地不关爱自己的孩子（‘父不慈’），他老来，儿子不养他（‘子不孝’），民间会认为，这就是父亲该遭的‘报应’。”① 费正清因此指出：“尊卑制（与我们那种由契约关系决定的个人独立制相反）的一个好处是，一个人自动认识到他在他的家庭或社会中所处的地位。他有一种安全感，因为他知道，如果他履行了指定给他的那部分职责，他可指望这体系内的其他成员反过来也对他履行应尽的职责。”② 这种对等性的尊卑制，有助于促进家庭的团结，发挥家庭团体的力量。人们只能依靠家庭而不是个人的力量才能在社会立足。“中国人的家庭由一种死亡也无法割断的纽带连结在一起，因此家庭中无论哪一种相互作用的关系都是由一个成员对另一个成员的责任和义务之类的观念支配着。”③

因此，进入帝制时代，长期存在的血缘家庭不仅延续下来，而且

---

① 苏力：《大国宪制——历史中国的制度构成》，北京大学出版社，2018，第 132 页。

② 〔美〕费正清：《美国与中国》（第四版），张理京译，世界知识出版社，1999，第 24 页。

③ 〔美〕许烺光：《宗族 · 种姓 · 俱乐部》，薛刚译，华夏出版社，1990，第 53 页。

因为个体家庭独立的社会经济单元，从而赋予了新的内容。它既从血缘关系中获得一种稳定性和秩序性，又因为财产关系而获得一种竞争性和团体性。费正清感叹："中国是家庭制度的坚强堡垒，并由此汲取了力量和染上了惰性。"①

七　家庭精神：百善孝为先

家庭首先是血缘团体。"血缘所决定的社会地位不容个人选择。"②每个成员根据血缘关系确定自己的位置，是父，是母，是子，是女，是兄，是弟，是婆，是媳，然后根据自己的位置决定自己的行为。这种行为久而久之，便成为一种不言自明的习俗，铸造出支撑家庭存续，并与家庭制度相配合的家庭精神。"中国传统意识形态强调家庭主义，压制个人。个人存在的意义或价值是由一个环节所规定，而这个环节是世系，代表了社会连续性的链条上的一环。一个人最重要的任务是延续家系。"③

在家庭精神中，孝是最核心的价值观。"孝"是家庭制度中的核心关系——父母子女的上下关系的观念上的反映。"从共同的祖先算起，靠近祖先的一辈为'尊'，距离远的为'卑'。"④"作为个人服从家庭的一种标志，子女孝顺是最受称赞的美德。"⑤"孝"是指子女对于父母意志的顺从。从生命生产看，子女的生命来自父母；从物质生产看，父母为子女提供生活之源。没有子女对父母的孝，家庭就无法存续。孝可以从多个方面加以表达。如遵从父母意志，听从父母安排，照料

---

① 〔美〕费正清：《美国与中国》（第四版），张理京译，世界知识出版社，1999，第21~22页。

② 费孝通：《乡土中国　生育制度》，北京大学出版社，1998，第69页。

③ 费孝通：《中国绅士》，惠海鸣译，中国社会科学出版社，2006，第104~105页。

④ 〔日〕上田信：《海与帝国：明清时代》，高莹莹译，广西师范大学出版社，2014，第78页。

⑤ 〔美〕费正清、赖肖尔：《中国：传统与变革》，陈仲丹、潘兴明、庞朝阳译，江苏人民出版社，1992，第15页。

年迈的父母，父母去世后的送终和祭祀等等。孟子列举了不孝的行为，指出，“不孝有三，无后为大”（《孟子·离娄上》）。人成年后当娶妻生子，以续香火，赡养老人。

在中国，“孝”与“敬”是连为一体的。子女的顺从不是基于外部强制的服从，而是基于内心的顺从。“敬”是一种天然的尊重。这种尊重不是同一时间内基于父母子女平等关系而产生的，而是基于时间的变化带来的角色的变化。即前人与后人、前辈与后辈、上人与下人、儿子与老子、媳妇与婆婆都不是固定不变的，随着时间的流逝，原有的下位角色会转换为上位角色。“每一组父子关系都是无尽的父子关系链中的一环。因为每个父亲同时也是儿子，而每个儿子按常规来说，都会成为父亲。所有人都置身于这个连续不断的关系网中……个人在这个亲族关系网中没有自由，因为他四面被亲族包围着。但是他也几乎不存在被扫地出门的担忧，因为他可以从四面得到帮助。他给人的帮助同他期望得到的帮助完全相等。”[①] 如果本人不敬重父母，那么也意味着子女也可能不敬重自己。这种时间角色转换的预期，使人们的孝敬更主要的是基于内心。它与其他的社会和政治关系不同。在特定的政治关系下，君主世代为君主，民永远只是民，君主与臣民的关系只是压服，只能是基于暴力和利益的服从。

正因为“孝”产生的是家庭成员基于内心对家庭权威的顺从，成为家庭存续的精神基础，所以“孝”成为家庭精神的核心价值，所谓“百善孝为先”。孝构成人们的行为法则，即“孝道”。

“孝道”反映了家庭制度的上下尊卑关系，有助于家庭的稳定性。但在中国，由于“诸子均分”的分家析产制度，家庭成为一个独立的竞争单位。为了使家庭这一血缘、生活、生产、交往和政治单位能够持续下去，家庭中还会产生出有助于家庭延续的精神和意识。这些精神和意识也属于“百善”的范畴。它包括以下几个方面。

勤劳。勤劳是指辛勤地劳动，将劳动视为生活的源泉，也是人生

---

① 〔美〕许烺光：《宗族·种姓·俱乐部》，薛刚译，华夏出版社，1990，第58页。

最重要的价值。在个体家庭制度下，人们没有什么可依赖的，只能依靠家庭成员共同努力，获得生活和财富来源。特别是在人多地少的中国，“强劲的体力多于良田”,[①] 更需要通过不断的劳动投入才能得以生存或者积累财富。而中国的农民在人身上是自由的，他们与农奴不同，能够将劳动与收入联系起来，有劳动积极性。中国农民可以说是世界上最为勤劳的群体，没有劳动时间限制和劳动条件要求。“敬时爱日，非老不休，非疾不息，非死不舍。”（《吕氏春秋·上农》）“勤扒苦做”“起早贪黑”是高尚的，为人称道的行为。“人们非常勤勉，确信无论在哪里他们的劳动都可以获得收入。”[②] “游手好闲”“好吃懒做”“偷奸耍滑”则为人们所鄙视。如果在上层士绅家庭看来是“万恶淫为首”，那么，在一般平民家庭看来则是“万恶懒为先”。毛泽东指出：“中国人从来就是一个伟大的勇敢的勤劳的民族。”[③] 又说：“中华民族不但以刻苦耐劳著称于世，同时又是酷爱自由、富于革命传统的民族”。[④] 韦伯也认为：“中国人的勤奋与劳动能力一直被认为无与伦比。”[⑤] 只是这种“勤奋”不是自然天成的，而是充满竞争性的个体家庭所塑造的。而在俄国的村社制度下，“村社舆论谴责热爱劳动和渴望致富、出人头地的思想”。[⑥]

勤俭。即努力节约，将消费支出降低到最低限度。“家户是基本的消费单位。效率反映成本与产出的比例。在农业社会，在产出有限约束下，节约生活成本，是维系和提高家户生存发展能力的重要手段。因此，家户作为消费单位，可以通过自我认同最大限度节约生活资料，即‘省吃俭用’”。[⑦] 一是量入为出，有多少能力做多大事情；二是紧

① 〔美〕费正清：《美国与中国》（第四版），张理京译，商务印书馆，1987，第 12 页。
② 〔法〕魁奈：《中华帝国的专制制度》，谈敏译，商务印书馆，2018，第 50 页。
③ 《毛泽东文集》第 5 卷，人民出版社，1996，第 343~344 页。
④ 《毛泽东选集》第 2 卷，人民出版社，1991，第 623 页。
⑤ 〔德〕马克斯·韦伯：《儒教与道教》，王容芬译，商务印书馆，1995，第 115 页。
⑥ 罗爱林：《试论村社制度对俄国社会的影响》，《俄罗斯中亚东欧研究》2008 年第 4 期。
⑦ 徐勇、张茜：《公平与效率：中国农村组织制度变迁的内在机理》，《探索与争鸣》2016 年第 6 期。

缩消费，以省吃俭用来积累财富；三是强调储蓄，以应对灾年。追求安全和避免风险是生活的主要原则。在一般平民看来，勤俭可贵，消费可惜，浪费可耻。古谚说“成由勤俭破由奢”“由俭入奢易，由奢入俭难”“养儿防老，积谷防饥”。“自来最普遍、最絮聒的教训，就是勤俭二字。以此可以创业，以此可以守成；反之而奢且逸，无不败其家者。”①

算计。由于资源和财富有限，使人们不能不考虑如何使自己的损失最小化或收益最大化，以满足自己和整个家庭正常生活的需要。这就是一般民众日常生活中所说的，“吃不穷，穿不穷，不会算计一辈子穷”，“会过日子”。这在于对于个体家庭而言，财富总是有限的。只有对仅有的“存量财富”进行精打细算的算计，才能度日，是一种“过日子经济”。即使是家有万贯的富家，也将算计视为保家发家的必要精神。②

在帝制中国，个体家庭为社会的基本单元。人们以家庭而不是个人参与社会竞争，从而要求家庭团结和谐。“孝道”反映的家庭制度上下尊卑关系，并不是单向的，而是双向对等的。人们在家庭中是父，是母，是子，是女，是兄，是弟，是婆，是媳，扮演着不同角色，也有相应的行为规范。“父慈子孝”，如果父亲没有父亲的样子，不能承担养家糊口的责任，他就会冒子女不孝敬的风险。孝并不是单向的屈从。“不孝有三”之一便是曲意，子女见父母有过错而不劝说。各人的行为规范便为“人伦”。“使契为司徒，教以人伦：父子有亲，君臣有义，夫妇有别，长幼有序，朋友有信。”（《孟子·滕文公上》）人伦中的双方都要遵守一定的“规矩”。为臣的，要忠于职守，为君的，要以礼给他们相应的待遇；为父的，要慈祥，为子的，要孝顺；为夫的，要主外，为妇的，要主内；为兄的，要照顾兄弟，为弟的，要敬重兄长；为友的，要讲信义。“这种以‘人伦’为中心的文化习俗是历代相

---

① 梁漱溟：《乡村建设理论》，上海人民出版社，2011，第33~34页。

② 参见徐勇《农民理性的扩张：“中国奇迹”的创造主体分析——对既有理论的挑战及新的分析进路的提出》，《中国社会科学》2010年第1期；《中国家户制传统与农村发展道路——以俄国、印度的村社传统为参照》，《中国社会科学》2013年第8期。

沿积久、约定俗成的风尚、礼节、习惯的总和，也是人们在衣食住行、婚丧嫁娶、岁时节庆、生产活动、宗教信仰、文化娱乐等方面广泛的行为规范。”①“父慈子孝、兄友弟恭、夫正妇顺、内外有别、长幼有序、礼义廉耻”内生于人们的日常生活需要，而不是外部强加的。正如费孝通所说：“礼并不是靠一个外在的权力来推行的，而是从教化中养成了个人的敬畏之感，使人服膺；人服礼是主动的。”②

正是在对等的行为规范中，才能产生出相互依赖，构成一个家庭整体，并使家庭能够延续，为人们提供安居乐业、生儿育女的空间。“家族不但是唯一事业团体，而且是唯一永久事业团体。西洋家庭的夫妇常因感情不和而闹离婚；否则孩子长大另组成小家庭，老夫老妻终归一死，也不过数十寒暑就完了。中国家族不如此。它来的‘源远’，去的‘流长’。它也有‘继往开来’的使命。”③因此，家庭精神的最高理想是“家和万事兴”。

家庭和谐对于家庭的兴旺具有至关重要的作用。这种和谐，一方面来自家庭生活的天然情感。个人在家庭怀抱中生长，并与家庭结成不可分离的关系。“既在相关系中而生活，彼此就发生情谊。”④家庭因此成为原生的与生俱来的共同体。如滕尼斯所说：“共同体是持久的和真正的共同生活”⑤。“默认一致是对于一切真正的共同生活、共同居住和共同工作的内在本质和真实情况的最简单的表示。因此，首先和最普遍的意义是家庭生活的最简单的表示”。⑥另一方面，家庭和谐还需要加以人为地营造和维护。由此有了家训、家教、家风、家传、家谱等一系列体现家庭精神，促进家庭和谐的努力。“人一出生就开始

① 参见徐勇《两种依赖关系视角下中国的“以文治理”——“以文化人”的乡村治理的阶段性特征》，《学习与探索》2017年第11期。

② 费孝通：《乡土中国 生育制度》，北京大学出版社，1998，第51页。

③ 全慰天：《论“家天下”》，载费孝通、吴晗等《皇权与绅权》（增补本），华东师范大学出版社，2015，第84~85页。

④ 梁漱溟：《乡村建设理论》，上海人民出版社，2011，第26页。

⑤ 〔德〕斐迪南·滕尼斯：《共同体与社会》，林荣远译，商务印书馆，1999，第54页。

⑥ 〔德〕斐迪南·滕尼斯：《共同体与社会》，林荣远译，商务印书馆，1999，第74页。

从日常生活中接受规训，并贯穿着人的一生活动之中。人伦文化通过代际传递变为每个人的行为职责。‘子不教，父之过’。每个人在日常生活中既要遵守人伦规范，同时也要在日常生活中教化他人，如‘食不语，寝不言’。人们时时处处都受到相应的规范约束。”①

八　齐家：以家为基点的民治

由于家庭具有多种功能，又是稳定的社会基本单元，历史先贤将家庭治理视为国家治理的基础。“古之欲明明德于天下者，先治其国；欲治其国者，先齐其家；……家齐而后国治，国治而后天下平。”（《礼记·大学》）尽管先贤是从个人的道德修养的角度来论述“齐家治国平天下”的关系的，但其“家国天下”的相互联系为后来的国家治理提供了理念指导，更重要的是反映了国家治理的内在逻辑。

首先，家是国家构成的基本单元。家庭组织是国家组织的微观基础。国家正是由无数个家庭组合而成。家庭单位规模和构造决定着国家单位的规模和构造。在早期中国，个体家庭被包裹在更大的血缘共同体中，国家形式也表现为部族国家和宗族国家。春秋战国，大的宗族共同体裂变为一个个小型的个体家庭，家族专断性的帝制国家应运而生。帝制国家不断打压、抑制和拆分豪族、世族、宗族大家，就是要维护个体家庭作为自己统治基础的地位。无数个独立自主的个体家庭为国家提供源源不断的经济支持，也成为国家组织的基本单元。没有个体家庭，也就无所谓帝制国家。“国家统治直接面对的是家户。家户是交纳税收和服劳役的对象。社会成员如有违犯国家法律和政府意志的事情，实行家户为单位的‘家族连坐’的连带惩罚。与之相应，国家对社会成员的表彰和奖励也是以家户为单位，上可以光宗耀祖，下可以福及子孙。”“家户是个人的社会保障和安全根基。国家只要稳

---

① 徐勇：《两种依赖关系视角下中国的“以文治理”——“以文化人”的乡村治理的阶段性特征》，《学习与探索》2017 年第 11 期。

固了家户，不仅能够获得财政、兵役，而且能够获得秩序和忠诚。”①

其次，家庭制度是国家制度的基础。国家由家庭聚合而成。家庭单位与国家单位在结构上相同。家庭制度理所当然地延伸到国家制度。先贤们总是按家庭关系形塑国家关系。“君君、臣臣、父父、子子。”（《论语·颜渊》）“君为臣纲，父为子纲，夫为妻纲”（《春秋繁露》）。君臣父子反映了家庭制度上下尊卑关系。费正清因此指出：“对一个讲平等的西方人来说，这一学说的最奇突之点，是这三种关系里有两种是家庭内部的关系，而三者又都是上下级之间的关系。”②

最后，家庭精神与国家精神同理。孝是家庭精神的核心，反映了处于下位的子女对处于上位的父母的顺从。“孝子”是理想人格。对父亲的孝延伸到国家政治生活中，便是对君主的忠。“其为人也孝弟，而好犯上者，鲜矣；不好犯上者而好作乱者，未之有也。”（《论语·学而》）“在家庭生活中灌输的孝道和顺从，是培养一个人以后忠于统治者并顺从国家现政权的训练基地。”③ 绝对服从皇帝的“忠臣”这种政治理想人格，是“孝子”的扩展。皇帝也宣称自己“以孝治天下”。

正因为家庭与国家的一体性，古代先贤和国家统治者将家庭置于基础性地位。当然这种基础性地位并不是自动生成的，需要人为的建构，这就是“齐家”。“齐”有治理、整理的意思，指家庭能否成为国家的基础，也需要治理。家庭功能能否发挥，家庭制度能否维持，家庭精神能否实践，都需要人为的活动加以治理。所以，古代先贤将个人“修身”置于“齐家”之前。

家庭作为一个治理单位，其核心是家长。“家有千口，主事一人。”（《增广贤文·下集》）主事者便是父亲家长。“一户人口，家长为

---

① 徐勇：《中国家户制传统与农村发展道路——以俄国、印度的村社传统为参照》，《中国社会科学》2013 年第 8 期。

② 〔美〕费正清：《美国与中国》（第四版），张理京译，世界知识出版社，1999，第 24 页。

③ 〔美〕费正清：《美国与中国》（第四版），张理京译，世界知识出版社，1999，第 22 页。

主。”“一家的事务和子女的身体都由父统治的制度叫做父治。”[①] 家长拥有决定家庭事务的专断性权力，同时也担负着养家糊口、发家致富、光宗耀祖的全部责任。“家长不特对内有监督家属，管治家财，处理家政等权利义务，且对外为一家代表，具有公法上责任，使其统率家人，以尽人民对于国家之义务。”[②]

“父家长对外代表家庭，全权处理家庭的对外事务，如婚姻、赋税、徭役、刑事以及调整家庭与社会的关系，既使家庭得到社会的承认和支持，又使家庭利益免受来自外部的侵犯。一方面其权力至高无上，任何家庭成员都要无条件服从之，另一方面其权力又无所不包，范围广及经济、法律、思想、教育、宗教、人身等各个层面。父家长既有责任管理家庭的一切事务，并不惜使用强制手段；又有义务调整家庭成员相互间的关系，尽量使其和睦相处。”[③] 家庭的多重功能能否发挥，家庭的兴衰成败，都取决于家长。“中国社会给家长规定的职权是非常繁重的。家族事业团体要求家长做一种全知全能的人物。”“家长是兼备经理、牧师、教师、法官等职份于一身的人物。”[④] 家长与作为全国大家长的国君是一体相连的。“统治天下的家即特殊皇家，组成天下的家即一般民家。民家有家长，皇家有皇帝。”[⑤] 但是，家长作为一家之长，毕竟与拥有强制性权力的一国之君有所不同。“中国社会是产生独裁家长的摇篮。”然而“家长虽不讲求民主，没有民主的习惯，却很带有民本精神。人是要老死的，他死后总要继替有人。因此对于自己儿孙，尤其是承继家长位置的长子，不能不过分重视，如同‘掌

① 陶希圣：《中国社会之史的分析（外一种：婚姻与家族）》，商务印书馆，2015，第17页。

② 陈顾远：《中国法制史概要》，商务印书馆，2011，第227页。

③ 岳庆平：《中国的家与国》，吉林文史出版社，1990，第7页。

④ 全慰天：《论“家天下”》，载费孝通、吴晗等《皇权与绅权》（增补本），华东师范大学出版社，2015，第85、86页。

⑤ 全慰天：《论“家天下”》，载费孝通、吴晗等《皇权与绅权》（增补本），华东师范大学出版社，2015，第83页。

上明珠'。"[1] 这就是所谓的"父爱"。家长在进行家庭治理中体现着这种"父爱"精神。

为了保持家庭的延续，必须维护家庭制度，由此有了家规。家规用于维护家庭上下尊卑关系，违反了家规，要受到家法的惩罚。"家长族长之有身体惩罚权，在中国家族史上是极重要的"。[2] 国法与家法一体。"不孝"这种家庭行为会受到国家法律的惩处。

家庭制度主要不是依靠家规家法的维护，而是依靠家庭精神所形成的自觉和习惯加以遵守。这就是从生下来，人们便置于家庭教育之中，在长期的规训中形成自觉的行为。如女孩从小就要被家庭"教以妇德、妇言、妇容、妇功"（《礼记·昏义》）。为了将这种行为自觉保持下去，会通过家风、家教、家谱等方式加以传递。《朱子家训》《颜氏家训》等家训经典更为国家统治者所倡导。

家庭治理更主要的是依靠家庭教育的方式，从根本上说，在于家庭毕竟不是国家，只是社会单元。家庭不能像国家一样凭借凌驾于社会之上的暴力加以压制。家庭是以血缘关系为基础的命运共同体。"家和万事兴"是家庭治理的最高理想。"家和"仅仅依靠上下压制是难以形成的。它需要建立在全体家庭成员对生养自己的家庭的认同和归属，从而形成默认一致的家庭氛围。

正是这种默认一致的命运共同体，使家庭具有顽强的生命力和再生能力。国家政权更迭了，家庭却会长期延续。原有家庭解体了，新的家庭会再生出来。

帝制中国以个体家庭为基本单元。但个体家庭并不能完全独立存在，它还得依靠一定的社会力量加以维护。这种个体家庭以外的社会力量首先来自扩大了的家庭——家族。家族将若干家庭联结起来，构成更大的血缘共同体，有族长、族规、族训，进行家族自治。当家族力量不足以维护个体家庭的存续时，具有地域性的村落力量成为依靠

---

① 全慰天：《论"家天下"》，载费孝通、吴晗等《皇权与绅权》（增补本），华东师范大学出版社，2015，第88页。

② 瞿同祖：《中国法律与中国社会》，中华书局，2003，第25页。

对象。村落由若干个体家庭和家族构成，是地域—血缘共同体，有共同认可的村庄领袖、村规民约，进行村落自治。

无论是家庭治理，还是家族治理和村落治理，都属于与官治不同的民治。这种治理基于当事人的需要和自愿。它不是国家暴力的外力强制，而是依靠习俗自我调节。正是由于有了这种完备的民治，才有可能实现“皇权不下县”。费正清对中国与美国进行了比较，在他看来，“对一个享有较高物质生活水平的美国人来说，使他感到惊异的是中国农民在这样困苦的生活条件下，竟能维持一种高度文明的生活。问题的答案在于他们的社会习俗，这些习俗使每个家庭的人员，按照根深蒂固的行为准则经历人生的各个阶段和变迁。这些习俗和行为准则，一向是世界上最古老而又最牢固不变的社会现象。”[①] 而这些习俗和行为准则的获得首先来自家庭。以家为单位的民治是整个国家治理的基点。它也反映了进入以地域关系为主的帝制时代，血缘关系得以长期延续的特点。换言之，血缘关系的长期延续有其必然性。

① 〔美〕费正清：《美国与中国》（第四版），张理京译，世界知识出版社，1999，第21页。

第九章
地域—血缘关系中的国法与亲情

法律是国家制定，并以国家强制力作为保障，用于调整社会关系和维护社会秩序的行为规范体系。国家与法律相伴，一同受到社会关系的制约。在血缘关系主导的王制国家，调整社会关系和维护社会秩序主要依靠宗法礼俗。只是到了以地域关系为主导的帝制国家，法律提升为国家主导性规范，用于处理公共权力、人身和财产问题。但是，以血缘关系为基础的家族是社会的基本单位，基于血缘关系的亲情渗透到法律体系之中，考虑亲情因素的民间法对于调整社会关系和维护社会秩序发挥着基础性作用。

一　规范：国法对宗法的超越

在人类历史长河里，人类长期是以氏族组织的方式生活。只是氏族组织不够用了，无法容纳新的社会要素，调整新的社会关系和维护新的社会秩序，才有了国家。恩格斯说："国家是社会在一定发展阶段上的产物；国家是承认：这个社会陷入了不可解决的自我矛盾，分裂为不可调和的对立面而又无力摆脱这些对立面。而为了使这些对立面，这些经济利益互相冲突的阶级，不致在无谓的斗争中把自己和社会消

灭，就需要有一种表面上凌驾于社会之上的力量，这种力量应当缓和冲突，把冲突保持在‘秩序’的范围以内；这种从社会中产生但又自居于社会之上并且日益同社会相异化的力量，就是国家。”[①] 作为治理主体的国家公共权力的产生，正是因为原有的氏族社会及其制度已不能解决新社会带来的问题和冲突，只有通过国家才能把冲突保持在“秩序”的范围内。这一“秩序”便是新的制度，是国家建构起来的制度，并对社会进行重新定义、组织和规范。其中，法律是最重要的制度。这在于法律具有强制性、普遍性、公开性、稳定性。

但是，正如人类曾经有过不知国家为何物的时代一样，人类也有过不知法律为何物的时代。恩格斯在谈到氏族社会时说，“一切问题，都由当事人自己解决，在大多数情况下，历来的习俗就把一切调整好了。”[②] 这是由血缘关系及其组织形态决定的。在马克思看来，“人和人之间的直接的、自然的、必然的关系是男女之间的关系。”[③] 由这种关系所产生的家庭制度是当事人自我生成的，一切问题都由当事人自己解决。如梅因所说：“人类最初是分散在完全孤立的集团中的，这种集团由于对父辈的服从而结合在一起。”[④] 由于家庭必须依赖于氏族组织，这种由当事人自己解决问题的方式延续到氏族组织中。只是由于社会冲突而产生了国家，也才有国家用于把冲突保持在秩序范围以内的法律。

国家与法律相偕而行。法律与国家一样，都不是凭空产生的，是一定社会历史条件的产物。在中国，尽管随着国家的产生，有了法律，但是法律在调整社会关系和维护社会秩序的过程中并不占主导地位。因为，在中国，国家不是在以血族团体为基础的旧社会被炸毁中产生的。在国家公共权力产生以后，基于血缘关系的血族团体延续下来。国家是以一个主体部族为基础形成的。血缘关系在国家地域中居于主

---

① 《马克思恩格斯选集》第 4 卷，人民出版社，2012，第 186~187 页。
② 《马克思恩格斯选集》第 4 卷，人民出版社，2012，第 109 页。
③ 《马克思恩格斯全集》第 42 卷，人民出版社，1979，第 119 页。
④ 〔英〕梅因：《古代法》，沈景一译，商务印书馆，1959，第 72 页。

导地位。基于血缘关系的宗法在国家治理中居于主导地位。人们根据血缘宗法关系取得相应的社会地位，获得国家身份。“宗者主也，宗的本身即一种统率，宗子权即统率之权”。[①] 作为统治家族的大宗，永远是作为国家统治者的天子。大宗永远在小宗之上。亲亲尊尊。这种地位与身份是由先天的血缘关系所决定的。在人们还没有出生时，其地位和身份便已决定下来。出生之后，地位和身份自动获得。为了将这种基于血缘宗法关系产生的社会地位和社会身份固定下来，形成相应的社会秩序，统治者将深藏于社会生活之中的习俗，即“自然的法”提升到国家规范层面，形成有一定强制力支撑的“礼”。因此，在中国的王制时代，主要依靠基于血缘关系的宗法和“礼”进行治理。“它主要依靠血缘的和非血缘的亲属关系纽带来进行有效的控制，其次才依靠封建的法律准则。”[②] 这是因为，当时的人们“都是建筑于共同血统上的。凡对于‘家族’是显然正确的，当时便认为首先对于‘氏族’，而后对于‘部落’，最后对于‘国家’也都是正确的”[③]。

春秋战国是中国的大变革时期，也是各个诸侯国以领土地域为单位进行兼并争霸的时期，血缘关系淡化，地域关系突出。如萧公权所说：“封建宗法社会之中，关系从人，故制度尚礼。……及宗法既衰，从人之关系渐变为从地”。[④] 国家治理的基本法则因之发生了历史性的重大变化，这就是宗法制日益衰败，通过国家法律治理国家成为潮流。“变法”不是简单的法律兴起，而是变革治国的基本原则和规范。当然，“变法”的主要载体还是法律的兴起，这在于社会的需要和法律的特点。

首先，法律的强制性。春秋战国时期“礼崩乐坏”，社会的变动使宗法制难以为继。在激烈的兼并争霸战争中，权力高度集中。为了集

① 瞿同祖：《中国法律与中国社会》，中华书局，2003，第 20 页。

② 〔美〕费正清、赖肖尔：《中国：传统与变革》，陈仲丹、潘兴明、庞朝阳译，江苏人民出版社，1992，第 32 页。

③ 〔英〕梅因：《古代法》，沈景一译，商务印书馆，1959，第 74 页。

④ 萧公权：《中国政治思想史》第一册，中国文化大学出版社部，1985，第105 页。

聚资源，调整社会关系，建构新的统治秩序，国家权力的强制性日益突出。为脉脉温情所掩饰的宗法已无法完成富国强兵的历史使命。强制性国家权力的重要体现便是法律。赤裸裸的严刑峻法替代了温情脉脉的亲情宗法。强制性法律有助于迅速建构起一个高集权和高效率的国家。春秋战国时期的诸侯争霸，可以说是争相以更严格的法律治国的时期。谁的法律严格，谁就有可能更有效地集聚资源，获得兼并争霸的胜利。“以法治者，强；以政治者，削。”（《商君书·去强》）“明法者强，慢法者弱。”（《韩非子·饰邪》）这一时期的法律便如如山倒的军令一般。具有军令一般的严峻性和强制性，可以说是中国法律兴起的重要特点。“重罚轻赏，则上爱民，民死上；重赏轻罚，则上不爱民，民不死上。”（《商君书·去强》）秦国正是变法彻底，特别是借助于严刑峻法实现资源的高度集聚和社会动员，完成了统一中国的历史大业。

其次，法律的普遍性。宗法制的重要特点是差等性。血缘关系先在地规定了人的不同地位和身份，形成上下尊卑关系，亲亲尊尊。“刑不上大夫，礼不下庶人”。差等性的规范只能产生差等性的行为。而春秋战国时期的兼并争霸是全民动员的战争。这种全民动员，一方面要求权力高度集中，另一方面要求形成一个地位和身份同一的扁平社会，由此形成专断的“一”与服从的“多”的关系。差等性的宗法已远远不够了。人为建构的法律则具有普遍性的特点，即法律对象是无差别的同一体。法律对象的普遍性愈强，法律的动员和规范能力便愈强。在法律面前，没有大夫，也没有庶人。“王子犯法，庶民同罪”（《野叟曝言》）。“君臣上下贵贱皆从法。”（《管子·任法》）“法不阿贵”（《韩非子·有度》）。法律塑造的服从者愈多，国家能力愈强。秦国商鞅变法的重要特点，一是严刑峻法，二是法律对象涉及除立法者——王之外的所有人。“刑无等级，自卿相将军以至大夫、庶人，有不从王令、犯国禁、乱上制者，罪死不赦。”（《商君书·赏刑》）包括他自己也难以逃脱严刑峻法的天罗地网。

再次，法律的公开性。差等性的宗法制讲求因人而异，大宗小宗

天然不同。在宗法性的总体框架下，尽管有法，但极具隐秘性。法律只为极少数人所掌握，“临事制刑，不预设法”。人们生活在一个个封闭性的宗法共同体内，法律未能进入生活，人们视法若有若无。春秋战国时期的兼并争霸，打破并要求打破一个个小的宗法共同体，形成地域性的国家统一体。要将过往具有差异性的宗法共同体的人整合为一体，必须以普遍性的法律为手段。否则会出现“以非为是，以是为非”（《吕氏春秋·离谓》）。只有将具有普遍性的成文法律公之于众，才能让众多的人知法、懂法、守法。因此，郑国率先公开法律，“铸刑书于鼎，以为国之常法”（《左传·昭公六年》杜预注）。秦人具有蛮性，法律意识原本十分淡薄。商鞅坚决反对“临事制刑”，主张“为法，必使之明白易知”，“万民皆知所避就。”（《商君书·定分》）他采用非常手段，不仅公开法律，而且强制人们接受、相信和遵守法律。在韩非子看来，“法者，编著之图籍，设之于官府，而布之于百姓者也。”（《韩非子·难三》）“公布的价值便在于刑罚必于民心，确定不移，何为合法的，何为非法的，知所趋避，不致为统治者所欺蔽，任意轻重。”①

最后，法律的稳定性。在差等性的宗法制条件下，宗法制及其宗法关系具有稳定性。大宗小宗、天子诸侯，各安其命，各守其分。相比宗法而言，国家法律却具有随意性。王权的意志经常以神的旨意和口头命令的方式呈现。春秋战国时期的兼并争霸造成宗法制的破坏，具有普遍性的国家法律成为国家治理的普遍原则。在普遍性的国家法律框架下，宗法制碎片化，国家法律具有了稳定性。成文法律一经公开，不可朝令夕改，否则便没有权威性。如孟德斯鸠所说：“在君主政体里，君主就是一切政治的与民事的权力的泉源。有基本法律，就必定需要有‘中间的’途径去施行权力，因为如果一个国家只凭一个个人一时的与反复无常的意志行事的话，那末这个国家便什么也不能固

---

① 瞿同祖：《中国法律与中国社会》，中华书局，2003，第214~215页。

定，结果也就没有任何基本法律了。”① 同时，与血缘关系的稳定性相比，地域关系和财产关系具有不稳定性。只有通过具有稳定性的法律，人们才能获得稳定的预期，从而处理地域和财产问题。商鞅变法的分家立户、什伍连坐、以军功代替出身等内容都是为人们提供一种稳定的制度预期，从而将人们的行为纳入一定的秩序中来。

正是由于“变法”彻底，秦得以统一中国。秦始皇统一后的中国，是由多个原生诸侯族群联结而成的超大地域国家。基于血缘关系的宗法制更难以治理国家。在以皇权为代表的中央集权体制下，“海内为郡县，法令由一统”（《史记·秦始皇本纪》）。统一的国家法律成为统一的国家治理的主要规范。“为了有效地管理国家，某种法律基础必须建立起来，每个人都受到法律的约束。”②

二　以皇权为中心的国法

在恩格斯看来，国家是因为能够把冲突保持在“秩序”的范围以内而产生的。国家之所以能控制冲突，形成秩序，在于其特殊的公共权力。“这种公共权力在每一个国家里都存在。构成这种权力的，不仅有武装的人，而且还有物质的附属物，如监狱和各种强制措施，这些东西都是以前的氏族社会所没有的。”③ 国家是一种有组织的暴力。这种暴力的使用是有序的，这就是通过法律行使暴力。

在国家形态下，法律和暴力是相互依存的。法律是由暴力所支撑的，本身就具有强制性。法律为国家统治者所制定，首先要维护统治者的权力，保障政权的安全。没有政权的安全，国家的职能便无从行使。恩格斯指出：“由于国家是从控制阶级对立的需要中产生的，由于它同时又是在这些阶级的冲突中产生的，所以，它照例是最强大的、在经济上占统治地位的阶级的国家，这个阶级借助于国家而在政治上

① 〔法〕孟德斯鸠：《论法的精神》（上），张雁深译，商务印书馆，1961，第 15~16 页。
② 费孝通：《中国绅士》，惠海鸣译，中国社会科学出版社，2012，第 187 页。
③ 《马克思恩格斯选集》第 4 卷，人民出版社，2012，第 187 页。

也成为占统治地位的阶级，因而获得了镇压和剥削被压迫阶级的新手段。”① 具有强制性的法律便是重要的新手段。任何一个国家，都将通过法律维持政权安全置于首位。这是政权的本能和天性。

但在中国的相当长时间里，法律的作用是有限的。这是因为，王制国家以族成国，以族为基，政权与族权合一，政权的社会基础是亲人社会或者模拟亲人社会。如周王朝的“天下一家亲”的理想社会设计。政权有亲人的卫护。天子将自己亲近的人置于身边，将亲人分封各地，共治天下，共同维护政权。将亲人联结为一体的是与生俱来的血缘关系及其宗法制度。亲人社会相互依赖和卫护。与此同时，在分封制条件下，人口、土地和政事为各个层级的封建主所管辖。特殊的公共权力散落在各个层级之中，由各个层级分散保护。

进入帝制时代，政权所面临的危险性增大。一是随着分封制的废除，过往散落的公共权力高度集中于皇帝一人之手，形成以皇权为中心的中央集权和郡县官僚体系，主要依靠国家政权对广阔地域实行联结。二是帝制时代的社会以地域关系为主导。不同的血缘关系群体共同居住在领土地域范围之内。他们是与官相对应的民。庞大的政权组织需要通过从民众手中获得赋税徭役才能支撑。政权组织与广大民众形成利益对立关系。这种利益对立关系大大弱化了长期以来政权与民众的亲人关系。政权因为其能力的增强，可以实行善政，更可能缺乏节制实行“猛如虎”的苛政。人民因为不再有宗法共同体的依赖和保护，成为赋税徭役的直接提供者，可能成为顺民，更可能成为暴民。三是国家权力在不同家族的更迭是以武力实现的，必然面临武力的威胁。“王位是冒着生命危险得来的。王位的继承人当然要世世代代尽力保持住。”② 在这一条件下，政权的危险性和危机感比过往大大增加了，因此特别需要借助法律制度维护政权的稳定和持续。秦统一中国后的重要活动便是“明法度，定律令”（《史记·李斯列传》）。“虽然由于

① 《马克思恩格斯选集》第 4 卷，人民出版社，2012，第 188 页。

② 费孝通：《中国绅士》，惠海鸣译，中国社会科学出版社，2006，第 4~5 页。

帝国幅员辽阔而会发生各种恐怖，但是中国最初的立法者们不能不制定极良好的法律，而政府往往不能不遵守这些法律。”①

帝制中国的法律被称为国法。首先在于它是由凌驾于社会之上的国家政权所制定的，其次在于它是以维护国家统治为目的的，最后它是由皇权之下的官僚体系所实施的。而国家政权、国家统治和官僚体系的总代表是皇帝。“这法典是国家的，或是皇帝的，而不再属于贵族了。这时只有他是立在法律以外的唯一的人，法律是他统治臣民的工具，主权命令全国所有的臣民——治人者和治于人者，贵族和平民——都遵守这部法典，一切人都在同一司法权以下，没有任何人能例外。”② 因此，帝制中国的法律是以皇权为中心的国法。

在帝制中国的法律体系中，维护皇权居于首要地位。“专制政体的原则是恐怖；恐怖的目的是平静。”“太平是中国法律的目的”。③ 帝制国家，“法自君出”，法律首先要维护君主的自我利益。其中，皇帝的人身安全是最重要的。秦始皇外出巡视遇刺，严厉追杀。其行程住所为最高机密。“行所幸，有言其处者，罪死。”（《史记·秦始皇本纪》）汉代有阑入宫殿门及失阑罪、漏泄省中语罪。唐朝“十恶”罪名的第二条是“谋大逆”，包括图谋毁坏宗庙山陵和宫阙。唐律规定，不得擅入宫门、殿门，特别是携带武器者要重罚；持武器擅入皇帝居所者则问斩。

其次，以皇帝为代表的政权不容侵犯，包括言论和行为。作为法家代表人物的韩非子说：“言行而不轨于法令者必禁。”（《韩非子·问辩》）秦始皇统一中国后，对儒生的非议实行强制压制，一次坑掉数百人，并令“以古非今者族”（《史记·秦始皇本纪》）。秦二世“非所宜言”也要治罪。项羽有对皇帝不敬的想法，项梁掩其口：“毋妄言，族矣。”（《史记·项羽本纪》）汉代有不敬和大不敬罪，与皇帝

① 〔法〕孟德斯鸠：《论法的精神》（上），张雁深译，商务印书馆，2012，第187页。

② 瞿同祖：《中国法律与中国社会》，中华书局，2003，第224页。

③ 〔法〕孟德斯鸠：《论法的精神》（上），张雁深译，商务印书馆，1961，第60、155页。

相关的一切都视为神圣不可侵犯。汉代有专门维护皇权统治的“诽谤罪妖言罪”“非所宜言罪”“腹诽罪”等。汉武帝时，“不入言而腹诽，论死”，“有腹诽之法”（《史记·平准书》）。清朝将“妖书”“妖言”“妄议朝政”定为重罪，大兴文字狱。

被视为谋反的行为处罚更为严厉。一般而言，“皇帝应该是仁慈的，他会原谅所有其他的罪行，但是不包括企图篡位的罪行。这是天下可能发生的最可怕的事情。”① 商鞅强调：“有不从王令、犯国禁、乱上制者，罪死不赦。”（《商君书·赏刑》）秦末，李斯被诬陷谋反，被处以腰斩，且“夷三族”。汉初，“淮阴侯韩信谋反长安，夷三族。”（《汉书·高帝纪》）南北朝时期创立“重罪十条”，第一条便是“反逆”。唐朝设立“十恶”罪名，首条便是“谋反”，处罚最为严重。明代加重“反逆”的处罚，不仅打击严重，而且涉及面宽广。

最后，以皇权为代表的集权体制也受到法律的维护。汉代对诸侯国加以重重限制，设置了一系列罪名，包括：阿党与附益、事国人过、私出界、酎金不法、僭越等。明代严惩臣结党。洪武年间，以奸党罪被诛杀的文武官员达数万人。

为了维护至高无上的皇权，不仅实行严刑峻法，而且因为法律界定不清晰，造成大量伤害。如孟德斯鸠所说，“中国的法律规定，任何人对皇帝不敬就要处死刑。因为法律没有明确规定什么叫不敬，所以任何事情都可拿来作借口去剥夺任何人的生命，去灭绝任何家族。”②

除了成文的法律条文以外，皇权意志的大量表现形式是令，即皇帝随时作出的决定和发表的意见。这种决定和意见尽管缺乏成文法律依据，而且不需要必要的制度程序，但具有成文法的法律效力，甚至具有更高效力。这是由国家权力配置的政体所决定的。在至高无上的皇权体制下，皇帝的意志是至高无上的。这种意志可以通过成文法表达，也可以通过言论表达。秦始皇统一中国提出“法令由一统”，就包

① 费孝通：《中国绅士》，惠海鸣译，中国社会科学出版社，2006，第5页。

② 〔法〕孟德斯鸠：《论法的精神》（上），张雁深译，商务印书馆，1961，第194页。

括“法”和“令”两部分。“命为制，令为诏”，“言出法随”。皇帝的言论具有极大的权威性。“君要臣死，臣不得不死”，“不得不”便说明，君的“要”具有比成文法更高的效力。

帝制中国的法律以皇权为中心，除了皇权自身利益以外，还在于没有皇权，便难以实现对全国的政治联结。在摩尔根看来，“政治社会是按地域组织起来的，它通过地域关系来处理财产和处理个人的问题。”[①] 但在中国的王制时代，政治社会是按宗法组织起来的，它通过血缘—地域关系来处理财产和处理个人问题，个人和财产都依赖和归属于一定地域上的宗法组织。进入帝制时代，一方面原来散落在各个宗法组织中的权力集聚到国家，政治社会按地域组织起来；另一方面个体家庭突破宗法共同体，有了独立的地位和财产，需要地域关系基础上的国家加以处理。处理的方式便是国家所发布的法令。

恩格斯认为，随着氏族组织的解体，“按地区来划分就被作为出发点，并允许公民在他们居住的地方实现他们的公共权利和义务，不管他们属于哪一氏族或哪一部落。这种按照居住地组织国民的办法是一切国家共同的。”[②] 秦始皇统一中国后，“分天下以为三十六郡，郡置守、尉、监。更名民曰‘黔首’”（《史记·秦始皇本纪》）。“郡”是地域关系组织。国家按地域关系组织人民。人口被称为“黔首”。无论是什么姓氏，什么族群，每个人都属于统一的“黔首”，都在郡县的管辖之下，都要履行纳税和劳役的义务。为了获得纳税和劳役，法律赋予“黔首”一定的权利，最基本的就是人身安全和自主权。

早在春秋战国时期，秦国的法律便严禁私斗，将人身处置权收归国家。但由于父权制度，父亲对儿子有生杀之权。“君之于臣，父之于子，都是有生杀权的，到了后来则只适用于君臣而不适用于父子间了。法律制度发展到生杀权完全操纵在国家机构及国君手里，自不再容许任何一个人民能随意杀人，父亲对儿子，也不能例外。他只能扑责儿

① 〔美〕路易斯·亨利·摩尔根：《古代社会》上册，杨东莼、马雍、马巨译，商务印书馆，1977，第6页。

② 《马克思恩格斯选集》第4卷，人民出版社，2012，第187页。

子，断不能杀死他，否则便要受国法的制裁了。”[①] 汉高祖初入关中便宣布，“与父老，约法三章耳：杀人者死，伤人及盗抵罪。余悉除去秦法。”（《史记·高祖本纪》）东汉初强调保护奴婢的人身权，“其杀奴婢者，不得减罪。”（《后汉书·光武帝纪》）唐朝法律设立侵犯人身罪，严禁随意侵害人身，即使是奴婢和部曲等具有人身依附关系的人，其生命权也受到保护。“一因人命为贵，人贱命不贱，不可随意杀死，且生杀予夺系国家主权，自从主权被宣告收回以后，任何人都不得妄自杀人，对子孙，对奴婢俱如此。”[②] 清代法律规定，佃户与地主“素无主仆名分”，“平日共坐共食，彼此平等相称，不为使唤服役”。平等的人身权扩展到平等的人格权。

帝制中国的法律赋予广大民众以人身不受侵犯权，是从获取赋税和劳役出发的，是义务在先，权利在后。这是因为，帝制国家不是由人民自我组织起来的，而是由国家政权自上而下组织起来的。国家政权首先必须存在，必须获得赋税和劳役才能存在。基于国家的自主性，首要考虑的是民众的义务。为了民众能够履行义务，不能不赋予民众一定的权利。即使如此，从历史上看这也是一大进步。毕竟民众有了些许自由和权利，他们不再是宗法共同体的附属物，同时也能够避免在共同体之间的冲突中被随意地侵犯人身。

在恩格斯看来，财产关系是国家产生的重要来源。他指出：“各个家庭家长之间的财产差别，炸毁了各地迄今一直保存着的旧的共产制家庭公社；同时也炸毁了为这种公社而实行的土地的共同耕作。耕地起初是暂时地，后来便永久地分配给各个家庭使用，它向完全的私有财产的过渡，是逐渐进行的，……个体家庭开始成为社会的经济单位了。”[③] 国家要获得赋税，必须有赋税来源。赋税来源涉及个人对财产的占有。秦始皇统一中国后颁布法令，“令黔首自实田”，从法律上确认私有制和个体家庭的独立地位。这一法令带来财产关系的重大变化，

---

① 瞿同祖：《中国法律与中国社会》，中华书局，2003，第7页。
② 瞿同祖：《中国法律与中国社会》，中华书局，2003，第245页。
③ 《马克思恩格斯选集》第4卷，人民出版社，2012，第180页。

并会产生大量的财产问题。这些问题仅仅依靠原有的氏族组织是难以解决的，必须依靠国家法律加以调整和处理。因此，帝制中国的法律有大量关于财产问题的内容。

在帝制中国，法律处理财产问题包括两个层面。一是全国层面，即针对全国的财产制度安排。汉武帝屡次颁布“限田”和“抑兼并”的诏令。唐初发布均田令，民众广泛获得土地所有权，并禁止“占田过限”，侵犯他人所有权。“诸占田过限者，一亩笞十，十亩加一等；过杖六十，二十亩加一等，罪止徒一年。”（《唐律疏议·户婚》）与均田制相配合的是“租庸调制”，“租”为田赋，“庸”为百姓承担的国家劳役，“调”为户口税。“有田则有租，有家则有调，有身则有庸。天下为家，法制均一。”（《唐陆宣公奏议》卷四）唐后期实行“两税法”，变“丁夫为本”以家资和土地为主计税。明代废除均田制占用过限的禁令，“田多田少，一听民自为而已”（薛允升《唐明律合编》卷十三上）。清朝规定“滋生人丁，永不加赋”，实行“摊丁入亩”。

二是私人层面。帝制国家的法律保护个人的财产不受侵犯，对盗窃财产要治罪。唐朝法律规定“不得盗耕种公私田”“不得妄认盗卖公私田”，不得随意买卖土地，否则都要受到处罚。法律保护出租人的利益，也保护佃权。佃农可以通过订立契约，取得对土地的使用和收益权。这有助于弱化农民对地主的人身依附关系。宋朝法律强调地主只能役使佃客本人，不能强迫佃客家属服劳役，一切行为只能依照立约办理。宋朝实行“盗贼重法”和“窝藏重法”，对于盗窃财产给予严厉惩罚。明代法律确认永典权，佃客通过支付高额押佃银，或对田地投资经营，获得永远佃种所有权人田地的权利。这表明国法深入到日益复杂的财产关系之中。

三　家族亲情渗透的国法

梅因认为：“在以前，‘人’的一切关系都是被概括在‘家族’关

系中的，把这种社会状态作为历史上的一个起点”。[①] 国家产生和发展于这一历史起点上。恩格斯在谈到国家的一般属性的同时，也注意到由于不同的历史条件，国家进程不一样，历史起点上的社会因素在国家出现后的残存样式不一样，有的完全炸毁了旧的社会组织，有的还保留相当长时间。法律与国家相随。国家进程的不同，必然带来法律的不同。

中国的国家进程的重要特点是，尽管地域关系日益占主导地位，但久远的血缘关系及其组织形态没有被炸毁，反而一直延续下来。地域关系反映的是共同地域上人们的同一性，体现的是利益关系。血缘关系反映的是人们之间的差异性。每个人有着不同的身份，同时由于共同的生活而形成亲情，并由于亲情将同一血缘关系的不同成员联结起来。同一血缘关系的人是亲人，亲人之间有相互依赖、相互回报的恩情。从血缘关系的角度看，亲情体现着差别。即只有同一血缘的人才是亲人，只有亲人才有共同的情感。“非我族类，其心必异”，更无恩情。“人人亲其亲，长其长，而天下平。”（《孟子·离娄上》）

作为法律，是以人的同一性为前提的，即所有人在法律面前都处于平等地位。法贵公平。法不容情。中国的法律得以上升为占主导地位的行为规范，重要特点是“王子犯法与民同罪”。但是，法律毕竟属于上层建筑，反映着经济社会基础及其之上的国家特性。在中国，尽管作为特殊公共权力的国家早已产生，但是由原始社会发端的血缘关系及其组织形态长期延续下来，血缘家族而不是个人是社会的基本单元。尽管血缘家族的表现形式不一，但血缘家族作为社会的基本单元的特性长期没有改变。无论是王制，还是帝制时代，血缘家族都是社会的基本单元。“法律往往要借助于宗法组织力量来管束个人的行为，甚至家庭有着一定的执法权，宗法家族一直执行着某种最基层社会组织功能。”[②] 由血缘家族产生的亲情必然会渗透到国家法律中，使法律

① 〔英〕梅因：《古代法》，沈景一译，商务印书馆，1959，第 96 页。

② 金观涛、刘青峰：《兴盛与危机：论中国社会超稳定结构》，法律出版社，2011，第 52 页。

具有差等性。孟德斯鸠由此指出："这个帝国的构成，是以治家的思想为基础的。如果你削减亲权，甚至只是删除对亲权表示尊重的礼仪的话，那末就等于削减人们对于视同父母的官吏的尊敬了，因此，官吏也就不能爱护老百姓了，而官吏本来是应该把老百姓看做象子女一样的；这样一来，君主和臣民之间所存在着的爱的关系也将逐渐消失。"①但是，由血缘关系产生的爱是差等的。"亲属间固相亲，但愈亲则愈当亲爱，以次推及于渐疏者，有一定的分寸，有一定的层次"。② 由差等的爱产生法律的差等性。"法律对身分的极端重视，结果是产生了大量关于亲属及社会身分的特殊规定，与一般的规定并存于法典中。"③

法律的差等性首先表现为统治家族与非统治家族的差等。在恩格斯看来，"由于国家是从控制阶级对立的需要中产生的，由于它同时又是在这些阶级的冲突中产生的，所以，它照例是最强大的、在经济上占统治地位的阶级的国家"④。阶级作为一种社会组织单元，在不同时期的表现形式有所不同。在中国，自从作为特殊的公共权力的国家产生之后，占统治地位的一直是某个姓氏家族。法律首先体现着统治家族的意志，维护统治家族的权益。

自从有了国家，有了国法，法律便体现着对于统治家族利益的维护。周朝便有"公族无宫刑，不翦其类也"。公族不能断子绝孙。

春秋战国时期，是中国的地域国家及其法律崛起的时期。统治家族利益势必妨碍具有统一性的法律的实施。由此有了"王子犯法与民同罪"的要求和呼声。商鞅变法最为坚决。王子的老师也因王子的过失而受到处罚。但是，商鞅变法只是涉及统治家族的成员，而无法改变统治家族对统治权的垄断和世袭地位。当王子执政时，商鞅则被问罪。司马迁对此评论说："商君，其天资刻薄人也。迹其欲干孝公以帝

① 〔法〕孟德斯鸠：《论法的精神》（上），张雁深译，商务印书馆，1961，第315~316页。

② 瞿同祖：《中国法律与中国社会》，中华书局，2003，第41~42页。

③ 瞿同祖：《中国法律与中国社会》，中华书局，2003，第353页。

④ 《马克思恩格斯选集》第4卷，人民出版社，2012，第188页。

王术，挟持浮说，非其质矣。且所因由嬖臣，及得用，刑公子虔，欺魏将昂，不师赵良之言，亦足发明商君之少恩矣。”（《史记·商鞅列传》）司马迁数次指出商鞅的刻薄少恩导致自己的悲剧，这说明在一个以血缘家族组织为基本单元的社会里，家族间的亲情居于重要地位。支持商鞅变法的秦孝公去世，只会将自己的位置传递给自己的儿子，而不会传递给作为变法倡导者的商鞅。只有儿子与自己有亲情关系，会报恩于自己。商鞅无论有多大功劳，都是外人。后人在总结秦朝为什么短命时，也表达了类似的观点。“秦王足己而不问，遂过而不变。二世受之，因而不改，暴虐以重祸。子婴孤立无亲，危弱无辅。”（贾谊《过秦论下篇》）这说明，任何统治者都需要有人辅助，而最可靠的人便是血肉相连，命运相关的本家族。

正是基于对秦朝短命的认识，秦之后的国家法律除了维护皇权以外，对于皇室家族也赋予特权地位。西晋确立了“八议”制度，八种权贵人物犯罪以后，一般官员不得直接审理，而必上报皇帝议决，减轻处罚或加以赦免。位居首位的便是“亲”，即皇帝宗室亲戚。隋唐法律继续实行“八议”原则，凡属“八议”范围内的人员犯罪，皆减一等处罚。不仅其本人有优待，而且可以延及亲属。

除皇帝家族以外，官员也可以享有一定特权。理由是官员被视为民之父母。“民敬官长，比之父母”（《宋书·刘秀之传》）。马克思针对中国的官员说，“正如皇帝通常被尊为全中国的君父一样，皇帝的官吏也都被认为对他们各自的管区维持着这种父权关系。”①

南朝正式创立官当之法，官员可以以官职抵罪。“五岁四岁刑，若有官，准当二年，余并居作。”（《隋书·刑法志》）隋朝将“官当”之法列为定制。官吏犯罪到徒刑、流刑者，可“以官当徒”或“以官当流”。“犯私罪以官当徒者，五品以上，一官当徒二年；九品以上，一官当徒一年；当流者，三流同比徒三年”（《隋书·刑法志》）。官员家属也可以享受一定的特权。“官吏可以荫及亲属，原是国法对于特

① 《马克思恩格斯选集》第1卷，人民出版社，2012，第779页。

殊阶级的一种推恩。……推恩的本身是家族主义的一种表现，基于骨肉慈孝之心”。[①]

法律的差等性其次表现为家族成员之间的差别对待。家族是社会的基本单元。家族的稳定是国家稳定的根基。家族稳定在于基于血缘关系的家族制度，这就是父子上下尊卑关系。维护这一关系的则是以孝为先的家族精神。孝道体现着服从，只是这种服从基于相互依赖和回报的亲情。由于家国同构，自国家产生以来，统治者便强调孝，秦之后的统治者更是宣称“以孝治天下”。“孝伦理不仅成为国家普遍的社会制度，还逐步实现法律化，形成了一系列法律制度，汉朝‘以孝治天下’有了法制保障。”[②] 国家法律担负着维护家族稳定的使命，并将孝置于重要地位。“中国法的形成过程，是紧紧地沿着宗族制度发展演变的轨迹而运行的。”[③]“法律在维持家族伦常上既和伦理打成一片，以伦理为立法的根据，所以关于亲属间相侵犯的规定是完全以服制上亲疏尊卑之序为依据的。”[④]

早在西周，不孝罪是最为重要的罪名，同时还包括基于血缘宗法关系产生的“不悌”“不友”“不睦”“不敬祖”等罪名。汉代非常注重孝道，对不孝者处以重罪。汉武帝时，衡山王刘赐长子“爽坐告王父，不孝”（《汉书·衡山王传》），被弃市。南北朝时期创立“重罪十条”的第八条是“不孝”。隋唐确定的“十恶”中第四条是“恶逆”，即殴打和谋杀祖父母、父母、伯、叔、姑及夫之祖父母、父母等尊亲属。第七条为“不孝”，即控告或诅咒祖父母、父母；祖父母、父母在，别籍异财或供养有缺；诈称祖父母、父母死；或闻祖父母、父母丧匿不举哀；或于祖父母、父母丧期嫁娶作乐等。“历代法律对于同居卑幼不得家长的许可而私自擅用家财，皆有刑事处分”。“父亲实是

---

① 瞿同祖：《中国法律与中国社会》，中华书局，2003，第236页。

② 景天魁：《传统孝文化的古今贯通》，《学习与探索》2018年第3期。

③ 张中秋：《氏族（部族）·宗族（家族）·国家（社会）——传统中国集团本位法的形成与发展》，《上海社会科学院学术季刊》1991年第4期。

④ 瞿同祖：《中国法律与中国社会》，中华书局，2003，第42页。

子女之所有者，他可以将他们典质或出卖于人。”①

国家法律依据家族成员上下尊卑关系治罪。“法律在亲属间相犯的具体量刑上，以服制的亲属尊卑之序为据，凡卑幼对尊长犯罪，处刑重于常人间的犯罪，尊长越亲，处刑越重，而尊长迫害卑幼，处刑又轻于常人间，尊长愈亲，处刑愈轻。”② 西晋《泰始律》确立“准五服以制罪”的原则，尊长杀伤卑幼，服制愈重则定罪愈轻，反之加重。唐朝在实施刑罚的过程中，按照血缘关系的亲疏远近加重或减轻处罚。清朝法律赋予祖父母、父母惩治卑幼的广泛权力，直至处死。如瞿同祖所说：“国家所收回的只是生杀的权力，但坚持的也只是这一点，对于父母生杀的意志却并未否认，只是要求代为执行而已。”③ 父母也可以将“不孝”的子女呈送官府，官府依照所控办理。“祖父母父母对于子孙身体自由的决定权力。他们不但可以行使亲权，并且可以藉法律的力量，永远剥夺其自由，放逐于边远，子孙被排斥于家族团体之外，同时也就被排斥于广大的社会之外——包括边境以外的全部中国，不能立足于社会。”④

四　国法对家族亲情的维护与利用

法律不是凭空产生的，更不是无所作为的。在中国，国法产生于家族社会的土壤里，并要服务于家族社会的稳定和和谐。单纯从法律看，需要不近情理。因为人人各有各的情理。各讲情理，便难以行法。商鞅变法的成功，便在于拿王子开刀。但是，法律毕竟受制于经济社会基础，并是为经济社会基础服务的。在中国，家族一直是社会的基本单元，家族的稳定和谐是国家稳定和谐的根基。如果不考虑这一基本特性，国家治理便会遭遇困难。法家以国家为本位，不考虑家族这

① 瞿同祖：《中国法律与中国社会》，中华书局，2003，第16、17页。
② 冯尔康等：《中国宗族社会》，浙江人民出版社，1994，第344页。
③ 瞿同祖：《中国法律与中国社会》，中华书局，2003，第11页。
④ 瞿同祖：《中国法律与中国社会》，中华书局，2003，第13~14页。

一社会的基本单元，国家难以长治久安。“法家不别亲疏，不殊贵贱，一断于法，则亲亲尊尊之恩绝矣。可以行一时之计，而不可长用也，故曰‘严而少恩’。”（《史记·太史公自序》）国法在施行过程中，也需要考虑家族的稳定和谐，考虑到促进家族稳定和谐的亲情因素。情既指亲情关系，又指酌情处理。这是因为，对于以血缘关系为基础的家族组织生活中的人们来说，人伦礼俗更是维系基本生活秩序的根本大“法”，内生的人情大于外在的王法。

北魏时期实行“存留养亲”制度。“犯死罪，若父母、祖父母年老，更无成人子孙，又无期亲者，仰案后列奏以待报，著之令格。”（《魏书·刑罚志》）此类人允许上情，获得宽免，以保证“老有所养”。唐朝以后的历代法律都有类似规定，但那些忘亲不孝、不养父母的人无“留养”资格。唐朝的“十恶”罪名的第八条是“不睦”，即谋杀及卖缌麻以上亲属，殴打或控告丈夫及大功以上尊长、小功尊属。

即使是财产利益关系，也考虑到亲情的因素。《宋刑统·户婚律》规定，典卖“先问房亲，房亲不要，次问四邻，四邻不要，他人并得交易”。在户绝的条件下，在室女也可以继承全部家产。

为维护亲情与和谐，亲属间的犯罪因不同的罪行处罚有所不同。瞿同祖指出：“亲属相奸，加凡治罪，亲属相殴，卑幼亦重处分，何以独于亲属相盗则不论尊卑长幼俱减凡人治罪，其实是有其立法原因的，目的都在维护家族的和睦和亲爱，两者的目的殊途而同归，并不冲突。亲属本以亲爱和睦为主，所以禁亲属间的斗殴。从经济的观点来看，凡属同宗亲属，不论亲疏远近，道义上都有患难相助的义务，理当周济。”①

为了维护家族亲情，国家法律甚至在一定程度上给予让渡。汉代实行“亲亲得相首匿”，法律允许亲人之间可以首谋藏匿犯罪而不负刑事责任。这一规定来源于儒家“亲亲相隐”思想。孔子认为：“父为子隐，子为父隐，直在其中矣。”（《论语·子路》）亲人之间相互卫护

① 瞿同祖：《中国法律与中国社会》，中华书局，2003，第58页。

是一种天性。历代法律都承认亲属相容隐的原则。“父子之亲，夫妇之道，天性也。虽有祸患，犹蒙死而存之。诚爱结于心，仁厚之至也，岂能违之哉！自今子首匿父母，妻匿夫，孙匿大父母，皆勿坐。其父母匿子，夫匿妻，大父母匿孙，罪殊死，皆上请廷尉以闻。”（《汉书·宣帝纪》）《唐律疏议·名例》规定：“诸同居，若大功以上亲，及外祖父母、外孙，若孙之妇，夫之兄弟，及兄弟妻，有罪相为隐”。法律对于如何容隐的规定非常精细，目的都是在法律与亲情之间寻求平衡，法需容情。“何以律许容隐，严干名犯义之禁，同时又有为首免罪的规定？据前人的解释是不许容隐则伤骨肉之恩，不许为首则恐无以救其亲，若任子孙告讦则不惟干名犯义，且恐子孙有贼害其亲之意，故并存之，实天理人情之至，面面都顾到。”[①] “如果允许家族亲属之间互相告发，虽然有利了国家惩治犯罪，但同时却动摇和破坏了王朝的社会基础——家族制度”。[②]

血亲复仇是非常古老的习惯，它来自久远的血缘关系为唯一社会关系的原始社会，并长期延续下来。自有了国法之后，私人不得再有擅自杀人的权利。“法律上虽不奖励人民复仇，但仍脱不了礼经上复仇主义的影响，因之立法精神也就处处顾到这一层。”[③] 对于子孙复仇依照服制酌情处理。

帝制国家强调等级制度，并从法律上加以规定。但在日常生活方面，特别是涉及人伦情感方面，法律也往往网开一面。“法律的禁制并不曾发生很大的效力，在人民日常生活方面已经如此，丧葬方面这种情形尤为显著而普遍。孝道本为朝廷所倡导，人子厚葬其亲，原为孝道的表现，丧家往往不惜以身试法，政府方面实有防不胜防，罚不胜罚之苦。同时为了表现孝道，也不便过于认真追究，有时禁令竟成

① 瞿同祖：《中国法律与中国社会》，中华书局，2003，第65页。

② 张中秋：《氏族（部族）·宗族（家族）·国家（社会）——传统中国集团本位法的形成与发展》，《上海社会科学院学术季刊》1991年第4期。

③ 瞿同祖：《中国法律与中国社会》，中华书局，2003，第92页。

具文。”①

法律不是孤立存在的，也不是万能的。它生长于一定的社会土壤上。只有充分依托一定的社会土壤，才能更有效地达到法律的目的。在中国，家族是社会的基本单元，是家族成员相互依赖的命运共同体。中国的国法充分利用这一特点，实行家族连带责任。

早在商代末，就出现了一人有罪，已“罪及全族”。商鞅变法延续了王制时代的家族株连，实行族刑连坐，即一人有罪连其三族，包括父族、母族和妻族。“有不行王法者，罪死不赦，刑及三族。”（《商君书·赏刑》）。

秦始皇统一中国后，实行严刑峻法，在实行家族连带方面达到极端。“以古非今者族”（《史记·秦始皇本纪》）、“敢有挟书者族”（《汉书·惠帝纪》颜师古注引张晏）、“妄言者无类”（《史记·郦生列传》）、“诽谤者族”（《史记·高祖本纪》）。汉代实行族刑连坐。东汉“党锢之祸”对于查办的人员“免官禁锢，爰及五属”（《后汉书·党锢列传序》）。

家族连带更多的是一种恐怖性的威吓，具有很强的实用性。“重刑，连其罪，则民不敢试。民不敢试，故无刑也。”（《商君书·赏刑》）“失法离令，若死，我死。乡治之。”（《商君书·画策》）秦朝严刑峻法包括家族乡里连坐，极具威慑性。汉代数次中止族刑连坐，但又数度恢复。三国魏晋南北朝时期的族刑时行时废。重要原因便是家族连坐，有助于防范和压制人们犯罪。在“一损俱损，一荣俱荣”的家族命运共同体里，人们的行为不仅要考虑对自己的影响，还得顾及与自己最为亲近的人受到牵连。

而在家族连带责任中，家长作为一家之主，又负有主要责任，甚至全部责任。“一家人共同犯罪时，如非巨恶重罪，依唐律止坐家长，无造意随从之区别，此亦认家长为一家的表率，对国家所负守法义务

① 瞿同祖：《中国法律与中国社会》，中华书局，2003，第206~207页。

特为加重。”①

五 国“有法”与民“无讼”

法律用于调整人们的社会关系，其对象是社会大众。只有社会大众接受和运用法律，法律才能充分发挥其效力。

随着地域关系占主导地位，用于调整一定地域上的人的行为的法律规范日益发达。帝制国家的法令成为国家治理的重要手段。但是，在帝制国家，法律始终未能广泛深入到人们的日常生活中去，成为人们日常生活中不可分离的部分。

首先是帝制国家的法律性质决定的。法律与国家相伴。从远古以来，中国的国家便是自上而下构成的，即由一部分人通过武力夺取国家政权，然后通过国家政权组织民众，治理国家。作为国家伴生物的法律充分反映的是统治者的意志，是统治者根据国家治理的需要自上而下制定和发布的。在这一过程中，民众是外在于国家和法律进程的。因此，在中国，法律被表述为“国法”，反映法律的国家主义特征，是国的法。这种法律具有很强的压制性，是国家自上而下控制社会的暴力手段。法律的首要目的是服务和服从于皇权统治。正如费正清所说：“公元前3世纪法家对于法律的早期运用，是作为协助专制政府实行行政统一的工具。”② 秦以后的中国各个朝代基本上承袭了秦朝的政治和法律制度。为服务和服从于皇权统治，实行严刑峻法。不仅法律为国家所制定，且为国家官员所掌握。“若欲有学法令，以吏为师。”（《史记·秦始皇本纪》）法律对于民众来说，是一种外在于自己，且极具威慑力的悬剑，人们唯恐避之不及。“中国的‘法律’是政府权力的表

---

① 陈顾远：《中国法制史概要》，商务印书馆，2011，第228页。

② 〔美〕费正清：《美国与中国》（第四版），张理京译，世界知识出版社，1999，第108页。

现形式，是老百姓应当避免向其申诉的。”[①] “中国几乎没有保护公民的民法，法律依然主要是人民想尽可能避开的行政法规和刑法。”[②] 触犯法律被称为“吃官司”，便说明法律的官府特性。

其次是国家执法困难。国家制定了法律，但只有执行才会发生效力。而实施法律需要一系列机构和人员，从而产生大量的法治成本。法律对于一个国家，既是稀缺品，又是奢侈品。所谓稀缺品，是指只有国家才能制定和实施法律，具有唯一性。所谓奢侈品，是指法律的制定，特别是实施需要一系列专门的机构和人员，经过复杂的程序才能运转。国家官僚机构延伸到哪里，法律的实施与贯彻就到哪里。帝制中国是一个超大规模的国家。要在广土众民的社会贯彻实施法律，需要高昂的成本。在帝制中国，政府与法律从没有分离过，一则在于法律的国家特性，二则便在于执法的成本。因此，地方的行政人员同时也是执法人员，担负着判官的职责。即使如此，国家法治的成本也非常高昂。正是基于此，与“皇权不下乡”相伴随的是“法律不下乡”，即在县以下不设立专门的法律机构。即使是政府法律机构，一般也采用“民不举官不究”的态度。

最后是国家的经济基础。法律属于上层建筑领域，受经济基础所制约。与过往相比，帝制中国空前地建立了庞大的国家机器，保障了法令的实施。但是，国家的经济基础没有大的改变，仍然是农业社会。农业社会的剩余十分有限。用于支付国家法律实施的成本过高，必然造成作为农业社会生产者的农民的负担过重，直至引起民变和反叛。在帝制中国，秦和隋都实行严刑峻法，广罗法网，但都激起民变，成为短命王朝。而代秦之后的汉，反对法律过苛过密；代隋而起的唐朝李世民强调法令简约，为此挖掘社会内在的秩序整合资源，达到国家治理的目的。正是这两个朝代成为帝制中国最辉煌的朝代。这说明，

① 〔美〕费正清：《美国与中国》（第四版），张理京译，世界知识出版社，1999，第114页。

② 〔美〕费正清、赖肖尔：《中国：传统与变革》，陈仲丹、潘兴明、庞朝阳译，江苏人民出版社，1992，第57页。

法律的实施受到一定经济基础的制约。除了法律以外，国家还有更为便宜的社会整合手段。

对于一个有广阔地域和不同人群的超大规模国家，国“有法”是必要，没有国法，难以将众多的人群联结起来，强力整合为一个政治共同体。无论什么人都在国法之下，受到国法的规范。但是，从民众的角度看，他们又极力避免触及法律，对法律敬而远之。费孝通将其归纳为“无讼”意识。①

其一，吃官司的代价。对于普通民众来说，被认为触犯法律，进入法制程序，被称为“吃官司”。“吃官司”首先对人的身体是一种折磨。帝制国家缺乏专门的法律技术手段，审判更多的是依靠暴力威吓。为了获得口供，往往刑讯逼供。无论是非对错，首先都要各打三十大板。“人民方面更视公门为畏途，不愿涉讼。到了公堂，不论原被告都得长时间跪在县官面前。问官审案动辄用刑，逼取口供，难免受皮肉之苦，拖欠钱粮的人户经常受比责。”② 其次是对人的精神的折磨。“吃官司”会被人视为一种耻辱，做了不该做的事情，因此而丢面子，在乡亲面前抬不起头来。

其二，打官司的成本。在中国的政治法律体制下，法律充分体现皇帝意志，官僚则是皇帝的耳目和手足，是执行法律的。中国地方官员的主要职责就是执行国法，并直接判案。其方式是“坐守衙门，不出公堂，不告不理”。所以，在中国，诉诸法律的行为通常被称为“打官司”。而打官司是要支付成本的。首先是经济成本。对于一般人来说，上告距离遥远的官府，并用文字表达自己的意志，都是一笔不小的开支。更不用说打官司会遭遇“自古衙门朝南开，有理无钱莫进来”。“胥吏衙役都以讼案为生财之道，一打官司就索取种种规费（陋规）。”“平民自然力图避免讼事，免得破财受罪。只要不犯法，不受牵连，便与法律不发生关系”。③ 其次是精神成本。打官司势必结下怨仇。

① 费孝通：《乡土中国　生育制度》，北京大学出版社，1998，第 54 页。
② 瞿同祖：《瞿同祖法学论著集》，中国政法大学出版社，1998，第 408 页。
③ 瞿同祖：《瞿同祖法学论著集》，中国政法大学出版社，1998，第 408、409 页。

对于乡村社会来说，这种怨仇是一般人承受不起的。因为乡村社会是血缘和地缘的结合体，其赖以生存的土地不可移动，在共同地域上形成的亲情难以改变和割舍。人们只能世世代代居住在一个地方。如果因为打官司结下怨仇，不仅对当事人不利，对于后代也不利。基于此，人们轻易不愿打官司。

其三，自我调节的功能。在人类历史上长期存在着不需要法律，也不知法律为何物的时期。这就是人类社会有自我调节的功能。最初是基于血缘关系，之后是在血缘关系基础上的地域关系，再是建立在地域关系上的国家。人们基于共同的血缘和地域关系，会形成相应的规范。这种规范基于当事人自愿，在当事人看来合情合理，能够接受并愿意遵守。这就是长期历史延续的习俗。“近代法律之本在权利，中国礼俗之本则情与义也。”① 人们遇事更愿意寻求合情合理的习俗的调解，只有迫不得已，才会寻求高高在上的法律。“中国解决争端首先必须考虑‘情’，其次是‘礼’，再次是‘理’，只有最后才诉诸‘法’。”②

六　基于乡里乡亲的民间法

在孟德斯鸠看来，“作为社会的生活者，人类在治者与被治者的关系上是有法律的，这就是政治法。此外，人类在一切公民间的关系上也有法律，这就是民法。”③

在帝制国家，国“有法”，而民“无讼”，并不意味着社会的混乱无序，更不等于社会的无法无天。其重要原因在于国有国的“法”，民有民的“法”。“乡有俗，国有法”（《管子·宙合》）。

在帝制中国，社会裂变为官与民两大相互依存又相互对立的群体，

① 梁漱溟：《乡村建设理论》，上海人民出版社，2011，第27页。

② 〔法〕勒内·达维德：《当代主要法律体系》，漆竹生译，上海译文出版社，1984，第487页。

③ 〔法〕孟德斯鸠：《论法的精神》（上），张雁深译，商务印书馆，1961，第5页。

并形成各自的规则。国家法的首要目的是服务于国家，服从于皇权统治。民间法则是服务于自己，服从于民间社会的自我运行。费正清认为，在帝制国家，“法律是政体的一部分，它始终是高高地超越农村日常生活水平的、表面上的东西。所以，大部分纠纷是通过法律以外的调停以及根据旧风俗和地方上的意见来解决的”。[①] 在费孝通看来，传统乡土社会“是个‘无法’的社会，假如我们把法律限于以国家权力所维持的规则；但是‘无法’并不影响这社会的秩序，因为乡土社会是‘礼治’的社会。……而礼却不需要这有形的权力机构来维持，维持礼这种规范的是传统。”[②]

传统是深深植根于社会生活之中，并为当事人所服膺的乡土性规则。乡村社会更多的是依据家法、族规、乡约、习俗等乡土性规则所整合。这些乡土性规则来自乡村社会内部的自组织，是一种不需要官方介入的制度。它的制定、执行和实施者都是乡村社会共同体内部成员，因此被称为“民间法”。与“国法”相比，“民间法”的内容相对比较杂乱，也不像“国法”一样有统一清晰的文本。这主要在于，“民间法”更多的来自社会自身，是在社会内部生长出来的，而任何社会都是差异性的。不同的乡土共同体所产生的“民间法”自然也有不同之处。从一定意义上说，“民间法”是一个十分模糊的概念，甚至不能称之为“法”。[③] 只是因为它在实际生活中能够产生国家正式法律一样的制度整合功能，甚至比“国法”更具有权威性，所以才将其称为“法”。田成有对“民间法”做了界定，认为：“民间法是独立于国家法之外的，是人们在长期的共同的生活之中形成的，根据事实和经验，依据某种社会权威和组织确立的，在一定地域内实际调整人与人之间权利和义务关系的、规范具有一定社会强制性的人们共信共行的行为

① 〔美〕费正清：《美国与中国》（第四版），张理京译，世界知识出版社，1999，第113页。

② 费孝通：《乡土中国　生育制度》，北京大学出版社，1998，第49~50页。

③ 参见田成有《乡土社会中的民间法》，法律出版社，2005，第17~22页。

规范。”[①] 在梁治平看来，民间法相当于习惯法，它是民间的自发秩序，是在“国家”以外生长起来的制度。[②]

受“民间法”支配和主导的社会又被称为“民间社会”。在帝制中国，绝大多数社会成员生活于乡村。民间社会实际上是乡村社会。乡村社会的特征是由“乡里乡亲”所构成。

“乡里”是一个地方性概念。由于依托土地的生产方式，人们世世代代生活在一个固定的地方，处于相对封闭状态。人们的日常生活与外部世界缺乏经常性联系。在中国，除了具有普遍性的官话以外，大量存在地方性的“方言”。秦始皇可以实现“书同文”，而无法做到“言同声”，这就是在一个国家内的不同地方有着不同的方言。唐代诗人贺知章的诗句“少小离家老大回，乡音未改鬓毛衰”，“乡音就是方言”。[③] 方言不仅具有地域性，而且就是不同的村庄都有自己人才能听懂的方言，即“十里不同音”。持不同“方言”的人难以沟通。“方言”的存在表明人们的生活世界的封闭性。“乡土社会的生活是富于地方性的。地方性是指他们活动范围有地域上的限制，在区域间接触少，生活隔离，各自保持着孤立的社会圈子。”[④] 正是在封闭性的生活世界里，形成不同的风俗习惯。这些风俗习惯内化为人们的自觉行为，因此，“民间法”又可称为“习惯法”。

“习惯法”虽名“法”，但自有“理”在。这种“理”是人们在共同生活中形成并加以认可的。如“礼尚往来”便是生活之“理”。“来而不往”便是失礼，也无道理。美国学者杜赞奇认为：“农业经济必然需要一定的组织或权威，这便是习惯法产生的基础。习惯法即村民们在劳动和生活中达成的一种默契或共识，是一种公认的行为规范或惯例。”[⑤] 农村社会自我组织化程度愈强，“民间法”的作用就愈强。秦

① 田成有：《乡土社会中的民间法》，法律出版社，2005，第 19 页。

② 梁治平：《清代习惯法：社会与国家》，中国政法大学出版社，1996，第 27 页。

③ 周振鹤、游汝杰：《方言与中国文化》（第 2 版），上海人民出版社，2006，第 3 页。

④ 费孝通：《乡土中国 生育制度》，北京大学出版社，1998，第 9 页。

⑤ 〔美〕杜赞奇：《文化、权力与国家：1900～1942 年的华北农村》，王福明译，江苏人民出版社，2010，第 148 页。

王朝统一中国，主要是借用严刑峻法建构大一统的国家共同体，以小农经济为基础的农村社会发育不成熟。随着汉唐，特别是宋以后，小农经济及其乡里组织发育日渐成熟，乡里社会内生的家法、族规、乡约、习俗、禁忌等规范日益完善，“民间法”的影响也愈来愈大。① 如宋朝陕西蓝田吕大钧制定《吕氏乡约》。乡约的四大宗旨是使邻里乡人能“德业相劝，过失相规，礼俗相交，患难相恤”。王阳明在明正德十五年（1520 年）颁布的《南赣乡约》产生了很大的影响。这也是帝制中国的国家治理体系从秦汉时期的官制性的“乡里制”到宋明清时期的具有更多自治性的“保甲制”转变的重要原因。如梁治平所说：“像在历史上一样，清代‘国家’的直接统治只及于州县，再往下，有各种血缘的、地缘的和其他性质的团体，如家族、村社、行帮、宗教社团等等，普通民众生活于其中。值得注意的是，这些对于一般民众日常生活有着绝大影响的民间社群，无不保留自己的组织、机构和规章制度，而且，它们那些制度化的规则，虽然是由风俗长期演化而来，却可以在不同程度上被我们视为法律。这些法律不同于朝廷的律例，它们甚至不是通过国家正式或非正式的授权产生的，在这种意义上我们可以统称之为民间法。”② 因此，在帝制中国，“国法”主要是维系国家大共同体的整体性、一致性，乡里社会的各个小共同体主要是依靠“民间法”来整合。③

“乡亲”是一个血缘性概念。帝制中国的乡里社会首先是由一个个血缘性家庭构成的，并因为血缘关系而扩展。乡里社会首先是“亲人”社会。同一血缘关系的人共同居住在同一地域，并因为相互依赖的共同生活形成亲情。“亲密的血缘关系限制着若干社会活动，最主要的是冲突和竞争；亲属是自己人，从一个根本上长出来的枝条，原则上是应当痛痒相关，有无相通的。……亲密社群的团结性就依赖于各分子

① 参见费成康主编《中国的家法族规》，上海社会科学院出版社，1998，第 14~19 页。
② 梁治平：《中国法律史上的民间法——兼论中国古代法律的多元格局》，载马戎、周星主编《田野工作与文化自觉》（上），群言出版社，1998，第 671~680 页
③ 参见徐勇《国家化、农民性与乡村整合》，江苏人民出版社，2019，第 194~195 页。

间都相互的拖欠着未了的人情。”① “敦睦和协是维持这个血族团体团结的必要条件，是伦理上的积极要求，所谓以亲九族是。”② 乡里社会同时又是“熟人”社会。熟人指彼此相互熟悉，并形成相互信任。而为了加强彼此间的联系，人们又会模拟血缘关系将“熟人”社会扩展为“亲人”，乡里与乡亲叠加，乡情与亲情叠加。“家庭与宗族在中国人身上占极重要位置，乃至亲戚、乡党亦为所重。习俗又以家庭骨肉之谊准推于其他，如师徒、东伙、邻右，社会上一切朋友、同侪，或比于父子之关系，或比于兄弟之关系，情义益以重。”③ 这种建立在相互依赖、相互信任的乡亲社会，促使人们自觉地服从约定俗成的地方性规则，否则会伤和气、伤感情。一旦伤感情和伤和气，难以修复，且会影响今后的生活。因为，人们同在一个屋檐下，同在一块土地上，早不见晚见。如果发生冲突，或者遇事对簿公堂，势必撕破脸皮，伤害乡情和亲情，并会受到共同体的孤立。这种孤立的痛苦相当于无形的监狱。杨开道因此说，“农村社会本来是一种亲密社会，一种习俗社会，一切成训习俗，都是世代相续，口头相传，从没有见之于文字，见之于契约。尤其是中国的农村，只讲礼而不解法，只讲情而不讲理”。④ “中国传统社会调处之所以大行其道，其关键首先在于‘亲’，即基于血缘关系和虚拟血缘关系，在家族、宗族和乡族范围之内，由具有血缘关系的权威者进行调解和裁断，其中当事人的和解既有信服的成分，也有压力的成分。”⑤

从一定意义上说，民间法是一种日常生活法，它基于乡里乡亲社会，以亲情为基点和归宿，着重的是化解和调解，目的是和气与和谐。从本质上看，它与国家法是一致的。这就是都遵守于传统。共同传统便是家国同构和一体。在帝制中国，国家统治是占统治地位的“家族”

① 费孝通：《乡土中国 生育制度》，北京大学出版社，1998，第 72~73 页。
② 瞿同祖：《中国法律与中国社会》，中华书局，2003，第 41 页。
③ 梁漱溟：《乡村建设理论》，上海人民出版社，2011，第 27 页。
④ 杨开道：《中国乡约制度》，商务印书馆，2015，第 72 页。
⑤ 徐祖澜：《绅权与国家权力关系研究——从明清到民初》，社会科学文献出版社，2017，第 71 页。

的统治，社会由一个个家族构成。国有作为大家长的皇帝和“国法”，家有小家长和“家规”。只是国由一个个小家所构成，因此需要有统一的“国法”进行强制性整合。“国法”不过是“家规”的提升。“家族实被认为政治、法律之基本单位，以家长或族长为每一单位之主权，而对国家负责。……有许多纠纷根本是可以调解的，或是家法便可以处治的，原用不着涉讼，更有些家庭过犯根本是法律所不过问的，只能由家族自行处理。”“俗话说清官难断家务事是有其社会根据的。”① 作为“民间法”的家法、族规、乡约、习俗等，其根源是来自久远的家族社会传统，它与“国法”的不同之处在于限于家族和乡土共同体内部，主要依靠共同体成员长期形成的自觉习惯和内部压力而遵守。“在国家的立法中，不仅确认了有关封建宗法制度的大量内容，而且承认宗法家规具有一定的法律效力，是国法的重要补充形式。”② 这在于“民间法”的重要社会基础是乡里乡亲，注重乡情亲情对社会成员的联结和团结，形成相互认同的有机共同体。而这种有机联系的共同体是帝制国家统治的牢固社会基础。从社会稳定与和谐的角度看，国法对于“民间法”给予事实上的承认。《吕氏乡约》《南赣乡约》都得到国家统治者的推广。明太祖朱元璋“令天下民每乡里各置木铎一，内选年老或瞽者，每月六次持铎徇于道路，曰：孝顺父母，尊敬长上，和睦乡里，教训子孙，各安生理，毋作非为”（《明太祖实录》卷255）。“这个所谓的洪武六谕，是明代教化的主要内容，被乡约、族约、家规等广泛引用。”“日常生活中，乡人互相关心，互相照应。乡人定期聚会时，有礼让的仪式，有融洽的气氛，有喝酒吃饭的安排。这些设计，是要培养人们彼此亲近、友爱、和乐的关系，所谓里仁之美。”③ 当然，由于“民间法”更多地反映了地方和亲情的差异性，一旦超越国法设定的界限，也会受到国法的干预。而干预的成效则取决于对情、理、法关系的把握和调适。

---

① 瞿同祖：《中国法律与中国社会》，中华书局，2003，第27页。
② 张晋藩主编，李铁等撰《中国法制史》，群众出版社，1991，第7页。
③ 牛铭实：《中国历代乡约》，中国社会出版社，2005，第5、15页。

第十章
地域—血缘关系中的忠君与敬祖

帝制中国是一个具有超大规模，且以地域关系为主导的国家。要将共同地域上的不同人群联结为一个政治共同体，需要进行政治整合。忠诚君主与报效祖国成为政治整合的重要方式。血缘关系的延续与家族单位的基础，将对君主的忠植根于对父亲的孝。只是在地域关系主导下，尽忠在先。忠君报国有一系列机制加以保障。帝制国家不仅是政治共同体，也是民族共同体。通过家与国一体的祖先敬奉，将人们凝聚起来，形成对家和国的认同和归属，并构成凝聚人心的核心价值。

一　整合：忠君与报国

在梅因看来，“在以前，‘人’的一切关系都是被概括在‘家族’关系中的，把这种社会状态作为历史上的一个起点，从这一个起点开始，我们似乎是在不断地向着一种新的社会秩序状态移动”。“所有进步社会的运动，到此处为止，是一个‘从身分到契约’的运动。”[①] 但是，这一运动过程充满着复杂性，决定着个人的地位、意志和行为，

① 〔英〕梅因：《古代法》，沈景一译，商务印书馆，1959，第96、97页。

并制约着国家进程。

家族关系是基于血缘关系而产生的。“血缘所决定的社会地位不容个人选择。世界上最用不上意志，同时在生活上又是影响最大的决定，就是谁是你的父母。谁当你的父母，在你说，完全是机会，且是你存在之前的既存事实。社会用这个无法竞争，又不易藏没、歪曲的事实来作分配各人的职业、身份、财产的标准，似乎是最没有理由的了；如果有理由的话，那是因为这是安稳既存秩序的最基本的办法。”① 人类社会起初，甚至唯一的社会关系便是血缘关系，只能根据既定和先在的血缘关系获得社会地位，这也是安稳既存秩序的最基本的方法。

这是因为，“血缘是稳定的力量。在稳定的社会中，地缘不过是血缘的投影，不分离的。‘生于斯、死于斯’把人和地的因缘固定了。生，也就是血，决定了他的地。世代间人口的繁殖，像一个根上长出的树苗，在地域上靠近在一伙。”② 在中国的文明和国家进程中，以族成国。血缘关系长期处于支配性地位。人们根据血缘关系或者模拟血缘关系分配社会地位，形成稳定的秩序。一切地位、意志、行为和关系都是自然而然发生的，先天决定，无可选择的。天子、诸侯、卿大夫和士，大宗、小宗，一切的一切都是命定的。天子、宗主只有一人。小宗服从大宗、诸侯听命天子，是不言自明，也是不可选择的。由此形成血缘性的自然秩序。这种秩序不需要过多的人为干预，至多是通过礼俗加以约束。

春秋战国是社会关系大变化的时期。血缘主导地域关系向地域主导血缘关系转变。建立在血缘关系主导基础上的秩序动荡，礼崩乐坏，原有“天下一家”的亲人社会发生了分化、流动、竞争和冲突，命运不再由出身决定，人们有了选择的意志和可能。过往的君臣关系以亲人关系为基础，而亲人关系是不可改变的。在亲人关系的基础上，人们的观念只有孝亲，忠诚与孝亲寓为一体。如今，君臣关系不再是亲

① 费孝通：《乡土中国 生育制度》，北京大学出版社，1998，第69~70页。

② 费孝通：《乡土中国 生育制度》，北京大学出版社，1998，第70页。

人关系，而是事情和利益关系。受利益的驱使，人们可以有更多的自主选择。今日是此君的臣，明天有可能成为他君的臣。随着宗法共同体的解体，社会裂变为一个个私有的小农。他们有着独立的个体利益，并因为生产方式和地域的阻隔，有着天然的离散性。面对这样一个分化离散的社会，如何将众多有自我利益的人们整合进一个政治共同体中，便成为时代的重大课题。

早在春秋战国时期，随着旧秩序的瓦解，人们便开始探讨通过政治整合重建政治秩序的问题。儒家提出了两个重要命题。一是“君使臣以礼，臣事君以忠”（《论语·八佾》）。二是“民为贵，社稷次之，君为轻”（《孟子·尽心下》）。这两个命题都表明，君与臣和君与民是两个具有独立利益的实体。君主只能以礼相待，才能获得臣的忠诚；君主只有以民为贵，才能获得政权稳定。这两个命题在过往是不可想象的，如今却是极为重要的。这说明，新的社会不再是简单的人与人的关系，更重要的是事与事、利与利的关系。如果说前者是先在的、命定的，那么，后者则是后天的，可改变的。一切都取决于“礼”与“忠”、“贵”与“轻”这种人为因素，将君与臣、君与民整合为一体。对于占主导地位的君主来说，获得人们对其服从的“忠”是至关重要的，也是其进行政治整合的主要目的。

春秋战国的整合是在激烈的分化、流动、竞争和冲突过程中发生的。各个诸侯国的兼并争霸为人们提供了自由选择的可能。对君主的忠诚服从，并通过忠诚服从，建构一个强有力的政治共同体的问题提了出来。秦始皇得以统一中国，在相当程度上得力于其政治整合能力，这就是以利益和强制将人们整合为一体。

秦始皇统一中国后，政治整合问题仍然存在，且更为突出。这在于帝制国家是一个超大规模的国家，生活在共同地域上的有着众多不同的人群，存在着复杂和对立的利益关系。而资源总是有限的。帝制国家难以如过去主要依靠利益的交换获得臣民的认同和服从。依靠精神的力量进行政治整合更为重要。其重要方式便是将“忠君”与“报国”联为一体。“天之所覆，地之所载，人之所履，莫大乎忠。……忠

也者，一其心之谓也。为国之本，何莫由忠？忠能固君臣，安社稷，感天地，动神明，而况于人乎？夫忠兴于身，著于家，成于国，其行一焉。是故一于其国，忠之始也；一于其家，忠之中也；一于其国，忠之终也；身一，则百禄至；家一，则亲和；国一，则万人理。”（《忠经·天地神明章》）“以天下之大，四海之内，所共尊者一人耳。”（《白虎通义·号》）忠君成为国家治理的根本所在。

在中国的国家成长进程中，君主与国家是同一体，君主是国家的代表和象征。但在相当长的时间里，由于以族成国，人们的亲族意识高于国家意识。只是经过春秋战国的激烈竞争，人们的国家意识才高于亲族意识。爱国主义因此萌生。秦始皇统一中国后，地域关系居于主导地位，基于地域关系的国家意识更为强烈。国家成为疆域内所有人的共同家园和依托。作为国家的一员，理应以行动报效国家。国家对于国民而言，具有唯一性。而君主是国家的代表。报效国家便需要忠于君主。忠君报国因此成为帝制国家将全体国人整合为一体的重要方式。

二　忠臣出于孝子与尽忠在先

进入帝制国家后，以封建亲戚获得自然忠诚，已很困难，且在大规模的地域关系基础上的国家，已无可能。但是，帝制与王制国家的社会基础具有共同性，这就是以血缘关系为基础的家庭单位。家庭关系中蕴含的孝道，成为帝制国家对君主忠诚的深厚来源。“同封建制是以荣誉为基础一样，世袭制则以孝为基础，孝是元德。前者（荣誉）是藩臣的封臣忠诚可靠性的基础；后者（孝）是统治者的仆从和官吏服从的基础。”[①] 早在春秋战国时期，形成新的君臣关系并建构对君主的忠诚时，荀子便将忠臣与孝子关联起来。“使生死终始若一，一足以为人愿，是先王之道，忠臣孝子之极也。”（《荀子·礼论》）

① 〔德〕马克斯·韦伯：《儒教与道教》，王容芬译，商务印书馆，1995，第 207 页。

忠诚意味着选择，意味着自由意志。这是人类的进步。在人类早期，没有自由意志，也不存在多样选择，忠诚与不忠诚并不是问题。正如恩格斯所说：“在氏族制度内部，还没有权利和义务的分别；参与公共事务，实行血族复仇或为此接受赎罪，究竟是权利还是义务这种问题，对印第安人来说是不存在的；在印第安人看来，这种问题正如吃饭、睡觉、打猎究竟是权利还是义务的问题一样荒谬。”[①] 到了春秋战国时期，多国并存和竞争，有了多种选择，忠诚因此成了问题。这在于，忠诚与背叛相对而言。有了自由意志，有了多种选择，便存在选择谁服从谁，或者背离谁背叛谁的问题。忠诚则是对一个对象始终不一的敬重、顺从和服从，即忠贞不贰。“忠，敬也，尽心曰忠。”（《说文解字》）

荀子以“生死终始若一”定义忠臣孝子。从子女的角度看，生育自己的父母具有唯一性和不可替代性。人有多个，父母只是唯一。与其他人的关系可以有多种选择，唯有父母是不可选择的。这是与生俱来、不可改变的关系。父母不仅给予了子女以生命，而且给予了抚养，有养育之恩。子女孝敬父母为天理所在，情感所系。子女敬重父母要始终如一，不可变化，甚至为了父母可以牺牲自己。这是对父母生养的报答。出于血缘关系的世代更替，父母从小就会培养子女对父母的敬重之心，并形成习惯。“中国人的伦理道德的基本核心是孝道，它是一种既定的孩童（子女）对于父母应持有的种种职责、义务和态度的复合体。子女之所以要向双亲尽孝道，是因为子女们受惠蒙恩于培育抚养自己的长辈。”[②] 财产“诸子均分”在相当程度上出自父母对后代的骨肉之情，即“手心手背都是肉”，同时也进一步强化了子女感恩父母的意识。

孝体现着父子纵向的上下关系，核心理念是不可改变和不可选择的“一”。由孝到贞。由父子纵向的“一”扩展到夫妇横向的“一”，

① 《马克思恩格斯选集》第4卷，人民出版社，2012，第175页。

② 〔美〕许烺光：《宗族·种姓·俱乐部》，薛刚译，华夏出版社，1990，第2页。

即妻子对丈夫的“从一而终”。妻子与丈夫原本不是血缘关系，但当他们结合为一个家庭后，孝所体现的“一”的原则会延伸到夫妻关系。夫妻有相互忠诚的义务，尽管这种义务是不对等的。在中国，自进入文明时代，一夫一妻原则便延续下来。丈夫可以有多个妻子，但明媒正娶的妻子只有一个，其他只能是妾。对于女性而言，则“一女不事二夫”“忠贞不渝”。

长期血缘家庭关系中蕴藏的“一”成为不言自明的自然法则。“一”不是本原的，而是对“多”的整合而成的，并是“多”的共同存在的基础。没有父子夫妇的始终如一，家庭共同体就会解体。孝和贞便是整合方式。国家是家的组合。血缘家庭遵循的“一”的原则自然延伸到国家领域。在家是孝子，在国则是忠臣。共同特点都是对尊上一人的尊重和服从。正如费正清所说：“在家庭生活中灌输的孝道和顺从，是培养一个人以后忠于统治者并顺从国家现政权的训练基地。”“家庭培养孝子，使其长大成为忠臣。”[①] 对于子女来说，父亲只有一人；对于臣子而言，君主也只有一个。“天无二日，人无二主”。君主与父亲一样具有唯一性、不可替代性和不可选择性。“忠臣不事二君”。臣子只能事从一个君主。“臣事君以忠。”（《论语·八佾》）

孝是基于血缘关系与生俱来的自然法则。忠则是孝这一自然法则向国家领域延伸的社会法则。“孝是引出其他各种德性的元德，有了孝，就是经受了考验，就能保证履行官僚制最重要的等级义务：履行无条件的纪律。”[②] 忠臣出于孝子。其基础便是国与家的同构。“从表面上看，只有君臣的关系是有关政治的，而父子、夫妇关系则是有关家族的。但中国纲常教义的真正精神，却正好在于它们之间的政治联系。”[③] “夫国以简贤为务，贤以孝行为首。孔子曰：‘事亲孝，故忠可移于君。’是以求忠臣必于孝子之门。”（《后汉书·韦彪传》）

① 〔美〕费正清：《美国与中国》（第四版），张理京译，世界知识出版社，1999，第22页。

② 〔德〕马克斯·韦伯：《儒教与道教》，王容芬译，商务印书馆，2012，第175页。

③ 王亚南：《中国官僚政治研究》，商务印书馆，2010，第69页。

当然，国与家毕竟不同。帝制国家建立在以地域关系为主导的社会基础之上。在皇帝一家之下有着亿万具有独立利益的小家。这是与封建亲戚为基础的王制国家所不同的，也由此产生国家这一“大家”与个人自己“小家”之间的关系。对家长的孝与对国君的忠并不是完全同一的。如一个人在家尽孝道，侍奉父母，便难以外出为官，对国君尽忠。忠君为国，孝亲为家。当尽孝与尽忠发生矛盾时，当以尽忠在先。这在于没有国这一“大家”，个人“小家”便难以存在。春秋战国时期的兼并争霸战争，既灭国，也毁了无数个国中的小家。家依存于国，孝服从于忠。这一观念因此长时间延续下来。特别是在帝制条件下，“一个在国的官员之所以要以君主为优先，因为他已经‘起家’而‘委身’于国。”[①]“事君者不得顾家”（《后汉书·邳彤传》）、“今为王臣，义不得顾私恩。”（《后汉书·赵苞传》）臣子忠君的要求，既包括了其内心对君主的至诚至敬，更包括其在具体行政活动中的尽心尽职，为人臣者要将对君主的忠诚落实于“理政安民”的政治实践中。在家与国之间，要以国为重。“夫忠者，岂惟奉君忘身，徇国忘家”（《忠经·家臣章》）。

三　忠君报国的政治塑造

在帝制时代，对国君的忠诚从久远的、基于血缘关系而产生的家庭孝道汲取来源。但是，帝制时代毕竟有了些许自由意志，有了国与家、忠与孝的分别。除了从过往的血缘家族孝道汲取来源以外，统治者还有意识地通过一系列机制自觉地塑造忠君报国者。

其一是对国君的神化。

孝来自与生俱来的血缘关系和情感。忠诚意味着后天的选择。人们为什么选择这而不是那，受个人意志的支配。个人意志通常受某一

① 甘怀真：《皇权、礼仪与经典诠释：中国古代政治史研究》，华东师范大学出版社，2008，第211页。

事物具有的特殊魅力所支配。韦伯将这种能够获得众多追随者的领导者称为特殊魅力领袖。这种特殊的魅力最初产生于原始时代。“随着对生理上的血缘纽带的评价日益增高，随后就开始了神化的进程，起初是对祖先神化，倘若事态发展畅行无阻地继续下去，最后就神化有关的统治者本人。”①

中国的国家政权的更迭有一个共同的模式，便是在超凡能力的人物的领导下通过广泛的社会动员集聚足以推翻旧政权的力量。这个超凡能力的人物除了自身特有的能力外，就是在社会动员中获得超凡的特殊魅力。汉高祖刘邦便是典型。“高祖，沛丰邑中阳里人，姓刘氏，字季。父曰太公，母曰刘媪。其先刘媪尝息大泽之陂，梦与神遇。是时雷电晦冥，太公往视，则见蛟龙于其上。已而有身，遂产高祖。”（《史记·高祖本纪》）汉高祖是龙的传人。龙是超越人类的奇灵动物。作为龙的传人的高祖因此具有不同于凡人的特殊魅力。人们受其感召而追随于他，服从于他。“‘龙’，既是一种备受崇敬的神物，又是一种最通俗的神化君主称谓。……古代以‘龙飞’、‘飞龙在天’喻皇帝登基，以‘龙犀’、‘龙颜’、‘龙体’喻帝王之表，以‘龙行虎步’喻帝王之行，其中的龙都是指代君主。……君主的俗称‘真龙天子’则是由龙与天子两种君主称谓复合而成。龙、龙颜、龙驾、真龙天子是最典型的神化称谓，它们的文化意义显而易见：龙为君象而君为龙体。”②

受久远的血缘关系支配，社会普遍存在血统论。作为具有超凡特殊魅力的皇帝的后代，也必然具有祖先那样的魅力。刘姓政权理应由刘姓后人所执掌。这也是刘邦宣告“非刘氏而王者，天下共击之”（《汉书·王陵传》）得以广泛认同的社会心理基础。既然，君主不同于凡人，忠诚君主便势在必然。

---

① 〔德〕马克斯·韦伯：《经济与社会》下卷，林荣远译，商务印书馆，1997，第476页。

② 张分田：《中国帝王观念——社会普遍意识中的“尊君—罪君”文化范式》，中国人民大学出版社，2004，第232~233页。

其二是对国君的崇拜。

忠诚是一种选择，更是基于内心的服从。能够获得人们内心服从的，除了先在的因素之外，更有人为塑造。即通过各种方式，将种种美好的意愿集于一人，赋予其超凡性，从而获得人们的崇拜和追随。所崇拜的对象不是一般的人，而是寄托各种美好愿望的偶像，一种加以美化的符号。“龙称谓借重龙崇拜渲染帝王惟我独尊，凌驾一切，无所不在，无所不能，变化多端，高深莫测的个人权威。以神体、神威、神秘、神圣标识着皇帝的‘贵不可言’和‘泽及天下’。”① 在朝贺和巡幸时，臣民都要对皇帝叩头欢呼“万岁，万岁，万万岁！”“万岁”是皇帝的专用称呼，任何人都不可以使用。“皇帝所受到的真诚尊敬与他的最高权力相一致，而这种尊敬几近于崇拜；皇帝被赋予诸如天子、圣帝等的最崇高称号。帝国内身居高位的主要大臣、皇亲贵族，甚至皇帝自己的亲兄弟，都必须跪着向皇帝进言奏事。这种对皇帝的崇拜被扩展到皇帝使用过的各种物品上；人们拜倒在他的御座、他的腰带、他的皇袍等东西面前。”②

在帝制中国，皇帝除了各种具有唯一性的物质和精神表征以外，还通过各种方式将其塑造成完美无缺的人。皇帝永远正确。皇帝均是“明君圣主”，有问题都是因为有“奸臣”。

封禅。皇帝通过封禅表示自己受命于天，歌颂自己的丰功伟绩，确立自己至高无上的地位。秦始皇统一中国，开创了皇帝大规模封禅活动的历史。他数次登临泰山等地，每到一处，都要刻石，记载他的丰功伟业，表明他的雄心壮志。如琅琊刻石：“六合之内，皇帝之土”，“人迹所至，无不臣者”（《史记·秦始皇本纪》）。

通过各种方式塑造出来的皇帝不再是一般的人，而是一个具有神圣性的符号。“臣民若属人类，皇帝就必属神类。”③ 因此，即使是幼

---

① 张分田：《中国帝王观念——社会普遍意识中的“尊君—罪君”文化范式》，中国人民大学出版社，2004，第 234 页。

② 〔法〕魁奈：《中华帝国的专制制度》，谈敏译，商务印书馆，2018，第 93 页。

③ 雷海宗：《中国文化与中国的兵》，商务印书馆，2014，第 88 页。

儿皇帝，人们也会顶礼膜拜。因为他们所崇拜的，是一种象征美好意愿的符号。由崇拜所产生的忠诚发自于内心，而不是外在的压力。而在一个小农占多数和行政权力支配的国家里，对君主个人的崇拜有很深厚的社会土壤。这类似于马克思所说的“历史传统在法国农民中间造成了一种迷信”。①

其三是对孝忠的强化。

“忠”是一种品质。忠于君主是对君主一心一意的服从和服务的品质。在皇权体制下，“各级官僚是皇帝推行个人意志、统治百姓的工具，必须对皇帝尽忠。”② 但是，忠诚不像血缘关系是与生俱来的，这种品质需要多个方面去激励和培养。

在帝制中国，“皇帝亲自任命下至县官的所有官吏。这就使所有官员都体会到他们要仰赖天子皇恩，负有向他个人效忠的义务。”③ “通过主持作为科举制度最高一级的殿试，皇帝个人成为授予勤奋忠君读书人功名的圣贤之师。一旦入选，士大夫就把他们的皇帝主子看作是道德教诲的源泉以及学问和艺术的恩主。”④ 皇帝还通过直接授官来获得官员的忠诚和报恩。“官宦子弟看到通过皇帝的直接干预，他们便能飞黄腾达，而皇帝也乐意通过施恩其子来换取台阁的尽忠报国。”⑤ 帝制国家的官员，从选拔，到任用，都非常注重个人的道德品质。道德品质中又特别重视孝与忠。汉朝选拔官员为“举孝廉”。通过乡里的“三老”由下向上层层举荐孝廉之人。汉之后的“九品中正制”，将出身门第和德行操守置于首位。即使是科举考试，所考试的科目也充满着儒家孝道精神。

---

① 《马克思恩格斯选集》第1卷，人民出版社，2012，第763页。

② 白钢主编《中国政治制度史》上卷，天津人民出版社，2016年，第39页。

③ 〔美〕费正清：《美国和中国》（第四版），张理京译，世界知识出版社，1999，第104页。

④ 〔美〕费正清、赖肖尔：《中国：传统与变革》，陈仲丹、潘兴明、庞朝阳译，江苏人民出版社，1992，第231页。

⑤ 〔美〕柏文莉：《权力关系：宋代中国的家族、地位与国家》，刘云军译，江苏人民出版社，2015，第71页。

忠诚感的培养伴随终生。“入仕之后，儒家道德伦理是为官者的必修课程。历代都有大量的‘官箴’、官言，告诫为政者要修养身心，要‘忠君’、‘友僚’，‘爱民’、‘恤民’，要‘洁己’、‘尽己’、‘正己’，保持为官的道德良心。”①

官员离家任公职之后，为了强化其孝道，实行“丁忧”。父母去世，儿子需辞官回家守孝三年。这在于非孝子，不忠臣。

对于那些忠君报国，作出贡献的人给予奖励。如“八议”中的“贤”“能”“功”“勤”，不仅本人受到优待，而且惠及亲人。对于那些有重大贡献的人死后，皇帝还专门赐予“谥号”，给予表彰。文官的谥号以“文”字开头，如司马光谥号“文正”；武官的谥号以“武”字开头，如岳飞谥号“武穆”；还有文武兼备的，以“忠”字开头，如诸葛亮谥号为“忠武”。一些有重大贡献的人还可以配享太庙，“使其成为人臣竞相追逐的身后荣光。”②

无论什么人，只要一心一意听命、服从和服务皇帝，也能够获得皇帝的奖赏。出生卑贱的宦官之所以能够得到皇帝的信任，在于其别无选择且无自由意志的忠诚。“专制官僚社会统治者对其臣下，或其臣下对于僚属所要求的只是‘忠实’，不是‘清廉’，至少两者相权，宁愿以不清廉保证‘忠实’。”③

春秋战国时期提出的“臣事君以忠”，前提是“君使臣以礼”，“忠”与“礼”是对等关系。这在于当时的君臣可以互相选择。因此荀子主张“以道事君”。“从道不从君，从义不从父，人之大行也。”（《荀子·子道》）“认为臣子之‘忠’并非一味听从君命，而要从是否有利于君、有利于国的大局着眼，帮助君主正确决策，纠正君主之

① 孙季萍、冯勇：《中国传统官僚政治中的权力制约机制》，北京大学出版社，2010，第98页。

② 参见王美珏《清代配享太庙旨在维护皇权政治》，《中国社会科学报》2019年2月25日。

③ 王亚南：《中国官僚政治研究》，商务印书馆，2010，第78页。

失，这样的臣下即使违君之命，亦是忠义难得”。[1] “逆命而利君谓之忠”（《荀子·臣道》）。进入帝制时代以后，皇帝只是唯一，无可选择。在这样的条件下，忠诚很容易成为无条件的绝对服从。君主官僚制度“为中国提供了赢得欧洲人敬佩的有效稳定的行政管理。另一方面，也正是这一制度，扼制了创造力，培育了顺从性”[2]。由此也会出现为了升官而无原则讨皇帝欢心的人。这些人更多被称为“奸臣”而不是“忠臣”。这就是所谓的“小忠，大忠之贼也”（《吕氏春秋·权勋》）。“‘忠心敬上’是中国古代官吏为政的首条诫律，一个官员忠心与否，是衡量判断其为政优劣的首要标准，而在主体内心的‘忠’与‘不忠’无法量化的情况下，这一标准极易被评判者任意左右，甚至成为权臣弄权、互相倾轧的最好口籍（借口）。”[3]

其四是对不孝不忠的惩治。

孝与忠都是相对的。有孝，就有不孝；有忠，就有不忠。帝制国家运用国家的强制力对不孝不忠的行为进行惩治。不孝不忠均为大逆，属于不可赦免的恶行。《唐律疏议·名例》规定：“王者居宸极之至尊，奉上天之宝命，同二仪之覆载，作兆庶之父母。为子为臣，惟忠惟孝。乃敢包藏凶慝，将起逆心，规反天常，悖逆人理，故曰‘谋反’。”

其五是主导社会舆论。

由于血缘关系的长期延续和家庭是社会的基本单元，孝与忠有很深厚的社会土壤，并形成社会评价的标准。从血缘道德的角度看，如果一个人对至亲的人都不孝，都敢背叛，那么对什么人都会背叛，也不可能成为忠臣。帝制国家利用这一心理，营造孝忠的社会氛围。皇帝表彰孝子，并由孝到贞，表彰从一而终的节妇。这种表彰进一步强化了孝贞的社会舆论，直至推向极端。如民间流传的“二十四孝”，地

① 孙季萍、冯勇：《中国传统官僚政治中的权力制约机制》，北京大学出版社，2010，第44页。

② 〔美〕斯塔夫里阿诺斯：《全球通史：1500年以前的世界》，吴象婴、梁赤民译，上海社会科学院出版社，1988，第433页。

③ 孙季萍、冯勇：《中国传统官僚政治中的权力制约机制》，北京大学出版社，2010，第52页。

方和社会树立“贞节牌坊”，女性不可改嫁。

四　敬祖如敬神：家国信仰

人是社会的产物。人类愈是进化，人的独立性愈强。如何将不同的自然人整合为一体，便成为问题。这一问题最初是在一种自然而然状态下产生并加以解决的。这就是通过追寻共同的根源，而获得对人类自我的认同。

人类最初，甚至唯一的社会关系是血缘关系。马克思指出：“氏族是一个血亲团体，出自一个共同的祖先，具有同一个氏族姓氏，由血亲关系结合在一起。”① 共同的祖先是将同一血缘关系的人联结起来的共同纽带和信念。为了使这种纽带更加紧密，信念更加坚定，人们有神化自己祖先的倾向。正如摩尔根所说：“氏族观念包含着一个信念，即相信有一位共同始祖，这位始祖或是神，或是英雄——我们的确可以把这样的一部世系谱称为杜撰的，但是，氏族成员却把它视为神圣的而深信不疑；并且以此作为他们之间相互结合的一条重要的纽带。”②当人类超越单一血缘关系的氏族社会时，人们还试图通过追寻共同的祖先来获得永久团结。梅因指出：“从证据得出的结论，所有早期社会并不都是由同一祖先的后裔组成，但所有永久和团结巩固的早期社会或者来自同一祖先，或者则自己假定为来自同一祖先。有无数的原因可能会把原始集团加以粉碎，但无论如何，当它们的成分重新结合时，都是以一种亲族联合的型式或原则为根据的。不论在事实上是怎样，所有的思想、言语和法律都被调整，以适合于这个假定。”③

在中国，早期国家是以族成国，由一个核心氏族形成和执掌公共权力，并联合不同氏族形成国家共同体。为了获得永久和团结，统治

① 《马克思恩格斯全集》第 45 卷，人民出版社，1985，第 406 页。

② 〔美〕路易斯·亨利·摩尔根：《古代社会》上册，杨东莼、马雍、马巨译，商务印书馆，1977，第 232 页。

③ 〔英〕梅因：《古代法》，沈景一译，商务印书馆，1959，第 75 页。

者通过共同的祖先将本氏族和其他氏族联结起来，整合为一体。这一文明和国家进程到西周时达到顶峰。天下所有人都是亲人或者模拟为亲人，按亲人分配权力和财富，“所有的思想、言语和法律都被调整，以适合于这个假定。”①

但是，历史事实还是否定了这个假定。春秋战国的兼并争霸实际上是“亲人”之间的战争，天下并非一家亲。春秋战国之后的中国发生了深刻的变化。这就是由“天下一家”的社会裂变为“天下亿万家”。要在一个有着独立利益的亿万小家基础上，建立一个大一统的国家共同体，显然是前所未有的挑战。这个共同体除了皇帝集权、郡县官僚、以城统乡、户籍税赋、以法治国等制度支撑以外，还需要共同的精神支撑。这一支撑便是对祖宗的敬奉。

法国经济学家魁奈对传统中国一往情深。他深为感叹：“时间的消逝隐没了万象，却从未中断中国人的源流。”② 这个源流便是来自久远并长期延续的血缘关系及其观念。即使是有了以地域关系为主的国家，这一关系及其观念仍然延续下来。这在于帝制国家的基本单元是血缘家庭。国家正是由无数个小家集合而成的。国家共同体与家庭共同体在组织特性上具有同一性。祖先既是维系家庭共同体的纽带和共同信仰，也是维系国家共同体的纽带和共同信仰。

为了强化共同的纽带和信仰，人们将祖先神化，赋予其神圣性。敬祖如敬神。在帝制中国，家家都在家中最重要的位置摆放着写有“天地君亲师”的牌位，将君亲与天地相并。“天地者，生之本也；先祖者，类之本也；君师者，治之本也。无天地恶生？无先祖恶出？无君师恶治？三者偏亡，则无安人。故礼，上事天，下事地，尊先祖而隆君师，是礼之三本也。”（《史记・礼书》）敬奉祖宗成为人们的信仰。这种信仰来自对人的生命的终极追寻。“中国人把自己的祖先视为与他有特别关系、永远有别他人的存在，祖灵也许是一个可在天国做

① 〔英〕梅因：《古代法》，沈景一译，商务印书馆，1959，第75页。

② 〔法〕魁奈：《中华帝国的专制制度》，谈敏译，商务印书馆，2018，第32页。

大官的伟大人物，但是他们依然是中国人个人的祖先。”[①] 作为祖先的后人们，从祖先那里获得生命，获得生活条件，获得死亡后的灵魂归依。对共同祖先的共同敬仰，将各个人紧紧地联结在一起。“氏族的凝聚，无疑地，全然仰赖于祖先崇拜。”[②] 每个家庭因敬祖获得永久和团结，国家也就有了永久和团结的深厚基础。“天地君亲师”将君置于亲之前，说明敬祖超越了个别家庭，具有了国家意识。“‘每天清晨一炷香，谢天谢地谢君王。太平气象家家乐，都是皇恩不可量。’至迟到明清时代，把‘天地君亲师’的神牌供奉在家中，早晚焚香叩谢，已成为民俗。有些地区，‘君’字写作‘国’字。”[③] 君主是国家的象征。国家高于小家。家国相连相通。由此也反映了在帝制时代，人们的精神信仰已超越单一的血缘关系，而具有了地域关系基础上的国家特性。

五　敬祖的层次与仪式活动

愈是在早期，由于血缘关系是主要，甚至是唯一的社会关系，基于血缘关系的祖宗认同成为将人们整合为一体的主要方式。在早期中国，“国之大事，在祀与戎”（《左传·成公十三年》）。祭祀作为最重视的“礼”，与宗法封建制度密切相关，有严格的等级界限。并非所有的人都有独立祭祀的资格，不同等级层次有严格的祭祀规格，不可逾越。祭祀敬祖也成为一种资格和特权。“不是所有的儿子都可以祭其祖先的。其间有大小宗的区别。……始祖只有宗子一系能祭，其余无论是小宗或庶子，都不能祭始祖。”[④] “越是地位高、有权势者其祭祀越有名目，祭祖成为身份的标志，因而也成为政权存在的象征，所谓

---

① 〔美〕许烺光：《宗族·种姓·俱乐部》，薛刚译，华夏出版社，1990，第 50 页。

② 〔德〕马克斯·韦伯：《韦伯作品集Ⅴ：中国的宗教　宗教与世界》，康乐、简惠美译，广西师范大学出版社，2004，第 140 页。

③ 张分田：《中国帝王观念——社会普遍意识中的“尊君—罪君”文化范式》，中国人民大学出版社，2004，第 273 页。

④ 瞿同祖：《中国封建社会》，上海人民出版社，2005，第 99 页。

‘绝祀’、‘夷宗庙’，也是国家灭亡的代名词。”①

秦始皇统一中国后，社会裂变为一个个独立的小家庭。“家”成为社会的基本单元。家庭不仅是生命生产、物质生产的基本单位，也是精神生产的基本单位。各个独立的家庭都有了祭祀敬祖的资格。“齐家成为最主要的基础，而齐家的一项重要标准是孝亲敬祖”。② 以家庭为单位祭祀敬祖的“家祭”成为最基本的方式。“祭祖，是中国古代社会生活中的大事。无论贫富之家，大族小户，均有祭祖的活动。对祖宗负责，对得起祖宗是对每一个古代中国人的要求”。③ 每个家庭的重要位置都摆放着先人的牌位。象征去世的先人仍然活在后人的心中，与后人生活在一起。家里有祖宗先人在，就有了主心骨，有了灵魂。否则，房屋和人都只是没有灵魂的躯壳。因为房屋中的人的生命源于祖宗先人。祖宗先人的在天之灵护佑着后人的成长和生活。没有祖宗先人，就是无根之木，无源之水。“中国人民的最基本的信仰一直是相信祖宗神灵的力量”。④ 正因为如此，每年过年全家团圆的最重要时刻，首先是祭祀敬祖。除此之外，每年还有专门祭祀敬祖的时节，如清明节等。

就家庭的精神活动而言，祭祀敬祖无疑是最重要的信仰活动。其功能主要是凝聚人心，形成共同的认同感和归属感。家庭是由不同的家庭成员所构成。尽管家庭制度和家庭精神形成上下尊卑关系和孝道意识，但是家庭成员毕竟是单独的个体，是具有个体意识的个人，甚至有微弱的个体利益，并有可能发生冲突。祭祀敬祖是将有所分化的家庭成员整合为一体的重要方式。追溯共同的根源，水从上流下，后人生命源自先人，发家致富、光宗耀祖、香火连绵，以报答祖先之恩，成为共同的理想和信念。为此需要全家共同努力，各居其位，安分守己。无论遇到什么，人都不可忘本，不能数典忘祖。为此使“个人承

---

① 刘晔原、郑惠坚：《中国古代的祭祀》，商务印书馆国际有限公司，1996，第 120 页。
② 刘晔原、郑惠坚：《中国古代的祭祀》，商务印书馆国际有限公司，1996，第 140 页。
③ 刘晔原、郑惠坚：《中国古代的祭祀》，商务印书馆国际有限公司，1996，第 114 页。
④ 〔德〕马克斯·韦伯：《儒教与道教》，王容芬译，商务印书馆，1995，第 141 页。

认社会风俗的力量并使自己屈从于这些习俗。他敬老，尊崇前辈，俯首听命于家庭”①。

祭祀敬祖是家庭成员共同参与的活动，有一系列仪式。通过这种仪式活动，加强家庭成员之间的沟通和交流，将个体小我升华到家庭大我。平时的纠纷恩怨得以在共同参与的仪式活动中得以缓解，乃至消解，从而加强家庭团结。在有所流动和开放的帝制时代，每个人并非一直在家。离家不可离心。敬祖是将“少小离家老大回”的人联结在一起的精神纽带。如宋朝官员陆游在《示儿》中所说：“死去元知万事空，但悲不见九州同。王师北定中原日，家祭无忘告乃翁。”

除了以家庭为单位的家祭以外，还有以家族和宗族为单位的族祭。在王制时代，社会的基本单位是宗族，家庭依附于宗族共同体之中。秦始皇统一中国后，核心家庭成为社会的基本单位。基于血缘关系的家庭不断繁衍后代，后代成长后分家独立为新的家庭，血缘家庭因为分家而裂变为一个个具有独立利益的小家庭。家庭的分化必然带来家庭关系的淡化、分离、竞争，甚至冲突。特别是在农村社会，血缘关系与地缘关系重叠。核心家庭之间的不和与冲突会造成整个乡村社区的不安。如何将分家裂变的个体家庭凝聚在一起，重要方式便是同宗同族对共同祖先的祭祀敬祖。“宗者，何谓也？宗尊也，为先祖主也，宗人之所尊也。……族者何也？族者，凑也，聚也，谓恩爱相流凑也。生相亲爱，死相哀痛，有会聚之道，故谓之族。”（《白虎通义·宗族》）

家族宗族是家庭的扩大，但不是简单的数量增加。在帝制时代，个体家庭是基本单位。个体成员依附于家庭，独立性不强。个体家庭之间的分化、分离和冲突远远大于家庭内部。家庭间的整合与家庭内部的整合更为困难。为了将具有独立利益的不同家庭整合起来，家族宗族为单位的敬祖更为正规和隆重。如修建有供奉祖先的祠堂。族民以祠堂为中心“聚族而居”。每逢重大时节，都要举行隆重的仪式祭祀

① 〔美〕费正清：《美国和中国》（第四版），张理京译，世界知识出版社，1999，第124页。

祖先。黑格尔描述："中国每一家族都有祠堂一所，全族每年聚集在祠堂内一次。在祠堂内，曾充显职高官的祖宗都悬有遗像，其他在族中较为次要的男女，都记名在神主牌位上；全族于是一同进膳，比较穷的族人由较富的来担任招待。"① "对祖先的祭祀是宗族最重要的祭祀活动，尊祖敬宗，敬宗才能收族，对本宗族祖先的祭祀是宗族的头等大事。唯有祭祖，才能唤起族人的血系观念；唯有祭祖，才能强化宗族的内聚力。"② 家族宗族修有族谱，记录家族的来源、祖先的开基、后人的延续。这在于"氏族观念包含着一个信念，即相信有一位共同始祖，这位始祖或是神，或是英雄——我们的确可以把这样的一部世系谱称为杜撰的，但是，氏族成员却把它视为神圣的而深信不疑；并且以此作为他们之间相互结合的一条重要的纽带"③。

在王制时代，宗族与国家联为一体。王族的族祭与国家的国祭融为一体。天子作为宗主，最重要的职能便是主持对祖先的祭祀，分封各地的诸侯贵族参加天子主持的祭祀，既是权利，也是义务。进入帝制时代，社会和国家发生重大变化，家族与国家有所分离。

由于皇帝为世袭，皇帝家族是全国最大，也是最显赫的家族，因此更加敬重其列祖列宗。首先，皇帝家族也是家族，也具有家族一般的孝道要求。天子与庶民"尊卑贵贱有殊，而奉亲之道无二"（《孝经注疏·天子章》）。其次，皇帝宣称"以孝治天下"，皇帝要作为表率。再次，皇帝家族因执掌特殊公共权力，家族人多，利害关系也特别突出。这都更加需要通过敬重祖宗来进行精神整合。在帝制体系下，君主有其庙号，以"祖"和"宗"的称谓居多。始取天下者为祖，始治天下者为宗。庙号甚至成为皇帝的代称，如汉高祖、唐太宗、宋太祖、明太祖等。将"祖"和"宗"作为庙号，不是一般的称谓，更重要的是让后代人知道自己的江山是祖宗传下来的，要时刻铭记祖宗的

---

① 〔德〕黑格尔：《历史哲学》，王造时译，商务印书馆，2007，第76页。

② 麻国庆：《家与中国社会结构》，文物出版社，1999，第96页。

③ 〔美〕路易斯·亨利·摩尔根：《古代社会》上册，杨东莼、马雍、马巨译，商务印书馆，1977，第232页。

恩情，并集聚后人共同维护祖宗基业。因此，祭祖成为皇家每年必须举行的大型活动。“通过建立祖先祭祀的秩序，来整顿和强化父家长制的秩序。”① 最后，皇帝家族是统治家族，通过祭祖可以达到政治整合目的。1671 年，清康熙帝以国家一统，祭告太祖太宗为名，回盛京祭祖，“成功地争取到辽东地区未迁入关的满族故老的拥戴。”②

帝制国家以地域关系为主导，存在着无数有着不同血缘关系的家庭。显然用一姓一族的祖宗整合已难以为继。但是，基于共同血缘关系的祖先仍然是国家整合的重要方式。只是这一祖先更具有想象性。“三皇五帝”因此被发明出来，并被视为中华民族的共祖。作为中国历史经典的《史记》便是从“三皇五帝”开端，一直延续之后。除了对人的模拟以外，还有对神的模拟。如将“龙”视为中国人的起源，中国人被视为“龙的传人”而具有自豪感和认同感。

六　敬祖的核心价值与其他信仰

在中国，作为人类最初，甚至唯一的社会关系的血缘关系一直延续下来，血族单位因为经济、社会、文化和政治的多重功能而成为社会的基本单元。由血缘关系衍生的敬祖构成最持久、最牢固的精神信仰，并成为国家整合的重要方式。不论在事实上是怎样，所有的思想、言语和法律都被调整，以适合具有同一祖先并加以崇拜。敬祖因此成为主导全社会的核心价值。皇帝的重要职责是“敦促官吏们在家族内部永远尊崇其祖先，以利于统治的安宁与和谐”③。

当然，正如人的社会关系一样，人的精神世界也有一个从简单到复杂的过程。随着人们精神生活的丰富和复杂，人们有了各种各样的宗教信仰。大量的民间信仰因起于本土，因此与敬祖没有直接冲突。

① 〔日〕金子修一：《古代中国与皇帝祭祀》，肖圣中、吴思思、王曹杰译，复旦大学出版社，2017，第 86 页。

② 蔡美彪等：《中国通史》第九册，人民出版社，2015，第 239 页。

③ 〔法〕魁奈：《中华帝国的专制制度》，谈敏译，商务印书馆，2018，第 70 页。

随着社会发展，非本土起源的宗教兴起。影响最大的是佛教。佛教注重来世，强化因果报应。这一宗教对于个人意识日益觉醒但现实世界又异常艰难的民众，具有相当的吸引力。特别是“在社会遭受苦难的时代，皇帝和普通老百姓都向宗教寻求解救”①。在一定程度上，佛教能够对敬祖信仰加以补充。如果对祖宗不敬重，对父母不孝敬，会受到报应，来世不得好报。

但是，佛教作为一种宗教，有物质载体，更有对宗教信仰的特殊要求。超越尘世，信教出家，又与敬祖信仰相冲突。这是因为，敬祖不是一种纯粹的精神领域的信仰，它与现实世界密切相关。敬祖是为了家庭的团结，为了家庭制度的巩固。如果所有的人都因信教而出家，谁人来孝敬父母，家庭无法维系，整个社会的延续都会受到影响。“许多中国人仇视佛教因其是一种外来的宗教，或是厌恶佛教的一些做法，例如自损肢体、火葬和独身，人们认为这些威胁到传宗接代并损伤人受之父母的躯体。”② 因此，当佛教的影响扩大危及作为社会基本单元的家庭的稳定和延续时，便受到一定的约束。“儒家由于坚持排斥宗教组织，就比较容易地能够在伦理领域和宗教生活的一个主要方面、特别是敬祖的家庭祭祀上，取得了主宰的地位。……不仅每个家庭和家族举行尊祖敬宗的祭礼，而且每个行会和社团都各敬奉它们的庇护神，同时官员和士绅则举行政府规定的祭祀大典。”③ 这在于祭祀敬祖是帝国将无数分散小农整合为一体的重要方式。佛教不可能发挥这样的作用。

外来的佛教面临着中国的现实，不能不寻求中国化。这就是信佛不一定出家，相反，信佛是为了保佑家庭平安和团结。

随着外部世界的扩大，遥远的西方宗教传入中国，并与中国的敬

---

① 〔美〕费正清：《美国和中国》（第四版），张理京译，世界知识出版社，1999，第120~121页。

② 〔美〕费正清、赖肖尔：《中国：传统与变革》，陈仲丹、潘兴明、庞朝阳译，江苏人民出版社，1992，第112页。

③ 〔美〕费正清：《美国和中国》（第四版），张理京译，世界知识出版社，1999，第122页。

祖意识产生尖锐的冲突。这种冲突涉及最基本的理念。西方的宗教认为人来自上帝。所有人都是上帝的子民，应该相爱。而在中国的敬祖意识看来，所有人都源于自己的祖先，都是父母所生。人首先要热爱父母孝敬父母。西方的宗教“无父无母”，将会动摇家之本和国之本。所以，在西方宗教传入中国后，受到强烈的抵制。“有一位大臣信奉了基督教，不再按照礼节去祭祀他的祖先，因此大大地受到了他亲戚方面的攻击。”① 这在于祖先是维系血族团体的精神纽带。

① 〔德〕黑格尔：《历史哲学》，王造时译，商务印书馆，2007，第76页。

第十一章
地域—血缘关系中的帝国与官吏

国家和国家治理的演进受社会关系的支配。但国家不是社会关系的被动者，它的演进会再生产出新的关系。中国在春秋战国的兼并争霸中建立起大规模的帝制国家。皇帝必须借助大批官吏行使统治权。官吏因此成为与帝制国家伴生的特殊群体，其特点是执掌和行使对国家治理的权力，并成为皇权体系的一部分。这是地域关系主导下的帝制国家的必然产物。而官吏又存在于长期延续的血缘关系之中。由此形成帝制国家与官吏的复杂关系。官吏因为执行权力，管理着帝制国家，成为国家的支柱，得官吏者得以治天下；也因为权力，官吏成为帝制国家的蛀虫，不整治便会乱天下。

一　官员的特性：事亲与事君

国家是通过特殊的公共权力将一定的地域和人口联结起来的政治共同体。国家是因为原有的氏族组织已无法容纳新的社会要素，处理相应事务而产生的。国家成立后，面对着比过往氏族组织丰富复杂得多的事务，且这些事务只能由国家权力来处理。恩格斯指出，国家与氏族组织的“第二个不同点，是公共权力的设立，……这种公共权力

在每一个国家里都存在。构成这种权力的，不仅有武装的人，而且还有物质的附属物，如监狱和各种强制设施，这些东西都是以前的氏族社会所没有的”。这是因为有了社会对立和社会冲突，需要国家运用公共权力“把冲突保持在‘秩序’的范围以内”。[①] 国家要处理各种公共事务，行使国家职能，需要有专门的人，即执掌和使用权力者。专门从事国家事务的群体便是公职人员。“官吏既然掌握着公共权力和征税权，他们就作为社会机关而凌驾于社会之上。”[②] 但是，管理公共事务的公职人员作为一个职业群体的产生有一个历史过程，并在不同国家的表现形式不同。

古希腊保留了原始民主制，实行人民统治和地方自治，公职人员不固定，未能形成固定的公职人员群体。

在早期中国，国家权力为家族垄断，国家的规模较小，且实行层级分封，各个封建领地实行自我管理。在血缘关系主导下，各个层级均实行家族性治理。公共事务治理与私人事务治理未能分离。治国与治家重叠。官员既是对国王和领主，也是对亲人的侍从。“他们既是本族的宗子，又几乎皆历世为王朝要臣，担任太师、师、史、膳夫等职，一般是世世任王官。所以这种世族世官制也就是族长世官制。”[③] 此时，尚未能形成一个固定的官员职业群体。

春秋战国时期，伴随兼并争霸，原有的封建制愈来愈不适应激烈的竞争。经过长达数百年的战争，秦始皇统一中国建立起帝制体系。帝制体系以皇帝为首脑，但仅仅依靠皇帝一个人根本无法治理国家。一个庞大的，专事国家事务管理的官僚群体因此兴起。“秦兼天下，建皇帝之号，立百官之职，不师古，始罢侯置守。”（《通典·职官一》）

首先，秦始皇统一后的国家有着历史上从未有过的超大规模。大规模的地域，山川险阻，各地自然条件不同。皇帝意志要通过官僚才能传递到各个地方，进行有效的治理。如果将皇帝视为头脑，那么官

---

① 《马克思恩格斯选集》第4卷，人民出版社，2012，第187页。

② 《马克思恩格斯选集》第4卷，人民出版社，2012，第188页。

③ 冯尔康等：《中国宗族社会》，浙江人民出版社，1994，第339页。

僚便是四肢。没有四肢，皇帝意志便难以传递到全身，国家机器便无法运转，也难以将一个广阔的地域联结起来。

其次，秦始皇统一中国后的社会基本单元是独立的个体家庭。“小农人数众多，他们的生活条件相同，但是彼此间并没有发生多种多样的关系。他们的生产方式不是使他们互相交往，而是使他们互相隔离。……就像一袋马铃薯是由袋中的一个个马铃薯汇集而成的那样。……小农的政治影响表现为行政权支配社会。”① 将一个个互不关联的马铃薯一般的众多小农集成到一个口袋，形成一个统一的地域国家，主要依靠的是行政权力。而行政权力的人员载体便是众多的官员。没有分布在各个地方的官员，国家行政权力便无法分布于全国，从而将众多人口联结起来，形成一个国家整体，社会便会呈一盘散沙状态。韩非子因此说：“明主治吏不治民。”（《韩非子·外储说右下》）秦始皇统一中国实行郡县制，各地建立行政性城市，实质是为听命于皇帝的官员在各个地方行使行政权力，代皇帝管理国家。皇帝只要管理好官吏便可治理国家。费孝通指出：“在封建制度崩溃之后，政治权力不再共享了，而是被集中于君主一人之手。在行政功能方面，君主需要助手。这就是他要的官。因此，官不再是统治者自己家庭的亲戚或成员，而是执行者——君主的仆人或工具。”② “政令是出于皇帝一人，由他任命一批官吏来治理政事。”③

专事国家事务管理的官僚群体的崛起，是帝制国家的必然要求。与此同时，这一群体的特性与过往发生了重大变化。王制国家以血缘关系为主导，血缘关系深深地渗透于国家治理。在亲人关系的底色下，官员从事管理活动主要是事亲，是对亲人的侍奉。层级分封也是逐层对亲人的侍奉。官员从事管理活动既是事的关系，更是人的关系，是对国王这一宗主的人身依附。帝制国家以地域关系为主导。从事管理活动的官员来自不同的血缘家庭。他们与君主没有血缘关系。君臣之

① 《马克思恩格斯选集》第1卷，人民出版社，2012，第762~763页。

② 费孝通：《中国绅士》，惠海鸣译，中国社会科学出版社，2006，第2页。

③ 〔德〕黑格尔：《历史哲学》，王造时译，商务印书馆，2007，第77页。

间“非父子之亲也，计数之所出也”（《韩非子·难一》）。“君使臣以礼，臣事君以忠。”（《论语·八佾》）君臣是事的关系，而不是人的关系。“臣事君以忠”要以“君使臣以礼”为前提。官员从事国家事务管理，侍奉君主要取得报酬。“主卖官爵，臣卖智力”（《韩非子·外储说右下》）。“臣尽死力以与君市，君垂爵禄以与臣市。”（《韩非子·难一》）君臣是利益交换的关系。“上与吏也，事合而利异者也。”（《商君书·禁使》）“君主政体离不开自上而下的官僚组织，而大小官吏们则希望凭借一己之智、之力，从君主那里得到尽可能多的利益和回报，上下各得其所，政治的交易关系由此达成。”[①] 这是进入政治社会的重要标志之一。“以人身、以纯人身关系为基础，我们可以名之为社会。……以地域和财产为基础，我们可以名之为国家。”[②]

事君不仅是一项工作，而且是一种特殊职业。这一职业不是什么人都能从事的。最基本的要求是有知识。在帝制国家，权力高度集中于皇帝。要将皇帝的意志传递到四面八方，需要通过文书。“秦国规范了此前相互之间无法用语言沟通的人群的书写方式，这个革新把帝国内所有的地区联结为一体，并建立起一个国家认可的文化典籍体系。”[③]“文字统一为确定中国身份发挥了不可估量的作用，不但行政部门有统一语言，而且全国各地都可分享经典的同一文本。”[④] 但文字书写不是什么人都能掌握的。只有懂文字书写才能为官。换言之，官员得以为官事君，在于他们有知识和才能。当官通常被称为“仕途”。“士”便是有知识的人。官员多出自或者被称为“士人”“士大夫”。他们主要是凭借自己的知识和才能为官，而不是身份。而且这样的人有相当的数量，从而形成一个特殊的职业群体。这一职业群体的典型特征是拥

① 孙季萍、冯勇：《中国传统官僚政治中的权力制约机制》，北京大学出版社，2010，第57页。

② 〔美〕路易斯·亨利·摩尔根：《古代社会》上册，杨东莼、马雍、马巨译，商务印书馆，1977，第6页。

③ 〔美〕陆威仪：《早期中华帝国：秦与汉》，王兴亮译，中信出版社，2016，第4页。

④ 〔美〕弗朗西斯·福山：《政治秩序的起源——从前人类时代到法国大革命》，毛俊杰译，广西师范大学出版社，2012，第127页。

有权力资源，并凭借自己的知识和才能获得官职。官僚“是专干行政事务并在人民面前处于特权地位的特殊阶层的机关”①。“中国的官僚阶层——我这里指的是拥有品级地位的人，不管他们是不是地主——都有着强烈的集团认同意识。例如，他们的特权和优越感为皇帝所钦准，在更大范围内为广大的民众所认可。”②

官员群体在帝制体系中具有重要地位，可以说是整个帝制国家的支柱。“皇帝本人把持着权力，但是他不能凭一人之力管理这个国家。即使他可能不希望与别人分享他的权力，他还是需要在统治方面得到帮助，因此必须使用官员。这些官员和统治集团是没有亲族关系的，仅仅是起行政权力的仆人的作用，而没有制订政策的权力。”③ 官员与皇帝的关系是权力与服从的关系。“官员进入国家的方式是称臣，称臣者将自己的名献给君主的同时，也将自己的身献给君主，所以称臣也是一种献身和失身。官员在献身之后，便成为国家之体的一部分。这种身体的观念也衍生出君臣的权力关系。官员既然已献身或失身于皇帝，在法理上便失去了人格与行动的主体性，而必须完全服从君主的支配。”④ 但正是这些俯首称臣的仆人支撑着国家的运转。国家可以一日无君，甚至有的皇帝数十年不上朝，整个国家机器都能够不停顿地运转，关键便在于官员这一职业群体在继续工作。“当官的代表了皇帝的权力，他可以征用民工，征税，执行法律，管理人民的经济活动和社会活动。”⑤ 与此同时，由于这一群体拥有特殊的权力资源和技能，他们与帝国形成一种互动关系。这种事君而不事亲的关系是历史上前所未有的。研究中国官僚政治的专家王亚南指出，官僚政治“确曾在

---

① 《列宁全集》第2卷，人民出版社，2013，第439页。

② 〔美〕巴林顿·摩尔：《民主和专制的社会起源》，拓夫、张东东等译，华夏出版社，1987，第143页。

③ 费孝通：《中国绅士》，惠海鸣译，中国社会科学出版社，2006，第7页。

④ 甘怀真：《皇权、礼仪与经典诠释：中国古代政治史研究》，华东师范大学出版社，2008，第187页。

⑤ 〔美〕费正清：《美国与中国》（第四版），张理京译，世界知识出版社，1999，第47页。

历史上伴随着其他社会体制扮演过进步的角色；而中国官僚体制的比较一般的提早出现，甚至无妨看为是中国社会早前比较进步的一个表现在政治方面的特征”①。

官僚政治不是在空地上生长的，它受到一定的政治生态的影响和制约。在马克思看来，“社会结构和国家总是从一定的个人的生活过程中产生的”②。官员是一个特殊的职业群体，并因为其特殊地位和功能而形成相应的制度。官员制度是整个帝制体系的重要部分。这是由血缘关系主导的王制国家向地域关系主导的帝制国家转变的内生产物。而在帝制国家，血缘关系基础上的政治和社会形态延续下来。突出的是顶层的皇权由个别家族所掌握，社会的基本单元是血缘家族。这种由血缘关系构成的政治和社会生态必然会深深地渗透于官员群体的选用、升迁及行事过程之中。“各种亲族关系的网状联系，使官僚政治实质上从属和依存于这种遍及整个社会的人情关系结构中，除宗族、地域外，‘门生’、‘故旧’盛极一时，也说明在这种关系学基础上的政治上的人身依附极为突出和严重。”③ 官员群体与帝国的关系呈现出双重属性：既有非人身的，又有人身的，使帝制国家的政治过程表现出复杂的叠加性。

二　官员的入职：才能与出身

国家权力不是抽象的，而是由一个个具体的人所执掌的。国家作为一种特殊的公共权力，便会产生拥有和执掌特殊公共权力的特殊群体。这个群体的权力获得与政治制度密切相关。

在早期中国，以王权为中心。国家的最高统治权由国王所执掌。国王是一切权力的来源。但是，王制国家以族成国，族为国基，在宗

① 王亚南：《中国官僚政治研究》，商务印书馆，2010，第3页。

② 《马克思恩格斯选集》第1卷，人民出版社，2012，第151页。

③ 李泽厚：《李泽厚十年集（1979~1989）》（第三卷·上），安徽文艺出版社，1994，第154页。

族亲人社会基础上实行宗法分封制。国家层级与家族层级合为一体。与国王和各个层级的封建主一样，各个层级的官员也是世袭的，世官世禄。官员的选用和担任凭借的是先在血缘关系所决定的出身。官员世代为官，享受相应的俸禄。这种世袭制对于维护一个在血缘共同体基础上形成的政治共同体的稳定是必要的。人们事先便已明确自己的身份和地位，并按照其先在的身份和地位从事其活动。

春秋战国的兼并争霸战争不仅改变了血缘关系基础上的亲人和拟制的亲人社会关系，也改变了封闭的官员世袭制度。高度集权的君主拥有选用官员的绝对权力，也拥有在众多不同的人群中选用官员的更大空间。超大规模的帝制国家需要一个稳定的官员群体，贯彻执行皇帝意志，从事具体的国家治理活动。后天的才能而不是先在的出身，成为官员入职的主要标准。这就是春秋战国产生的“选贤任能”的理想愿景。所谓“外举不避仇，内举不避子”（《韩非子·外储说左下》）。在王亚南看来：“贵族最基本的形造条件是世禄世官，就政治支配的关系来说，是‘生成的’统治者；官僚立在政治支配地位，在最先，即以中国而论，在秦代乃至汉代前期，并不是‘生成的’，而是依‘以学干禄’或‘学而优则仕’，或所谓‘故大德必得其位，必得其禄，必得其名’做成的。‘生成的’与‘做成的’不同的分野，就是说后者不能靠血统、靠家世取得统治地位，而必须多少具备有当时官制所需求的某种学识、能力或治绩。”① 只是这个理想愿景实现有一个复杂的变化过程。

作为第一个帝制国家的秦朝产生于激烈的战争之中，对官员的选用具有很强的开放性和实用性，即谁能有助于获得并巩固大一统的国家权力，谁就有可能获得官职，具有鲜明的才能导向。只是这一导向未能形成稳定性的制度。

汉承秦制。其重要内容之一是形成了以才能为导向的稳定的选官制度。这一制度表现为两个方向。一是察举制度，即由下而上的推荐。

① 王亚南：《中国官僚政治研究》，商务印书馆，2010，第75~76页。

“朝廷设立科目，规定条件和标准，指定官员向朝廷举荐合格者。”[①] 地方长官在辖区内随时考察、选取人才并推荐给上级或中央，经过试用考核再任命官职。汉高祖刘邦下达《求贤诏》，要求郡国推荐“贤士大夫”。地方官和基层社会都有考察和向上举荐官员的责任。作为乡里首领的三老的重要任务便是“举孝廉”。孝廉，即孝子廉吏。汉武帝以后，察举一途成为正式的选官制度，每个郡国推举孝廉一人。后鉴于各郡国人口多少不同而名额相同造成的不公平，东汉改以人口为标准，人口满20万每年举孝廉一人，满40万每年举孝廉两人，以此推之；人口不满20万，每两年举孝廉一人；人口不满10万，每三年举孝廉一人。考察推举有一定的标准，最主要的是德行和学识。

二是征辟制度，即自上而下选任官员。分皇帝直接征聘和政府辟除。“受皇帝征聘，是汉代最尊荣的仕途。”[②] 政府辟除，即政府考察后经过考试而录用下属官员。这种制度有助于政府根据需要选用官员，使一些具有特殊才能的人能够直接为官，乃至高级官员。如董仲舒便是由汉武帝直接征聘为高官的。

以上制度使官职对所有人开放，那些来自基层，出自草根的人也有可能被选为官员，同时又考虑到地方的公平性，还可以使一些具有特殊才能的人能够脱颖而出。这反映了以地域关系为基础的国家特性，即：“按地区来划分就被作为出发点，并允许公民在他们居住的地方实现他们的公共权利和义务，不管他们属于哪一氏族或哪一部落。”[③]

但是，汉代的选官制度也深深带有“按血族来组织的旧办法”[④] 的特性。察举制度的核心是推荐人。推荐人推荐谁，不推荐谁，有着很大的自由裁量权。“举孝廉”缺乏客观细化的标准。因为地方广阔，上级对自下而上推选的人不可能精确了解和考察。由此便为人为的操

① 阎步克编著《波峰与波谷：秦汉魏晋南北朝的政治文明》，北京大学出版社，2017，第89页。

② 白钢主编《中国政治制度史》上卷，天津人民出版社，2016，第271页。

③ 《马克思恩格斯选集》第4卷，人民出版社，2012，第187页。

④ 《马克思恩格斯选集》第4卷，人民出版社，2012，第187页。

控留下足够的空间。即使是汉武帝之后，察举制有了一定的客观标准，但是人为的因素还是渗透到察举过程中来了。最重要的因素便是与久远的血缘关系相关的出身门第。

汉武帝独尊儒术，开启了以儒术取士的先河。“遗子黄金满籯，不如一经。”（《汉书·韦贤传》）特别是东汉之后兴办学校，教人儒学。这都有利于为国家治理培养专门人才。但是，只有那些名门望族才能执掌教育，举荐人才。这种培养和举荐关系形成一种私人恩典关系，即“一日为师，终身为父”。在特别重视孝道，且将孝道视为推荐人才的首要标准的汉代，学生非常注重“师门”，对老师敬重有加；被推举人非常敬重推举人，对推举人感恩戴德。否则便是背叛师门，大逆不道。由于世代教育，一些执掌教育的名门望族的门生故吏愈来愈多，他们又因为出自同一师门和推举人而相互提携，由此形成一个巨大的私人关系网络。这些门生故吏为报恩听命于名门望族，使名门望族的地位愈来愈高，在政治上具有极大的感召力，甚至会影响政治进程。“袁氏树恩四世，门生故吏遍于天下，若收豪杰以聚徒众，英雄因之而起，则山东非公之有也。”（《后汉书·袁绍传》）东汉后期，袁绍得以一度成为最有影响力的政治人物，其相当程度来自“门生故吏遍于天下”的家族势力。

东汉末年，军阀混战，要求不拘一格选人才，非出身名门的曹操取得优势地位。曹魏实行九品中正制。这一制度在汉代察举制度基础上进了一步，选官有了一定的客观标准，这就是“家世”和“行状”，即出身和本人的现实表现。这一客观标准的本意是为了更好地选用官员，但其效果是进一步强化了血缘出身门第。一是“家世”是首要标准，置于“行状”之前；二是“家世”便于掌握，只需要查阅父祖辈的资历仕宦情况和爵位高低材料即可。“行状”则难以掌握，选官人不可能对众多社会成员的现实表现进行一一考察。由此，“家世”成了唯一的选官标准了。官员因此具有了世袭的特点。官员永远出自官宦之家。由此造成的是官僚贵族化。“所谓官僚的贵族化，乃表明官僚取得统治地位，即使没有完全把当时官制要求的诸般条件丢开，却至少在

某种程度，反而藉着其中的学识那一项条件的帮助，把‘生成的’作用加大了；血统、家世、门第愈来愈变得重要了。”[①] 这一特点严重地弱化了中央权力。当中央不能有效地掌握选人权，造成的是作为国家治理栋梁的官员缺乏对皇权中央的忠诚感。东汉之后的中国陷入长期的分裂动乱，与此相关。

自隋到唐，随着皇权中央集权体制的建立，一种全新的选官制度得以产生。这就是科举制。“在中国，12 个世纪以来，由教育，特别是考试规定的出仕资格，远比财产重要，决定着人的社会等第。”[②] 宋代苏轼总结官员入职途径说：“三代以上出于学。战国至秦出于客。汉以后出于郡县吏。魏晋以来出于九品中正。隋唐至今出于科举。”（《苏文忠公全集》卷五《论养士》）科举制的最大特点是完全以客观考试为录用官员的标准，且录用权掌握在中央，唯才是举。这一制度一是有助于巩固中央集权。二是打破了出身门第的限制，能在更为广泛的范围内选拔人才。唐太宗因此表示“天下英雄入吾彀中矣！”（王定保《唐摭言》卷一）。三是打通了上下流动的通道，社会最底层人家的子弟也有可能通过考试进入上层。“朝为田舍郎，暮登天子堂。将相本无种，男儿当自强。”（汪洙《神童诗》）科举制在改变“按血族来组织的旧办法”方面迈出了重要一步，由此得以长期延续，成为以地域关系为基础的帝制体系的重要组成部分。明朝颁布的《初设科举条格诏》规定“非科举者，毋得与官”。费正清认为：“在我们认为特别重视私人关系的一个社会里，中国的考试制度显得异常公允和广泛。当这制度在一个朝代的鼎盛时期行之有效时，人们尽一切力量消除私情。……表明中国统治者是真正需要有真才实学的人来维持有效的行政机构的。”[③] “当唐朝（618—907 年）复兴了帝王政治结构时，考试制度就牢固地树立起来，成为步入仕途的康庄大道。其后 1000 多年，

① 王亚南：《中国官僚政治研究》，商务印书馆，2010，第 76 页。

② 〔德〕马克斯·韦伯：《儒教与道教》，王容芬译，商务印书馆，1995，第 159 页。

③ 〔美〕费正清：《美国与中国》（第四版），张理京译，世界知识出版社，1999，第 44 页。

直至1905年，这套皇家取士的制度产生出历代的行政官员，他们以彻底服膺于官场的正统思想来确立他们居官任职的资格，这肯定又是另一种伟大的政治发明。”① “科举制像从外部为中国官僚社会作了支撑的大杠杆，虽然它同时又当作一种配合物成为中国整个官僚体制的一个重要构成部分。”② “有知识的人都经考试制度选拔出来，他们就成了政府最强有力的支持者而不是批评者。这一制度甚至还赢得现有秩序中低层阶级的支持，因为出身低微的人总算有可能通过进士考试最终成为皇帝的大臣。”③

尽管以才能入官愈来成为帝制国家的主流，但出身这一因素一直存续。“不论通过选举，或通过科举，旧式的宗法世家依然可以适应新的情况而保障他的固有的特权。”④ 为了家族利益或者激励官员，培养对皇权的忠诚，帝制体系设立有专门对官员子弟入职的恩惠制度。汉代实行任子制度，高级官员可以保任其子弟为官，子弟依靠父兄的庇荫为官。“汉代‘任子’制度是从氏族制的残余而建立的官僚集团。”⑤ 魏晋南北朝时期，任子制度盛行。唐朝实行“门荫制”，高官的子弟直接为官。“大官们总是有特权推荐自己的儿子和门生不用通过这种科举制度就担任官职。”⑥ 宋朝的官员“在荫补亲属方面享受到较多的特殊优待，使一批中、高级官员的子弟获得低、中级的官衔或差遣”⑦。“依宋任子制：一人入仕，其子孙亲族，俱可得官，官愈大，所荫愈多。甚有荫及本宗以外之异姓，荫及门客、医生的。”⑧ “恩荫制的特

① 〔美〕费正清：《美国与中国》（第四版），张理京译，世界知识出版社，1999，第60页。

② 王亚南：《中国官僚政治研究》，商务印书馆，2010，第110页。

③ 〔美〕费正清、赖肖尔：《中国：传统与变革》，陈仲丹、潘兴明、庞朝阳译，江苏人民出版社，1992，第107页。

④ 侯外庐主编《中国思想通史》第四卷上册，人民出版社，1959，第41页。

⑤ 侯外庐、赵纪彬、杜国庠、邱汉生：《中国思想通史》第二卷，人民出版社，1957，第36页。

⑥ 〔美〕费正清、赖肖尔：《中国：传统与变革》，陈仲丹、潘兴明、庞朝阳译，江苏人民出版社，1992，第107页。

⑦ 白钢主编《中国政治制度史》下卷，天津人民出版社，2016，第523页。

⑧ 王亚南：《中国官僚政治研究》，商务印书馆，2010，第107页。

点，是子孙或其他亲族因其父祖为官，而得以荫庇出任较父祖官阶为低的官位。它重血缘，而不顾才能，是世袭制的一种延续，本身属于一种封建特权。”①

因出身而获得官职，也可以产生有作为的官员，如汉代的苏武、霍光、汲黯等。但多数为碌碌无能之辈，因此这一制度始终未能成为主流。

三　官员的升职：唯贤与唯亲

自有了国家，就有从事公共事务管理的公职人员。这些公职人员会因为政治制度的不同而形成不同的任职方式。古希腊实行人民统治和地方自治，公职人员不固定，且由人民选举产生。“他们必须把不是国家所必需的一切社会权力统统掌握在自己手中，以保证实行有效的一般行政管理，并且对行政管理本身也掌握控制权。”②

早期中国是通过一个主导性部族自上而下统治形成国家的，国家权力为统治部族垄断，实行层级分封。不同层级的政治实体各自有自己的管理人员，且上下不贯通。这些人员既是各个层级政治首脑的公职人员，又是各个层级政治首脑的亲戚。行政管理人员与政治统治者同样为世袭。在这一时期，公职人员尚未形成一个独立的职业群体，也未能形成由不同层级构成的结构体系。在家国合体的制度下，公职人员的任用自然而然地为自己的亲人。世卿世官，取决于血统。基于血缘关系的亲人是首要考虑因素，即“任人唯亲”。如周朝分封诸侯的主体是同姓。这是因为在血缘关系主导下的基本理念是“非我族类，其心必异”（《左传·成公四年》）。“在这样的社会里，个人的德行高低、能力大小与任官的机会基本无涉，一切依血统和家世而定。”③

① 白钢主编《中国政治制度史》上卷，天津人民出版社，2016，第 41 页。

② 〔美〕路易斯·亨利·摩尔根：《古代社会》上册，杨东莼、马雍、马巨译，商务印书馆，1977，第 273~274 页。

③ 孙季萍、冯勇：《中国传统官僚政治中的权力制约机制》，北京大学出版社，2010，第 193 页。

春秋战国持续不断的兼并争霸，改变了原有的社会和政治关系，形成中央集权制，产生了一个专门事君的官员职业群体。这个职业群体呈金字塔结构，为若干等级，上下贯通，从低层官员上升为高层官员。其依据不再是先天的出身，而是后天的功绩。商鞅变法的重要内容便是根据功绩获得地位。“宗室非有军功论，不得为属籍。明尊卑爵秩等级，各以差次名田宅，臣妾衣服以家次。有功者显荣，无功者虽富无所芬华。”（《史记·商君列传》）作为国王亲属的宗室人员如果没有功绩，连宗室地位都难保。根据功绩获得官位并享受相应的待遇。“尚贤使能”。“贤者举而上之，富而贵之，以为官长；不肖者抑而废之，贫而贱之，以为徒役。”（《墨子·尚贤中》）“群臣守职，百官有常；因能而使之，是谓习常。”（《韩非子·主道第五》）这一原则后被总结为“任人唯贤”，即官职的获得和升迁取决于后天的能力和政绩，而无论他是什么人、什么出身。“中国早已开始发展一种以功绩为依据的现代类型的文官制度。只是几乎在两千年以后，西方才采用了与此相似并部分受到中国影响的文官制度。”①

秦始皇统一中国后，地域规模扩大，一个庞大的官员等级体系开始建立。秦朝和汉初都处于激烈的战争状态和政权建立初期，主要以军功获得官职，与此同时建立起稳定的官员任职升迁制度。秦时实行“上计”制度，要求郡县两级官员每年将所在地方的各项事务呈报中央，以备考绩升迁。汉代建立了完备的“考课”制度。地方和下级官员要接受中央和上级政府的询查，中央和上级政府要对地方和下级官员的任职情况进行考察。任职情况作为升降赏罚的依据。魏晋实行“九品中正制”。这一制度的最大特点是将官职分为“九品”，明确了官职的等级和取得等级职位的标准。其中的一项标准便是本人的道德才能，并配以考绩法。官员的升迁分为“平迁”和“超迁”，功绩卓著者可以超级提拔。唐朝对官员进行考试，考试结果作为升降任免标

① 〔美〕费正清、赖肖尔：《中国：传统与变革》，陈仲丹、潘兴明、庞朝阳译，江苏人民出版社，1992，第72页。

准。宋代的官员任职升迁与官员选用一样，更加制度化。官员定期逐级晋升，任职期间由上级长官考核其功过。明代的官员升迁必须“考满”，即按年资考绩。清政府对官员实行定期考核。明清中央政府设立了专管人事的“吏部”，官员的任职升迁的制度化程度更高。

将政绩作为官员任职提升的标准，显然比以出生身世为标准进了一步。但是，在一个大规模的国家，技术条件有限，上级准确考察下级政绩难度很大。更重要的是，在帝制体系下，官职是重要的权力资源。官员的任用和提升是中央和上级政府获得支配权的重要手段，因此带有相当程度的个人性，其后果也具有复杂性。

在皇权体系下，用人权是皇帝所拥有的最重要的权力之一。依靠“孤家寡人”的皇帝是无法治理天下的。他必须依靠遍布全国的官员代为行使权力，管理国事。根据谁授权，对谁负责的原理，皇帝必须牢牢地控制用人权，并将官员任职和升迁作为“臣事君以忠”的最重要手段。“专制君主及其大臣们施行统治，没有用人的特殊权力，没有任意拔擢人的特殊权力，就根本无法取得臣下的拥戴。”① 特别是皇帝身边的近臣、政府的高官，乃至县级官员，都得由皇帝亲自任命。“由皇帝亲自任命下至县官的所有官吏。这就使所有官员都体会到他们要仰赖天子皇恩，负有向他个人效忠的义务。……通常当一个官员从甲地调往乙地时，他都要路过首都参加陛见，重新与统治者接触。”② 因此，在帝制体系下，官员升职的主要来源是至高无上的皇帝。

由皇帝直接任用和提升官员，在汉代便已制度化。汉武帝时实行征聘。一些特殊的人才得以破格提升。“任一施行科举制的王朝，都必得为专制君主保留亲自钦定的制举方式”。③ 除正式制度以外，皇帝还可以根据需要任用和提升官员。“他们任用贤相和有识之士，常常把一

① 王亚南：《中国官僚政治研究》，商务印书馆，2010，第 109 页。

② 〔美〕费正清：《美国与中国》（第四版），张理京译，世界知识出版社，1999，第 104 页。

③ 王亚南：《中国官僚政治研究》，商务印书馆，2010，第 109 页。

些资历甚浅而有抱负的官员提拔到高位上，使官员常处于循环流动之中。”①

皇帝任用和提升官员必须考虑官员的才能。毕竟大量的国家事务的处理，皇帝权力的维护都需要有才能的官员。能办事，有政绩，是皇帝用人的重要条件。会用人是“明君圣主”的标准之一。汉武帝时期，豪族已成为严重威胁帝国统治的势力，且因为与政权相互渗透，难以处理。汉武帝通过任用一批严酷的官员，赋予其重任，对豪族进行严厉镇压和打击。司马迁专门为这些酷吏立传。武则天为巩固皇权，破格提升周兴等人。这些破格提拔的人往往对皇帝有高度的忠诚感。

作为国家首脑的皇帝从稳固统治考虑，任用和提升有才能的官员。但皇帝又是处于各种关系中的具体的人，有自己的特殊喜好和情感。如与皇帝亲近且能够得到皇帝赏识，满足皇帝个人某方面需求的人能够得到迅速的任用和提升，如宦官、外戚等。

正因为皇帝的双重角色，皇帝对官员的任用和提升会产生双重效果。一是确有才能，政绩突出；二是才能一般，政绩也一般。当然，依靠与皇帝个人亲近关系提升的官员也并非都是庸碌之辈。

皇帝直接控制和分配官职权力资源，这是皇权中央集权体制的基本特点。但皇帝个人的能力毕竟有限，不可能直接掌握所有的官员信息，并直接任用和提升所有官员。他需要通过属下来决定对官员的任用和提升。最重要的机制便是“提名”制。即由皇帝之下的官员向皇帝或者上级官员提名，供皇帝和上级官员决定。从某种意义上说，提名具有决定性意义。这是因为，在金字塔一般的国家权力体系里，愈往上层人愈少，信息愈是不对称。皇帝个人和少数上级官员不可能充分了解下属的具体状况，而只能通过属下的提名决定提升。

提名制度可以为那些政绩突出的人提供通道，因为提名要有理由；但也为具有提名权的人形成自己的个人亲密关系提供了空间。提名者

---

① 金观涛、刘青峰：《兴盛与危机：论中国社会超稳定结构》，法律出版社，2011，第82页。

除了考虑政绩以外，还会考虑与自己的亲密关系。这种个人间的亲密关系最多的是亲人、同乡、同门、同僚等。个人间的亲密关系如久远的血缘关系一样，是一种相互的恩惠回报关系，并会因为世代延续而形成影响深远的关系网络。“荐主与被荐人在政治上发生君臣的关系，在私人情感上发生父子的关系，被荐人如果对荐主不表现臣子的情分，就算忘恩背义，将为士类所不齿。”[①] 在汉代的“察举征辟制下，僚属、被举者与府主、举主之间形成了严格的人身依附关系，僚属对府主称‘本朝’，被举者对举主自称‘故吏’，被辟举者须对府主、举主感恩戴德，绝对忠诚，甚至于形同君臣、父子，生死相依，同患共难。府主、举主死后，故吏要为其服三年之丧，并继续事其后人或经纪其家财。这样的‘门生故吏’关系极易结成一个个紧密的利益集团，为害朝政。东汉末年的地方割据很大程度上是这种关系恶性发展的结果。”[②]

魏晋实行“九品中正制”为官员任职和升职提供了客观依据，但评价等级并提名升等的人是中正。中正依据的标准是家世。官职与品第相关联，品第又取决于门第。“只要有一个‘高贵’的出身，也就是凭藉门第和父、祖的官爵，就可以‘平流进取，坐致公卿’。”[③] 久而久之，只有那些出自高贵的士族子弟才能升为上品，由此造成“上品无寒门、下品无士族”的阶层固化。王亚南指出：“在最大官僚头目的帝王及其皇族，固不必说，即在中上级的官僚们，都无形会由生活习惯、累世从政经验，乃至相伴而生的资产积累等方面，产生与众不同的优越感和阶级意识，而他们藉以干禄经世的儒家学说，更无疑要大大助长那种优越阶级意识的养成。”[④] “高门大族子孙世世为官，他们上进的志向、殚精竭虑以求治绩表现的努力自然就没有了。”[⑤] “九品

① 范文澜：《中国通史》第二册，人民出版社，2015，第181页。

② 孙季萍、冯勇：《中国传统官僚政治中的权力制约机制》，北京大学出版社，2010，第201页。

③ 白钢主编《中国政治制度史》上卷，天津人民出版社，2016，第354页。

④ 王亚南：《中国官僚政治研究》，商务印书馆，2010，第79页。

⑤ 王亚南：《中国官僚政治研究》，商务印书馆，2010，第100页。

中正制”对于过往是一个进步，“但因有势力的地方豪门将自己家族的成员和部属划为一等而败坏了这一制度，分等很快只是按社会地位来分”①。

唐朝以后，直接的血亲家世因素逐渐淡化。宋代因科举而入仕的“官僚与门阀士族不同，他们的门第族望观念比较淡薄”②，“反映了这一时期祖先在决定社会身份地位上重要性的下降”③。但是，同乡、同门、同僚等私人亲密因素日益生长，造成官员的地方化、门生化和同僚化。“虽然官员的选择和等级分化看似合情合理，但职务晋升和肥差的人选依然取决于你认识什么人，而不是你的学识。私人关系网络大行其道，利用同学和同乡关系互相攀附。”④

官员任职和提升的个人亲密关系势必分割皇帝专有的人事权。为此，皇权体系建立和实行回避制度。“防止官吏在地方扎根的另一办法是‘回避制’，按照这个制度，任何人不能在本省当官，以防他对家庭的私情，影响他对朝廷的忠贞。”⑤ 汉武帝时，“刺史不用本州人，郡守、国相不用本郡人，县令长丞尉不用本县人。东汉时对地方长官的籍贯限制更加严格，不仅地方官不许用本地人，而且还颁布‘三互法’，规定‘婚姻之家及两州人不得交互为官’”⑥。唐朝对于官员任用有出身、经历、职业等限制。宋朝官员任用实行“避亲法”，亲属要回避。明代规定：“凡内外管属衙门官吏有系父子、兄弟、叔侄者，皆须从卑回避。”（《明会典》卷五《改调》）“实行任官回避的主要目的在于防止官员利用亲故关系结党营私，并保证官员任职期间免受人际关

① 〔美〕费正清、赖肖尔：《中国：传统与变革》，陈仲丹、潘兴明、庞朝阳译，江苏人民出版社，1992，第106页。

② 白钢主编《中国政治制度史》下卷，天津人民出版社，2016，第523页。

③ 〔美〕柏文莉：《权力关系：宋代中国的家族、地位与国家》，刘云军译，江苏人民出版社，2015，第17页。

④ 〔英〕塞缪尔·E. 芬纳：《统治史（卷三）：早期现代政府和西方的突破——从民族国家到工业革命》，马百亮译，华东师范大学出版社，2014，第100页。

⑤ 〔美〕费正清：《美国与中国》（第四版），张理京译，世界知识出版社，1999，第104页。

⑥ 白钢主编《中国政治制度史》上卷，天津人民出版社，2016，第273页。

系羁绊，公正地履行职务。在这种制度之下，朝廷政令可以更好地在地方得到贯彻，地方上盘根错节的关系网大大缩小。”①

帝制国家是一个由多个层次建制构成并实行分级治理的政治体系。皇帝虽然掌握着终极的用人权，但不得不实行分级治理分级用人。在汉代，地方政府首脑有用人权，官员的任用和提升由地方首脑直接决定。谁授权对谁负责，谁授权对谁忠诚。分级用人造成权力的个人化，由此必然弱化皇帝中央权力。正如韩非子所说的：“君人者释其刑德而使臣用之，则君反制于臣矣。”（《韩非子·二柄》）汉唐之后，强化中央集权，重要方式便是弱化地方用人权。

四　官员的行为：秉公与徇私

国家是社会发展到一定阶段的产物。恩格斯指出，由于社会对立和冲突，“就需要有一种表面上凌驾于社会之上的力量，这种力量应当缓和冲突，把冲突保持在‘秩序’的范围以内”。② 因此，尽管“它照例是最强大的、在经济上占统治地位的阶级的国家”，③ 但在形式上具有超越社会个别力量的公共性，“盖上社会普遍承认的印章”。④ 国家事务也具有一般的公共事务的特点。负责处理国家事务的官员具有公共属性。不偏不倚，公正公平，是国家公务人员的行为准则。

在早期中国，以血缘关系为主导，家族与国家融为一体。国家意味着“公”。国君家族被称为“公室”。春秋战国时期，出现了以家分“公室”的现象。“三分公室，而各有其一。”（《左传·襄公十一年》）“其富半公室，其家半三军。”（《国语·晋语》）“家”是相对国家公室的“私”。商鞅变法和秦始皇统一中国，社会裂变为一个个具有独立

① 孙季萍、冯勇：《中国传统官僚政治中的权力制约机制》，北京大学出版社，2010，第209页。

② 《马克思恩格斯选集》第4卷，人民出版社，2012，第187页。

③ 《马克思恩格斯选集》第4卷，人民出版社，2012，第188。

④ 《马克思恩格斯选集》第4卷，人民出版社，2012，第123页。

利益的个体家庭，私人性更加突出。而国家则超越亿万个体家庭之上。尽管国家权力为皇帝家族所垄断，但在形式上要超越个别家族和个别人的利益，获得社会普遍承认的公平和公正性。“在君、家、国高度结合在一体的时代，为‘公’之君是公共权力的化身和公共事务的支配者。‘公家’即国家，‘公法’即国法，‘公事’即国事，‘公田’即国田。因此，‘公’后来演变成内蕴公共、公益、公义、公正、公平、公道、公信、公心等意蕴的政治概念。‘贵公’、‘为公’、‘奉公’乃至‘至公’遂成为具有普遍适用性的重要的政治准则。”[①] 因此，作为承担国家公共事务的官员，秉公办事便成为基本要求。“禁主之道，必明于公私之分，明法制，去私恩……公私不可不明，法禁不可不审。”（《韩非子·饰邪》）“人臣循令而从事，案法而治官。”（《韩非子·孤愤》）

秉公办事可以说是伴随官僚制产生后的官员行为要求。商鞅变法的重要内容之一是包括太子在内的公室人员犯法也要受到处罚。“法之不行，自上犯之”。处罚了太子，“秦人皆趋令”（《史记·商君列传》）。秦国的法律因此为所有人信服，从而“盖上社会普遍承认的印章”[②]。

秦始皇统一中国的帝制国家，以地域关系为主导，以统一的国家法律治理国家。“这法典是国家的，或是皇帝的，而不再属于贵族了。这时只有他是立在法律以外的唯一的人，法律是他统治臣民的工具，主权命令全国所有的臣民——治人者和治于人者，贵族和平民——都遵守这部法典，一切人都在同一司法权以下，没有任何人能例外。”[③] 官员则是执法者。只有官员秉公执法，才能实现“一切人都在同一司法权以下”。因此，在帝制国家，官员行为的理想模式便是不畏权贵，刚直不阿，秉公执法和办事。“奉职循理，亦可以为治。”（《史记·循

① 张分田：《中国帝王观念——社会普遍意识中的“尊君—罪君”文化范式》，中国人民大学出版社，2004，第 409 页。

② 《马克思恩格斯选集》第 4 卷，人民出版社，2012，第 123 页。

③ 瞿同祖：《中国法律与中国社会》，中华书局，2003，第 224 页。

吏列传序》）

汉代，为了打击日益强盛的豪族势力，任用一批“酷吏”，其共同特点便是不徇私情，以超强制手段加以镇压。其中的郅都“为人勇，有气力，公廉，不发私书，问遗无所受，请寄无所听”，“致行法不避贵戚，列侯宗室见都，侧目而视”（《史记·郅都传》）。宋朝的包拯因执法如山，依法处置权贵，被称为包青天。

显然，对于没有政治参与权利的普通民众来说，官员能秉公执法和办事，已殊为不易。普通民众将能够不畏权贵，刚直不阿，秉公执法的官员称颂为“青天大老爷”，说明了社会成员对公平公正的期盼。但是，这种颂扬恰恰反映了公平公正的缺失。官员的秉公与徇私是伴生物。

这首先在于受久远的血缘关系所支配，国家最高权力不是以“阶级”，而是以“家族”方式所占有这一特性一直延续下来。无论是王制国家，还是帝制国家，这一基本特点没有改变。皇帝本人超越法律之上，是立法者，其家族也会享受一系列特权。即使是最激烈的变法者——商鞅也无法改变这一事实。尽管太子犯法要接受处罚，但考虑其君主接替人身份，只能变通从轻处理。“太子，君嗣也，不可施刑，刑其傅公子虔，黥其师公孙贾。”（《史记·商君列传》）皇帝家族及其亲近人的特权地位，严重制约了帝制国家官员的秉公办事。毕竟他们只是皇帝意志的执行者。

其次，官员生活在社会之中。现实的各种社会关系网络制约着官员的行为。“官吏中有‘派系’，主要是按同乡会和师承学派的传统特点形成的。”[①] 具有私人性的门生故吏、同乡同僚等关系制约着官员的行为，使他们难免徇私情。“今日给人方便，来日予己方便；今日投资，来日获益，互相报答。”[②]

再次，帝制国家的治理体系为官员的徇私提供了空间。由于帝制

① 〔德〕马克斯·韦伯：《儒教与道教》，王容芬译，商务印书馆，1995，第112页。

② 徐勇：《城乡差别的中国政治》，社会科学文献出版社，2019，第175页。

国家的规模大，实行分级分地治理，国家层面更多的是原则性的规定，官员在处理事务时享有较大的自由决定权。“广阔的大陆交通网络很差，权力只是在名义上集中，而不是事实上集中。每一层官员都有着顶头上司允许的一定权威。‘天高皇帝远’，统治人民的是各级官吏。因为官员只对他们的上司负责，皇帝高高在上，这里没有大众检查的机制来制约权力。”[①]

最后，也是最为重要的是，官员是一个有着特殊利益的群体。为了特殊利益会形成有组织的行为，谋取和维护自身利益。这就是结党营私。由于结党营私是一种组织性行为，君主特别重视，并严加防范。“党与之具，臣之宝也。臣之所不弑其君者，党与不具也。”（《韩非子·扬权》）

为了克服官员徇私行为，“帝国政府经常想清除官员与僚属之间过于亲近的关系，也经常转移官员对家庭、亲属、宗族及本乡的忠诚”[②]，但是这一努力收效有限。

五　官员的贪腐：报酬与报恩

在恩格斯看来，国家不同于氏族组织，在于其公共权力的设立，有执掌公共权力并专事公共管理的人员，“为了维持这种公共权力，就需要公民缴纳费用——捐税”。[③] 捐税的相当一部分用于支付公务人员的报酬。因此，官员是领取报酬的职业群体。只是这一群体凭借的是公共权力并有可能因为公共权力的属性而产生以公职谋取私利的贪腐问题。

在早期中国，家国一体，事亲与事君合一，公事与私事混同。从事管理的官员，既是一种专门性的职业，又是家族共同的事业。尽管

① 费孝通：《中国绅士》，惠海鸣译，中国社会科学出版社，2006，第115~116页。

② 杨美惠：《礼物、关系学与国家——中国人际关系与主体性建构》，赵旭东、孙珉译，江苏人民出版社，2009，第129页。

③ 《马克思恩格斯选集》第4卷，人民出版社，2012，第188页。

官员获取的报酬也是来自社会，但是公私不分的结构使官员的报酬受到家族结构的制约。

春秋战国时期，随着地域性国家的兴起，公与私分离，官员成为一种职业，并成为一个具有独立利益的职业群体。官员的“事君”，是为了从君主那里获得报酬。这种报酬是定期的和可以量化的。

将为官视为获得报酬的职业，是帝制体系的重要特点。“中国士人自古就以干禄为目的，所谓‘不事王侯，高尚其志’，只是少数人之志趣。”[①] 帝制国家制定了相应的官员报酬制度。官员凭借官位等级获得相应的报酬。秦汉以粮食数量表示官阶并作为官员的报酬。如丞相万石，郡守二千石，县令长五百石到一千石。陶渊明不为“五斗米折腰”。

总体上看，帝制国家支付给官员的报酬是低廉的。这在于受生产力水平和社会剩余有限的条件所制约。更重要的在于帝制国家的特性。在帝制国家，皇帝是主权者，天下的财富都归于皇帝家族。官员只是代皇帝管理事务的“管家”。从社会中获取的捐税收入要在“主人”和“管家”之间分配。对于“主人”而言，支付给“管家”的官员多了，便意味着自己少了。这对于“主人”是不可思议的。所以，皇帝家族在获得的国家总收入中，所占得和享有量愈多愈好。这是从秦始皇开始的帝制国家的基本特点。对于帝制国家来说，官员所获得的正常报酬愈少愈好。“政府只用自己的钱支付实际从事行政管理的人员中一小部分人的薪俸，这点薪俸也只是他们收入中的微不足道的一小部分。当官的根本不能靠它糊口，更谈不上用它来负担为尽职守所需的行政费用。”[②] 但是，官员毕竟是一个职业群体，报酬过少便有可能不去认真“管家”。帝制国家因此运用意识形态教化官员，将为公的“义”置于为官的首位，极力贬低为私的“利”。“喻于义”的才是“君子”，“喻于利”的则是“小人”。这正是儒家学说得以成为统治思

① 萨孟武：《中国社会政治史》（宋元明卷），三联书店，2019，第399~400页。
② 〔德〕马克斯·韦伯：《儒教与道教》，王容芬译，商务印书馆，1995，第108页。

想的重要原因。

然而，官员毕竟是生活在社会生活中的活生生的人，受到各种社会关系的影响，特别是血缘关系的支配。他担任官职，不仅仅是为了获得职业报酬，更重要的是一种地位，一种能够光宗耀祖的事业，一种对家族乡亲的报恩。首先，官员要成为职业群体的一员，需要物质条件保障。特别是帝国国家以学识作为入职的条件。尽管官员入职的开放性愈来愈高，但是并不是所有人都有掌握专门学识的条件。在这方面，费正清有清醒的判断。他指出："凡以考试制度取士的大多数朝代，都不惜花费唇舌，广为宣扬这种制度的好处，说是只要你有才干，总能擢为高官。西方作家也素来认为中国的考试是真正的民主制度，使聪明的农民有机会出人头地。但事实上这种情况似乎是比较少见的。为考试入选所必需的多年寒窗苦读，是普通农民不能逾越的障碍。"[①] 所以，只有那些有经济实力的家族才能供养子弟读书，取得入职资格。而在一些贫寒的家庭，则需要联合全体家族的力量供养子弟读书为官。"在中国传统社会里，某个家族或大家庭自然形成一个群体，采取行动支持他们成员中的某个人，使其变成一位学者，并且能够在官方考试中入选。一旦这个人做了官，整个家族将会依赖于他。"[②]

更为重要的是，当官作为一个职业之后，它便不是一般的职业，而是一种高人一等的地位，特别是拥有权力资源。"学而优则仕"成为一种普遍的价值观。这在于官员执掌着最为稀缺的权力资源。官员因为有这一权力资源，不仅可以为自己，而且为家族带来物质和精神上的种种好处。"权力是工具性的：如果一个家族中有人在朝中为官，他就能保护家族产业。"[③] 成为官员便是人上人，否则便是人下人。这种意识成为社会的一种普遍价值。春秋战国时期，苏秦出外苦读，但没

① 〔美〕费正清：《美国与中国》（第四版），张理京译，世界知识出版社，1999，第45页。

② 费孝通：《中国绅士》，惠海鸣译，中国社会科学出版社，2006，第10页。

③ 〔英〕塞缪尔·E. 芬纳：《统治史（卷二）：中世纪的帝国统治和代议制的兴起——从拜占庭到威尼斯》，王震译，华东师范大学出版社，2014，第158页。

有为官，回家后受到全家族人奚落。他感叹："妻不以我为夫，嫂不以我为叔，父母不以我为子，是皆秦之罪也。"（《苏秦以连横说秦》）为此，他发奋苦读，以连横之策获得高官，挂六国相印，不仅全家族，包括乡里都敬佩有加。只有读书为官才能使个人获得地位和荣耀。吴起为了官位，不惜杀妻，破家别母，直到母亲去世也不归。其发誓"起不为卿相，不复入卫"，为此他被称为"猜忍人也"（《史记·孙子吴起列传》）。而地位和荣耀的最重要标准是财产。"长期的官僚政治，给予了做官的人、准备做官的人，乃至从官场退出的人，以种种社会经济的实利，或种种虽无明文确定但却十分实在的特权。那些实利或特权，从消极意义上说，是保护财产，而从积极意义上说，则是增大财产。'做官发财'始终是连在一起讲的。"①

因此，帝制国家下的官员为官，不仅是个人获得报酬的职业，更重要的是关系全家全族人地位和荣耀的事业，并要以自己的地位和财富来报答家族的恩惠。"即使他们是在政府里做官，典型的官员还是同时作为他亲属和关系户的代表而发挥作用。的确，后者的作用是他主要的事情，但是为了达到这一点，他就必须去做前者的事。"② 这是由社会的基本单位为血缘家族的特性决定的。也正是如此，帝制国家的官员决不会满足于低廉的报酬，他们会寻求有更多的收入。因为他们手里拥有着他人所不及的权力资源。

而帝制国家的治理体系也为官员以权谋私提供了可能。尽管皇帝是"主人"，官员只是"管家"，是代理者，但让所有的"管家"都以低廉的报酬忠于职守几乎是不可能的。而以一个"主人"之力去约束数以万计的"管家"也是不可能的。首先，作为主权者的"主人"便有以作为公共权力的"官职"谋取利益的倾向。从汉武帝开始便有买卖官职的现象。尽管对于"主人"来说，出卖"管家"位置是理所当然的，但无形中会导致上行下效。尽管正式制度不允许，但存在着许

① 王亚南：《中国官僚政治研究》，商务印书馆，2010，第111页。

② 费孝通：《中国绅士》，惠海鸣译，中国社会科学出版社，2006，第118页。

多“潜规则”。“清代的‘陋规’便是这一‘潜规则”的典型表现：下级官府为加强与上级的感情交流，要定期不定期地给上司以各种馈赠，在办理某项具体事务时，亦须提纳一定费用为润滑。岁金、节礼、‘冰敬’、‘炭敬’、‘别敬’、‘部费’等，种种名目下的陋规为官员们提供了滚滚财源，而慷慨馈赠者则往往得到特别的回报，权钱交易在一种近乎公开的、合法的形式下进行。”①

其次，“管家”所管理的事务众多，这种因事而产生的事权也存在谋利的空间。特别是因为统一征税、治水和教育等公共职能的行使会产生系统性的官员贪污。清初承明旧制，官员报酬低。官至极品俸银不过 180 两、禄米 180 斛，七品知县年俸仅 45 两，州县官员连正常生活都难以维持。于是有所谓“火耗”，即正税之外无定例可循的附加税。这实际是默许州县官在收税时加征银两，从而为官员贪污提供了系统性的制度空间。

最后，官僚体制和错综复杂的私人关系也为官员贪污提供了温床。“朝廷命官必须对他们治下发生的一切公众事件负责，但不必对所有公款负责。预算和会计手续是非常简陋的。官员们靠我们今天称之为‘系统化的贪污’行为来谋生，而这种行为有时变成了敲诈勒索。这是错综复杂的私人关系制度必然会出现的伴生物，而每个官员则必须跟他的上司、同僚和下属保持那样的关系。”费正清将这种现象归纳为“政府作为有组织的‘贪污集体’”。②

官员的贪污与长期延续的血缘关系的影响密切相关。“在历史上的官僚体制中，中国式官僚制的突出之点是‘勒索’和任人唯亲，这是彼此起加强作用的孪生制。”“重用亲戚的惯例给‘勒索’或‘示意’增加了方便，因为它使违反公众利益的私人勾结更加有恃无恐。甚至经书也赞誉尽心为家、特别是孝顺父母的美德，认为这是高于对国家

① 孙季萍、冯勇：《中国传统官僚政治中的权力制约机制》，北京大学出版社，2010，第 53 页。

② 〔美〕费正清：《美国与中国》（第四版），张理京译，世界知识出版社，1999，第 106 页。

的任何义务的。”[①] 读书得到族人的支持，“宗族期待着通过族人步入仕途来收回本钱”[②]。换言之，官员不仅要依靠领取固定报酬，还要通过官职索取更多收入以报恩自己的亲人，后者更为重要，更能得到一个受久远血缘关系支配的社会的普遍认可。苏秦对此感受甚深。当他挂六国之相后，其派头场面“疑于王者”。“苏秦之昆弟妻嫂侧目不敢仰视，俯伏侍取食。苏秦笑谓其嫂曰：‘何前倨而后恭也?’嫂委蛇蒲服，以面掩地而谢曰：‘见季子位高金多也。’苏秦喟然叹曰：‘此一人之身，富贵则亲戚畏惧之，贫贱则轻易之，况众人乎！且使我有洛阳负郭田二顷，吾岂能佩六国相印乎!’于是散千金以赐宗族朋友。”(《史记·苏秦列传》)只有做官才能发财，只有做大官才能发大财，才能得到社会的尊敬和亲戚的看重。为此，“苏秦兄弟三人，皆游说诸侯以显名”(《史记·苏秦列传》)。做官发财受尊重的社会普遍价值无疑进一步推动了官员的贪污。由于分家机制，人们“防止家道中衰的主要办法，是把有知识有才干的子弟送到官僚机构中，他们会受纳虽遭明令禁止、但为社会所默认的贿赂，来使自己的家业愈益兴旺”。“靠着在帝国中的职位，儒生们补偿并扩充了家族的财产，并维护着血缘家族的社会地位。”[③]

正是由于基于血缘家族的发达形成的普遍价值观，官员贪污成为一个具有普遍性且十分严重的问题。王亚南因此指出，“历史家昌言中国二十四史是一部相斫史，但从另一个视野去看，则又实是一部贪污史。廉吏循吏在历史上之被重视与被崇敬，乃说明这类人物该是如何的稀罕。历代对于贪污所定法律之严酷，更说明这类人物该是如何的多”[④]。“官僚的政治生活就一般的体现为贪污生活”[⑤]。汉朝的酷吏在

① 〔美〕费正清：《美国与中国》(第四版)，张理京译，世界知识出版社，1999，第107页。

② 〔德〕马克斯·韦伯：《儒教与道教》，王容芬译，商务印书馆，1995，第181页。

③ 〔美〕巴林顿·摩尔：《民主和专制的社会起源》，拓夫、张东东等译，华夏出版社，1987，第134、131页。

④ 王亚南：《中国官僚政治研究》，商务印书馆，2010，第116页。

⑤ 王亚南：《中国官僚政治研究》，商务印书馆，2010，第118页。

严厉打击豪强时自己也迅速成为新生的富豪。“杜周初征为廷史，有一马，且不全；及身久任事，至三公列，子孙尊官，家赀累数巨万矣。”司马迁列举了十个酷吏，“其廉者足以为仪表，其污者足以为戒”（《史记·酷吏列传》）。

官员的贪腐，既会影响皇帝的总收入，也会增加社会负担进而影响政权的稳定，因此成为帝国加以治理的对象。“在皇帝看来，一个官员利用他的地位自肥，意味着这个体系的腐败和他自己的财富的减少。因此，除非一个皇帝非常软弱，他是不会容忍这样的官员的。”①

首先是强化清正廉洁，树立“清官”形象。如明代的海瑞。

其次是严厉打击和压制。“宋以忠厚开国，凡罪罚悉从轻减，独于治赃吏最严。”（赵翼《廿二史札记·宋初严惩赃吏》）明代对贪污的惩罚特别严厉，采用各种残酷的惩治措施。包括斩首示众、点天灯、族诛等。仅仅是处死的方法就有很多，如凌迟、挑筋、枭首。为打击和压制官员贪腐，帝制国家制定了严格的法律，严惩不贷。

最后是解决系统性腐败问题。尽管明代严厉打击官员贪污，但明代的贪污又是最为普遍和严重的，其重要原因是官员报酬太低和制度性漏洞太多。清雍正二年（1724 年）降旨实行“火耗归公”，同时各省文职官员于俸银之外，增给养廉银。耗羡归公后，作为政府正常税收，统一征课，存留藩库，酌给本省文职官员养廉。这一改革措施增加了官员的收入，力图堵住官员系统化贪污的制度性漏洞。当然，州县官于额征火耗之外，又会暗中加派。这是另一个层面的问题了。

由于官员贪污涉及体制和社会的复杂关系，因此成为难以遏制的痼疾。“社会系统中缺少有效率的机构来制止官员的压榨行为这一点，可以说是中国社会中最基本的结构性弱点之一。”②

① 费孝通：《中国绅士》，惠海鸣译，中国社会科学出版社，2006，第 9 页。

② 〔美〕巴林顿·摩尔：《民主和专制的社会起源》，拓夫、张东东等译，华夏出版社，1987，第 135 页。

六　官员的监督：可用与可疑

国家设立公共权力，用于管理国家事务。管理国家事务是一种有目的的活动，特别是服务和服从于统治者的利益。官员是执掌公共权力从事管理活动者。其管理活动并不一定都能达到国家治理的目的，甚至会背道而驰。由此便产生官员的监督，即运用必要的手段监督官员的行为是否符合国家治理的目的和规范。

官员的监督与国家组织构成相关。在早期中国，国家组织规模小，实行层级分封的平面治理，主权者和管理者之间在一个层级上。特别是主权者和管理者是亲人关系，相互信任，并以礼相互约束。

春秋战国时期，伴随地域国家的兴起，从事行政事务的官员作为一个职业群体开始形成。他们通过“事君”而从君主那里获得报酬。他们与作为主权者的君主之间，不再是亲人关系，更多的是利益关系，并会因为利益的不同而产生不信任。在主权者和管理者之间普遍存在着“疑”。主权者要用做事者，但又怀疑做事者是否真心事君，是否能够成事。“孝公既用卫鞅，鞅欲变法，恐天下议己。卫鞅曰：‘疑行无名，疑事无功。’”（《史记·商君列传》）“人主之患，在于信人。信人，则制于人。”（《韩非子·备内》）“君臣异心，君以计畜臣，臣以计事君。”（《韩非子·饰邪》）

秦始皇统一中国后，地域关系和财产关系居主导地位，国家组织规模空前扩大，并形成一个庞大的官员职业群体。这一职业群体由多个层级所构成，形成上下等级的金字塔结构。主权者与管理者既不是亲人关系，也不都在一个层级上。层级愈多，距离愈远，信任感愈弱，管理者偏离主权者意志的倾向愈突出。从大规模国家治理看，必须实行统一的等级治理，要用官员；但能否做到“臣事君以忠”，又可存疑。宋太祖在初定天下后表示：“吾为天子，殊不若为节度使之乐，吾终夕未尝安枕而卧！”所期待的是“君臣之间无所猜嫌”（《宋史·石守信传》）。因此，伴随中央集权制、郡县官僚制的建立，是自上而下

的有组织的监督，并形成监督监察制度。

自秦汉开始，政府官位便设立有专事监察之官职，并处于最高一级的位置。“御史大夫在秦和西汉前期为副丞相。由于他与皇帝的关系较之丞相与皇帝的关系更为亲密，并且负有监察、弹劾百官之责，因而常常接受皇帝的差遣去完成许多重要使命。其权力有时甚至超过丞相。”① 丞相主要是做事。御史大夫专事监察。他们处于平行位置。后者与皇帝关系更为紧密，表明皇帝对做事的人的信任度低，这在于做事的人有事权。事权则有可能偏离皇权。

皇权中央对地方官员的监督，是自上而下的中央集权制的重要保障。汉武帝专门设立刺史，主要职责是监察郡守和诸侯。刺史是中央派遣常驻地方的专事监察官，并有相应的机构。汉武帝时的刺史以“六条诏书”为据，专事监察。这一制度被清人顾炎武称为“刺史六条为百代不易之良法”（《日知录》卷十三“部刺史”条》）。郡守是地方行政长官，又是监察长官，负责对所辖县进行监察。郡一级地方政府专门设立有用于监督监察的官员和机构。唐朝设立御史，专事监察，号称“人君耳目”。唐朝随时派遣官员巡察地方官员。

除自上而下的垂直监督以外，平级官员的互相监督也是重要方式。这在于官吏“事同体一者，相监不可”（《商君书·禁使》）。唯有通过“以臣制臣”才不会相互勾结。同时，自上而下的监督难以做到时时事事的监督。只有将监督置于各种事务过程之中，才能进行经常性的有效监督和制约。“官僚政治的原则一般是使一个官员制约另一官员。……设立许多官署来执行同一职责，通过叠床架屋的办法，使之互相制约。这种官署重叠和采用共同负责制的结果，使每个官员为各种任务所缠身，而每项任务又都有他人牵涉在内。”② 这种体系尽管降低了效率，但有助于防范和制约官员。

帝制国家对官员的监督，主要是自上而下的监督，与中央集权体

① 白钢主编《中国政治制度史》上卷，天津人民出版社，2016，第 245 页。

② 〔美〕费正清：《美国与中国》（第四版），张理京译，世界知识出版社，1999，第 104~105 页。

制相配套，服从和服务于皇权中央，但其成效又取决于皇权中央权威和有效治理。汉代的刺史直接秉承皇权中央的意志，其权力重大，后转变为主宰地方事务的行政长官。刺史改为州牧后，一批重臣出任此职。“随着中央控制权的削弱，州牧就把他们管辖的地区变成父子相袭的独立王国。”① 东汉灭亡与地方封建割据密切相关。显然，即使是行使监督之权的“管家”，也有可能利用“主人”赋予的特殊权力，将公共权力私人化，并谋取“主人”资格。作为“主人”的皇帝不可轻信“管家”并加强对“管家”的监督势所必然。

汉唐之后，皇权中央建立和维护自上而下的专门稳定的监督机构成为基本趋势。除专门机构和人员以外，唐朝还使用酷吏监察官员。至明朝，皇帝连正式的监察监督机构都不信任，专门设立了完全由皇帝直接控制的特务机构，秉承皇帝意志，监督官员的一言一行，以致造成政治恐怖。“在中国历史上，历代封建皇帝都不同程度地任用特务，秘行伺察，以加强对官吏的控制和人民的统治。但是，把特务监察组织作为国家机构的组成部分始自明代。”这一组织“在朝廷内外制造了很大的恐怖气氛，百官道路以目，朝不保夕”②。清朝则实行“宫廷奏折”制度，“钦差以此向皇帝呈送秘密报告，只能由皇帝亲自拆阅，阅后的批示也只送交递呈者本人。这样，整个官场都有统治者的密报人员”③。“这一制度设计的最大好处就是让所有官员、臣子彼此猜忌，互相监视，互相牵制，这样一来，无论是近在皇帝身边的朝中大员，还是远在天边的地方小吏，都不敢随意作为，他们必须小心谨慎，以防被人‘密报’。”④

① 白钢主编《中国政治制度史》上卷，天津人民出版社，2016，第 247 页。

② 孙季萍、冯勇：《中国传统官僚政治中的权力制约机制》，北京大学出版社，2010，第 274 页。

③ 〔美〕费正清：《美国与中国》（第四版），张理京译，世界知识出版社，1999，第 105 页。

④ 孙季萍、冯勇：《中国传统官僚政治中的权力制约机制》，北京大学出版社，2010，第 283~284 页。

七　官民间的吏：地方与家族

国家事务与国家治理是从简单到复杂的过程。随着国家治理的事务日益增多，从事具体事务活动的人员也会日益增多，并会进行分工分类。

在中国，到春秋战国时期，开始形成一个专业管理的官员职业群体，在称呼上官吏不分。“吏民欲知法令者，皆问法官。故天下之吏民，无不知法者”。“故圣人必为法令置官也，置吏也，为天下师，所以定名分也。”（《商君书·定分》）秦始皇后来确立“以吏为师”的法则。直到明清时期，管理官员的部门称为吏部，对官员的治理称为“吏治”。

当然，自从官员群体产生以后，官吏之间便有了一定的区别。从《商君书·定分》等文献便可以看来，既单独提到官，也单独谈到吏。官比吏的等级地位更高，具有决策权；吏更多的是直接面向民众，执行上级的决策，属于基层官员。“官与吏的区别是，官比吏尊贵而有法定权力，吏受官的驱使，只能办理具体事务而没有决策权。”① 但是，官与吏没有通道限制，小吏也有可能提升为大官。

进入帝制国家之后，随着国家事务增多，官员群体增大并实行等级管理，官与吏的分工分层愈益明显。官主要是领取国家正式报酬，受中央直接管理并具有决策权的中、上级官员。其范围在县级及其之上的职官，具有国家正式品级。在他们之下有大量经办各种具体事务的人员，主要是执行者。因为录用制度，官与吏的层级日益分明，且相互难以贯通。“选官上‘士’与‘吏’作为两个流品被区分开来。”② 吏主要是执行者。具有正式官衔的官员手下的办事人员数量远远多于品官。“从宋代开始，吏员集团正作为一个相对独立的社会政治群体出

① 孙立群：《中国古代的士人生活》，商务印书馆，2014，第61页。

② 阎步克编著《波峰与波谷：秦汉魏晋南北朝的政治文明》，北京大学出版社，2017，第65页。

现于历史舞台之上。"[1] 费正清指出，对于中国的官僚体系而言，"如果只算有真正官衔，有资格作皇上代表，能采取官方行动并逐级上奏的，我们发现他们人数不多，而且分散各地。据粗略估计，总数至多不超过 3 万或 4 万'官员'，而他们所治理的却是一个有 2 亿，并在 19 世纪中叶可能已增至 4 亿人口的国家"。但是，中国的官僚体系并不只有"官员"，"另外还有一大批文案和管事，是中国衙门里从事缮写、记录、商谈、送往迎来等是不可或缺的"[2]。"几十万摇笔杆的文牍人员成年累月地忙于缮写、登记和分发公文。"[3] 这样一大批经办具体事务的人，通常被称为"吏"。因为其官阶地位低下，通常会被称为"小吏"。如"李斯者……年少时，为郡小吏"（《史记·李斯列传》）。

除了在官府衙门的办事人员以外，广义的"吏"还包括基层官员。帝制国家实行郡县制，正式官府机构设立于县。但是依靠县官治理一个县是不可能的。因此，在县以下有听命于县官，但又不设立正式组织机构的基层官员。"他们成为官与民之间'交接之枢纽'，官与民之间要打交道，必须通过他们，这使他们成为一种不可或缺的角色。"[4] 如秦汉时期的乡（亭）里，宋明清的保甲、里甲等。特别是乡亭长、保长有相当的权限，负责一个地方的公共事务。"县令、长，皆秦官，掌治其县。万户以上为令，秩千石至六百石。减万户为长，秩五百石至三百石。皆有丞、尉，秩四百石至二百石，是为长吏。百石以下有斗食、佐史之秩，是为少吏。大率十里一亭，亭有长。十亭一乡，乡有三老、有秩、啬夫、游徼。"（《汉书·百官公卿表序》）汉朝的开国皇帝刘邦便是秦朝的亭长。

从权力的角度看，"吏"主要指拥有小微权力，经办具体事务的低级官员。他们有权，属于官僚体系的一部分。但与官僚体系的官员又

---

① 赵世瑜：《吏与中国传统社会》，浙江人民出版社，1994，第 101 页。

② 〔美〕费正清：《美国与中国》（第四版），张理京译，世界知识出版社，1999，第 106 页。

③ 〔美〕费正清：《美国与中国》（第四版），张理京译，世界知识出版社，1999，第 103 页。

④ 赵世瑜：《吏与中国传统社会》，浙江人民出版社，1994，作者序第 2 页。

不同，执掌的是经办具体事务的小微权力。在金字塔结构的官僚体系里，越往上，权力愈大；愈往下，权力愈小。

从国家与社会的关系看，吏距皇权中央远，距离社会民众近。作为官府衙门的吏，等级层级使他们距离皇权中央有若干难以逾越的界限。“天高皇帝远”。基层地方官员要直接与皇帝沟通更难上加难。但他们执行和贯彻皇帝意志，必须接近社会和民众，并生活于社会和民众之中。

从官员报酬看，有官衔的官员有固定的报酬。而吏通常没有中央编制的固定报酬。其收入低，且处于非制度化的不稳定状态。汉代“县令长以下的官吏俸禄较低，乡亭的低级吏佐甚至难得温饱”①。“他们出身低贱，不准参加科举考试，收入也极其有限，他们跑腿去征收赋税，并在中途攫取他们的一份。”②

从官僚体系的上下流动看，具有正式官衔的官员要通过考试等方式任职，并能够向更高层级上升。而吏的职位获取方式多样化，很难向更高层级升迁。明令胥吏不得朝参君王，参加科举考试。明清以后，胥吏则沦落到等同于职役。

吏的以上特点使吏成为官僚体系中的一个非常特殊，也是不可或缺的一部分，极具稳定的地方性和家族性。

在帝制国家体系中，改朝换代使最高层的皇帝处于不断的变更中。官员的“回避制”使县以上的官员必须经常变动。这些异地为官的官员要治理一个地方，必须依赖当地人。除雇用当地人为吏以外，还要重视作为当地人的基层官员。因此，与流动性的中高级官员相比，吏具有稳定性。“吏往往是本地人，甚至父子相继，兄弟相传；‘官无常任而吏有常任’。”③“由于父祖的职业技巧耳濡目染地影响着子孙，他们承袭吏职时往往就比他人熟练，具有较强的业务能力，能使新老交

---

① 白钢主编《中国政治制度史》上卷，天津人民出版社，2016，第279页。

② 〔美〕巴林顿·摩尔：《民主和专制的社会起源》，拓夫、张东东等译，华夏出版社，1987，第136页。

③ 赵世瑜：《吏与中国传统社会》，浙江人民出版社，1994，作者序第2页。

替时政府机器不间断地正常运转，因此也就容易得到主管官员的信任。”①

尽管吏所掌握的权力在官僚体系里是小微权力，对于民众来讲却是至关重要的。所有国家事务都要经由吏办理。在缺乏上下政治沟通和政治不透明的帝制国家，基层小吏在代行皇帝意志的过程中有大量自由裁量权和解说权。他们手中的权，对于皇帝来说是极小的权，对于民众来说是天大的权；他们所办的事，对于皇帝来说是极小的事，对于民众来说则是天大的事。

同时，官员要贪污还得借助吏的力量，进行“合谋”。“一个贪官，便必然会配合有大批文武污吏。”② “贪官”与“污吏”相连。尽管权小位卑，也能通过其手中的小微权力贪赃枉法。如绍兴师爷“刀笔一生自发财”。明朝的海瑞说：“何今之为吏者，每以得利为夸。惟以得利为夸，故百端作弊，无所不至，时以狗吏呼之贱之也。”（《海忠介公集·兴革条例》）在明中叶，“随着官僚政治的滋长，吏卒科敛勒索、挟诈长官以及捕快与盗贼相表里等百弊丛生，致百姓深受其害，故顾炎武曾愤然抨击明朝胥吏‘皆虎狼也’”。③

正是由于胥吏的特殊地位，地方和民众对于吏的小微权力极其看重，并力图将这一权力长期控制在本家族的手中。在汉代，“一些小吏父子相传，竟致‘以官为氏’，‘居官者以为姓号’了”。④ 至清代，无绍不成衙。衙门中有许多浙江绍兴籍的幕友和书吏。绍兴师爷擅长舞文弄墨，城府极深，能翻云覆雨，几个字可扭转乾坤，故有“刀笔吏”之称。这种能量使更高的官员愿意招纳绍兴人做幕僚和书吏，使“绍兴师爷”成为极具地方性的职业群体。这种职业群体具有世代相继的特点。叶适称之为“官无封建，而吏有封建”（《水心别集·铨选》）。

吏的封建化势必造成吏的权力更为滥用，毕竟远在天边的皇权鞭

① 赵世瑜：《吏与中国传统社会》，浙江人民出版社，1994，第 308 页。
② 王亚南：《中国官僚政治研究》，商务印书馆，2010，第 117 页。
③ 白钢主编《中国政治制度史》下卷，天津人民出版社，2016，第 798~799 页。
④ 白钢主编《中国政治制度史》上卷，天津人民出版社，2016，第 274~275 页。

长莫及。为此，他们在整个帝制权力体系处于被压制的地位，甚至受到一定的歧视，如他们的儿子不能参加考试。这是“因为处于这样地位的人最容易滥用权力，就应该被压得这样低。如果社会不用歧视来压制他们，剥夺他们体面的社会地位，他们就可能变得像狼一样令人害怕。即使他们滥用权力的话，也没有希望在社会等级中上升，他们不会过分难以对付”①。

八　官吏与帝国：支柱与蛀虫

帝制国家是以皇帝为中心的皇权体系进行组织和治理的。这一体系在皇帝的统领下，依靠众多“事君”的官僚进行统治。“古代中国那种行政权力分散而以家族为基础的封建制度，被一统天下的帝制政府所取代之后，官僚统治阶级就有了用武之地。”“当公元前206年汉朝继短命的秦朝掌权后，它逐渐形成了一套不那么专横的施政法。皇帝开始依靠一批新的行政人员，他们主持大的公共工程——修堤挖渠，筑城墙、宫室和仓库——并抽集民工，征收田赋。这些行政人员代替了封建时代的世袭贵族，成为帝国政权的栋梁。”②“在皇帝不理朝政、高官挂冠而去的情况下，统治机器还能吱吱呀呀地转动。明代的吏制便是勉强支撑这将倾大厦的一根支柱。”③

与此同时，“中国传统的行政管理系统内部结构是金字塔形的，各子系统或职能部门之间有清楚的界线，职位与权力也有明确的等级差别，同时责任与报酬都与这种差别有关。在这种金字塔形的等级结构最上端，有一个最高权威；不同的下级均对此服从，而且各级之间也有相应的权威与服从的关系。这种传统结构被马克斯·韦伯视为最有行政效率的结构，因而也就是最合理的结构”。“这导致言出必从、令行禁止、较高度的效率、处理事务的较高度精密性、机构成员的纪律

① 费孝通：《中国绅士》，惠海鸣译，中国社会科学出版社，2006，第49页。

② 〔美〕费正清：《美国与中国》（第四版），张理京译，世界知识出版社，1999，第59页。

③ 赵世瑜：《吏与中国传统社会》，浙江人民出版社，1994，第128页。

严明性和可靠性，以及较高度的结果预测性。”“这正是秦汉乃至宋明中华大帝国强盛繁荣的体制保证。”①

但是理想类型的帝国体制能否有效运转，则取决于这一机器的实际操作者。行政官僚是帝国体制不可或缺的，但又是一个在君主统领下的特殊群体，因而与君主形成一种新型的政治关系，并处于相互间的博弈状态。他们之间的关系及其博弈对于国家体制的运转有着至关重要的影响。

理想的政治关系形态是君臣一致，共同治理国家。这便是作为儒家代表的孔子所说的“君使臣以礼，臣事君以忠”（《论语·八佾》）。君臣同心协力，国泰民安，共创盛世。得官僚者得以管天下。

然而，这种理想状态并不多见。在“家天下”的皇权体系下，官员群体是一个有着特殊利益的群体。尽管他们的权力来源于皇帝的授予，但也有自己相对独立的思想和利益，并与皇帝形成一种互动博弈关系。

由于权力来源于皇帝，官吏听命和服从皇帝是理所当然的。但是，官员也并不只是皇帝意志的简单应声筒和绝对服从者。这在于，官员作为一个群体依靠的是自己的知识才能为官，特别是他们受到儒家理想的熏陶，有自己所遵守的“道统”。他们对于政治有自己的理想形态，这就是“善政”，对于置民众于水火之中的“苛政”持否定态度。无论是“善政”，还是“苛政”，其主要责任都在于拥有最高权力的皇帝。因此，他们对于皇帝有很高的理想期待。当皇帝不能达到他们期待的理想，他们会抗命。

当然，官吏的权力来源于皇帝，服从和服务于皇权是天经地义之事。但是，经皇帝授权，官员便成为一个占有权力资源的特殊利益群体。他们为官，是一种期待获得合理报酬的职业，并有社会地位和人生价值的多方面期待。“君之视臣如土芥，则臣视君如寇仇。”（《孟子·离娄下》）当他们的期待能够得到应有回报时，他们有积极性，反之则缺乏积极性，甚至成对立性。而帝国的治理体系也为之提供了

① 赵世瑜：《吏与中国传统社会》，浙江人民出版社，1994，第195、196、197页。

可能。尽管在帝制体系下，皇帝具有至高无上的权力，权力资源高度集中于中央。但是，国家治理的权力毕竟要分散于各个层级的官吏手中。中央权力和利益过于集中，官员缺乏主动性和积极性，甚至“欺上”。整个国家治理机器将运转不灵。而当权力分散时，官员有积极性，但又会产生“分利”，即官员利用手中的权力获得特殊利益。“分利”的后果会导致皇权体系受到利益的腐蚀。这就是费正清所说的“有组织的‘贪污群体’”。他们为了自己的特殊利益可以不顾及皇帝江山。毕竟，在“家天下”的皇权体系下，江山只是皇帝一家的。换了皇帝，官员仍然可以凭借自己的知识才能继续为官，获得报酬。从这一意义上说，官员群体又是帝制国家的蛀虫。明朝末年，国家政权已是摇摇欲坠，财政紧张，皇帝再三求助于官员，但官员不为所动，皇帝深为悲叹。王亚南因此指出：“做官被看成发财的手段，做大官发大财，做小官发小财，甚至没有正式取得官阶官衔，而在乡村以似官非官的身分，利用任一机会发混财，那就会在中国整个社会经济的发展上引起莫大的不利影响。”①

总体上来说，在帝制体系下，皇帝拥有最高权力，在对待官员方面居于主导地位，甚至对官员说杀便杀，说打便打。在皇帝面前，官员是一个弱势群体。但这一群体是皇权体系的支柱。作为一个群体，官员也有自己对付皇帝的办法。尽管他们没有这种应对的团体自觉，相对独立的利益使他们有一种应对皇帝的本能。系统性的贪污实际上是官员对皇帝支付的低报酬的无声反抗。历朝实行任子制度和清朝的“火耗归公”改革，实际上是皇帝对官吏的妥协。

皇帝对官员的妥协，从根本上是为了皇帝的根本利益。这在于皇帝的意志要依靠官吏来实施。官吏对于皇帝来说，是一个弱势群体，但对于广大民众来说，则是一个强势群体。“在理论上，他们是民之父母，并且被称为、或者不如说自称为‘父母官’。”② 他们中的相当一

---

① 王亚南：《中国官僚政治研究》，商务印书馆，2010，第 122 页。

② 〔美〕费正清：《美国与中国》（第四版），张理京译，世界知识出版社，1999，第 102 页。

部分人确实也会"爱民如子"，会"为官一任，造福一方"。这是官员群体作为帝国支柱的重要表现。但是，作为一个有着特殊利益的强势群体，他们对于民众更多的是欺压和剥夺。因为，作为弱势群体的他们难以从归属于皇帝的利益中获得更多利益；但作为强势群体的他们，可以从作为弱势群体的民众那里获得更多利益，乃至"为官一任，祸害一方"。"因为他们自己就是支配者阶级，自己就是一直同所谓'自由'农民处在对立者的地位。"① "在官民对立的过程中，吏是代表官的一方的；他们的角色行为实际上就是执行上官指令以进行对百姓（包括乡绅等地主阶级在野派）统治的行为。"②

"为官一任，祸害一方"使官吏成为帝国的蛀虫，一天天地蛀空着帝制国家的合法性基石。当大规模的"祸害"蔓延时，便是王朝覆亡之日。但无论王朝如何更替，官吏仍然是国家运行所必需的。正如赵世瑜所说的，与官员同体存在的"胥吏集团是一个了不起的、不可或缺的政治构造，是社会各集团之间联系的纽带。也正因为如此，它又是社会安定或动荡的晴雨表。这一系统正常运作的时候，必然是社会安定的局面；而在其功能障碍出现，并且日益严重的时候，往往也就预示着社会危机的爆发在即。因为前者，统治者不仅不能彻底抛弃它，还要借重于它；因为后者，统治者又要一次次地改良它、修复它"。③只是受帝国体制的制约，这种改良和修复的效果极其有限。

从根本上说，帝制国家的官僚依附于体制，且分享着体制性的好处。"他没有任何改变这个社会体系的想法，因为这个体系于他无害。"④ 官僚制"为中国提供了赢得欧洲人敬佩的有效稳定的行政管理。另一方面，也正是这一制度，扼制了创造力，培育了顺从性"⑤。

---

① 王亚南：《中国官僚政治研究》，商务印书馆，2010，第 54 页。
② 赵世瑜：《吏与中国传统社会》，浙江人民出版社，1994，第 216 页。
③ 赵世瑜：《吏与中国传统社会》，浙江人民出版社，1994，第 337～338 页。
④ 费孝通：《中国绅士》，惠海鸣译，中国社会科学出版社，2006，第 11 页。
⑤ 〔美〕斯塔夫里阿诺斯：《全球通史：1500 年以前的世界》，吴象婴、梁赤民译，上海社会科学院出版社，1988，第 433 页。

第十二章
地域—血缘关系中的帝国与士人

随着国家的演化，专事精神生产和知识传播的士成为一个相对独立的群体，并以其知识为存在的基础。在由血缘主导的王制国家向地域主导的帝制国家的重大转变中，士人超越血缘关系，以其使命感和治国之道发挥了重要的思想构造作用。随着帝制国家的形成，士人进入帝制体系。其拥有的知识使其在帝制体系内表现出自己的特性，成为帝制国家的基础性政治秩序并以文治理的重要支撑。知识的个人性使士人受血缘关系的制约较少，表现出少有的个体主义色彩。随着知识生产的扩大，帝制体系难以容纳士人，造成士人对帝制国家的反叛。士人因为知识，成为帝制国家的卫道者，得士人者得以治天下；也因为知识成为帝制国家的异见者，并受到压制，失士人者无以治天下。

一　先知先觉者与政治使命

人是有意识的社会动物。随着人类生存条件的改善，人的意识会得以改变。更重要的是人的意识会主动地驱使人们改变自己的生存条件。国家的产生既是客观条件变化的产物，也是人们为了某种目的而

创造出来的。恩格斯批评了黑格尔关于国家是“伦理观念的现实”，“理性的形象和现实”的断言。认为国家是阶级利益对立的产物，是“这些经济利益互相冲突的阶级，不致在无谓的斗争中把自己和社会消灭，就需要有一种表面上凌驾于社会之上的力量，这种力量应当缓和冲突，把冲突保持在‘秩序’的范围以内”。[①] 恩格斯肯定了国家是“由血缘关系形成和联结起来的旧的氏族公社已经很不够了”[②] 的客观条件的产物，同时也说明国家与人的意识和目的相关，作为国家权力“应当”缓和冲突，并要通过各种方式把冲突“保持”在“秩序”的范围以内。“应当”“保持”“秩序”都属于人的意识的产物。

当然，人的行为有时是不自觉的，愈是在人类的初期，愈是如此。当人类由原始氏族社会进入国家时，更多的是一种自然的演进。但是，一旦进入国家状态，人的自觉便迅速强化。这是因为在原始自然状态，一切都是由血缘关系这一最初或者是唯一的社会关系所支配，人们的活动更多的是受外在的条件所规制。由于人的认识十分有限，人们对外部世界更多的是服从和依赖，这种服从来自对外部世界无知产生的敬畏。由此有了原始宗教并组织宗教活动的人员。进入国家状态后，人类的组织范围扩大，更重要的是大量非同一血缘的异质人口共同存在于一定地域内。人们为何要服从一个凌驾于自己之上的特殊公共权力因此成为一个问题。解决这一问题的重要方式，便是从原始社会沿袭而来的神秘力量。在早期中国，表现为超越人类的“天”。国家统治者要借助人们对“天”的敬畏行使统治权。由此便产生了专门从事这种与神圣和神秘活动相关的人员。这些人比一般人员要知道得更多，是所谓先知先觉者。与此同时，国家的规模比氏族组织更大，更复杂，需要专门的知识进行管理。这些人与一般民众不同，具有专门的知识，他们知道得更多更早。“识文断字的人被视为神奇的卡里斯马的化身。”[③] 随着社会的进步，知识愈丰富，愈需要通过专门的学习和训练

---

① 《马克思恩格斯选集》第4卷，人民出版社，2012，第187页。

② 《马克思恩格斯选集》第4卷，人民出版社，2012，第187页。

③ 〔德〕马克斯·韦伯：《儒教与道教》，王容芬译，商务印书馆，1995，第161页。

来掌握。受到专门学习和训练，并掌握较多知识的人，后来被称为“士人”。“当伦理的含义不再由口头传播，而主要是通过书面传播时，就不再是人人都可以接近的事，识字变得非常重要了。因此，一群特殊的会读书的人物——士大夫阶层，或者知识分子发展了起来。”①

在早期中国，便已产生士人的雏形。但在当时，学在官府。“学校只是官府的一部分，而‘官’又是世世代代承袭的，是‘世卿世禄’制。所以，官学实际是家学，‘子以父教’，贵族们把礼、乐等典章制度传给其子孙，这些‘学生’本身就是贵族，是各级机构的当然的继承人，并不是后世的士人阶层。”② 当时的士人高度依附于各个封建领主，未能形成一个依靠知识为生的独立的社会群体。“其知识还没有形成理论学说，没有达到以知识为资本与社会进行交换的程度。”③ 只是到了春秋战国时期，士人才脱颖而出，成为一个相对独立的社会群体。“士农工商四民者，国之石民也。”（《管子·小匡》）士人与官僚太为接近，且其边界不如其他职业群体清晰。阎步克用了40多万字的著作专门论述“士大夫政治”，展示了其复杂性。④ 但从后来的演化看，士人作为知识分子是基本的含义。吴晗认为，“官僚、士大夫、绅士、知识分子，这四者实在是一个东西。虽然在不同的场合，同一个人可能具有几种身份，然而，在本质上，到底还是一个。……士大夫与知识分子，两者间必然有密切的关联。官僚是就士大夫在官位时的称号，绅士则是士大夫的社会身份”⑤。知识是士人最显著的标志。

春秋战国是中国由王制国家向帝制国家大转型的时期。王制国家受先在的血缘关系支配，人们的身份、地位和命运都是先天规定好了，人们的意识也受先在的关系所限制。春秋战国的兼并争霸突破了血缘关系的限制。如何在地域关系上建立国家并有效治理国家，成为时代

① 费孝通：《中国绅士》，惠海鸣译，中国社会科学出版社，2006，第41页。

② 延涛、林声：《中国古代的“士”》，河南人民出版社，1992，第3页。

③ 孙立群：《中国古代的士人生活》，商务印书馆，2014，第2页。

④ 参见阎步克《士大夫政治演生史稿》，北京大学出版社，2015。

⑤ 费孝通、吴晗等：《皇权与绅权》（增补本），华东师范大学出版社，2015，第51页。

大命题。这是中国历史上第一次有了人的政治自觉，并需要有人的政治自觉的时代。学习不仅在官府，更在于民间。仅仅是孔子就有弟子三千。一大批具有专门知识文化的人应运而生，“他们摆脱了宗法等级制的束缚，形成相对独立的知识群体”①。

春秋战国时期崛起的士人，有两个重要特点。一是士人职业性。士人的特性在于有知识。尽管他们“四体不勤，五谷不分”（《史记·孔子世家》），但可以通过知识进行交换，获得物质生活来源，甚至获得较高的社会地位。战国时期的张仪游说诸侯碰壁挨打，“其妻曰：‘嘻！子毋读书游说，安得此辱乎？’张仪谓其妻曰：‘视吾舌尚在不？’其妻笑曰：‘舌在也。’仪曰：‘足矣。’”（《史记·张仪列传》）正是凭借三寸不烂之舌，张仪得以佩相印。知识是具有价值的，甚至具有很高的价值。士人凭借知识可以获得财富、地位和权力。从这一方面看，作为精神生产者的士人，与作为物质生产者的农人没有什么区别。当然，与物质生产者相比，精神生产者是少数，知识具有稀缺性。因此，士人有可能比一般农人有更多的收获。只是，当时士人的知识主要限于与政治相关，其需要者是政治统治者。这就是后来一直延续的“学成文武艺，货与帝王家”。由于与统治者有着紧密的联系，他们获得了比一般人更高的社会地位。“被认可为士，抑或只是士的朋友，也可以赢得衙门对个人的特殊关照。”② 而这又限制了士人的出路，主要通道或者唯一通道是进入官府。为此，“他们只能作为统治阶级的依附体而存在，如果不去依附统治者，他们不仅没有社会地位，甚至连生计都成问题”③。

二是有很强的政治使命感。从与社会交换的角度，士人与一般人相同。但士人产生于春秋战国的大变革时代，他们一产生，就面临着社会何去何从的大问题。这直接导致了学术思想的“百家争鸣”。但

① 孙立群：《中国古代的士人生活》，商务印书馆，2014，第3页。

② 〔美〕柏文莉：《权力关系：宋代中国的家族、地位与国家》，刘云军译，江苏人民出版社，2015，第247页。

③ 孙立群：《中国古代的士人生活》，商务印书馆，2014，第12页。

“士大夫等级本身却自认为是统一的：既有等级荣耀，又是统一的中国文化的唯一代表”[①]。无论是哪个学派，他们的共同意愿是建立一个理想中的国家，并寻求强国治国之道。“战国诸子虽然不知道新到来的社会是什么，然而都有他们自己的理想图案，所以他们中间有一个共同的倾向，即理想主义的特点。”[②] 他们在寻求一般的治国之策时，努力探寻人类社会发展的本质、规律和路径，探讨作为治国安邦起源的人的本性。这就是“道”。人类只要按照他们的“道”发展，便会达到理想目的。因此，“士不可以不弘毅，任重而道远”（《论语·泰伯》）。

正是因为掌握了“道”，士人成为一个不可忽视的社会群体，具有相对的独立性。“他们主要不是靠土地而是靠所谓学问而被组织进封建官僚机器的大网中的，这就使得儒生能够相对地摆脱土地的束缚，超越小农经济的分散性而处于流动之中，实行全国性的广泛交往。”[③] 这种依靠知识学问和全国性的交往使士人有强烈的群体自我认同意识和强烈的天下意识。他们不再只是简单的依附者，不仅要凭借自己的知识获得权力和名禄，更希望有所作为。而春秋战国的兼并争霸也为他们提供了机会。各国统治者争相聘请他们。即使如此，他们也并不是完全为利所驱使，而因为有自己的思想，具有独立性。“不义而富且贵，于我如浮云。”（《论语·述而》）为了理想，“富贵不能淫，贫贱不能移，威武不能屈”（《孟子·滕文公下》）。

作为先知先觉者的士人群体崛起，按照理想建构国家的政治使命感便成为这一群体的重要特性，并形成生生不息的传统。特别是在宋朝，这一传统得到极大的张扬。如张载的“为天地立心，为生民立命，为往圣继绝学，为万世开太平”；范仲淹的“先天下之忧而忧，后天下之乐而乐”。以天下为己任的政治使命感反映了士人群体超越狭隘的血缘关系，努力将国家带入一个更为广阔的空间和理想境界的特性。他

---

① 〔德〕马克斯·韦伯：《儒教与道教》，王容芬译，商务印书馆，1995，第164页。

② 侯外庐、赵纪彬、杜国庠：《中国思想通史》第一卷，人民出版社，1957，第47页。

③ 金观涛、刘青峰：《兴盛与危机：论中国社会超稳定结构》，法律出版社，2011，第28页。

们不会仅满足于个人的得失和家族的兴衰，还会致力于国家和天下的事业。

二　士人的底色与政治参与

士人作为一个有知识的社会群体的出现，是血缘关系主导的王制国家向地域关系主导的帝制国家转变的产物。对于一个小共同体来说，可以只有语言而无文字，只有经验而无知识。而对于大共同体则不可以。大共同体需要通过文字和知识将众多的人联结起来。这正是文字被认为是国家产生的标志的重要原因。只是在王制国家，实行分封治理，文字和知识在国家治理中还显得不是特别重要。随着秦始皇统一中国，建立起皇帝中央集权制和郡县官僚体系，文字和知识便成为国家治理的伴生物了。知识者要为统治者出谋划策。统治者要借助文字和知识发号施令。有知识的士人群体，与皇帝集权、郡县官僚、行政城市、户籍管理、国法治理等一样，成为整个帝制体系不可或缺的一部分，也是过去没有而帝制体系必须具备的要素。正因为如此，秦始皇统一中国后的帝制体系，重新定义社会，将人口分为“士农工商”，“士”位于四民之首。这在于士人是“准官僚”，是作为国家治理支柱的官僚的主要来源。“象形表意的中国方块字，有利于克服由于地域辽阔所带来的方言繁杂的障碍，成为几千年来始终畅通的思想文化交流的工具。只有具备这种重要的通讯工具，才有可能建立一种跨地域的文化联系。而掌握了这种通讯工具的儒生，也便成为组织官僚机构所必须依靠的阶层。”①

与此同时，士人也有与生俱来的政治参与意识。由于士能够凭借自己的知识获得利益，他们与一般人相分别，成为一个拥有知识资源的社会群体，并能够取得较高地位。这就是“劳心者治人，劳力者治

① 金观涛、刘青峰：《兴盛与危机：论中国社会超稳定结构》，法律出版社，2011，第30页。

于人”（《孟子·滕文公上》）。士人作为知识者，显然属于劳心者的范围。直接参与国家治理，成为士人的抱负和荣耀。“学而优则仕”（《论语·子张》），“这基本上是一个革命性的观念，对世袭统治权力提出了明确的挑战”①。作为士人先祖的孔子有强烈的政治参与意愿和政治自负。“苟有用我者，期月而已可也，三年有成。”（《史记·孔子世家》）孟子也有强烈的政治抱负，“如欲平治天下，当今之世，舍我其谁也?”（《孟子·公孙丑下》）士人产生于新型国家建构时期，他们的知识主要与政治有关。参与政治，成为官员，是他们作为知识生产者和传承者，并获得报酬的职业。“士之仕也，犹农夫之耕也。”“士之失位也，犹诸侯之失国家也。”（《孟子·滕文公下》）但是，他们与一般的官员又有不同，这就是有知识和文化，具有士人的底色，也即文人官员或准官员文人。“官僚政治是名望与特权的来源。那些得以进入官僚政治的人，享有最高的社会地位与最多的特权。士人在平民中的地位最高，是因为他们所受的训练是获得官职的基本资格。”②“识字的特权和政治权威的力量相结合，支持了一个特权的阶级。他们以较高的经济地位、较多的受教育机会和劳动阶级相脱离，结果是得到较高的社会权威。”③ “士为中国‘四民社会’中一领导阶层，农则为中国‘四民社会’中之基本阶层。”④

士人群体大规模参与政治有一个过程。秦末汉初，新型的帝制国家初步建立，武力在这一时期占据主导地位，国家治理主要依靠的是武将和皇族亲属。经历了一系列政治动荡，至汉武帝时，如何建构一个稳定的政治和社会秩序成为重大任务。汉武帝为此广招贤士，出谋划策。后听取董仲舒的建议，“罢黜百家，独尊儒术”。“独尊儒术”最重要的是儒术能够提供一整套稳定性的政治和社会秩序思想。而这

① 〔美〕费正清、赖肖尔：《中国：传统与变革》，陈仲丹、潘兴明、庞朝阳译，江苏人民出版社，1992，第47页。

② 瞿同祖：《中国的阶层结构及其意识型态》，刘纫尼译，载费正清主编《中国思想与制度论集》，段昌国、刘纫尼、张永堂译，台北联经出版事业公司，1976，第290页。

③ 费孝通：《中国绅士》，惠海鸣译，中国社会科学出版社，2006，第42页。

④ 钱穆：《中国历史研究法》，九州出版社，2019，第41页。

一思想需要通过儒家思想的学习和传播为人们，特别是作为帝国支柱的官员所掌握。由此便需要兴办学校，系统传授儒家思想和文化知识。而这恰恰是其他学说不及儒家的地方。董仲舒在治国对策中首倡创立太学，主张："故养士之大者，莫大于太学；太学者，贤士之所关也，教化之本原也。……臣愿陛下兴太学，置明师，以养天下之士。"（《汉书·董仲舒传》）

正是在汉武帝的推动下，培养精通儒家经典并学习文化知识的学校迅速兴起。学校分为两类，一是官学，二是私学。官学分太学和郡国学两级。太学主要培养高级人才。至东汉后期，太学生达 3 万人左右。地方郡国设立的学校主要是推广教化，奖进礼乐。私学继承了春秋的传统，由名儒和致仕的高官设立学堂讲学。这两类学校培养了一大批士人，为国家治理提供了专门的人才。"东汉儒生则是一个同质群体了，具有明确的'群体自觉'，并成为豪右、官僚之外的又一社会势力。"[①] "在东汉政权建立之际，它已有我们现在所说的'士大夫阶层'之意义。"[②] 隋唐举办科举，更是对士人的系统化培养。"农村子弟，勤习经书，再经选举或考试，便能踏进政府，参与国事。故'士'之一流品，乃是结合政治、社会使之成为上下一体之核心。"[③]

经过大规模系统培养的士人群体的出现，是帝制国家从未有过的，皇权体制面临着如何对待这样一个群体的问题。

显然，帝制国家培养士人，是为国家服务的，并要服从于国家统治的目的。但是，这一群体一旦出现，便显示其特有的独立性。他们有知识，且有思想，参与政治成为他们的天职。

士人的政治参与有两种类型。一是作为个体参政，入仕为官，成为统治体系的成员。入仕为官后，他们更多的是遵循为官之道，为君主办事。但是，他们毕竟具有士大夫的底色，并因此与其他为官者区

① 阎步克编著《波峰与波谷：秦汉魏晋南北朝的政治文明》，北京大学出版社，2017，第 106 页。

② 余英时：《士与中国文化》，上海人民出版社，2003，第 241 页。

③ 钱穆：《中国历史研究法》，九州出版社，2019，第 38 页。

分开来。二是作为群体议政，评论朝政，希望改变统治状况。与在朝为官者不同，他们属于在野者，但是随时有可能成为在朝者，或者关心朝政。因为学习和考试，他们很容易聚集在一起，对时政发表意见。由此表现为一种群体性的政治参与。特别是因为有共同的士人底色，他们很容易形成一个具有共同政治取向的群体。

在家族帝制下，统治权为家族所垄断，具有排他性。而士人作为一个以知识为其立身之本的群体，一旦参与政治，便会产生结构性矛盾。这是统治者兴办学校培养士人所没有预见，但又必然会面对的。这种矛盾最终会引发专断性皇权与士人群体政治参与的直接冲突。东汉后期发生的“党锢之祸”便与此有关。

“党锢之祸”发生于东汉后期。此时的中央朝政分别由宦官和外戚把持，治理混乱，特别是宦官集团败坏朝政。士人官员及太学生对宦官集团进行猛烈抨击，希望皇帝有所改变。他们开“处士横议”之风，“品核公卿，裁量执政”，“自公卿以下，莫不畏其贬议”（《后汉书·党锢列传序》）。但是这一愿望受到无情打击。这在于士人官员及太学生参与朝政，显然构成对皇权政治的威胁。皇权政治具有专断性，容不得不同意见，更容不得形成团体力量，特别是以团体力量对朝政施加压力。而宦官集团极具攻击性。“在激烈的政治角逐中，宦官集团往往容易占上风。一则他们与绝对的君权有紧密联系；二则他们大多为利而聚而争，以人身依附关系为基础，组织严密；三则他们不像士-官僚那样为所谓的政治道德所约束，因而势力特别大，攻击性特别强。”[①] 正是在宦官集团的推动下，先后引发数次“党锢之祸”，一大批士人官员及太学生被残酷镇压，甚至牵连大量无辜。这之后，皇权政治缺乏必要的制约，宦官和外戚把持朝政，权力核心失控，最终导致王朝体系的崩溃。

由“党锢之祸”可以看出，士人官员与一般官员所不同的是，除了与所有官员一样要遵守君统以外，还自有“道统”，有更为广博的知

① 徐勇：《城乡差别的中国政治》，社会科学文献出版社，2019，第187页。

识。面对皇权，不仅仅是单一的服从，还自有主见。而帝制体系所期待的则是服从，至少是不反对。“君统”与“道统”存在着内在的张力。这种内在的张力一直伴随着帝制体系。士人甚至提出“为道”而不“为君”。一旦士人心目中的“道”与君主专断不一致，士人的政治参与就会受到挫败。

三　个体主义者与政治逃避

士人作为一个群体崛起后，便具有强烈的政治使命感和政治参与意识。他们是积极的行动者。但是，士人以知识为自己的特性。知识作为精神生产的产物，是人作为个体而创造的。它与物质生产的最大不同，便是不需要，也不必要群体性共同生产。拥有知识使他们对世界、对人生有不同认识。这种认识基于个人独到的专门的知识。如果说一般人更多的受外部世界的制约，那么，士人受自己的内在的意识影响更多。这种基于个人的内在认识，使士人成为基于个人本位的个体主义者。

从认识论的角度看，士人都具有个体主义特性。但不同的认识，使他们对个人与社会的关系认识不一样。人类早期缺乏个体的自我意识。每个人都处于先在的血缘关系之中，是血缘群体中的一员，并依附于群体。由士人所创造的儒家学派之所以被独尊，正是它基于血缘关系，将个人寓于社会之中，反映了长期延续的群体意识，能够有效维持国家和社会秩序。“仁者爱人”“君君臣臣，父父子子”是其基本理念，将个人投身治国平天下的事业中，积极有为成为其基本价值。士人的个体主义因此为群体主义所融化和消解。“自古以来所谓修养，是指人要生活在‘众人之中’，同他周围的人建立适当的关系，从而按照道德原则来生活，以实现他的个性。自私心要受义务的约束，而义务则由社会标准来规定。”①

---

① 〔美〕费正清：《美国和中国》（第四版），张理京译，世界知识出版社，1999，第68页。

但是，并不是所有士人都同意儒家的主张。与儒家同时产生的道家，便与儒家思想有诸多不同。道家强调顺其自然，主张清静无为，反对对社会的积极干预。“道家坚定地提倡每个人的独立，他们认为个人唯一应该关心的是适应自然的大规范，这就是‘道’。”① 特别是作为道家代表人物之一的庄子更是保留了更多的个体主义的主体性和自我意识。庄子的妻子去世之后，他竟然击盆而歌。这在讲究群体人伦情感的儒家看来是不可思议的，也是长期血缘关系主导下的历史所前所未有的个体意识的张扬。“儒家是从人际关系中来确定个体的价值，庄学则从摆脱人际关系中来寻求个体的价值。”② 但是，即使是儒家，作为士人个体来看，也隐藏着个体的自我意识。“天下有道则见，无道则隐。”（《论语·泰伯》）“邦有道，则仕；邦无道，则可卷而怀之。”（《论语·卫灵公》）“穷则独善其身，达则兼济天下。”（《孟子·尽心上》）

尽管道家清静无为，远离现实政治，但并不代表具体的人能够超越政治，只是他们有自己理想的政治状态。特别是作为有知识的士人具有双重性的政治品格。“一个人掌权时通常是儒家的实证主义者，试图拯救社会，而在无权时就成了道家的无为论者，寄情于自然。在早晨是积极的官员，晚上就成为好幻想的诗人或是爱好山水之徒。”③“得志时是儒家，失意时是道家。”④ 在残酷的现实政治面前，士人更多的是选择逃避。因为他们拥有的只有知识，缺乏足够的能力改变政治，所能改变的只是自己的人生。

汉朝末年的“党锢之祸”极大地挫败了士人的政治参与感。汉朝

① 〔美〕费正清、赖肖尔：《中国：传统与变革》，陈仲丹、潘兴明、庞朝阳译，江苏人民出版社，1992，第 48 页。

② 李泽厚：《李泽厚十年集（1979～1989）》（第三卷·上），安徽文艺出版社，1994，第 192 页。

③ 〔美〕费正清、赖肖尔：《中国：传统与变革》，陈仲丹、潘兴明、庞朝阳译，江苏人民出版社，1992，第 50～51 页。

④ 金观涛、刘青峰：《兴盛与危机：论中国社会超稳定结构》，法律出版社，2011，第 295 页。

之后的政治更是陷入混乱和无序之中。特别是以武力篡夺和更迭政权的方式，对于长期信奉儒家伦常的士人的价值观是巨大的打击。“这个刚刚形成的士大夫阶层心理毕竟是脆弱的，对王朝的一片忠心换来的却是禁锢、贬徙、杀戮等残酷回报，心理在遭受剧烈顿挫后发生转向，与王朝政治开始发生疏离，走入自我。”[①] 士人普遍滋生出对政治的幻灭感和无奈感。“在价值取向和生活方式上，他们从重功利转向轻功利，从积极入仕转向渴望出仕，他们张扬自我，举止放达，生活情趣多样化，追求率真自然，潇洒脱俗的人生态度，这就是‘魏晋风度’。”[②] “他们对当时社会和政治令人失望的情景的回答是发展自己的艺术感受，随心所欲地表达其个人主义。”[③] 为此，他们以各种方式逃避政治，甚至自我寻找各种逃避政治的艺术。

一是归隐自然，躲进自己的个体精神世界里。“儒家传统外在事功的追求让位于个体内在欲求的自足，生命价值取向偏向了自我。魏晋士人喜欢任心适志的个性化的生活方式。”[④] 最为典型的是陶渊明将为官视为“樊笼”，从而主动辞官，陶醉于“采菊东篱下，悠然见南山”的个体精神世界。这种辞官为民，归隐自然成为后来对现实政治不如意的士人的普遍性追求。明代李贽不满官场腐败，又不甘于依附于人，后辞官隐居治学，并带动了一批士人。

二是装疯卖傻，行为反常，不愿入仕，以保持自己的纯洁和高尚。嵇康不愿与司马政权合作，声称“浊酒一杯，弹琴一曲，志愿毕矣”（《晋书·嵇康传》）。出身名门的阮籍也经常以大醉不醒的方式拒绝司马氏。“魏晋之际，天下多故，名士少有全者，籍由是不与世事，遂酣饮为常。”（《晋书·阮籍传》）

三是陷入空谈，超越名教，甚至发展到“无君”而追随自然。

---

① 王保顶：《汉代士人与政治》，江苏人民出版社，2018，第 7 页。
② 孙立群：《中国古代的士人生活》，商务印书馆，2014，第 368 页。
③ 〔美〕费正清、赖肖尔：《中国：传统与变革》，陈仲丹、潘兴明、庞朝阳译，江苏人民出版社，1992，第 89 页。
④ 孙立群：《中国古代的士人生活》，商务印书馆，2014，第 19 页。

“‘无为君主论’的深层话语，就是皇帝垂拱，士族放纵。”① 但流于空谈的个体主义，最终会误国误己。

四　知识性团体与政治派别

士人是有知识的人。这是士人与其他社会群体的重要区别。进入帝制时代，作为物质生产者的农民日益个体家庭化。尽管士人从事精神生产，是天生的个体主义者，但由于各种因素而形成知识性团体，即以知识为标识而联结的团体。这种团体力量的形成，在进入参与政治之后便会形成特定的政治派别，通常被称为党人。

知识性团体尽管以知识为特征，但他们也不可能脱离社会而存在，并会受到现实的社会关系的制约。帝制时代是地域关系不断替代血缘关系的历史过程。知识性团体及其政治派别的形成也与此相关。

尽管士人最早挣脱狭隘的血缘关系，成为新兴的社会要素，但是长期存续的血缘关系仍然对其具有极大的制约。帝制时代早期的知识性团体与政治派别极具血缘及其模拟血缘的私人亲密关系的特征。

士人是以知识为其特征的。知识的掌握需要学习和传授。知识传授者的工作号称“传道授业解惑”。在这一过程中，知识传授者与被传授者之间会形成紧密或亲密关系。这种关系如同血缘关系序列一样，有上下位置，师生如父子。在各种社会关系中，唯有师生与父子一样，其位置是不可改变的，从而形成师道尊严的意识。

中国的士人群体的崛起，主要是依靠私学。学生能否获得知识，主要取决于老师的教授，其私人关系特别紧密。学生对待老师如同对待自己的父亲一样。孔子开创了“学术下私人”的先河，去世以后，其学生守了三年后才离开，就如为父亲服孝三年一般。“孔子葬鲁城北泗上，弟子皆服三年。三年心丧毕，相诀而去，则哭，各复尽哀；或

① 阎步克编著《波峰与波谷：秦汉魏晋南北朝的政治文明》，北京大学出版社，2017，第 144 页。

复留。”（《史记·孔子世家》）一个老师有若干学生，共同的老师形成同门师兄弟。“孔子以诗书礼乐教，弟子盖三千焉，身通六艺者七十有二人。如颜浊邹之徒，颇受业者甚众。”（《史记·孔子世家》）“孔子布衣，传十余世，学者宗之。”（《史记·孔子世家》）吕不韦门下有食客三千人。汉代董仲舒，“学士皆师尊之”，“弟子通者，至于命大夫；为郎、谒者、掌故者以百数。”（《史记·儒林列传》）有共同的老师、共同的知识、共同的价值，乃至共同的利益，由此而形成门派关系。这种门派关系造成知识性团体。“由豪门阀阅的家学演化而为特殊的弟子传授制度，尤其东汉，这一带有古代世族残余的齐学、鲁学、韩学等师承关系，渐渐形成了思想的基尔特式的封闭。”① 即使是官学，也会因为有共同的知识、共同的阅历和私人关系而形成知识性团体。在汉代，“太学生学习的主要内容是五经，即《书》《诗》《易》《礼》《春秋》等今文经。由各经的博士按师法、家法进行传授，学习各经的弟子也必须依照师法和家法亦步亦趋地死记硬背经书及解经的内容。”②特别是官学的学生集聚一地，相互间的师门联系更为紧密。“在太学中，在私人精舍中，学生对师长要恭敬尽礼，对经师的家法，尤其要笃守勿违。”③ “东汉的名公钜卿，宿儒大豪，如有丧事，赴葬者常集数千人，多至数万人。他们远远地从四方来会，郑重其事地一定要来的。其间门生故吏，吊其先师，吊其旧主；同僚同学，则吊其故友，吊其相知。”④

知识性团体如果仅仅局限于知识的传授，可以形成不同的学派。但中国的士人有与生俱来的政治参与意识。“士人所学者为治国平天下的道理。他们要实现治国平天下的抱负，非踏上政治舞台、夺取政权

① 侯外庐、赵纪彬、杜国庠、邱汉生：《中国思想通史》第二卷，人民出版社，1957，第 52 页。

② 白钢主编《中国政治制度史》上卷，天津人民出版社，2016，第 266 页。

③ 侯外庐、赵纪彬、杜国庠、邱汉生：《中国思想通史》第二卷，人民出版社，1957，第 353~354 页。

④ 侯外庐、赵纪彬、杜国庠、邱汉生：《中国思想通史》第二卷，人民出版社，1957，第 354 页。

不可。士人人数过多，则夺取政权之人随之增加。”① 政治参与的主要方式便是入朝做官或者议论朝政，是一种知识与权力的互动。而在知识与权力的互动过程中，知识性团体便会转换为政治派别。

汉代“党锢之祸”一方面反映了皇权的专断性，另一方面也反映了因私人关系形成的知识性团体的政治派别性。士人官员及太学生的最大特点是有知识，并因为平时的亲密和紧密联系而形成知识性团体。当他们参与政治时便形成与宦官和外戚所不同的政治派别。这就是宦官指责李膺等人的：“养太学游士，交结诸郡生徒，更相驱驰，共为部党，诽讪朝廷，疑乱风俗。”（《后汉书·党锢列传序》）“他们的活动反映了豪族名门势力的强大，表现出对最高统治者发生离心的倾向。”② 而正是这一点引起皇帝的不满。特别是经历第一次打击后，士人的社会名望更高。他们享有很高的声望，有“三君”（君是指世人所效仿的楷模），“八俊”（俊是指杰出的人才）、“八顾”（顾是指能以德行引导他人）、“八及”（及是指能带动别人追随典范）、“八厨”（厨是指能慷慨助他人）等称誉。这进一步引起皇帝的极端不满，也造成更为惨烈的“党锢之祸”，其“死徙废禁者，六七百人”（《后汉书·党锢列传序》）。

即使都属于知识性团体，也会因为私人关系而结成不同的政治派别。唐宋之后，随着科举制的建立，皇帝直接掌握着考试权和录取权，将知识的学习和传授直接纳入帝制体系，大大弱化了士人之间的模拟血缘的私人联系。大量士人直接进入帝制体系。但是，士人要通过考试入朝为官，需要系统掌握专门的知识，更需要学习者有相当的物质基础供养。特别是愈益严格的科举考试，将众多没有学习条件的人挡在仕途之外。而帝制国家的规模大，发展不平衡。一些地方因为经济条件较好，考取功名的人更多。士人的地域分布不平衡。即使是中央力图均衡地域分布，只要有统一考试，也难以改变这一状况。为了在

① 萨孟武：《中国社会政治史》（宋元明卷），三联书店，2019，第 74 页。

② 侯外庐、赵纪彬、杜国庠、邱汉生：《中国思想通史》第二卷，人民出版社，1957，第 53 页。

激烈的科举考试竞争中获得优势地位，私人性的关系随之产生。“在科举的世界中，考试时的考官被中试者称为座主，而中试者自称门生，两者结成义父和义子的关系，另外同一期的中试者还彼此唤作同年，大家努力帮助对方。但这些结合太过紧密，派系由此产生。”① “而且，有做官资格的人往往多于实际官位，僧多粥少，于是派系活动就成为竞争官位的一种体现。”② 顾炎武尖锐地指出：“天下之患，莫大乎聚五方不相识之人，而教之使为朋党。……朋比胶固，牢不可解。书牍交于道路，请托遍于官曹，其小者足以蠹政害民，而其大者，至于立党倾轧，取人主太阿之柄而颠倒之，皆此之繇也。”（《顾亭林诗文集·生员论》）为了在竞争中获得有利地位，便会造成因为地缘关系而形成的知识性团体。这些知识性团体进入帝制体系之后，因为利益、权力、政见的不同，也会形成不同的政治派别。

在专制政体下，没有任何结社自由，统治体系内部的党派更被严格禁止。党派往往是不同政治派别强加给对方的贬称，以此借用绝对的君权打击对立派。“中国的政治理论通常都认为，如果准许在朝廷结成朋党（朋党乃是广泛的政治活动的必然结果），那么，人们所期待的能实现长治久安的道德和社会秩序便要可悲地受到损害。”“‘党’这个字表示道德败坏，它对指控者和被指控者都有威力，都可能遭到贬谪。”③ 同时，即使是联系十分紧密的党派势力，也不会和不可能像现代政党有明确公开的政纲和组织。帝制国家的政治派别大多是一种无形的势力，主要以人际关系为联结的纽带。宦官集团主要建立在人身依附关系之上，外戚集团主要建立在血缘家族和婚姻关系的基础之上。“士-官僚集团除有共同的意识形态基础外，也往往以人际关系为纽带。一是同年关系，如唐朝以牛僧孺为首的牛党；二是门第关系，如唐代

---

① 〔日〕宫崎市定：《科举》，宋宇航译，浙江大学出版社，2018，第 131 页。

② 〔英〕塞缪尔·E. 芬纳：《统治史（卷二）：中世纪的帝国统治和代议制的兴起——从拜占庭到威尼斯》，王震译，华东师范大学出版社，2014，第 158 页。

③ 〔英〕崔瑞德：《剑桥中国隋唐史》，中国社会科学院历史研究所西方汉学研究课题组译，中国社会科学出版社，1990，第 648 页。

以李德裕为首的李党；三是同乡关系，如明代以‘三吴绅士为多’的东林党，还有浙党、楚党、齐党等。”[①] “官僚士大夫往往以座主、门生、府主、故吏、同年、同乡、同宗、同族的关系为彼此联结的纽带。”[②] 这种私人关系既具有凝聚力，也具有排他性。当其与政治关系叠加，造成派别相互间的争夺格外激烈。

在唐朝著名的“牛李党争”中，既有出身背景的不同，也有政见的不同，更重要的是利益的不同，造成相互排斥打压，不得相容。“李党上台，即尽斥牛党，牛党上台，亦尽排李党。”[③] 唐文宗为此叹息：“去河北贼非难，去此朋党实难。”（《旧唐书·李宗闵传》）

宋代的官员主要来自科举考试，出身背景淡化。但是由于官场竞争激烈和政见不同，朋党之间你争我斗，并危及政权稳定。“士人人数超过职官之数数倍，他们为开拓前途，何能不集朋结党，设法引起政变？”[④]

明代的党争特别激烈，且极具地域性，“东林党与齐、浙、楚三党相互倾轧，明争暗斗。”[⑤] “各官员集团激烈地卷进一场又一场争斗，憎恨自己的对手，得势时任用本集团的成员，失势时就攻击那些掌权的人。”[⑥]

党争中的派系构成，由出身向地域的转变，反映了帝制国家从血缘关系向地域关系主导的演化。特别是科举制这种全国性的竞争考试之后，更是如此。“官僚士大夫来自全国各个地区，浓厚的乡土观念就会使同乡官员不知不觉地凝聚在一起，利用同乡人的纽带来拉帮结派。于是乡村观念就转化为有组织的会社团体，成为以地域结朋聚党的推

① 徐勇：《城乡差别的中国政治》，社会科学文献出版社，2019，第186页。

② 朱子彦：《中国朋党史》，东方出版中心，2016，第11页。

③ 侯外庐主编《中国思想通史》第四卷上册，人民出版社，1959，第106页。

④ 萨孟武：《中国社会政治史》（宋元明卷），三联书店，2019，第75页。

⑤ 蔡美彪等：《中国通史》第九册，人民出版社，2015，第34页。

⑥ 〔美〕费正清、赖肖尔：《中国：传统与变革》，陈仲丹、潘兴明、庞朝阳译，江苏人民出版社，1992，第186页。

动力。”[①]

由知识性团体形成的政治派别，构成一种群体性的政治力量。这种力量是帝制体系难以容纳的，因此经常被视为结党营私，受到打击。与此同时，政治派别之间也存在着竞争和冲突，从而造成党同伐异，互不相容。“起初的动机无论是否纯粹，到后来都成为意气与权力的竞争；大家都宁可误国，也不肯牺牲自己的意见与颜面，当然更不肯放弃自己的私利。各党各派所谈的都是些主观上并不诚恳、客观上不切实际的高调。”[②] 这是权力的独断性必然造成的结果。士人是知识人，既是权力独断的受害者，也是权力独断的加害者。士人之间的派别之争的激烈程度甚至比一般人更甚。“他们进入官场之后，首先是要千方百计保住所得利益，同时，为了争取更多的利益，必求升迁。为此，对上寻找靠山、后台，左右则互相标榜、互相援引、互相保护，实为必然之势，利益使然，利害使然，说到底，是官场扭曲竞争的派生物。”[③] 这种权力独断体系的激烈竞争塑造出士人的政治文化品格。

五　体制性吸纳与政治反叛

士人作为知识群体，具有一定的独立性。他们比一般民众有知识，更有见解，具有更大的影响力。国家统治者通过兴办学校，实行科举体制，一方面可以吸纳天下英才参与国家治理，成为国家统治的支柱；另一方面，将这样一批具有一定独立性的知识群体吸纳到体制内来，可以防范这一群体在体制外呼风唤雨，成为帝国体制的潜在反对力量。唐朝初期兴科举，太宗李世民高兴地表示：“天下英雄入吾彀中矣!”但是，他没有预料到的是，天下英雄并不可能尽“入吾彀中”。

隋唐开启的科举制突破了出身门第的界限，为天下所有读书人提供了通往仕途的通道。“科举制扩大了官吏来源的渠道，极大地刺激了

① 朱子彦：《中国朋党史》，东方出版中心，2016，第28页。

② 雷海宗：《中国文化与中国的兵》，商务印书馆，2014，第106页。

③ 延涛、林声：《中国古代的“士”》，河南人民出版社，1992，第120页。

人们的读书热情，尤其那些家境贫寒者，更是夜以继日地刻苦攻读，争取入仕，改变自身的社会地位，以实现人生价值。”① 宋代流行的《劝学诗》生动地展示了学习的效用：“富家不用买良田，书中自有千钟粟。安居不用架高堂，书中自有黄金屋。出门莫恨无人随，书中车马多如簇。娶妻莫恨无良媒，书中自有颜如玉。男儿欲遂平生志，五经勤向窗前读。”读书做官成为士人飞黄腾达和光宗耀祖的唯一通道。在隋唐之前平民想都不敢想的读书做官，因为科举制而有了可能。“虽然有祖先崇拜，但决定社会等级的，并不是一个人有多少祖先。倒是正好反过来：一个人的官品决定着他是否能有祖庙（没读过书的人只有一个祖宗牌位），祖庙中能供多少祖先。”② 读书为官成为整个社会判定人的地位的唯一标准。“中国人一旦获得进士的荣耀称号，即无必要再为贫困而担忧；对他来说，这个称号本身就是一种保障。他除了能从亲戚和朋友那里收到不计其数的馈赠礼品以外，他肯定会被任命在最重要的政府机构内任职，而且每个人都在想方设法地保护他。为了向他表示敬意，他的家族和朋友们一定要竖立漂亮的庆贺牌楼，在牌楼上刻上他的名字以及他获取进士学位的年号。”③

但科举制与官僚制是联为一体的。国家治理对官员的需要数量是有限的，财政供养官员的能力也是有限的。而读书当官的梦想不断召唤着愈来愈多的读书人投入科举中，甚至举个人终身之力，举全家全族之力供养。状元及第，“不只是对于拥有儿子的父母，状元及第也是整个家族最大的希望”④。他们充满梦想，肩负全家全族人的重托。由此便形成了读书人的无限增多与官位数量有限的矛盾。这一矛盾使相当一部分读书人并不能如愿以偿，实现自己和家族的梦想。“唐代每年到京城长安应试的举子有二三千人之多，而进士及第者不过一二十

① 孙立群：《中国古代的士人生活》，商务印书馆，2014，第24页。
② 〔德〕马克斯·韦伯：《儒教与道教》，王容芬译，商务印书馆，1995，第168页。
③ 〔法〕魁奈：《中华帝国的专制制度》，谈敏译，商务印书馆，2018，第74页。
④ 〔日〕宫崎市定：《科举》，宋宇航译，浙江大学出版社，2018，第6页。

人。”[①] 明清时期，“大约三千人中也只有一人能够幸运地获得进士的地位。”[②] 据顾炎武的估算，全国平均每县三百生员，江南繁剧大县，往往在千人以上。生员人数累增，充斥社会，被称为“三害”（乡宦、生员、胥吏为社会三害）之一（《顾亭林诗文集·生员论》）。在何炳棣看来，“受教育而入仕途者与受了教育而不能入仕途者间的界线，并不亚于劳心者与劳力者间的鸿沟。”[③] 大量读书人不能实现自己的人生理想，为体制所吸纳，便会走上另一条道路，这就是成为当朝的反叛者。这是历史上从未出现的现象。

唐朝末年，天下大乱，反抗王朝的力量风起云涌。其中的一个义军首领格外引人注目，这就是黄巢。黄巢家世代以贩卖私盐为业，家境富足。他自小便有诗才，五岁时便可以与祖父对诗。成年后他曾几次应试进士科，但皆名落孙山。为此他满怀愤恨地写了一首《不第后赋菊》：“待到秋来九月八，我花开后百花杀。冲天香阵透长安，满城尽带黄金甲。”这首诗反映了黄巢名落孙山后的愤懑心情，也透露出他背叛朝廷的意识。当王仙芝揭竿而起时，他积极参与，后自立为王，直至动摇唐朝皇权。王夫之评论说：“亡汉者黄巾，而黄巾不能有汉；亡隋者群盗，而群盗不能有隋；亡唐者黄巢，而黄巢不能有唐。”（《读通鉴论》卷二十七《僖宗》）这一评论反映了黄巢与统治王朝的尖锐对立。这与科举考试的要旨和士人传统是背道而驰的。作为士人祖师的孔子只是表达“道不行，乘桴浮于海”（《论语·公冶长》），从没有反抗当权者的意识。

曾经是读书人的黄巢成为反叛王朝的领袖，开辟了历史先河。之后，读书人愈来愈多地成为朝政的反叛者，并发挥了特殊的作用。明末李自成起义军得以直接颠覆王朝，与李岩等一批士人的参与有关。晚清的洪秀全更是自己直接挑头公开反叛王朝。“科举制度有使官僚过剩的趋势，尤其是在王朝末期。在官僚体制的底层，存在大批的候补

① 孙立群：《中国古代的士人生活》，商务印书馆，2014，第79页。

② 〔日〕宫崎市定：《科举》，宋宇航译，浙江大学出版社，2018，第141页。

③ 何炳棣：《明清社会史论》，徐泓译注，中华书局，2019，第24页。

官员（生员），他们应划为掌权官僚和平民百姓之间的过渡集团。……这种能量却在旧体制内作为毫无成效的反叛和暴动释放出来。”①

科举制本是将天下士人吸纳到体制内来的，不承想却造就了一批王朝的反叛者！“科举不只能够生产为王朝尽忠的官僚，同时它的作用也在于创造了对当时王朝不满之人。”②

除了行动上的反叛者以外，还有思想上的反叛者。科举制主要是考试制度。除了官办学校之外，还出现了大量的私塾和书院。学习不仅在官府，更在民间。民间学习的思想更为活跃，甚至不以当官作为学习的出路。由此也造就了一些思想上的反叛者。他们不仅不认可现实政权，更是对皇帝体制及其思想根基提出了挑战。“自东汉的王充到明末清初的黄宗羲，从否定孔子的偶像到否定天的偶像，再到否定现实社会帝王的偶像，除了反映了社会的发展之外，也反映了他们实践活动和认识的不断深化。”③ 随着帝国体制的延续，体制性的反思与批判愈是强烈。顾炎武指出：“凡今之所以为学者，为利而已，科举是也。其进于此，而为文辞著书一切可传之事者，为名而已，有明三百年之文人是也。君子之为学也，非利己而已也，有明道淑人之心，有拨乱反正之事，知天下之势何以流极而至于此，则思起而有以救之。”（《顾亭林诗文集·与潘次耕札》）清代的吴敬梓对科举制产生怀疑，专门撰写了一部讽刺小说《儒林外史》。

六　绅士化教养与政治基础

自士人作为一个群体产生之后，入仕为官便成为终极理想。但在相当长的时间里，进入官僚阶层，特别是成为高官的，主要还是上层家族。实行科举制，打通了底层社会通向仕途的通道，也吸引着愈来

① 〔美〕巴林顿·摩尔：《民主和专制的社会起源》，拓夫、张东东等译，华夏出版社，1987，第136~137页。

② 〔日〕宫崎市定：《科举》，宋宇航译，浙江大学出版社，2018，第143页。

③ 延涛、林声：《中国古代的“士”》，河南人民出版社，1992，第97页。

愈多的人成为读书人，并获取各种考试功名。但是，这些人并不都能进入官僚阶层，更多的人沉淀在自己的家乡。此外，大批致仕的官员告老还乡，叶落归根。他们回乡后有很高的名望。由此在农村社会出现了一个特殊的群体，这便是绅士。“绅士的地位是通过取得功名、学品、学衔和官职而获得的。”[①] 由于他们的地位是通过特定的渠道获得的，绅士享有一定的特权。包括与地方官员平起平坐，一般民众则需要向官员下跪；他们外表和行为上有一定特殊的标识；可以参加官方和民间的重要礼仪；在法律上享有一定的特殊地位；可以免除人丁税等。在乡村生活的绅士又可称为乡绅。

不像正式官员，绅士生活在民众中间。他们与一般民众最大的不同在于有知识。尽管他们也有财产，但仅仅有财产不能称之为绅士。他们与官员的最大不同在于生活在本乡本土，并享有较高的社会声望，在一定意义上可以说是民间领袖。“在宗法血缘关系极为浓厚的乡村中，一个外人是受到排斥的，无论他是否拥有权力，或拥有多大的权力。只有与本地宗族有血缘关系的人才能得到认可，他的所作所为会被理解为从本宗族和本乡村的利益出发。”[②]

尽管绅士有经济权力和政治权力的支持，但他们的影响力主要在于其社会声望。这种社会声望是由于他们的知识和教养而获得的。他们的知识主要是长期延续的儒家礼仪规范，由此使他们成为一个有教养的阶层。这种教养使他们与众不同，并能够得到人们的普遍尊敬。“士绅作为一个阶级直接地靠其知识成就而只间接地靠其财富和产业获得全国性的政治影响。”[③] 特别是“科举为地方社会提供了地位标识，这也意味着身份地位等级在国家层面和地方层面前所未有的一体化”[④]。

① 张仲礼：《中国绅士研究》，上海人民出版社，2019，第3页。

② 徐祖澜：《绅权与国家权力关系研究——从明清到民初》，社会科学文献出版社，2017，第59页。

③〔美〕费正清、赖肖尔：《中国：传统与变革》，陈仲丹、潘兴明、庞朝阳译，江苏人民出版社，1992，第142页。

④〔美〕柏文莉：《权力关系：宋代中国的家族、地位与国家》，刘云军译，江苏人民出版社，2015，第268页。

绅士在帝制体系中扮演着特殊的角色，这便是有助于形成和维持国家的基础性秩序，成为国家治理的政治基础力量。帝制体系主要靠皇帝官僚实现对社会的行政联结。但这种行政联结只是悬浮在郡县之上，是一种外部性的机械整合。“帝国的政府是表面的，仅限于社会上层，而没有深入村庄之中。”① 外部性整合极其脆弱。这就是上层统治者难以及时了解民情民意，无法实现上下沟通。皇权统治基础不牢。而绅士则扮演着补充皇权统治不足功能的角色。“他们是让整个社会连为一体的粘结剂，一个统一的、与众不同的阶层，涵盖并指导着整个政治和社会结构。”②

首先，绅士具有文化传播功能。“中国的政体是国家与文化的混合体，其国家部分高度集中而文化完全散布于民众之中。”③ 绅士家族是有知识有教养的家族。他们的知识和教养与占统治地位的意识形态是高度一致的，也与普通家庭的基础秩序是一致的，体现了忠孝的基本价值。“在一国之主的鼓励下读书的伟大传统被用来向普通人民宣传儒家教义，而士绅阶级作为地方名流便在村庄有秩序的生活中起领导作用。”④ 绅士化教养能够潜移默化地影响一般家庭，或者成为一般家庭的表率。在一个地方，绅士家族便是有教养的象征和楷模。当社会出现违背忠孝伦理规范的行为时，绅士担任着判断和裁决的作用。绅士特别热心于学校及教育事业，并以教化民众为其天职。

其次，绅士有社会公共事务功能。帝制国家对于一般民众，主要是税役，极少担负社会民众的公益事务。而绅士生活在民间社会，与普通百姓生活在一起，他们在民间社会号召和组织一些公益事情，包

① 〔美〕费正清、赖肖尔：《中国：传统与变革》，陈仲丹、潘兴明、庞朝阳译，江苏人民出版社，1992，第 227 页。

② 〔英〕塞缪尔·E. 芬纳：《统治史（卷三）：早期现代政府和西方的突破——从民族国家到工业革命》，马百亮译，华东师范大学出版社，2014，第 87 页。

③ 〔美〕费正清、赖肖尔：《中国：传统与变革》，陈仲丹、潘兴明、庞朝阳译，江苏人民出版社，1992，第 227 页。

④ 〔美〕费正清、赖肖尔：《中国：传统与变革》，陈仲丹、潘兴明、庞朝阳译，江苏人民出版社，1992，第 195 页。

括调解民事纠纷、举办公共工程等。“唯有为乡村公益而发挥其知识和财富的作用，乡绅才能获得乡民的确定性认同。”① 在以家庭为基本组织单位的民间社会，公益是稀缺的。绅士因此具有强大的感召力。国家要获得稳固的社会基础，在相当程度上要依靠绅士的公益角色。“儒家政府的特殊力量在于士绅在地方社会不领官俸，但处理了相当多的公共事务。”②

最后，绅士有政治沟通功能。“旧中国官吏以士绅家族为收捐征税的媒介。同样，士绅也给农民作中间人，他们在执行官吏压迫农民的任务时，也能减轻些官方的压迫。地方官吏在应付水灾、饥荒或早期叛乱以及众多的次要刑事案件和公共建筑工程时，都要靠士绅的帮助。他们是平民大众与官方之间的缓冲阶层。”③ 政府官员“如果要想办成点事情，就必须征得当地名士的赞同与支持，这些名士实际上就是占有土地的士大夫”④。与此同时，当政府官员的行为与民众发生冲突时，绅士往往能够代为民众表达其诉求。“在正常情况下，政府和绅士的主要利益是一致的，并且为保护社会的轮子运转和维持现状，他们相互合作。但是当他们的利益相悖时，绅士则会批评，甚至反对和抵制官府的行政，不过并不对中央政府造成严重威胁。”⑤ “取得功名的文人，享有国家赋予他们的特权（往往是免役权），成为介乎于官与民的中间阶层。”⑥

正因为如此，尽管从秦到清朝，帝制国家的地域和人口规模都有了数倍的扩展，但治理结构并没有发生重大变化，管理者也没有无限

① 徐祖澜：《绅权与国家权力关系研究——从明清到民初》，社会科学文献出版社，2017，第 33 页。

② 〔美〕费正清、赖肖尔：《中国：传统与变革》，陈仲丹、潘兴明、庞朝阳译，江苏人民出版社，1992，第 195 页。

③ 〔美〕费正清：《美国与中国》（第四版），张理京译，世界知识出版社，1999，第 36 页。

④ 〔美〕巴林顿·摩尔：《民主和专制的社会起源》，拓夫、张东东等译，华夏出版社，1987，第 136 页。

⑤ 张仲礼：《中国绅士研究》，上海人民出版社，2019，第 55 页。

⑥ 金观涛、刘青峰：《兴盛与危机：论中国社会超稳定结构》，法律出版社，2011，第 33 页。

扩张。在“超过4亿人口的一个国家里，正式皇帝官员不到2万名，带功名的士绅却约有125万之多”。“帝制政府仍然是个上层结构，并不直接进入村庄，因它是以士绅为基础的。”[①]

七　文化传承人与政治文明

人类社会是一个从野蛮到文明的过程。恩格斯将国家与文明密切联系在一起，认为“国家是文明社会的概括”。[②] 作为统治权的国家又具有压迫的天性。这种压迫的天性造成统治权的更迭以暴力的方式进行。因此，即使进入国家状态，也有一个从野蛮到文明的进程，从无序暴力到有序暴力的秩序建构过程。

文明的重要特征是积累性和传承性。它是世世代代的人积累和传承的结果。它不会因为政治权力的更迭而消失。而文明的积累和传承需要有主体。中国的士人作为有知识的群体，重要特点是文化传承人。他们借助于各种文化载体将前人的文明成果传承下来，并提供出来。特别是中国的士人自一开始，便与政治过程有着密切的关联，继承和创造着政治文明成果。

家天下的帝制具有天生的排他性和专断性。统治者期待的是统治权在本家族内世代传递，难以包容不同意见，更难以兼顾天下人的利益。当社会矛盾不可调和时，便会发生统治权的更迭。这种更迭主要是以激烈的暴力方式进行的。以暴力更迭统治权的领袖更多地相信暴力。但是，单凭暴力能够获得政权，却难以维持统治权，将暴力有序化，建立起稳定的统治秩序。这就需要借助于政治文明的成果。作为文化传承人的士人因此发挥出独特的作用。这种认识是在政治实践中获得的。

汉朝开国皇帝刘邦以暴力打天下，对士人儒生持轻蔑态度。陆贾

---

① 〔美〕费正清：《美国与中国》（第四版），张理京译，世界知识出版社，1999，第38页。

② 《马克思恩格斯选集》第4卷，人民出版社，2012，第193页。

经常在其面前说《诗》《书》。高帝骂之曰："乃公居马上而得之，安事《诗》《书》!"陆生曰："居马上得之，宁可以马上治之乎？且汤、武逆取而以顺守之，文武并用，长久之术也。"（《史记·郦生陆贾列传》）随着刘邦获得政权，需要建立统治秩序，才意识到士人的重要性。刘邦初当皇帝，大宴群臣，场面混乱，于是请士人叔孙通制订礼仪后，才知皇帝的贵重。宋太祖是军人出身，以非正常的方式获得统治权，需要寻求正当性。士人扮演了这一角色。宋太祖不杀士大夫的誓言显然意识到士人的特殊功能。这就是"用刀剑赢得的国土只能用毛笔来治理"。①

士人群体的特殊功能便是提供政治秩序，让政治过程文明化。主要表现如下。

提供政治学说。一是思想原创。春秋战国时期，士人"都想把他们所各自开创信守的一套学术思想，来创建一新制度，推行一新政治"②。二是学说再创。帝制国家尽管独尊儒术，但其他学说仍有发展，特别是儒家学说能够因时而发挥。三是思想继承。中国统治者进行国家治理时引经据典，历史传承特别重要。从历史传统中寻找治国理政的道理成为士人的不懈努力。王朝更迭之后都会编撰史书，以资后人所鉴。《史记》《资治通鉴》等都是不朽之史书。明初的《永乐大典》有11095册，3000多文人参加编纂。黑格尔由此惊叹："中国'历史作家'的层出不穷、继续不断，实在是任何民族所比不上的。"③

建立政治制度。制度化使人们的政治行为由无序到有序，是政治文明的重要表现。中国的士人作为一个独立的群体一登上历史舞台，便致力于制度化建设。上到皇帝制度，中到郡县制度，下至户籍制度，无不是士人努力的结果。钱穆认为："中国民族性擅长政治，故能以政

① 〔美〕费正清、赖肖尔：《中国：传统与变革》，陈仲丹、潘兴明、庞朝阳译，江苏人民出版社，1992，第72页。

② 钱穆：《中国历史研究法》，九州出版社，2019，第68页。

③ 〔德〕黑格尔：《历史哲学》，王造时译，商务印书馆，2007，第73页。

治活动为其胜场。能创建优良的政治制度来完成其大一统之局面，且能维持此大一统之局面历数千年之久而不败。"①

推动政治变革。帝制国家诞生之初，正是一批士人推动着政治变革，如著名的商鞅变法。"士有时也是勇敢的政治革新家"。② 随着帝制国家的演化，制度变革日益重要，并产生了一批由士人大臣主持的变革，包括王安石变法、张居正变法等。这些改革或多或少地促进了文明和国家的进化。

创建政治文化。中国强调以文治理，特别是运用上下贯通的"礼"进行治理。礼作为一种秩序是最为集中的表达，目的便是将众多不同的人整合为一体。这不是一般的武力所能够实现的。"宰制万物，役使群众，岂人力也哉！""人道经纬万端，规矩无所不贯，诱进以仁义，束缚以刑罚，故德厚者位尊，禄重者宠荣，所以总一海内而整齐万民也。""是以君臣朝廷尊卑贵贱之序，下及黎庶车舆衣服宫室饮食嫁娶丧祭之分，事有宜适，物有节文。"（《史记·礼书》）正是依靠这无处不在无时不有的秩序，国家才可以持续不断地运转。即使是王朝的更替，秩序仍然会发生作用。"至秦有天下，悉内六国礼仪，采择其善"；汉朝"大抵皆袭秦"，"自天子称号下至佐僚及宫室官名，少所变改"（《史记·礼书》）。而礼的提供者便是士人。他们作为文化传承人，熟悉并创立典章制度，力图将政治统治纳入规范和秩序的轨道之中。

集思想、制度、文化于一体的政治文明成果是帝制体系的重要精神支撑，并使帝制政治文明处于一个高端位置上。即使是异族入主中原，也不得不接受已有的政治文明成果，从而使中国的政治体系能够保持连续性。元朝是典型的"马上得天下"，但要治天下必须有文化。在汉族"士人的熏陶下，生长于马背之上、成熟于刀光剑影之中的蒙古族王爷忽必烈，全然转化为儒家文化的拳拳服膺者"③。在钱穆看来：

① 钱穆：《中国历史研究法》，九州出版社，2019，第 18 页。
② 〔德〕马克斯·韦伯：《儒教与道教》，王容芬译，商务印书馆，1995，第 162 页。
③ 何晓明：《中国皇权史》，武汉大学出版社，2015，第 358~359 页。

"中国人自古代历史开始，实已表现有一种极大的民族性的天赋能力，即是政治的能力。就空间讲，能完成而统治此广大的国土；以时间言，能绵延此一大一统规模达于几千年之久而不坠。此何以故？一言蔽之，因其能有一种良好的政治故。何以能有此良好政治？则因中国民族天赋有此能创立优良政治制度之能力故。"① 而优良的政治制度的创立和传承主体主要是士人。

八　士人与帝国：卫道与异见

士人是一个有知识的群体。在帝制时代，有知识者毕竟是少数。他们是超越狭隘的血缘和地缘关系，具有天下意识的人。同时，士人作为精神生产者，还不能完全依靠知识与社会进行交换，获得独立性。他们不得不依附于统治者。正是这一特点使士人在帝制国家中扮演着中间群体的角色。

一是介于政治与思想之间。士人以知识进行交换的主要对象是统治者，参与政治成为其主要目的。但他们与其他官员所不同的是有知识，有自己的思想。统治者需要他们的知识为政治服务，而他们得以为统治者所用，也在于其知识。士人的知识一方面可以为统治者提供意识形态，另一方面可以为社会提供基础秩序。"国家可以利用具有认同统一意识形态的知识分子建立官僚机构，来执行管理国家的功能。并且，它源源不断地把经过一定方式挑选的儒生输送到官僚机器中，使国家官员无论是在职位上还是地区上都处于流动之中。"② 由此保持国家机器的运转和国家的统一。

二是处于庙堂与江湖之间。士人将进入庙堂，参与政治视为天职。在官僚体制之内，他们已成为体制的一部分，更多的是官僚的属性，是统治体系的一部分。但与封闭的皇帝及其附属者不同，他们与作为

① 钱穆：《中国历史研究法》，九州出版社，2019，第30页。

② 金观涛、刘青峰：《兴盛与危机：论中国社会超稳定结构》，法律出版社，2011，第31~32页。

社会的江湖有着密切的联系。作为在朝的官员，他们必须面对社会，知晓民意，反映民声。当他们处于不在朝的江湖，更能深切地体会和感受到社会的疾苦，从而忧患天下的安危和民间的疾苦。这就是范仲淹的“居庙堂之高则忧其民，处江湖之远则忧其君”。他们最有可能成为民间社会的代言人，使深在皇宫之中的最高统治者能够倾听到民间的呼声，从而进行政治调适。

三是处于国家与农民之间。帝制国家的社会基础是分散的农民。作为最广大数量人口的农民与皇权体系处于隔膜状态，悬浮农民社会之上的政权及其知识的缺少使上下难以联通。而生活在农民社会之中的士人以其知识和官员背景，能够沟通国家和农民之间的联系，打通上下间的隔离。“这种渗透于基层的非官僚的社会化组织力量，形成了国家官僚机构枝干下的广泛而稳固的根基，从而把一个巨大的农业社会不可思议地有效组织起来了。”①

正是士人所扮演的中间人角色，使士人在帝制体系中具有特殊地位。得士人者得以治天下。他们构成帝制体系的“卫道士”。有了他们，帝制体系才能够巩固和延续。正如马克思所说：“一个统治阶级越能把被统治阶级中的最优秀的人物吸收进来，它的统治就越巩固，越险恶。”② 正因为如此，帝制国家将“师”与“天地君亲”并列，作为士人的先祖孔子被尊为“圣人”。“天下君王至于贤人众矣，当时则荣，没则已焉。孔子布衣，传十余世，学者宗之。自天子王侯，中国言六艺者折中于夫子，可谓至圣矣！”（《史记·孔子世家》）梁漱溟因此指出：“士人不事生产，却于社会有其绝大功用；便是他代表理性，主持教化，维持秩序”。③

士人能够作为一个独立的社会群体，在于有知识，并且因为有知识而有思想。思想的特点在于不完全受现实秩序的限制，并有可能代

① 金观涛、刘青峰：《兴盛与危机：论中国社会超稳定结构》，法律出版社，2011，第33页。

② 《马克思恩格斯文集》第7卷，人民出版社，2009，第679页。

③ 梁漱溟：《乡村建设理论》，上海人民出版社，2011，第43页。

表社会意见。这一特点又使士人有可能成为帝制体系的离异者。在血缘关系主导的王制时代，“非我族类，其心必异”。而地域关系主导的帝制时代，有知识的士人则最有可能成为与统治者有异心的人，也是统治者最要防范的人。帝制的专断性与士人的思想有着天然的不相容性。早在秦始皇统一中国时，就表现帝制的一统性和专断性与士人文化思想多样性的不相容性。李斯认为：“古者天下散乱，莫之能一，是以诸侯并作，语皆道古以害今，饰虚言以乱实，人善其所私学，以非上之所建立。今皇帝并有天下，别黑白而定一尊。私学而相与非法教，人闻令下，则各以其学议之，入则心非，出则巷议，夸主以为名异取以为高，率群下以造谤。如此弗禁，则主势降乎上，党与成乎下。禁之便。”（《史记·秦始皇本纪》）士人有想法就要说，有说就会造成影响，有影响就会成群体，有群体便会损害皇帝权势，因此必须禁止。之后有了“焚书坑儒”，从而开启了以强权限制言论，压制思想，迫害士人的先河。愈是那些有所作为的皇帝，愈是强化对士人言论的钳制。明朱元璋强调：“军民一切利病，并不许生员建言。”（《明会典·学校》）雍正为了强化皇权，打击士人，罗织他们的文字之罪，严加惩治。雍正对大臣们说：“狂妄无忌惮之徒，往往腹诽朝政。甚至笔之于书，肆其诬谤。如汪景祺、查嗣庭，岂能逃于天谴乎！”（《清世宗实录》卷四十九）雍正自己还亲自撰著长篇谕示，批驳士人的言论，并以政权力量公开压制士人。

一统的皇权要求思想的统一，难以容忍不同意见，特别是群体性意见。这是皇权专制的天性。而士人的天性则是言说表达，为了扩大影响，又最有可能造成群体性意见。当帝制的专断性与士人的群体性的两个极端发生碰撞时，造成的是对立和冲突。尽管在强大的专制权力面前，士人会受到打压，但当他们一旦作为整体不复存在，或者不能发挥其应有作用，也会造成国家治理的困难，帝制体系因为缺乏“卫道士”而崩溃。特别是手无寸铁的士人因言而被重罚必然造成政治紧张，人人自危，天下不安。“焚书坑儒”时，秦公子扶苏便担忧：“天下初定，远方黔首未集，诸生皆诵法孔子，今上皆重法绳之，臣恐

天下不安。唯上察之。”（《史记·秦始皇本纪》）秦始皇不仅听不进扶苏的意见，而且将其驱使到远方监军。秦始皇去世后，扶苏难以接位，秦二世篡位，以更严厉的方式压制言论。“忠言未卒于口而身为戮没矣。故使天下之士，倾耳而听，重足而立，拑口而不言。”（《史记·秦始皇本纪》）最后导致的是秦王朝的迅速崩溃。东汉的“党锢之祸”，造成的是士人和帝制国家的“双输”，王朝和士人同归于尽。

士人的特性在于知识。当知识限定在一定范围内，士人便约束在一定秩序内。尽管士人凭借知识会成为异见者，但他们对自己生活其中的基本秩序是认同并维护的。“他们本身并不企图夺取政权，而是在帝国朝廷的宽容下屈服，求得安全。在传统中国的权力结构中，绅士显然是一个非斗争因素。”①

① 费孝通：《中国绅士》，惠海鸣译，中国社会科学出版社，2006，第31~32页。

第十三章
地域—血缘关系中的帝国与农民

农业是整个古代世界的决定性的生产部门。从事农业生产的农民是主要，甚至唯一的物质生产者。他们不仅人数最多，同时又凭借着生产者角色而构成一个特殊的社会群体，在国家和国家治理中居于特殊的地位。在相当长的时间里，中国的农民只是依附于宗族村社共同体内。当农民摆脱宗族共同体，以个体家庭为基本单位，一方面推动了帝制国家的建立，另一方面也由于税役户籍建立起与帝制国家的政治关系。帝制国家以农为本，得农民者得以稳天下。而猛如虎的苛政又会逼迫农民不得不反，动摇着帝国王朝的根基，失农民者失天下。

一　从宗族隶属农到个体家户农

在人类社会进程中，物质生产是决定性因素。“人们首先必须吃、喝、住、穿，然后才能从事政治、科学、艺术、宗教等等；所以，直接的物质的生活资料的生产，从而一个民族或一个时代的一定的经济发展阶段，便构成基础，人们的国家设施、法的观点、艺术以至宗教

观念，就是从这个基础上发展起来的。"[①] 在马克思看来："人们在自己生活的社会生产中发生一定的、必然的、不以他们的意志为转移的关系，即同他们的物质生产力的一定发展阶段相适合的生产关系。这些生产关系的总和构成社会的经济结构，即有法律的和政治的上层建筑竖立其上并有一定的社会意识形式与之相适应的现实基础。"[②]

人类最早以各种方式寻找自己的物质生活来源。作为一种稳定的、可持续的、大规模的生产，则是农业。恩格斯因此说："农业是整个古代世界的决定性的生产部门。"[③] 从事农业生产的则是农民。由于生产力水平的不同，农民结成不同的生产关系，形成相应的社会组织。原始公社是最早的生产方式。随着生产力水平的提高，产生了次生形态的村社（农业公社）生产方式。马克思认为："'农业公社'所固有的二重性能够赋予它强大的生命力，因为，一方面，公有制以及公有制所造成的各种社会联系，使公社基础稳固，同时，房屋的私有、耕地的小块耕种和产品的私人占有又使那种与较原始的公社条件不相容的个性获得发展。"[④] 但这种二重性也有可能造成农业公社的解体，使农业生产进入再生形态。

中国是农业生产最为发达的文明体之一。中国的农业生产也经历了原始公社和农业公社的阶段，只是表现形式不一。其重要特点是受血缘关系的支配，农业公社更主要表现为宗族组织，农民属于宗族隶属农。一方面，在生产力水平不高的条件下，农民以聚族而居的方式共同从事农业生产和居住在一个地方，形成宗族集体村社。个体家庭寓于宗族村社之中，并依附于宗族村社。这种形式直到 21 世纪在中国西南一些地域还可以看到其残余形式。[⑤] 另一方面，在宗法封建的国

① 《马克思恩格斯选集》第 3 卷，人民出版社，2012，第 1002 页。

② 《马克思恩格斯选集》第 2 卷，人民出版社，2012，第 2 页。

③ 《马克思恩格斯选集》第 4 卷，人民出版社，2012，第 165 页。

④ 《马克思恩格斯选集》第 3 卷，人民出版社，2012，第 824 页。

⑤ 华中师范大学中国农村研究院于 2015 年便开始进行大规模的"深度中国调查"，对全国七大区域的传统农村形态进行了深度调查。该调查的重要依据便是根据马克思有关农村社会形态的理论。笔者直接参与了调查。

家，宗族村社隶属于各个封建主，农民的直接主人是各个封建主，他们与作为国家最高统治者的国王不发生直接的联系。“公社作为一种人们共同体单位要比单个家庭更为活跃和重要。”① “伍之人祭祀同福，死丧同恤，祸灾共之。人与人相畴，家与家相畴，世同居，少同游……居同乐，行同和，死同哀。”（《国语·齐语》）

随着铁器的广泛运用，大量荒地的开垦和封建制的松弛，中国农民率先突破宗族村社共同体的外壳，个体家庭成为主要生产组织。“当新的土地占有者彻底摆脱了氏族和部落的最高所有权这一桎梏的时候，他也就挣断了迄今把他同土地密不可分地连在一起的纽带。”② 个体家庭不仅占有土地和生产工具，而且以个体家庭为单位进行生产和生活，并且具有个体家庭独立意识。而春秋战国大规模的兼并争霸战争，则以国家强制的方式直接摧毁宗族村社外壳，催生着个体家庭小农的产生。如果农民不从宗族集体中走出来，将会加倍征收税赋。“既然租税与徭役是以家为单位，财政当局便鼓励甚至强迫人民分家，以便负有纳税义务的单位数量能增加到最大值。”③

个体家庭小农的产生，推动着帝制国家的建立。在铁器广泛运用的“田野农业产生以前，要有极其特殊的条件才能把50万人联合在一个统一的中央领导之下；这样的事大概从来都没有过”④。秦始皇得以在兼并争霸中胜出，并统一中国，在相当程度上取决于大量个体家庭小农提供的源源不断的物质财富和人力。农战为国家之本。而帝制国家的建立，又进一步巩固和强化了农民的个体家庭单位。国家实行以个体家庭为单位的户籍制和税赋制，个体家庭不仅是生产、生活的基本单位，而且成为产权和政治的基本单位。作为经济社会单位的家庭与作为政治责任单位的户口联为一体，由此形成家户单位。农民以家

---

① 谢维扬：《周代家庭形态》，中国社会科学出版社，1990，第302页。

② 《马克思恩格斯选集》第4卷，人民出版社，2012，第183~184页。

③ 〔德〕马克斯·韦伯：《韦伯作品集Ⅴ：中国的宗教　宗教与世界》，康乐、简惠美译，广西师范大学出版社，2004，第121页。

④ 《马克思恩格斯选集》第4卷，人民出版社，2012，第34页。

户而不是以宗族为最基本的单位进行生产和生活，并对国家负责。农民因此由宗族隶属农转变为个体家户农，并建立起与国家的直接联系，成为帝制国家的统治基础。

在摩尔根看来，以人身、以人身关系为基础，名之为社会；以地域和财产关系为基础，名之为国家。宗族村社更多的是以人身、以人身关系为基础，国家只是外在于宗族村社之外的存在。个体家庭更多是以地域和财产关系为基础，国家因为土地、税收和劳役与农民发生直接联系，从而形成国家之下的家户制度。家户制与皇帝制、郡县制、官僚制、户籍制等一样是过去没有的，而是帝制体系的基础性制度；家户制小农是与官僚、士人等新的社会要素一样，是过去所没有的，而是帝制国家所最重要的社会要素。如果说宗族隶属农是宗族王制国家的社会基础，那么，个体家户农则是帝制国家的社会基础。它反映了血缘关系主导向地域关系主导的走向。

在以地域关系为基础的帝制国家体系内，与其他社会群体不同，家户农民是主要的，甚至是唯一的物质生产者。“四民之中，惟农最苦。”（《宋史》卷173）他们构成帝制国家的物质基础。在“士农工商”的四业和四民之中，统治者无不以农为本。秦始皇统一中国后宣称：“皇帝之功，勤劳本事。上农除末，黔首是富。”（《史记·秦始皇本纪》）“农，天下之大本也，民所恃以生也。”（《汉书·文帝纪》）“今驱民而归之农，皆著于本，使天下各食其力。”（《汉书·食货志》）其重要原因在于“农为民生之基本”“衣食足则易教而国安”“民务农则易治而易用”“重农以保护田租田赋之收入”“足食足兵以谋富强”。①

二　家户农的自由与农业文明

个体家户小农是伴随帝制国家而产生的，并构成帝制国家的统治

① 万国鼎：《中国田制史》，商务印书馆，2011，第73~75页。

基础。相对宗族隶属农而言，他们具有自由的属性。秦始皇的伟大功绩不在于修建万里长城，而在于形成了一个能够不断再生产亿万家户小农的制度。“几千年来都是个体经济，一家一户就是一个生产单位。”[①] 家户农的主要特征表现如下。

其一，人身自由。人的自由首先表现为人对自己身体的自主支配。在宗法封建制下，农民生活在一个个小的宗族村社共同体内，其人的活动受到宗族村社的束缚，只是宗族村社共同体的依附者，并形成人身依附关系。“当新的土地占有者彻底摆脱了氏族和部落的最高所有权这一桎梏的时候，他也就挣断了迄今把他同土地密不可分地连在一起的纽带。”[②] 秦始皇统一中国期间实行军功地主制，允许土地买卖，弱化人身依附关系，家户成为主要生产单位。政府为获取税赋，编制户口，使所有人都成为同一的“编户齐民”，无论是地主，还是农民，都是国家的子民。在国家共同体内，“士农工商”，农民与其他人一样在法律地位上是平等的。在村庄共同体和日常生活之中，农民在人身上是自由的，具有自主性。即使是租佃地主土地的佃农，与地主的关系也属于交换关系，地主只能根据契约获得收租，而不得占有佃农的人身。“地主”只拥有经济权力，只是“地”的主人而不是“人”的主人。作为农民主体的自耕农的独立性和自主性更强。

其二，经济自主。人的自由体现在社会关系之中，并以经济自主为基础。宗族村社是以土地为宗族村社所有为前提的。尽管土地经营以家庭为单位，但土地要素不能自由流动，只能限制在宗族村社共同体内。“这些农夫或农奴，自然无论在习惯上或在法律上来讲，他都不能将他所耕种的土地任意与人交换，或有买卖的行为。”[③] 春秋战国时期，土地要素得以突破宗族村社共同体的束缚，自由流动。“民得买卖土地”。“中国早在战国时期就已经开始推行土地私有，允许土地自由买卖；欧洲在整个中世纪的封建社会时期，土地属于贵族，不存在土

---

① 《毛泽东选集》第3卷，人民出版社，1991，第931页。

② 《马克思恩格斯选集》第4卷，人民出版社，2012，第183~184页。

③ 瞿同祖：《中国封建社会》，上海人民出版社，2005，第89页。

地市场。”[①] 在费正清看来，西欧“中世纪的农奴是束缚在土地上的，他自己既不能离开也不能出卖土地，而中国农民则无论在法律上和事实上都可自由出卖或购进土地”。[②] “农民同时就是他的土地的自由所有者。”[③] 土地不仅可买卖，还可继承、转让。“完全的、自由的土地所有权，不仅意味着不折不扣和毫无限制地占有土地的可能性，而且也意味着把它出让的可能性。只要土地是氏族的财产，这种可能性就不存在。”[④] 除了土地以外，无论是自耕农，还是佃农，生产工具都是自己的。他们可以凭借生产工具独立从事劳动。因此，从生产过程看，农民独立从事生产和经营活动，很少甚至没有外部力量的介入、监督和强制。从生产产品看，农民有获得和支配自己产品的自由。除了地租和税赋外，农民完全占有自己的劳动成果，并可以以自己的产品对外进行自由交换。因此，中国农村社会又是一个集市社会，一个个集市镶嵌在大小不一的农业村庄中。在生产力中，人是最活跃的因素。古代中国的农民不仅可以自由活动，而且可以自由流动。在中世纪的欧洲，“农民是半农奴依附于土地，只有极少数取得自由农身份的劳动力才能自由流动”[⑤]。正如胡如雷所指出的：“西方的农奴是终生被束缚在领主领地上的，他们在任何情况下，都不能合法地离开领地；中国的佃农虽然长期被束缚在地主的土地上，但这种束缚却不是终生的，在一定条件下，佃农可以改佃，地主也可以撤佃。”“中国佃农基本上没有终生束缚在某个地主的固定田庄之中，比西方终生固定于某一庄园的农奴有较多的人身自由。”[⑥] 不仅如此，农民只要有机会，还可以离开家乡，进入城市务工。

其三，社会自治。人生活在群体社会里。群体社会的自治性反映

① 林毅夫：《中国经济发展和文化复兴》，《现代人才》2011 年第 6 期。

② 〔美〕费正清：《美国与中国》（第四版），张理京译，世界知识出版社，1999，第 32 页。

③ 《马克思恩格斯文集》第 7 卷，人民出版社，2009，第 909 页。

④ 《马克思恩格斯选集》第 4 卷，人民出版社，2012，第 183 页。

⑤ 林毅夫：《中国经济发展和文化复兴》，《现代人才》2011 年第 6 期。

⑥ 胡如雷：《中国封建社会形态研究》，三联书店，1979，第 100、119 页。

了人的自主性和自由活动空间领域。宗族村社是高度自治的共同体。只是这种共同体是缺失个体独立性和自主性的自治体。宗族村社是自治的基本单位。家户制农民的前提是个体家庭的独立性和自主性，农村社会自治是建立在个体家户基础之上的。家户是社会自治的基本单位。社会治理由家，而族，而村，而国。一家一户为单位的自给自足的家户经济，使政府管理未能进入农民的日常生活管理之中。乡村社会成员从社会自治中获得自由活动的空间。在中国的乡村，经济权力与政治权力二元分离，地主不能凭借经济权力为所欲为，反而得借助家族社会力量共同治理村庄。村民在社会地位上是平等的，地主没有治理上的特权。而在中世纪的西欧，由于领主在领地内的“特恩权”，即征税权、司法权和军事权，是毫无限制的统治者，因此以“棍子和鞭子统治着农村”①。自治性的乡村庄园实际上是领主统治的“土围子”，没有自由可言。

其四，思想自在。人是有思想意识的。思想自由表现为不同思想意识的开放性和包容性。在宗族村社共同体里，农民的意识局限于狭隘的共同体内，受血缘关系先定的身份所限定。家户制使农民的意识从狭隘的宗族村社共同体中解放出来，具有强烈的自主意识。尽管他们成为国家的子民，但国家权力尚不能渗透到农民的日常生活之中，“天高皇帝远”。农民信奉的是“交完粮，自在王”的自在生活。各种基于日常生活的民间文化异常活跃，并与官方文化相对独立。

其五，政治自力。政治自由反映个人与政府的关系。在宗族村社制下，农民的行动能力限制在宗族村社共同体内。他们不与政府发生直接联系，也没有形成依靠自己的力量改变人与政府关系的自力意识。在家户制下，农民得以超越宗族村社共同体，在更大范围内活动，并建立起与政府之间的直接联系。从农民的自主性出发，农民具有了自主的行动能力，以建立起与政府的自由而不是依附关系。一是消极的行动自由，希望政府不要过多干预和介入农民的生活。理想的政府行

① 《马克思恩格斯全集》第25卷，人民出版社，2001，第582页。

为是“无为而治”。农民也不愿意与官府打交道，具有“无讼”意识。因为政府判案往往是各打三十大板，不仅难以分辨是非，更重要的是破坏了亲情和乡亲关系。二是积极的行动自由。与印度种姓制不同，中国农民没有严格的身份等级制度的限制，“王侯将相，宁有种乎?”农民有尽己之力反抗暴政的合法性，即“替天行道”“官逼民反”，要求“均田地，等贵贱”。

相对于宗族隶属农而言，家户自由农的核心要素就是自主性和积极性。自主性是前提，积极性是结果。只有自主的人才有来自人自身内部的积极性、主动性和创造性。家户制度有利于调动农民的生产积极性和责任心。

其一，土地为家户所有或者家户经营，这就有可能使家户能够自由支配自己的产品。在生产和报酬紧密联系的条件下，家户有可能改善自己的生存状况。而宗族村社制若干年平分土地，抑制了农民对土地的更多渴求，也限制了其积极性。在家户制条件下，尽管成为“地主”只是少数人才能实现，但获得土地从而“发家致富”始终是推动农民生产的基本动力，由此锤炼出中国农民特有的“勤劳”品质：“敬时爱日，非老不休，非疾不息，非死不舍。”（《吕氏春秋·上农》）韦伯对中国人的勤劳给予极高评价，他说：“中国人的勤奋与劳动能力一直被认为无与伦比。”[①] 但他并没有深度揭示中国人为何勤劳的原因。这是因为中国农民的劳动是为了自己的劳动，是为了自己能够过上自己理想的生活。农民劳有所获的自由劳动与劳无所获的农奴式劳动完全不能同日而语。自由劳动与奴役劳动的最大不同就在于前者的劳动在为社会创造财富的同时也可以使自己的命运有所改善，哪怕是稍许的改善。自给自足的生活状态说明，只有自给，努力劳动才能自足；相反，正是可以自足，不断刺激着农民努力自给。由此也才有了自觉自愿的刻苦耐劳，才有了劳动无限投入的精耕细作，才有了满足自我需要的耕织结合。

---

① 〔德〕马克斯·韦伯：《儒教与道教》，王容芬译，商务印书馆，1995，第115页。

其二，土地为家户所有或者家户经营，使家户可独立完成生产全过程，不需要外部性监督，因此可最大限度地减少外部监督形成的成本。费孝通根据农村调查认为："在现有农作技术下，分工的不发达使两个人在一起工作并不比两个人分开各自工作为便利和效率高。"① 对于地主而言，将土地租佃给农户以后自己不需要再干预生产过程。而对于直接生产者的农民来说，生产经营过程完全是自主性的，"偷懒"是对自己可能陷入饥饿和破产的自我惩罚。生产过程完全由农民自我完成，根本没有偷懒的可能。因为产品的自我占有使偷懒成为对自己的犯罪。"佃户一般能订立固定租金的长期合同，这就能促进他们的事业心并提高生产率。"② 而在由若干家户构成的村社劳动组合中，除非每个人都有极高的劳动自觉性，"怠惰"是不可避免的。

人是生产力中最活跃的因素。家户制激发和调动了农民的生产积极性，从而创造了灿烂的中国农业文明。著名农史学家孙达人说："没有个体小农就没有战国秦汉以来的新时代，就没有与这个时代相适应的、领先于世界的新文明。"③ 世界文明发源地都来自农业文明，唯一保存并传承下来的是中国。中国创造了世界独一无二的农业文明奇迹。这一奇迹的创造者正是广大农民。家户制农民因此也成为帝制国家得以长期延续的基础所在。④

三　脆弱的小农与沉重的压力

相对宗族隶属农而言，家户制农民可以独立自主地从事生产，自

① 费孝通：《乡土中国　生育制度》，北京大学出版社，1998，第 179 页。

② 〔美〕费正清：《美国与中国》（第四版），张理京译，世界知识出版社，1999，第 31 页。

③ 孙达人：《中国农民变迁论——试探我国历史发展周期》，中央编译出版社，1996，第 80 页。

④ 本节参考了徐勇的论文：《中国家户制传统与农村发展道路——以俄国、印度的村社传统为参照》，《中国社会科学》2013 年第 8 期；《东方自由主义传统的发掘——兼评西方话语体系中的"东方专制主义"》，《学术月刊》2012 年第 4 期。

由地支配人身，自由地获得和占有土地财富。这种自由的权利是历史上没有的，且为国家所保护。

但是，农民的自由及其保护却是以支付其代价为前提条件的。农民从宗族隶属农转变为个体家户农的重要动因是国家的推动，而国家推动的重要目的则是可以将人口从宗族团体中解脱出来，直接获得税收和劳役。国家通过税赋和劳役，建立起与农民之间的直接联系。但这种联系具有利益对立关系的特点。家户制农民在超越宗族村社共同体的同时，进入到国家共同体内。国家是一种特殊的公共权力，“为了维持这种公共权力，就需要公民缴纳费用——捐税。捐税是以前的氏族社会完全没有的。但是现在我们却十分熟悉它了。随着文明时代的向前进展，甚至捐税也不够了”。[①] 国家的成长和类型与捐税的增长和担负者密切相关。在中国，帝制国家的建立是国家的重大转变，成为过往远远不及的强大国家，所需要的捐税也迅速增长。帝制国家的社会基础是个体家庭农民，赋税的直接承担者也是农民，赋税成为国家与农民之间关系的最重要的因素。马克思在描述法国小农与国家政权关系时说：“赋税是官僚、军队、教士和宫廷的生活来源，一句话，它是行政权的整个机构的生活来源。强有力的政府和繁重的赋税是一回事。小块土地所有制按其本性说来是无数全能的官僚立足的基础。它造成全国范围内各种关系和个人的均质的水平。所以，它也就使得一个最高的中心对这个均质的整体的各个部分发生均质的作用。它消灭人民群众和国家权力之间的贵族中间阶梯。所以，它也就引起这一国家权力的全面的直接的干涉和它的直属机关的全面介入。最后，它造成无业的过剩人口，使他们无论在农村或城市都找不到容身之地，因此他们钻营官职，把官职当做一种体面的施舍，迫使增设官职。”[②] 马克思的描述对于中国个体家户农民与帝制国家的关系也是非常适用的，而且在中国，农民赋税更为沉重。

① 《马克思恩格斯选集》第 4 卷，人民出版社，2012，第 187 页。

② 《马克思恩格斯选集》第 1 卷，人民出版社，2012，第 766~767 页。

首先，伴随帝制国家的出现，产生了一大批不事生产的人员。与皇帝制相伴随的是皇室人员的急剧增大。与郡县官僚体制相伴随的是官僚人员的增多。与统一国家相伴随的是职业军人的产生。与国家治理需要相伴随的是知识群体的出现。这些人员的生活源泉都来自赋税。

其次，伴随帝制国家的出现，公共工程的规模扩大。帝制国家意味着国家能力的增强，能够大规模地兴办公共工程。这些公共工程，一是用于国家统治，如皇帝宫殿、城市建筑等；二是基础设施，如水利工程、大型道路等。

最后，伴随帝制国家的出现，地域规模扩大，国家守卫难度增大，成本增高，不仅要供养大量军事人员，而且要有大量物质设施。“中国国防线太长，……因防边而动用浩大之财力，耗散浩大之人力”。①

显然，国家作为一种特殊的公共权力，必须有相当的经济基础和物质条件。国家的一定开支是必要的。但是，这种开支具有很强的任意性。这在于统治阶级“为了它自己的利益，从来不会错过机会来把越来越沉重的劳动负担加到劳动群众的肩上”②。在帝制国家，开支来源主要由农民承担。农民只是国家的臣民，只拥有提供税赋劳役的义务，而没有任何权利。换言之，国家推动了农民从家族隶属农转变为个体家户农，农民获得了一定程度的自由，且为国家保护，但这种自由是有代价的和前提条件的，这便是要向国家提供税赋和劳役。自由意味着负担。作为赋税的提供者，没有权利，也没有条件决定为什么提供和提供多少。如费孝通所说：“在君主统治下，人们只有责任而没有权力；皇帝的话就是法律。如果他要建造一个宏伟的宫殿、一座庄严的坟墓、或一条巨大的运河，他就可以下命令去做，而不必顾及人民。如果他要扩展他帝国的疆界，他就命令他的军队行动起来，不必顾忌人民是否喜欢这件事。纳税、征兵——这些都是人民的负担，并且是没有酬报的。”③ 在无数小农基础上建立的帝制国家的权力专断性，

---

① 钱穆：《中国历史研究法》，九州出版社，2019，第64页。

② 《马克思恩格斯选集》第3卷，人民出版社，2012，第562页。

③ 费孝通：《中国绅士》，惠海鸣译，中国社会科学出版社，2006，第5~6页。

使国家税赋和劳役征收极具随意性和扩张性，很容易超越农民能够承受的能力。

一是皇室的巨大开支。统治者的开支与其收入相关。在王制国家，实行封建制，特别是财政分立，即使是作为最高统治者的国王，其收入来源也是有限的。进入帝制国家之后，统治者有能力集聚全国的财富为自己所使用，其开支迅速扩大。而皇权统治的必要开支与非必要开支很难厘清。如皇帝除了妻子以外，还拥有大量嫔妃，有的甚至达到上万人，加上专门服侍者，其数量更为庞大。皇室成员享有丰厚的俸禄。愈是有作为的皇帝，其开支往往愈是庞大。汉武帝外出巡游，“勒兵十八万骑，旌旗径千余里。”（《汉书·武帝纪》）汉武帝的陵墓修建达 40 余年，每年占有全国的税收达 1/3。唐朝武则天的陵墓修建占全国税收达 3/4。宋代，“凡宗室子弟，不问嫡子或庶子，也不问其世代多远，一经出生，皆食于县官”[①]。明朝末年，朱元璋的子孙，已繁衍至近百万人之众。明代宗亲享受藩禄的人数急剧增多，“使宗藩从皇权的护卫者变成了沉重的包袱”。[②]

二是官僚人员的增大与腐败。在王制国家，实行分封治理，治理过程必须考虑其收入来源和数量。在帝制国家，皇帝是当家的，官僚是管家的。官僚无须考虑总体收入状况。他们只是获得一份报酬，乃至获得更多的财富。由此造成官员数量和开支呈无限膨胀的趋势。明代仅仅是宦官人数便达 10 万之多。这就是所谓的“生之者寡，食之者众”。

三是公共工程和公共行为的扩张。在王制国家，公共工程和公共行为受分级财政的制约。而在帝制国家的中央集权官僚体制下，皇帝可以集聚全国的财政从事大规模的公共工程和公共行为，且很容易造成超越财力人力的限度。“黄河屡有泛滥溃决之患，历代专设机关特命大员设法防治，耗费甚巨，常因此而激起社会的经济危机。”[③] “工程

① 萨孟武：《中国社会政治史》（宋元明卷），三联书店，2019，第 127 页。

② 白钢主编《中国政治制度史》下卷，天津人民出版社，2016，第 751 页。

③ 钱穆：《中国历史研究法》，九州出版社，2019，第 64 页。

人员沿河修筑堤防，耗用了国家大量银款，看上去修筑得完美无比，但只管得几年。关键就是大量国家堤防开支中饱了官吏私囊。”①

无论是帝制国家的必要开支还是超限开支，最终的承担者主要是农民。而个体家户农民尽管获得了自由，却又十分脆弱。首先，家户农民意味着农民家庭会不断裂变成新的家庭。无限增长的人口与有限的土地的矛盾日益突出。有限的土地造成农民的生产剩余愈来愈少，自我发展的能力愈来愈弱。其次，家户农民意味着缺乏宗族社会的保护，他们必须以个体家庭这种小规模组织的方式应对各种天灾人祸。其组织规模和应对天灾人祸的能力都十分有限。“对小农来说，只要死一头母牛，他就不能按原有的规模来重新开始他的再生产。”② 尽管拥有土地，但也会因为各种原因而被迫失去土地。在秦汉之后的历史文献中经常将个体家户农民称为“小户”“细民”，如一叶轻舟生活在风雨飘摇之中。但正是这些“小户”和“细民”却要承担繁重的负担。“今农夫五口之家，其服役者不下二人，其能耕者不过百亩，百亩之收不过百石。春耕夏耘，秋获冬藏，伐薪樵，治官府，给徭役；春不得避风尘，夏不得避暑热，秋不得避阴雨，冬不得避寒冻，四时之间亡日休息；又私自送往迎来，吊死问疾，养孤长幼在其中。勤苦如此，尚复被水旱之灾，急政暴赋，赋敛不时，朝令而暮改。当具有者半贾而卖，亡者取倍称之息，于是有卖田宅鬻子孙以偿责者矣。”（《汉书·食货志》）

秦统一之初，小农经济刚刚发育，农民力量十分脆弱，而且长期生活于战乱之中，迫切需要休养生息。秦始皇却横征暴敛，给农民带来沉重负担。秦始皇“内兴动作，外攘夷狄”，造阿房宫，修骊山墓，筑万里长城，动用劳力 200 余万。此外，蒙恬率 30 万人击胡，守五岭的还有 50 万人。全国约有 300 万人被征用，占全国总人口 2000 万的 15%。“使用民力如此巨大急促，实非民力所能胜任。”③ 经过魏晋南北

① 〔美〕费正清：《伟大的中国革命》，刘尊棋译，世界知识出版社，2000，第 79 页。
② 《马克思恩格斯文集》第 7 卷，人民出版社，2009，第 678 页。
③ 范文澜：《中国通史》第二册，人民出版社，2015，第 17 页。

朝数百年战乱，农民极需休养生息。隋炀帝登基之初，修建洛邑，“每月役丁二百万人”。他在位 13 年，修运河，筑长城，三次出兵高丽，动用劳力 600 多万，占全国总人口的 1/7，造成举国就役，“丁男不供，始以妇人从役”。繁重的徭役必然带来更沉重的赋税。特别是男丁服役，再生产难以维系，使大批农民破产，只能背井离乡，逃避繁重的赋税徭役。

帝制国家的庞大开支与人数众多但能力弱小的农民形成尖锐的矛盾。早在春秋战国时伴随新兴国家的兴起，孔子便极具预见性地提出“苛政猛如虎”的警示，并因此强调统治者要以“仁者爱人”的理念，施予“仁政”。但是，这一理念在当时被视为迂腐之见，未得到重视。民众的负担有增无减。“一岁屯戍，一岁力役，三十倍于古；田租口赋，盐铁之利，二十倍于古。”（《汉书·食货志》）秦始皇统一中国后的帝制国家的兴盛掩饰着潜藏的矛盾，秦始皇沉浸在二世、三世以至万世的家族统治的梦想之中。只是不承想，正是那些家户农民率先造反，导致秦王朝的覆亡，且这一历史大戏反复重演。

四　不得不反与政治行动者

在王制国家，宗族隶属农的生活状况与命运并不如儒家先贤们所描述的那么美好，否则不会出现农民自发地突破宗族村社的外壳，成为个体家户农民。但是，宗族隶属农的外部负担肯定要轻。先贤们所说的“三十倍于古”“二十倍于古”，从数字看并不一定准确，但农民之前的负担较轻是无疑的。更重要的是，负担单位是各个封建主，而非农民个人。正是在这一情况下，农民不仅没有作为一个具有独立利益的群体而存在，且没有作为一个群体与国家发生联系，更没有因为外部负担而发生反抗。史书上记载的“国人暴动”，不是农民作为一个独立的群体对统治者的反抗。宗族隶属农只是上层首领的依附者和追随者，而不是独立的政治行动者。

进入帝制国家之后，不仅农民成为一个具有独立利益的群体，而

且因为税赋与国家发生直接的联系，更因为税役过重而产生对统治者的反抗。“中国历史上的农民起义和农民战争的规模之大，是世界历史上所仅见的。”①

为什么以农民为主体的农民起义及农民战争的次数和规模都是世界上仅见的？从根本上说，是由于生存条件的不断恶化，触及农民的生存底线，并侵犯到他们作为自由农所应该享有的基本权利。

一般来讲，农民在政治上是保守的群体。他们是物质生产者，也是自给自足的生产者。“他们进行生产的地盘，即小块土地，不容许在耕作时进行分工，应用科学，因而也就没有多种多样的发展，没有各种不同的才能，没有丰富的社会关系。每一个农户差不多都是自给自足的，都是直接生产自己的大部分消费品，因而他们取得生活资料多半是靠与自然交换，而不是靠与社会交往。”② 他们要忙于自己的生计，自给才能自足。他们在政治上的态度，是只要能够维持生产，养家糊口即可。而在家户制条件下，能够发家致富，则会喜出望外了！但是，这一切都取决于外部条件。当外部条件恶劣，民不聊生，触及农民的生存底线，就会发生不得不反的农民反抗。这是对国家统治者肆意侵犯农民自给自足的基本权利，使农民难以生存下去的反抗。“苛政猛如虎”。“当老虎从笼子里出来的时候，惊恐的人们就被逼上梁山了。”③

从帝制国家的农民的大规模反抗看，均是因为农民的再生产条件受到严重破坏，农民的生活难以维系，甚至生命受到威胁时才发生。秦朝末年，陈胜等一行被征调兵役行至路上遭遇大雨延期，按秦律将会处死。在面临走也是死不走也是死的生存边界，陈胜揭竿而起，率先举起反秦大旗。在整个帝制时期，农民的大规模反抗可以说都是因为民不聊生而不得不反的结果。而反则意味着农民不只是政治的被动者，且是主动的政治行动者。他们希望以自己的“反”改变其命运。

农民作为政治上的保守者，还在于其政治上的弱小性。“小农人数

---

① 《毛泽东选集》第 2 卷，人民出版社，1991，第 625 页。

② 《马克思恩格斯选集》第 1 卷，人民出版社，2012，第 762 页。

③ 费孝通：《中国绅士》，惠海鸣译，中国社会科学出版社，2006，第 6 页。

众多，他们的生活条件相同，但是彼此间并没有发生多种多样的关系。他们的生产方式不是使他们互相交往，而是使他们互相隔离。”① 尽管农民人数多，但是他们是由一个个相互隔离的家庭组织起来的，没有横向的联系和组织。“耕者不管是一个自由的土地所有者，还是一个隶属农民，总是独立地，作为单独的劳动者，同他的家人一起生产自己的生活资料。”② 作为分散孤立的个体家庭农民，他们在强大的官府面前的力量是十分弱小的。那么是什么因素造成这些分散弱小的农民聚合起来，形成具有组织规模的农民反抗，从而将政治保守者变为政治行动者的呢？

造成农民聚合为政治行动者的根本原因是共同的生存条件和共同的命运。各个家户农民不仅各自的生产条件相同，而且各自面临的政治条件也相同。在帝制国家，所有人都是编户齐民，都要共同承担税赋和劳役。“它造成全国范围内各种关系和个人的均质的水平。所以，它也就使得一个最高的中心对这个均质的整体的各个部分发生均质的作用。”③ 在社会常态下，农民共同服从王朝统治，一旦矛盾激化，王朝体系便成为共同反对的对象。只要有人带头，便能得到广泛响应，积极行动起来。在秦王朝的统治下，全国农民无一例外地承担繁重税役，受到残酷压迫，即“天下苦秦久矣”，陈胜吴广起义因而一呼百应，各地广泛响应。明末，整个陕西普遍遭灾，无数饥民挣扎在生死边缘，大规模民变一触即发，风起云涌，很快席卷中国北方。

农业生产和小农经济使农民处于相互隔绝的分散状态，难以形成大规模政治力量。但农民一旦离土离乡并为生存所迫，便很容易聚合起来，成为相互激励的积极行动者，从而迅速形成自发的大规模的政治力量。秦末起义因陈胜吴广等九百农民在服役途中聚合一起，并因服役误期面临被处死境地而自发兴起。元末农民起义的迅速兴起是由于王朝役使17万民工集中于黄河工地。明末起义则兴于大股饥民队伍。

---

① 《马克思恩格斯选集》第1卷，人民出版社，2012，第762页。
② 《马克思恩格斯文集》第7卷，人民出版社，2009，第912页。
③ 《马克思恩格斯选集》第1卷，人民出版社，2012，第766~767页。

由于农民的反抗属于不得不反，其反抗都具有自发性特点。但有的反抗则经过了长时间的组织动员和周密的计划安排，属于有组织的积极行动。东汉末年黄巾起义经过张角等人长时间发动和精心组织安排而兴起。张角派遣弟子到各处治病传教，进行广泛的联络和组织，为起义做准备。事变前发出了动员口号，即“苍天（汉）已死，黄天（张角自谓）当立，岁在甲子，天下大吉”，准备在甲子年（184 年）三月五日，三十六方（包括京城内外）同时起义。清朝末年，洪秀全、冯云山等人到广西农村，以传教的方式在农民中间进行广泛的宣传发动，并建立了“拜上帝会”组织。经过数年准备，洪秀全于1851 年在广西发动了太平天国农民起义。

农民有组织的积极行动受制于历史条件。一是农民的分散性使他们难以形成组织性力量。没有组织性力量，农民个体力量是难以反抗强大的统治政权的。二是国家政权对于小股民变实行压制，农民反抗难以成事。正是在农民的反抗与国家政权的互动博弈和不断升级中造成了农民的有组织的积极行动。东汉后期，王朝统治愈加黑暗，农民日益贫困，出现了“万民饥流”“百姓饥荒，更相啖食（人相食）”的惨景，民变蜂起。但这些民变都局限在一定地域，规模较小，在朝廷军队联合地方豪强武装的压力下，等不到别处农民响应，就归于失败。多次失败使农民不得不求助于组织性力量，联络各地农民共同起义。张角及其兄弟张宝、张梁和众多弟子便担任了这一领导和组织角色。太平天国起义时的条件也是如此。19 世纪中叶，王朝以重税掠夺农民，地主加剧土地兼并，广西农村连年灾荒，社会矛盾急剧激化，农民反抗连年不断。但由于缺乏农民聚合的基础，农民斗争均告失败。只是随着洪秀全等人作为组织性力量的出现，才兴起规模浩大的太平天国起义。

在分散的小农经济条件下，是通过什么东西将农民联结起来，以积极行动而聚合为强大的反叛力量的呢？主要是宗教。“当人民生活愈来愈艰难的时候，一个以上层阶级底层人物为首的民间教派可能会产

生狂热，掀起暴乱。”[①] 东汉黄巾起义首领张角是道教的一个分支——太平道的首领。他及其众多弟子四处传教，十余年间，青徐幽冀荆扬兖豫八州信徒多达数十万。张角将信徒分三十六方，由其首领统率，形成严密的宗教团体组织。张角起事时“八州之人，莫不毕应”（《后汉书·皇甫嵩传》），以宗教团体为核心发动了农民大起义。洪秀全等人在广西以“天下一家，共享太平”的宗教观念启发和唤起农民的反抗意识，创立了“拜上帝会”的宗教组织，以此发动了太平天国起义。

宗教为何得以成为发动和联络农民起义的工具呢？首先在于农民缺乏文化知识，无法从理性上认识自己苦难生活的原因，饱受饥饿的贫困生活又迫使他们在无可奈何中从宗教那里寻找心灵慰藉和空幻希望，并期盼新的救世主的出现。而且由农民起义发动者创立的宗教本身就包含有农民的社会理想，有较强的吸引力和感召力，农民愿意为之献身。农民信教从表面上看是一种精神寄托，实质上表达了对现存秩序的不满。当宗教首领发出号令，他们很快会加入反叛队伍。东汉张角发出起义号令后，“旬日之间，天下响应”（《后汉书·皇甫嵩传》）。其次，通过宗教信仰可以将分散的农民联结成为有组织有纪律有领导核心并可打破血缘地缘限制的团体，形成强大的政治力量。最后，宗教从表面上起着麻醉农民的作用，传教活动有可能得到统治者的许可。张角传播太平道时，官府以为“以善道教化，为民所归”（《资治通鉴·汉纪五十》），未加禁阻。洪秀全创立“拜上帝会”宗教组织也未受到禁止。起义首领因此以传教的方式进行广泛而充分的动员组织，促使起义的兴起。

无论是农民自发，还是有组织的聚合，其集体行动必然有领导者。农民起义的主体是农民，其领袖大多也是农民。特别是那些最先兴起和带有强烈自发性的农民起义的领袖更是如此，如秦末农民起义领袖陈胜、吴广，北宋农民起义领袖王小波、方腊，元末农民起义领袖朱元璋，明末农民起义领袖李自成等。

① 〔美〕费正清：《美国和中国》（第四版），张理京译，世界知识出版社，1999，第128页。

作为农民起义领袖的农民的主因是极度贫困。陈胜是为人佣耕的雇农，方腊出身雇工，朱元璋幼年家境极贫，被迫出家当和尚，李自成少年为地主家放羊。他们不仅家境贫困，且在离开家乡的流动中，可以超越血缘和地缘关系团体的保守和狭隘的局限性，有胆识和能动性，从而充当农民起义的领袖。陈胜在服役途中发现众多农民与其惨境相同，从而得出“天下苦秦久矣”的结论，并据此发动和领导了起义。朱元璋长期出家云游，见多识广。李自成青年时在外地当过驿卒，晓知天下事。

因为不得不反，为生存所迫的农民成为反抗的发起者和领导者。但是他们的见识和能力毕竟有限。而士人的加入则有助于推动农民反抗规模的扩大和延续。刘基是元朝进士，精通天文兵法。但元末天下大乱，王朝统治摇摇欲坠，刘基在王朝秩序内无用武之地，于是投奔起义军，成为朱元璋最得力的谋士。李岩原是河南杞县一秀才，因与当地官府冲突而投奔起义军。士人的加入，可以弥补农民的不足，使农民反抗变成有明确目标、统一纲领、严密纪律的政治力量。朱元璋在关键时刻接受了朱昇关于“高筑墙，广积粮，缓称王”的战略决策，使急于称王称霸的草民流寇意识有所节制，得以完成统一中国和建立明王朝的大业。李自成起义长期流动不定，且纪律涣散，屡遭失败。后来他接受了李岩等人的建议，提出了“均田免粮”的口号，规定了“尊礼贤士，除暴恤民”“秋毫无犯”的章程，力量与日俱增，不断取得胜利，直至推翻明王朝。

当帝制国家的农民起义风起云涌，王朝统治摇摇欲坠时，农民的反抗和王朝的更迭便会产生重叠，从而使那些非农民的人加入反抗王朝的活动之中。秦末反秦军中项梁项羽叔侄为楚国贵族后代，西汉后期反抗王莽政权的刘秀为南阳著名豪强出身，隋末的李渊李世民父子是贵族。这些人有雄厚的经济实力，又有较高知识水平，所聚集的力量有较为严密的组织性和纪律性，往往能成功领导反叛王朝的活动。秦末陈胜吴广率先起义，但由于他们骄横无知，起义军缺乏严密组织和纪律，内部纷争迭起，很快招致失败。而项梁项羽凭最初起事的精

兵八千，多谋善断，大破秦军，予秦王朝毁灭性打击。西汉末年起义遍地而起。但大多为暴政所迫，并无推翻王朝宏愿，缺乏组织和纪律，起义局限在乡村地方。王莽因此称之为“饥寒群盗”，未加重视。而刘秀起兵后，用兵法约束军队，攻城略地，散发檄文，将打击矛头直指王莽王朝，王莽才感到可怕的威胁。隋末起义之初，起义军蜂起，多达数十万人。但因力量分散为隋王朝各个击破。李渊父子起事后凭借经济军事实力，将众多起义军集合在部下，形成强大的组织力量，成就推翻隋王朝大业。①

五　造反有理与理的生成

对国家统治的反叛受政治意识的支配。王制国家时期，没有出现农民作为一个独立的群体对国家统治的反抗，很重要的原因在于，宗族隶属农依附于血缘共同体，缺乏独立的自我意识，也缺乏依靠自己的力量改变命运的政治意识。只有那些部族和宗族首领才有政治意识，并形成天命观。商部族取代夏部族，周宗族取代商部族，都在于血族共同体的首领以天命自居而形成反叛行动。此间的农民只是上层首领的跟随者和依附者，只有宗族意识而无政治意识。

在宗族隶属农向个体家户农的转变中，因为生产和税役，农民成为一个具有独立利益的群体，并萌生出自己独立的政治意识。他们有自己的生存逻辑，有从自己生存逻辑中发育出来的“理”。这一“理”存在于具有同一生活条件的众多农民的心中，为具有同一生活状态的农民所认可。他们对帝制王朝的反叛出于不得不反，也在于他们“造反有理”。正是因为“有理”，才可将众多分散的个体农民集合为一个整体，形成政治力量而不是一般的盗匪。而作为农民政治意识的“理”的萌生和扩展与血缘关系向地域关系的转变密切相关。

秦末陈胜反叛时的号召是“王侯将相宁有种乎！”（《史记·陈涉

① 参见徐勇《城乡差别的中国政治》，社会科学文献出版社，2019，第121~123页。

世家》）这一口号极具震撼性和标志性，具有历史性突破的意义。在漫长的历史时期，受血缘关系支配，人们的命运为先在的出身所决定，王侯将相的荣华富贵世代相袭。普通民众没有任何改变命运的可能，也没有改变的意识。“农之子常为农，工之子常为工。”（《管子·小匡》）即使是春秋战国，也只是那些上层诸侯贵族们才有改变既定政治秩序的自我意识。但是，当农民由宗族隶属农转变为个体家户农之后，他们突破了血缘共同体的限制，有了通过自己的劳动改变自己生活的可能，也有了通过自己的行动改变自己命运的政治意识。王侯将相不再是命定的，而是可以争取来的。这是支配农民政治行为的“理”。尽管这一“理”当时还不被人所普遍具有，但已潜藏在人们心中。“陈涉少时，尝与人佣耕，辍耕之垄上，怅恨久之，曰：‘苟富贵，无相忘。’佣者笑而应曰：‘若为佣耕，何富贵也？’陈涉太息曰：‘嗟乎！燕雀安知鸿鹄之志哉！”（《史记·陈涉世家》）正是因为有这一志向，在生死关头，陈胜号召“壮士不死即已，死即举大名耳，王侯将相宁有种乎！”“徒属皆曰：‘敬受命。”（《史记·陈涉世家》）一个佣耕者，竟然梦想富贵，在生死关头不是屈服命运而是要举大名，其支配性理念便是“王侯将相宁有种乎！”人的命运不是命定的，而是可以改变的。这便是造反的理由。

依靠自己的积极行动改变命运的观念在当时已具有普遍性。过往改朝换代的首领均是血族团体的首领。刘邦在秦朝只是一个小小的亭长，属于布衣，在咸阳“观秦皇帝，喟然太息曰：‘嗟乎，大丈夫当如此也！’”（《史记·高祖本纪》）项羽看见威武的秦始皇时，竟然说“彼可取而代也”（《史记·项羽本纪》）。尽管项羽是贵族后代，但在过往要自立为王是很难想象的，如今却有替代当今皇上的意愿。可见，长期延续的以血缘定命运的意识愈来愈淡漠。这就是费孝通所说的，“在封建制度崩溃之后，另一个重要的变化发生了。王位变为强者、权力追逐者的斩获对象。在封建制度下，政治权力是分配给君主的亲属和家族的，任何非生长于贵族家庭的人，就是一个平民。他没有机会做君王、接触到君王甚至看到君王的神圣用品。……但是当封建制度终

结之后，任何人都能成为皇帝”[①]。

“王侯将相宁有种乎”成为陈胜造反的理由，尽管这一理由主要是为了本人改变命运，成为新的王侯将相，但与历史上的血缘命定理念相比，则具有石破天惊的意义。在整个帝制国家时代，处于最底层的农民也可以公开造反，反对至高无上的皇帝，并能以此号召动员广大农民，这不能不归之于普遍存在于农民心中的“理”。正是这种“理”造成了帝制国家的不断的改朝换代。

当然，造反有理的“理”的层次也在不断提升。自汉唐之后，农民造反的理由集中表现为“均贫富，等贵贱”。这一理由更能体现农民作为一个独立的社会群体的政治诉求。

“均贫富，等贵贱”的政治诉求植根于家户制农民的经济社会基础和心理之中。宗族村社共同体里，每个农民的生活状况大体平均。正是这种大体平均的生活才能维系共同体的存续。这也是后世儒家们反复要求恢复“井田制”的重要原因。个体家庭农民的产生便意味着原有的宗族村社平均生活状态的打破。特别是实行土地买卖，土地要素在流动的过程中会造成一部人失去土地，从而出现社会贫富分化。特别是秦汉之际，小农经济尚相当脆弱，实力雄厚的豪门大户可以通过土地买卖关系，大肆兼并农民的土地，使农民陷于极度贫困，即汉代大儒董仲舒所说“富者田连阡陌，贫者无立锥之地”的境况。即使是小农经济有所成长，但小农经济的天性决定了其脆弱性，而土地兼并则会加速其贫困化。

除了土地兼并之外，政治上的特权也会造成社会分化和农民的贫困化。尽管国家法律赋予了农民的平等地位，但只是仅仅就横向的社会之间的民众而言的，即四民平等。纵向的官民之间则是不平等的，存在等级贵贱的分别。身份高贵的社会成员可以凭借政治特权进行超经济强制，无偿占有劳动成果。城乡之间的差别，豪门细民之间的差别无时无刻不展现在农民面前，特别是当农民处于流动状态时。

① 费孝通：《中国绅士》，惠海鸣译，中国社会科学出版社，2006，第3页。

而在家户制农民内部也深藏着均等的心理。宗族村社共同体里，个体家庭依附于村社，没有独立的财产权。实行家户制以后，与土地买卖并行的是分家析产，即儿子长大之后，必须分家，重新组织小家庭。分家析产的原则是“诸子均分”，即每个儿子平分家庭财产。其理由基于长期延续的血缘关系：均是父母所生，理所当然同等获得父母财产。[①] 同样是父母子弟，更没有等级贵贱之分。这种深藏于每个人心中的均等意识也会影响着农民的政治意识。

“均贫富，等贵贱”的政治意识反映了帝制时期国家的社会基础和国家特性的变化。这一口号更能体现农民作为一个具有独立利益的群体的整体意识。它不是某个人改变自己的命运，而是反映了农民整体的共同意愿。这种意愿是以共同的财产关系为基础的。尽管农民生活在不同的地域，但面临同样的经济和政治条件，有着共同的意愿。因此，帝制国家愈来愈具有“以地域和财产关系为基础”的国家特性。如何在此基础上处理与农民的关系，则成为国家治理的重要内容。

六　放弃“自由” 与寻求依附

村社制是从原始公社次生出来的农村社会形态。这一制度在俄国和印度保留了漫长的时间。它的核心是以集体村社为基本单位，实行土地公有，定期重分，负担共享，分配均等。村社制犹如一具外壳，虽然抑制自由发展，但能够遮风挡雨，给村社成员提供一定的社会保障，具有“安全阀”的作用。[②]

中国的农民率先从宗族村社走了出来，获得了一定的自由，但是这一自由却要支付沉重的代价，这便是要承担沉重的赋税和劳役。“帝国的税制，并不是以村落，而是以家族及其具有劳动能力的成员（丁，

① 参见徐勇《祖赋人权：源于血缘理性的本体建构原则》，《中国社会科学》2018 年第 1 期。

② 〔美〕巴林顿·摩尔：《民主和专制的社会起源》，拓夫、张东东等译，华夏出版社，1987，第 309 页。

多半从15岁计起到56岁）为其课税的单位。”① 从国家税役的角度看，自由等同于奴役。当沉重的税役超越极限，农民不得不反，只是这种反叛是被迫无奈的。但凡有一条出路，农民都不会铤而走险。面临沉重的国家负担，农民不得不走上另外一条路，这就是放弃个体家户农的“自由”，寻求依附和保护。

经过秦末起义，汉朝初期实行“轻徭薄赋”，农民得以休养生息。与此同时，土地兼并和社会分化日益严重，以至“富者田连阡陌，贫者无立锥之地”，并造成生产经营组织方式的变化。

所谓富者是占有大量土地的豪族世家地主。豪族世家是一种以血缘关系为主的家族组织，宗族长是土地的主人，宗族内部实行严格的长幼尊卑关系。相当多数的豪族世家以庄园经济的方式组织生产经营。《后汉书·樊宏传》记载：“（樊）重，字君云，世善农稼，好货殖。重性温厚，有法度，三世共财，子孙朝夕礼敬，常若公家。其营理产业，物无所弃；课役童隶，各得其宜，故能上下勠力，财利岁倍，至乃开广田土三百余顷。其所起庐舍，皆有重堂高阁，陂渠灌注。又池鱼牧畜，有求必给。尝欲作器物，先种梓漆，时人嗤之，然积以岁月，皆得其用，向之笑者咸求假焉。赀至巨万，而赈赡宗族，恩加乡闾。”田庄内还拥有大量兵弩器械和家兵，以作保卫。“与宗家亲属作营堑自守，老弱归之者千余家。”（《后汉书·樊宏传》）

三百余顷土地的耕作者和千余家的归者显然不是樊姓一家，而是众多贫者和弱者。这些人以宗族、宾客、部曲、徒附、奴婢等身份从事庄园生产和其他劳作。他们不仅由此获得生活来源，而且得到一定程度上的人身保护，更重要的是他们得以逃避繁重的赋税徭役。他们的共同特点是具有极强的人身依附关系，甚至没有独立的户籍且世代依附，属于依附民。依附民也要受到剥削，但是经济上的剥削关系为血缘宗族关系所掩饰和淡化，他们的生活遭遇困难时能够得到一定程

① 〔德〕马克斯·韦伯：《韦伯作品集Ⅴ：中国的宗教　宗教与世界》，康乐、简惠美译，广西师范大学出版社，2004，第114~115页。

度的“赈赡”。这比虽然“自由”但负担极重的个体家户农更具有吸引力。当时的田庄经济被描述为具有田园诗的特性。“有良田广宅，背山临流，沟池环匝，竹木周布，场圃筑前，果园树后。舟车足以代步涉之艰，使令足以息四体之役。养亲有兼珍之膳，妻孥无苦身之劳。”（《后汉书·仲长统传》）

豪族世家的力量愈大，意味着逃避负担的依附民的数量愈多。“中央政府为维持自身而不得不向中国北方人数不断减少的纳税农民征收逐渐加重的税收，负担最终变得难以忍受，许多农民逃往税收较松的南方或是大地主的土地上。在地主土地上，地租对自由农民来说没有税收重。”① 依附民愈多，豪族地主的规模愈大。“豪人之室，连栋数百，膏田满野，奴婢千群，徒附万计。”（《后汉书·仲长统传》）依附民愈多，国家的税役人口便会愈少。“政府为了国家繁荣必须让尽可能多的农民纳税，而不让农民成为大地主土地上的农奴或奴隶。”② 出于维护国家统治的需要，朝廷实行打击豪族世家的政策，但是由于豪族世家与国家政权有着千丝万缕的联系，其得以长期存续。汉朝灭亡之后，天下大乱，豪族世族地主得以延续，许多田庄形成坞、堡、屯、壁等军事与生产合一的组织。“汉末，聚少年及宗族数千家，共坚壁以御寇。”（《三国志·许褚传》）“营深险平敞地而居，躬耕以养父母。百姓归之，数年间至五千余家。”（《三国志·田畴传》）农民为寻求保护，不得不依附于地主庄园。“这些大地主为求自卫结合成大家族集团，他们也就巩固了对其依附民的控制。租佃农民其地位逐渐沦为实际上的农奴，躲避政府税收官员和‘夷狄’的贫穷农民使自己依附于有势力的地主以换取经济上的安全和保护，成为其荫庇者的世代依附民或‘客’。”③ “‘领客’、‘宾客’、‘宗部’和‘部曲’，就是以家族

① 〔美〕费正清、赖肖尔：《中国：传统与变革》，陈仲丹、潘兴明、庞朝阳译，江苏人民出版社，1992，第81页。

② 〔美〕费正清、赖肖尔：《中国：传统与变革》，陈仲丹、潘兴明、庞朝阳译，江苏人民出版社，1992，第103页。

③ 〔美〕费正清、赖肖尔：《中国：传统与变革》，陈仲丹、潘兴明、庞朝阳译，江苏人民出版社，1992，第88页。

的血缘关系作为纽带，而又束缚于土地的。”① 在十六国时期，坞壁多以宗族为纽带，坞主即宗主，全体宗族以一户登入户籍，即“百室合户”“千丁共籍”，由此形成宗主督护制。农民依附宗主，寻求保护。“从法律的规定上看来，仅次于奴隶，他们‘凑聚’于一定的乡里或乡曲，生死不离，他们被血缘恩爱的自然纽带束缚起来。”②

伴随战乱，豪族世家地主大量消失，新生的政权为争夺人口必然打击地方势力，个体家户农成为农民主体。但是，国家对于农民的社会保护仍然缺失，农民依据血缘关系所构成的宗族社会日益兴盛。宗族的最重要功能便是能够为族人提供一定程度的救济，使族人的生活得到保障。

宗族与豪族世族不同，它是以个体家户农为基础的。个体家户农是财产、经营和生活的基本单位，具有相当的独立性。更重要的是，个体家户农仍然是国家的赋税和劳役人口。宗族主要是弥补个体家户农抗风险能力弱的不足，扶贫济困。宗族不仅不抗拒国家的赋税和劳役，甚至会协助本族族人完成国家的税役。一方面宗族具有社会求助功能，使农民的再生产和生活的延续有一定的保障，另一方面也不抗拒国家的税役，因此能够实现国家与农民的社会的平衡，宗族因此得以长期延续。

当然，宗族的延续也要以个体家户农放弃一定程度的“自由”为条件。如农民的土地不能自由买卖，需要优先族人。农民的行为要受到宗族规范的限制。但是这种对“自由”的放弃，能够得到相应的回报，即得到宗族团体的保护。这种宗族农民与历史上的宗族隶属农完全不同，它不是一种天然的依附，而是基于宗族对自己的保护和救助，家户私有仍然是核心要素。

---

① 侯外庐、赵纪彬、杜国庠、邱汉生：《中国思想通史》第二卷，人民出版社，1957，第 39 页。

② 侯外庐、赵纪彬、杜国庠、邱汉生：《中国思想通史》第二卷，人民出版社，1957，第 17 页。

七　土地税役制度与农民命运

农民是从事农业生产的人口，其基本生产资料和生活来源都来自土地。在帝制时代，国家与农民的最紧密和直接的联系是税役。土地和税役制度对于农民的命运及其国家政治有重要影响，并构成国家治理的重要内容。

国家对土地具有终极所有权。“在整个东方，公社或国家是土地的所有者，在那里的语言中甚至没有地主这个名词。”① 国家统治者在获得政权的同时，便获得了对土地的所有权和分配权。特别是在战乱之后，国家政权可以凭借权力重新分配土地。只有掌握了土地，才能掌握农民；只有掌握了农民，才有稳定的税役来源，也才能实现长治久安。

国家对土地的主权表现在两个方面。一是对农民拥有的土地给予合法化承认。秦始皇统一中国的重要条件是奖励开荒，让开荒者占有土地及其成果。秦始皇统一中国后的重要国策便是“令黔首自实田”。对农民实际拥有的土地给予合法性承认，可以说是之后的王朝通行的国策。通过稳定土地稳定人心，也稳定赋役。二是由国家直接分配土地给农民。伴随王朝的衰弱和更迭，战乱之中产生大量的无主地。获得国家政权的统治者将土地分配给农民，成为农民的“恩主”。“在一个王朝新建时，国家把大量无主荒地分给农民，分配原则是按农户劳力多少。这种名义上的均田，最初确实起到了抑兼并的客观效果，维持了大量自耕农的存在。”② 但由国家分配给农民的土地也会发生占有权的转移。

在国家对土地的主权之下，国家还将土地作为赏赐分配给一部分人。汉哀帝宠幸董贤，赐田二千余顷。赐田成为皇帝奖赏下属的重要

① 《马克思恩格斯选集》第 3 卷，人民出版社，2012，第 556 页。

② 金观涛、刘青峰：《兴盛与危机：论中国社会超稳定结构》，法律出版社，2011，第 97 页。

手段。

中国的土地制度具有双重属性。一是国家拥有土地主权，可以进行统一的制度安排；二是土地占有者可以自由处置田产，从而使统一的制度安排发生变异。土地国家所有和私有的二重性，亦即所有权和占有权的相对分离。① 从总体上看，王朝初期，伴随王朝更迭，国家政权得以重新分配土地，土地的均等化程度较高，农民的命运有所改善；随着王朝的发展，土地向少数人集聚，农民的分化程度加剧，一部分农民的命运开始恶化，直至成为社会动乱的根源。

秦汉时期，主要实行土地私人占有制。这一制度一开始实施便显示其生产效率。秦始皇得以统一中国，与这一制度能够提供农产品密切相关。秦王朝的迅速灭亡，不在于土地制度，而在于附加在土地制度之上的沉重税役。汉朝替代秦朝之后，吸取教训，实行“无为而治”，减少附加在土地上的税役，农业生产效率得以提高，农民的生活大为改善，“民则人给家足”（《史记·平准书》）。其重要表现便是在税收较轻，甚至一度免除赋税的条件下，国家的财力还大为增强。“京师之钱累巨万，贯朽而不可校。”（《史记·平准书》）

由于小农经济天生的脆弱性，特别是权力因素的介入，土地兼并日益严重，农民的命运发生变化。大量农民因为失去土地而生活日益艰难，直至引起民变。

经历了长期战乱，从北魏开始，一直到隋唐，实行“均田制”。“虽然‘均田’制没有规定没收大家族占有的地产而只适用于自由农民，但这有助于阻止土地和农民流入私人手中，从而稳定中央政府的财政基础。”② 隋朝和唐朝的中央税收因此大大增加，有力地支持了国家治理，农民的命运也有了一定程度的改善。但是，“均田制”有一前提条件，便是过一段时间就要由国家重新分配土地。因为农民家庭人口发生变化，原有的土地数量会因为人口的增加而减少，

① 参见李治安《秦汉以降编民耕战政策模式初探》，《文史哲》2018 年第 6 期。

② 〔美〕费正清、赖肖尔：《中国：传统与变革》，陈仲丹、潘兴明、庞朝阳译，江苏人民出版社，1992，第 103 页。

甚至一部分农民无地可耕种。而国家要大规模重新分配土地是非常困难的，久而久之，“均田制”自然被废弃。与此同时，获得土地的农民因为生计困难也会出卖土地，或者是人口增多而土地不够。在万国鼎看来，均田制的破坏主要有四个方面的原因：“一曰人口因承平而增殖，二曰户籍因赋重而失实，三曰制度本身之欠妥，四曰人类心理及社会经济之自然趋势，在在足以破坏其制而有余。”①

“屯田制”的实行自汉代开始，长期延续。这一制度为无地的人口提供土地，使他们有一线生机，同时国家也可以获得税赋和兵役，特别是解决了边远地区人少地多政权空虚的问题。明初实行“屯田制”，其中包括军屯、民屯和商屯。政府将所掌握的大量无主地分配给移民或募民屯种，一定时期免征税收，并给予一定资助，得以让一部分无地的农民有地可种，同时也大大减少了不稳定因素。只是小农户经营难以持续，他们很容易失去土地，转为流民或成为佃农。由于土地的短缺性，佃农与地主形成一定的人身依附关系。

在宋代，“分散的小地块而不是大田产成为最常见的土地占有方式，依靠地主田产生活的农民是佃农而不是依附民”②。佃农与地主的关系主要是财产关系，而不是人身依附关系，因此有较高的生产积极性。

在帝制时代，税役制度与土地制度密切相关，也有相对独立性。总体上看，在王朝建立初期，税役较轻；随着王朝的发展，税役日益加重。只有秦朝和隋朝，天下初定，税役便格外沉重，农民难以忍受，最终造成了这两个王朝成为短命王朝。正是基于这两个王朝的短命，之后的汉唐初期税役较轻，从而有了所谓的“文景之治”和“贞观之治”，农民的命运有相当程度的改善。

帝国时代的税役演化还有一个特点，便是税役征收由以人口为主，向以土地财产为主转变，税收制度与土地制度相对分离，农民的命运

---

① 万国鼎：《中国田制史》，商务印书馆，2011，第209页。

② 〔美〕费正清、赖肖尔：《中国：传统与变革》，陈仲丹、潘兴明、庞朝阳译，江苏人民出版社，1992，第142页。

也有所变化。

汉代实行人口和土地共同征税，税赋名目种类多，农民劳役负担较重。有的甚至长期在外服役，影响农业生产。大量农民转变为依附民，重要原因是逃避税役。

唐朝实行“租庸调”制，以征收谷物、布匹或者为政府服役为主，是以均田制的推行为基础的税役制度。此制规定，凡是均田人户，不论其家授田是多少，均按丁交纳定额的赋税并服一定的徭役。这一制度“以人丁为本”，明确税役额度，使农民在有土地耕种的同时保证有充足的农耕的时间，不会因为长期服役在外而耽误农时，推动了农业的发展。

随着均田被破坏，租庸调法也失效，之后改行“两税法”。这一方法将征收谷物、布匹等实物为主改为征收金钱为主，一年两次征税。两税法改变了自战国以来以人丁为主的赋税制度，“唯以资产为宗，不以丁身为本”（《陆宣公奏议》）。它有助于减轻资产较少的农民的负担。

明朝推行“一条鞭法”，计亩征银，多占田者多交税，能够发挥抑制土地兼并，减轻小农户的负担的作用。

清朝实行“滋生人丁，永不加赋”，推行“摊丁入亩”的办法，把丁税平均摊入田赋中，征收统一的地丁银。由此废除了人头税，农民的人身控制得到进一步松弛，隐蔽人口的现象也逐渐减少。这一制度有助于农民安心生产，休养生息。

帝制国家税役制度的演化，反映了国家以血缘人身关系向地域财产关系为主的总体变化趋势，逐步体现了有所获有所交，多得者多交的基本公平原则。但是，这种演化不是直线的，也不是基于统治者的自觉。税役制度的演化和改进，在相当程度上是由于财政压力不得已的行为。因为，毕竟农民是主要的生产者，缺乏财产的农民如果承受过于沉重的负担，失去生产积极性，最终会造成国家财政总收入的减少，弱化国家统治的经济基础。

八　农民与帝国：根基与土崩

帝制国家与作为一个独立的群体的农民是同时存在的，并形成相互依存和对立的关系。

由于农业生产是唯一的物质生产形式，从事农业生产的农民是主要，甚至唯一的生产者，因此成为帝制国家的根基。没有农民创造和提供的物质财富，帝国一天都难以为继。得农民者得以稳天下。

正是基于此，帝国的统治者将农业置于重要地位，实行重农政策。

为了保证农业生产的延续，国家兴办公共工程，为农业生产创造必要的条件，国家因此具有必不可少的公共职能。“节省用水和共同用水是基本的要求，……在东方，由于文明程度太低，幅员太大，不能产生自愿的联合，因而需要中央集权的政府进行干预。所以亚洲的一切政府都不能不执行一种经济职能，即举办公共工程的职能。这种用人工方法提高土壤肥沃程度的设施归中央政府管理，中央政府如果忽略灌溉或排水，这种设施立刻就会废置，这就可以说明一件否则无法解释的事实，即大片先前耕种得很好的地区现在都荒芜不毛。”① 中华帝国作为世界上最为典型的农耕帝国，其政府都设有专门的包括治水在内的公共机构，如政府的工部。

农耕帝国以农耕为基础，农业耕作的特点是在固定的土地上进行反复生产。特别是中国的农耕生产以家户为单位，组织规模较小。而中国西北方却是干旱少雨的高原游牧地区。恶劣的自然环境时常造成西北方的游牧民族对东南方农耕地区的侵扰。固定在农地上的单个家户是很难抵御以部落为单位且流动性极强的游牧民族的。单个家户和村落只能寻求超越游牧部落的力量的保护，这一力量就是更为强大的组织——政府。中华帝国正是在与边缘地带的部落民族的战争中形成和发展的，其政府具有保护本国民众不受侵犯的职能，如政府的兵部。

① 《马克思恩格斯选集》第1卷，人民出版社，2012，第850~851页。

中国的家户主要是经济社会单位，其作为政治单位主要是对国家的责任，而不是权利。由于土地、山林、河流、住宅等资源边界的不确定性，家户之间、扩大了的家户——宗族之间以及由若干家户共同构成的村落地方之间，乃至这些组织内部经常发生冲突。这些冲突有些是依靠家户、家族进行自我调节的，但有相当一部分需要国家加以调节，由此内生出社会管理的职能，如政府的礼部和刑部。[①]

为了维系农业，稳定农民，帝国进行一系列改革。最主要的是分配土地、减轻农民负担和保护农民利益不受其他阶层的侵占。

帝制国家的重农行为及改革，为农业生产和农民的生存提供了必要条件，这些条件是个体家庭农民自己无法获得的，由此也形成了农民对国家权力的依赖。这是由小农经济的天性所决定的。马克思分析了小农经济的政治特性。在他看来，“数百万家庭的经济生活条件使他们的生活方式、利益和教育程度与其他阶级的生活方式、利益和教育程度各不相同并互相敌对，就这一点而言，他们是一个阶级。而各个小农彼此间只存在地域的联系，他们利益的同一性并不使他们彼此间形成共同关系，形成全国性的联系，形成政治组织，就这一点而言，他们又不是一个阶级。因此，他们不能以自己的名义来保护自己的阶级利益，……他们不能代表自己，一定要别人来代表他们。他们的代表一定要同时是他们的主宰，是高高站在他们上面的权威，是不受限制的政府权力，这种权力保护他们不受其他阶级侵犯，并从上面赐给他们雨水和阳光。所以，归根到底，小农的政治影响表现为行政权支配社会”[②]。

正是分散的小农经济产生的“行政权支配社会”的特性，造成中国个体家庭农民对皇权的崇拜和官僚的依赖。他们希望有明君圣主施以仁政，体恤民情，做一个好家长；希望有一个好官，为他们做主，做一个好父母官。而且这一愿望在相当程度上能够得到一定程度上的

---

① 参见徐勇《历史延续性视角下的中国道路》，《中国社会科学》2016 年第 7 期。

② 《马克思恩格斯选集》第 1 卷，人民出版社，2012，第 762~763 页。

实现。由此有了所谓“文景之治”和“贞观之治”等。

但是，从根本上说，帝制国家与农民又处于利益对立的地位。“同直接生产者直接相对立的，如果不是和有土地的所有者，而是像在亚洲那样，是既作为土地所有者同时又作为主权者的国家，……对于依附关系来说，无论从政治上或从经济上，除了面对这种国家的一切臣属关系所共有的形式以外，不需要更严酷的形式。在这里，国家就是最高的地主。在这里，主权就是在全国范围内集中的土地所有权。”①帝制国家的财力和人力的主要源泉是作为直接生产者的农民，农民为国家提供税赋和劳役。国家为农民提供的保护和支持与农民的付出极度不对等。孙中山说：“在清朝时代，每一省之中，上有督抚，中有府道，下有州县佐杂，所以人民和皇帝的关系很小。人民对于皇帝只有一个关系，就是纳粮，除了纳粮之外，便和政府没有别的关系。因为这个原故，中国人民的政治思想便很薄弱。人民不管谁来做皇帝，只要纳粮，便算尽了人民的责任。政府只要人民纳粮，便不去理会他们别的事，其余都是听人民自生自灭。”② 尽管帝制国家为了维护统治的根基，试图进行调适和改革，但国家从农民手中获取税役的基本关系不可改变，“生之者寡，食之者众”的基本格局难以改变。当国家强制性要求农民提供的赋税和劳役超越农民能够承受的极限，便会引起农民的强烈反抗。这就是所谓的“诛暴秦，伐无道”。他们以暴力反抗他们的“主宰”，由政治上的极端保守主义者变为极端激进主义者。由于农民不仅是主要的生产者，而且人数最多，他们的反抗对于帝国政权的威胁最大，直接动摇着帝国的根基。失农民者失天下。

正是在激烈的农民反抗下，统治者被迫让步，“轻徭薄赋”“与民休息”，改变土地占有关系，“均分土地”，由此或多或少地推动着社会的进步。“因为每一次较大的农民起义和农民战争的结果，都打击了当时的封建统治，因而也就多少推动了社会生产力的发展。”③ 只是这种

---

① 《马克思恩格斯文集》第 7 卷，人民出版社，2009，第 892~894 页。

② 孙中山：《三民主义》，岳麓书社，2000，第 89~90 页。

③ 《毛泽东选集》第 2 卷，人民出版社，1991，第 625 页。

造反是缺乏先进生产力和先进思想条件下的反抗，因此属于“有造反而无革命”。[①] 王朝的周期律仍然左右着中国发展的步伐，“社会基础停滞不动，而夺得政治上层建筑的人物和种族却不断更迭”。[②] 夺取政权的人物仍然按照旧的方式进行统治，国家与农民的对立关系未能，也不可能发生根本性改变。特别是小农处于极其弱势的地位，他们通常只能极度忍耐，一旦超出极限，又会铤而走险，以“以暴易暴”的方式反抗暴政，由此将农民自由推向“无法无天”的极端化，“反而产生了野性的、盲目的、放纵的破坏力量”。[③] 这种极端化的农民自由与极端化的皇权专制不仅使政治斗争成为“零和博弈”，而且两极相通，从而形成暴政与暴民的循环。这也是每一次农民起义在或多或少推动社会生产力发展的同时，也带来了或多或少的社会破坏的重要原因，从而造成对文明和国家进程的巨大伤害。

① 〔美〕斯塔夫里亚诺斯：《全球分裂——第三世界的历史进程》上册，迟越、王红生等译，商务印书馆，1993，第 318 页。

② 中共中央马克思恩格斯列宁斯大林著作编译局编《马克思恩格斯论中国》，人民出版社，1997，第 114 页。

③ 《马克思恩格斯选集》第 1 卷，人民出版社，2012，第 854 页。

第十四章
地域—血缘关系中的帝国与商人

尽管以交换为特点的商业活动早已出现，但商人长期依附于封建主，直至春秋战国之后才形成一个具有独立利益的社会群体。因为血缘组织、农业社会和帝制国家的原因，商人被视为一个异数，受到抑制和限制，但也因为地域广阔，城市消费和互通有无而存在，甚至不断扩大。得商人者得以富天下。商人一旦成为一个独立的社会群体，便会以商人的特性对待权力、天下和利益，无利不起早的他们希望有更大的发展空间，但在巨大的权力面前，他们又具有高度的依附性。只是商人的天性最终会让他们成为侵蚀帝制国家根基的新兴力量。

一　超越血缘局限：商人的崛起

以交换为特点的商业活动和从事商业活动的商人很早便已出现。恩格斯谈到人类由野蛮时代向文明时代转变中的三次社会大分工：一是游牧业与农业的分离，二是农业与手工业的分离，三是商业活动的出现和商人的产生。最后一次大分工具有决定意义。它给予了以血缘关系为纽带的氏族组织以致命一击。由商业交换活动形成的“日益发达的货币经济，就像腐蚀性的酸类一样，渗入了农村公社的以自然经

济为基础的传统的生活方式。氏族制度同货币经济绝对不能相容”。[①]商业活动的重要特点是交换。交换发生于不同人和不同地方之间，由此超越血缘和地域的限制。商业交换的前提是产品有明确的产权人，产生财产关系。不同产权人的产品进行交换，是为了获取利润，形成人与人之间的利益关系。具有不同财产关系和利益关系的人共同居住在一个地方。新的社会成员“不可能被逐渐接纳到血缘亲属的血族和部落中来。氏族公社作为一种封闭的享有特权的团体与这一批居民相对立”。[②] 但这种对抗因为大规模的商业活动而显得软弱无力。最后，商业活动造成的阶级分化和对立，产生了按照地区划分居民和调节社会冲突的国家的出现。

在中国，商业活动和商人早已出现。但是，由于自然经济的强大，第三次大分工不彻底。依托农业生产的血缘组织长期延续，商业交换不发达。特别是在封建宗法制度下，“工商食官”。工商活动主要服务于封建主，并依附于不同层级的封建主。他们“需要较精致的各种器具，及四方可贵的货物的，只有优游岁月，度着奢侈生活的贵族阶级。所以他们畜养着少数的工商，以为己用。工商属于官，食于官”。[③] 商人还没有作为一个具有独立利益的群体而存在。

春秋战国时期，与新兴国家兴起相伴随的是商人作为一个独立的社会群体的崛起。首先，随着兼并争霸战争，原有的封建制人身束缚松弛，私人性的商业活动出现。其次，兼并争霸战争产生了大量非生产人口，需要通过交换满足需要。再次，战争造成了各个诸侯国的互动和社会流动，为商业活动提供了空间。最后，兼并争霸要求增加财富，一些国家鼓励经商。商业活动迅速发展，如齐国。

正是在以上因素下，商人作为一个独立的社会群体而出现。伴随帝制国家的产生，重新定义人口，商人被定义为“士农工商”四民之一。商人的活动主要是交换，商人的天性是逐利。“天下熙熙，皆为利

① 《马克思恩格斯选集》第 4 卷，人民出版社，2012，第 125 页。
② 《马克思恩格斯选集》第 4 卷，人民出版社，2012，第 185 页。
③ 瞿同祖：《中国封建社会》，上海人民出版社，2005，第 128 页。

来；天下攘攘，皆为利往。”（《史记·货殖列传》）

在中国，商人的崛起与战争相关。它不是社会大分工造成自然经济解体的产物，其人数不多。但是，商业活动和商人仍然是社会不可或缺的。首先，帝制国家的规模扩大。各地的物产不一样，需要通过商品交换来满足不同的需要。其次，帝制国家产生了一大批不事生产的固定人群，如皇室、官僚、军人等。他们的消费需要商业活动来满足。最后，自给自足的小农经济不可能满足广大民众所有的需要。作为日常生活和生产最基本需要的盐和铁是小农自己无法满足的。“夫盐，食肴之将；……铁，田农之本；……非编户齐民所能家作，必卬（仰）于市，虽贵数倍，不得不买。”（《汉书·食货志》）将这些物品输送到广阔分散的农村去，需要商业活动。

二　以异己看待商人：抑商贱商

尽管商人与其他社会群体一样是社会所需要，甚至是不可或缺的，但是，在帝制国家，商人始终是作为一个与帝制国家相异己的力量被看待的，国家采取抑制商业和歧视商人的政策。

帝制国家的抑商贱商的根本原因是商人内在的自利交换特性与帝制国家及其经济社会基础相冲突。

其一，商业影响农业。

中国自产生之后，便是以农业为基础。农业支持了国家的产生和演进。“对统治者来说，商业的发展不如继续掌管农业经济来得重要。他们更多地依靠田赋而不是依靠商业税。”① 在生产力不发达和生产剩余不多的情况下，从业人口决定了农业的产出，生产性的农业与交换性的商业具有天生的排斥性。在马克思看来，“只要商业资本是对不发达的共同体的产品交换起中介作用，商业利润就不仅表现为侵占和欺

① 〔美〕费正清：《美国与中国》（第四版），张理京译，世界知识出版社，1999，第50～51页。

诈，而且大部分是从侵占和欺诈中产生的。”[①] 侵占和欺诈性的商业活动影响人们从事农业生产。“国之所以兴者，农战也。”（《商君书·农战》）但商业活动会影响人们务农的积极性。“民之内事，莫苦于农……故农之用力最苦，而赢利少，不如商贾、技巧之人。”（《商君书·外内》）汉初，“开关梁，弛山泽之禁”（《史记·货殖列传》），愈来愈多的人舍本逐末，产生“不轨逐利之民”（《史记·平准书》），“舍农桑，趋商贾”，造成“治本者少，浮食者众”（《潜夫论·浮侈》）。这在于，“用贫求富，农不如工，工不如商，刺绣文不如倚市门”（《史记·货殖列传》）。“农，天下之大本也，民所恃以生也，而民或不务本而事末，故生不遂。”“道民之路，在于务本”（《汉书·文帝纪》）。“从理论上讲，读书做官的人自古就把商人看作从事生产的寄生虫。在中国古文里，人们并不认为商人把产品从甲地运到乙地有什么功劳，因此他是被列入社会的低层等级的。”[②] 这是因为，“在真正的自然经济中，农产品根本不进入或只有极小部分进入流通过程，甚至代表土地所有者收入的那部分产品也只有一个比较小的部分进入流通过程”。[③]

其二，商人的投机性不利于社会稳定。

商业活动以交换为特征，必须通过流动寻找机会。因此，商人是一个天生的不稳定的群体。这种投机性和流动性不利于稳定固化的社会秩序，造成国家对基层社会的控制困难。“商业对各种已有的、以不同形式主要生产使用价值的生产组织，都或多或少地起着解体的作用。”[④] “商贾以币之变，多积货逐利”（《史记·平准书》），由此“男不耕耘，女不蚕织，衣必文采，食必粱肉；亡农夫之苦，有仟佰之得。因其富厚，交通王侯，力过吏势，以利相倾；千里游遨，冠盖相望，乘坚策肥，履丝曳缟。此商人所以兼并农人，农人所以流亡者

① 《马克思恩格斯文集》第7卷，人民出版社，2009，第368页。

② 〔美〕费正清：《美国与中国》（第四版），张理京译，世界知识出版社，1999，第47页。

③ 《马克思恩格斯文集》第7卷，人民出版社，2009，第888~889页。

④ 《马克思恩格斯文集》第7卷，人民出版社，2009，第370页。

也。”（《汉书·食货志》）

其三，商人与国家争利。

汉初，“商贾大者积贮倍息，小者坐列贩卖，操其奇赢，日游都市，乘上之急，所卖必倍。”（《汉书·食货志》）正如马克思所说，“在亚洲的各种形式下，高利贷能够长期延续，这除了造成经济的衰落和政治的腐败以外，没有造成别的结果。”①

其四，商人不利于君主专制。

商人生活安逸且能够赚钱，会使人产生不公，并怨恨于君主。“商贾之士佚且利，则民缘而议其上。”（《商君书·算地》）汉初，商人与诸侯王相交通，助长分裂割据势力。“因其富厚，交通王侯”（《汉书·食货志》）。汉武帝时，商贾“冶铸煮盐，财或累万金，而不佐公家之急，黎民重困”（《汉书·食货志》）。

其五，商人对维系血缘共同体的影响。

早在春秋战国前，商人已较为活跃，但是商人的地位却很低。重要原因是商人与利同在。而个人利益则会腐蚀人心，影响血族共同体的维系。司马迁记载：厉王即位三十年，好利，近荣夷公。大夫芮良夫谏厉王曰：“王室其将卑乎？夫荣公好专利而不知大难。夫利，百物之所生也，天地之所载也，而有专之，其害多矣。天地百物皆将取焉，何可专也？所怒甚多，而不备大难。以是教王，王其能久乎？夫王人者，将导利而布之上下者也。使神人百物无不得极，犹日怵惕惧怨之来也。故颂曰‘思文后稷，克配彼天，立我烝民，莫匪尔极’。大雅曰‘陈锡载周’。是不布利而惧难乎，故能载周以至于今。今王学专利，其可乎？匹夫专利，犹谓之盗，王而行之，其归鲜矣。荣公若用，周必败也。”厉王不听，卒以荣公为卿士，用事。（《史记·周本纪》）周厉王后来众叛亲离，无不与此相关。在帝制国家时代，无论是上层统治，还是社会民众，都是以血缘家族为基本单位的。血缘家族是国家的根基。为维持这一根基，就要防范由商业活动与生俱来的自利性渗透到日常生活

---

① 《马克思恩格斯文集》第7卷，人民出版社，2009，第675页。

之中，侵蚀家族共同体的存续。作为帝制国家意识形态的儒家对利也是持否定态度的。“君子喻于义，小人喻于利”（《论语·里仁》）。

正是因为以上因素，自商人作为一个独立的群体产生之后，国家便实行抑制商业和歧视商人的政策。

一是从经济上抑制商业活动。包括以下几方面。

限制交换。“使商无得籴，农无得粜。农无得粜，则窳惰之农勉疾。商无得籴，则多岁不加乐；多岁不加乐，则饥岁无裕利；无裕利则商怯；商怯则欲农。窳惰之农勉疾，商欲农，则草必垦矣。”（《商君书·垦令》）通过抑制商业交换将商人引入农业。

提高税收。“贵酒肉之价，重其租，令十倍其朴。然则商酤少，民不能喜酣奭，大臣不为荒饱。商酤少，则上不费粟；民不能喜酣奭，则农不慢；大臣不荒饱，则国事不稽，主无过举。上不费粟，民不慢农，则草必垦矣。”（《商君书·垦令》）“重关市之赋，则农恶商，商有疑惰之心。农恶商，商疑惰，则草必垦矣。”（《商君书·垦令》）“以商之口数使商，令之厮、舆、徒、重者必当名，则农逸而商劳。”（《商君书·垦令》）到了汉高祖，对待商人“重租税以困辱之”（《史记·平准书》）。“商贾人轺车二算”（《史记·平准书》）。为了将重税收上来，汉武帝重用酷吏收税，并造成大量商人破产。

控制市场。“令军市无有女子，而命其商；令人自给甲兵，使视军兴。又使军市无得私输粮者，则奸谋无所于伏。盗输粮者不私稽。轻惰之民不游军市，盗粮者无所售。送粮者不私，轻惰之民不游军市，则农民不淫，国粟不劳，则草必垦矣。”（《商君书·垦令》）

国家垄断。对社会普遍需求且获利甚大的盐铁等行业实行官营。“今意总一盐、铁，非独为利入也。将以建本抑末，离朋党，禁淫侈，绝并兼之路也。”（《盐铁论·复古》）“它的性质可以分为财政垄断和行政垄断两种。财政的垄断，主要是为了增加政府的财政收入。行政的垄断，自然也包括着增加财政收入的意图，但更重要的是为了加强

政治统治。”[1] 在强大的政治统治下，商人的力量受到政权的抑制，且强化了商人对政权的依附。

二是在政治和社会地位方面实行一系列歧视政策。包括以下几个方面。

给商人设立带有歧视性的户籍。在秦朝“上农除末”政策下，商人及其子孙的地位与罪犯相同。“商人要入市籍。注入市籍，即与罪谪相同，身分比庶民还要低下。一旦边疆有事，他们就是被发往边疆服兵役、苦役的对象，完全把商人当成罪人一样看待。不仅商人本人如同罪犯，而且曾经有过经商经历的也一样，并上追三代，只要一人为商，子孙都要连受拖累。”[2]

政治任职限制。汉初，“市井之子孙亦不得仕宦为吏”（《史记·平准书》）。唐律规定：“工商之家，不得预与士。”（《旧唐书·职官志》）

国家待遇不均。商人不能平等地授田。“贾人有市籍，及家属，皆无得名田”（《汉书·食货志》）。

生活方式受限。“贾人不得衣丝乘车。”（《史记·平准书》）

刑罚加以处治。明初，“若有不务耕种，专事末作者，是为游民，则逮捕之。”（《明太祖实录》卷208）

三　以交换看待权力：官商一体

国家以异己的眼光看待商人，在于商人的交换属性。这一属性决定了商人会以交换的眼光看待国家权力。

位于四民之首的士民以入仕为官为职业，以参与政治为己任，他们更多的是拥抱权力。作为人数最多的农民群体，是最主要的物质生

---

① 刘泽华、汪茂和、王兰仲：《专制权力与中国社会》，吉林文史出版社，1988，第176页。

② 刘泽华、汪茂和、王兰仲：《专制权力与中国社会》，吉林文史出版社，1988，第185页。

产者，他们主要是与自然交换，对权力距离遥远，敬而远之。商人是以交换为自己的特性的。通过交换实现利益最大化的是其天性。“它无情地斩断了把人们束缚于天然尊长的形形色色的封建羁绊，它使人和人之间除了赤裸裸的利害关系，除了冷酷无情的‘现金交易’，就再也没有任何别的联系了。”① 在商人看来，世上万事万物都是可以交换的，包括权力。特别是在国家统治权与资源所有权合为一体的国家，权力可以获取任何资源和财富，其本身具有垄断性和稀缺性。但是，“财产的手中并没有政治权力。”② 作为财产拥有者的商人的根基是交换。商人交换的目的是获得更大的利益。只有与权力进行交换才能实现利益最大化。这无关商人的道德，而在于商人和权力的特性及其相互关系。商人“在经常性的商品交换经济生活中萌生出一种以商品交换的平等眼光看待政治权力的钱权交易意识。这就是将王朝官府所垄断的权力资源视为一种可交换的等价物，用属于自己的钱与之交换，然后通过交换的权力获取更大利益”③。

当商人作为一个群体登上社会舞台时，以交换的眼光看待权力便成为有眼光的商人的一种品性。最为典型的是吕不韦。“吕不韦者，阳翟大贾人也。往来贩贱卖贵，家累千金。”（《史记·吕不韦列传》）吕不韦依靠贩贱卖贵的交换活动，获得了巨额财富。但他并不满足，还在寻找各种获利机会。这个机会为他所遇，这就是身为秦王诸庶孽孙的子楚作为人质被押在赵国。“子楚，秦诸庶孽孙，质于诸侯，车乘进用不饶，居处困，不得意。吕不韦贾邯郸，见而怜之，曰‘此奇货可居’。”（《史记·吕不韦列传》）一个堂堂的国王宗室子弟，在吕不韦的眼里只是一件“奇货”。因为商人“抹去了一切向来受人尊崇和令人敬畏的职业的神圣光环”④。当时的人很不理解吕不韦的行为。而吕不韦不是一般的商人，他深谙中国的权力的巨大支配性。在他看来，“异人

---

① 《马克思恩格斯选集》第1卷，人民出版社，2012，第403页。

② 《马克思恩格斯全集》第4卷，人民出版社，1958，第330页。

③ 徐勇：《城乡差别的中国政治》，社会科学文献出版社，2019，第179页。

④ 《马克思恩格斯选集》第3卷，人民出版社，2012，第298页。

就像一件奇货，可以囤积居奇，以待高价售出。”吕不韦于是归家与父亲说：“耕田可获利几倍呢?”父亲说：“十倍。”吕不韦又问：“贩卖珠玉，或获利几倍呢?”父亲说：“百倍。”吕不韦又问：“立一个国家的君主，可获利几倍呢?”父亲说：“无数。”吕不韦说：“如今努力耕田劳作，还不能做到丰衣足食；若是拥君建国则可泽被后世。我决定去做这笔买卖。”投资于权力可以获利无数，尽管会冒巨大的风险。但吕不韦成功了。他后来成为秦国丞相、秦王的仲父。因为富贵，他招来文人学士，给其优厚待遇，仅仅门下食客便多达三千人。

商人以交换的眼光看待权力，巨大的权力意味着巨大的财富，由此塑造出商人的政治行为模式，这就是官商一体。

西汉初期实行重农抑商政策，但政府并没有垄断资源，商人以自己特有的优势为自己开辟空间。商人“因其富厚，交通王侯，力过吏势，以利相倾”(《汉书·食货志》)。

明清的商人特别活跃。清朝的商人胡雪岩结识朝廷候补浙江盐大使王有龄之后，随着王的官职不断高升，胡的生意也越做越大。胡后结识晚清大臣左宗棠，被委以重任。胡不仅成为屈指可数的富豪，而且被皇帝赏赐“黄马褂”，成为著名的“红顶商人”。

官商一体的政治行为模式与中国的政治权力对资源的垄断和巨大的支配力有关。特别是国家垄断盐、铁、矿山、通商贸易等资源。商人要获得财富的最有利的方式便是从政治权力中获得垄断性机会。费正清因此指出：“按照中国的传统，经济生活中的人经营得最得法的，不是依靠增加生产，而是依靠增加他在已生产出来的产品中可取得的份额。他愿意靠他在竞争中直接胜过他的同伙来发财致富，而不是依靠征服自然或更多地利用自然资源或使用改进的技术，来创造新的财富。这是因为从很早以来，中国的经济就表现为由最大数量的人共同争取少量的自然资源，而不是去开发大陆和新的工业。从事创新的企业、为新产品争取市场的推动力，不如争取垄断、通过买通官方取得市场控制权的推动力来得大。中国的传统做法不是造出较好的捕鼠笼

来捕捉更多的老鼠，而是向官府谋取捕鼠专利。”① 在清代，“盐的生产全由垄断的商人经营，那是富裕大户的世袭权利。……每一省的大盐商拥有自己的复杂的官僚网络”。②

商人以交换的眼光看待权力，通过投资权力垄断机会，获得超额利润，不是单向的，也与政治权力的需要密切相关。政治权力的获得和维持也需要建立在经济基础之上。在商人利用国家权力时，国家权力也要利用商人。这是因为，随着商业交换，“出现了货币，即其余一切商品都可以与之交换的普遍商品。……就创造了一种新的社会力量，一种整个社会都要向它屈膝的普遍力量。”③ 尽管王朝建立初期，为了稳定农业，采取重农抑商政策，但是随着国家发展，统治者出于日益扩大的财政需要，放松对商业和商人的限制。周厉王不听劝告，“卒以荣公为卿士，用事”，重要原因是荣公为获利。子楚甘愿作为“奇货”，甚至愿意分秦国的土地与吕不韦共享，在于依靠吕不韦才能获得权力。汉初的经济恢复与商人相关。“重装富贾，周流天下，道无不通，故交易之道行。”（《史记·淮南衡山列传》）西汉实行一系列抑商贱商政策，但还是不得不将商人纳入自己体系中来，帮助国家理财。“商人的活动是被官吏控制住的，他被官府看成是小伙计，官僚阶级可以利用他的活动，并从他身上挤出油水来，为他们自己或为政府谋利益。”④ “商人在法律上是没有土地所有权的，而事实上他通过了交通王侯也取得富贵。”⑤

明和清代，出于国家财政需要，商业活动和商人的地位大有提升。一是将商业和商人活动纳入正式体制中，政府为商人在各地经商发放

---

① 〔美〕费正清：《美国与中国》（第四版），张理京译，世界知识出版社，1999，第46页。

② 〔美〕费正清：《伟大的中国革命》，刘尊棋译，世界知识出版社，2000，第47页。

③ 《马克思恩格斯选集》第4卷，人民出版社，2012，第127页。

④ 〔美〕费正清：《美国与中国》（第四版），张理京译，世界知识出版社，1999，第47页。

⑤ 侯外庐、赵纪彬、杜国庠、邱汉生：《中国思想通史》第二卷，人民出版社，1957，第20页。

“商引”。正是由于“盐引”的发放，造就了著名的“晋商”和“徽商”。二是为激励商业活动，一定时期内实行低商税。三是商人的政治社会地位得以提高，甚至可以专门授予官位。“明代商人、商业作为帝制体系的非异质组成要素，被国家社会既有体制所广泛吸纳包容，彼此相倚并存，具有相当程度的内在契合性。”①

在帝制国家，皇帝需要大量的官僚作为管家。皇帝支付管家的正常俸禄是有限的。官僚不仅将官作为一项获得报酬的职业，而且作为发家致富、光宗耀祖的事业。其最好的方式便是以自己手中的管家权与商人交换。官府手中的“谋取捕鼠专利”，只有交换给有钱的商人才能兑现。“官商之间总能找到一个密切的利益共同点，因为从事任何一桩大的买卖，官府的保护和支持是必不可少的。凡是单方面办不成的事，只有双方合作才能共享其利。……作为物质和资金的经手人和操纵人，他们不仅从商业上而且从农业上帮助官吏榨取盈利。”② 更重要的是，许多商人本身就是官商合体的家族。明代中期最著名的晋商家族——蒲州的王家，起家靠的是粮食贸易，但真正使家族商业扩展的是第二代子弟中的王崇古。王崇古考中进士后一直升迁至位高权重的宣大总督，成为北方防务的最高指挥官，而其兄王崇义从商，兄弟二人一官一商，很快就控制了河东盐场。王家也成为全国第一大盐商。

商人以交换的眼光看待权力，除了权力可以获利以外，还在于权力可以保护。“被君主统治的人是没有安全的，我们可以说，政治暴君的威胁是用同样的分量压下来的，但即使这样也总是存在区别。富人能够出钱买到安全。”③ 在重农抑商的总体格局下，国家统治者并没有为商业交换提供必要的制度条件，商人也没有能力为自己塑造一个经商的制度环境。商人要获利，还要得到保护，其最好，甚至唯一的方

① 常文相：《互洽共生——明代商人、商业与国家体制关系探研》，福建教育出版社，2019，第282页。

② 〔美〕费正清：《美国与中国》（第四版），张理京译，世界知识出版社，1999，第47~48页。

③ 费孝通：《中国绅士》，惠海鸣译，中国社会科学出版社，2006，第6页。

式便是对权力的依附，成为“红顶子商人”。“在商人与官吏之间形成紧密的利益共同体通常却是可能的，因为官方的庇护和支持对于任何大型商业经营都必不可少。”[①] 明代的商人规则的首条便是“是官当敬。官无大小，皆受朝廷一命，权可制人”[②]。

商人对权力的依附使投资权力会有巨大的收益，也会有巨大的风险。依靠权力保护是靠不住的。因为掌握权力的人会发生变化。尽管吕不韦“奇货可居”，但最后还是因为权力而被迫自杀。“诸侯宾客使者相望于道，请文信侯。秦王恐其为变，乃赐文信侯书曰：‘君何功于秦？秦封君河南，食十万户；君何亲于秦？号称仲父。其与家属徙处蜀！’吕不韦自度稍侵，恐诛，乃饮酖而死。”（《史记·吕不韦列传》）

四　以自我看待天下：政治冷漠

周厉王好利，近荣夷公，被认为会有大难的降临。其重要原因是周朝建立在宗族共同体基础上，个人自我本位的“专利”则会破坏乃至危及整个共同体的根基。周朝强化礼治和祖宗整合的重要目的是抑制自我，维系宗族共同体的存续。

然而，春秋战国的兼并争霸战争无情地破坏着“封建的、宗法的和田园诗般的关系”，“人们终于不得不用冷静的眼光来看他们的生活地位、他们的相互关系。”[③] 尽管儒家继承着周代的共同体精神，主张为天下，但是，个体自我意识还是顽强地生长出来。这就是杨朱主张的“拔一毛而利天下，不为也！”（《孟子·尽心上》）这一思想在当时有很大影响，但后来受到抑制。其重要原因是以自我为本位看待天下与血缘团体仍然居于重要支配地位。

“拔一毛利天下而不为”的思想尽管受到儒家主流思想的排斥，但

① 〔美〕S. N. 艾森斯塔得：《帝国的政治体系》，阎步克译，贵州人民出版社，1992，第45页。

② 转引自余英时《士与中国文化》，上海人民出版社，2003，第552页。

③ 《马克思恩格斯文集》第2卷，人民出版社，2009，第33~34、35页。

潜藏在每个人的心中，特别是为商人接受。这在于商业交换活动的出发点是获取利益，必然会以自我本位的眼光去看待外部世界，自利是商人的天性决定的。司马迁说："天下熙熙，皆为利来；天下攘攘，皆为利往。"（《史记·货殖列传》）人们的活动目的都是为了利。这一方面对于以交换为目的的商人最为突出。"在他们看来，'天下'并非自己的'天下'，关心'天下'于己有何利？"[①] 商人的"天下"是能够获得利润的商业世界。

自我是商人的无穷动力。中国地大物博，人口众多，各地物产不一，充裕和短缺同在。商人为了利益四处奔走，通过交换使各地的物产能够相互补充。交换使商人获利丰厚。"夫用贫求富，农不如工，工不如商，刺绣文不如倚市门"（《史记·货殖列传》）。为了满足用铁的需要，一批商人从事具有垄断性的铁冶，"用铁冶富"，"富至巨万"（《史记·货殖列传》）。他们都不是有爵位封邑、俸禄收入或者靠舞文弄法、作奸犯科而发财致富的，而是以通过寻求各种获得利益的门道抓住机会，进退取舍，随机应变，获得财富，以经营商工末业致富，用购置田产从事农业守财。富人的财富数量，大者压倒一郡，中者压倒一县，小者压倒乡里。"千金之家比一都之君，巨万者乃与王者同乐。"（《史记·货殖列传》）在司马迁看来，这也是正常的，在于"富无经业，则货无常主，能者辐凑，不肖者瓦解"（《史记·货殖列传》）。

依靠自己的能力致富是正常的。问题在于当国家财政遭遇紧张时，商人却是本能地以自我的眼光看待天下，"拔一毛利天下而不为"，表现出极度的政治冷漠。

汉朝初期，吴楚七国起兵反叛中央朝廷时，长安城中的列侯封君要从军出征，需借贷有息之钱，高利贷者认为列侯封君的食邑都国均在关东，而关东战事胜负尚未决定，没有人肯把钱贷给他们。只有无盐氏拿出千金放贷给他们，其利息为本钱的十倍。三个月后，吴楚被

① 徐勇：《城乡差别的中国政治》，社会科学文献出版社，2019，第181页。

平定。一年之中，无盐氏得到十倍于本金的利息，以此富至与关中富豪相匹敌。朝廷危难之际向商人借贷，却没有人愿意借，即使有个别人借也要高利，由此可见商人唯利是图的本性。正是“拔一毛利天下而不为”的政治冷漠促使汉武帝调整政策。

即使迫于压力拔一毛，也会因为其富可敌国的财富受到专断性权力的压制。明初的江南富豪沈万三为求自保，极力讨好朱元璋，但还是受到严酷的打击。专断性的政权对商人的经济权力及其影响始终保持着高度的警惕。

商人自利的本性和政治权力的压制使商人对于政治更是表现为一种冷漠状态，由此寻求自我奢侈消费，满足于自我感官享受。宋代开封作为“天下富商大贾所聚”之地，到处都有酒楼、食店、茶坊、妓馆，还有瓦舍（娱乐场）、勾栏（剧场），富商大贾在这里侈靡相尚，纵情欢乐。明代南京，伴随发达的工商业的是尽情享受声色犬马的富户巨商。仅秦淮河两岸就有酒楼六七百座，茶社千余处。入夜的秦淮河到处一片纵情欢娱。即使在国家存亡之际也是如此。以至于一些富于政治责任感的知识分子对此痛叹“商女不知亡国恨”!

对天下的冷漠与对自我的追求，造成了对长期居统治地位的意识形态的侵蚀，使个性解放以曲折的方式表现出来。宋明清时期出现并在城市中流行的小说戏曲，不再像以往的文艺形式充斥着纲常礼教的政治道德说教，许多都是直接取材于世俗市井生活；所描写的人物也不再只是封建统治所需要的“忠臣”“孝子”“节妇”，而往往是一些社会地位低下的小人物。李泽厚因此认为：这一时期的文艺，“有对人情世俗的津津玩味，对荣华富贵的钦羡渴望，对性解放的企望欲求，对‘公案’、神怪的广泛兴趣，……尽管这远远不及上层文人士大夫趣味那么高级、纯粹和优雅，但它们倒是有生命活力的新生意识，是对长期封建王国和儒学正统的侵袭破坏。”①

① 李泽厚：《美的历程》，中国社会科学出版社，1989，第179页。

当然，这种对正统的侵袭是可以为政治权力所容忍的。大量钱财消耗在个人享受方面，局限于生活世界，反而减少了经济权力对政治权力的压力。[①]

五　以行动看待利益：政治表达

商人为帝制国家的“四民”之一，本处于平等的地位。但是，帝制国家实行抑商贱商政策，使商人的社会地位和政治地位处于被人身歧视的格局下，特别是与其经济地位极不相称。但是，商人有强烈的利益意识。为了维护和争取利益，他们会作为积极的行动者，改变自己的地位和命运，从而重新构造商人与国家的关系。

商人的政治表达首先是以自己手中的武器——金钱来改变自己的地位和命运。在人类社会变迁中，当交换出现后，便出现了用于交换的货币。“商品的商品被发现了，这种商品以隐蔽的方式包含着其他一切商品，它是可以任意变为任何值得向往和被向往的东西的魔法手段。谁有了它，谁就统治了生产世界。但是谁首先有了它呢？商人。”[②] 商人的钱，便是商人手中的武器，并会运用这一武器改变自己的地位和命运。

读书为官。在帝制时期，读书是做官的主要通道。但在相当长的时间里，读书做官取决于身份，特别是帝国对商人子弟读书做官有身份性限制。“工商之家，不得预于士”（《旧唐书·职官志》）。但是，这一规定随着商业活动的兴盛而被破除。不少商人的子弟投身学府。韩愈称：“国家典章，崇重庠序，近日趋竞，未复本源。至使公卿子孙，耻游太学；工商凡冗，或处上庠。”（《韩昌黎集》卷37）到宋以后，科举制进入成熟阶段。商人子弟得以通过科举考试为官。“如工商杂类人内有奇才异行、卓然不群者，亦许解送”（《宋会要辑稿·选

① 参见徐勇《城乡差别的中国政治》，社会科学文献出版社，2019，第181页。
② 《马克思恩格斯选集》第4卷，人民出版社，2012，第183页。

举》）。参加科举考试需要大量财力支持，一般贫家难以供养子弟专门读书应考。而在这方面，商人的财富则具有独有的优势，他们有足够的财富供养子弟读书，也有足够的动力供养子弟读书为官，进一步发财致富或维护产业。富家子弟读书为官成为一种前所未有的现象，形成强烈的历史反差。“必有兄老先营货殖于前，子弟方得专事读书进取，以致身通显。是故古者四民（士农工商）分，后世四民不分。古者士之子恒为士，后世商之子方能为士。天下之士多出于商。”①

权贵联姻。读书做官有一个过程，且充满不确定性。与权贵的联姻则更为直接。在以人身和人身关系为基础的社会，婚姻讲究门当户对。特别是魏晋时期的士族政治，处于社会上层的士族更是通过婚姻保持其身份和地位的高贵性。随着士族的衰落，家族身份意识淡化，财产而不是身份成为婚姻的重要标准。“观今之俗，娶其妻不顾门户，直求资财。”“将娶妇，先问资装之厚薄；将嫁女，先问聘财之多少。”② 商人可以凭借财富与权贵联姻，成为亲家，以抬高自己的地位。

以钱买官。与权贵联姻毕竟只是亲家，而不是本家。以钱买官则直接让本人和本家受惠。在相当长的时间里，官位是一种身份和地位的象征，具有神圣性的光环，高于“四民”之上。除了“士”以外，其他三民要成为官，十分困难。作为被歧视的商人更难以为官。但是，商人手上的钱“是可以任意变为任何值得向往和被向往的东西的魔法手段”③ 商人可以用这一手段直接获得官位，特别是国家面临财政危机之时。早在秦汉时期，便已出现卖官现象，甚至公开标价卖官。只是这时的卖官主要是缓解国家财政困难。到了宋代，商人主动买官成为风气。他们依仗财势纳粟入官“遂致此流遍满天下，一州一县无处无

① 参见冯芸《宋代商人的社会流动与宋代社会结构变迁》，《武汉理工大学学报》（社会科学版）2016年第1期。

② 参见冯芸《宋代商人的社会流动与宋代社会结构变迁》，《武汉理工大学学报》（社会科学版）2016年第1期。

③ 《马克思恩格斯选集》第4卷，人民出版社，2012，第183页。

之。已仕者约以千计，见在吏部以待注拟者不下三百人。是皆豪猾兼并之徒，屠沽市贩之辈”。“今日官户不可胜计，而又富商大业之家多以金帛窜名军中侥幸补官，及假名冒户、规勉科须者，比比皆是。”[①]明清时期，以钱买官位，更加普遍。“在19世纪，大约三分之一有最低品级的人是花钱买来的。”[②]

僭越制度。商人骑马为汉代所禁，至唐朝时已出现商人公开骑马过市。明清时期，过往各种对商人生活方式的限制大多被突破。许多大商人修建的豪宅大院远超于大官。

商人的政治表达其次在于以自己的反对行为来改变自己的地位和命运。与士人一样，商人具有分散性，比农民的经济条件要好，一般不会以对抗政府的方式表达自己的诉求。“商人与城市的文人一样，似乎是最不倾向反叛的，或者我们可以说，他们表现非常低度的反叛取向。”[③] 但是，商人作为一个社会群体，有自己独立的利益。他们不仅要向官府纳税，同时也要受到政治权力的超经济强制。而外加的负担超越商人的承受能力时，也会引起商人的不满和反对。特别是对于经济能力较弱的中小商人，超越其经济能力的负担很容易造成其破产。为维护其利益，他们会通过反对和抗争的方式进行政治表达。

唐“安史之乱”后，唐德宗以“河北、河南连兵不息”，军费不足，又“以为泉货所聚，在于富商”，于是以借商为名，掠夺长安的工商业者，“京师嚣然如被贼盗”，后引起“长安为之罢市”（（《旧唐书·卢杞传》）。胡如雷认为，“这是中国历史上工商业者第一次统一的政治斗争”。[④]

明清时期，工商业有了相当大的发展，特别是中小工商业者迅速增加。而官府对工商业的剥夺也加强了。由于在税监马堂的压榨下，

① 参见冯芸《宋代商人的社会流动与宋代社会结构变迁》，《武汉理工大学学报》（社会科学版）2016年第1期。

② 〔美〕费正清、赖肖尔：《中国：传统与变革》，陈仲丹、潘兴明、庞朝阳译，江苏人民出版社，1992，第191页。

③ 杨联陞：《东汉的豪族》，商务印书馆，2011，第151页。

④ 胡如雷：《中国封建社会形态研究》，三联书店，1979，第284页。

山东临清“中人之家破者大半，远近为之罢市”（《明史》卷一百九十二）。这样的抗议有规模，且延续的时间长，形成了一种维护和争取自己利益的政治运动。因此，“只有明清之际，城市工商业者发动的政治抗议此伏彼起，连绵不绝，才可以说市民运动的时代真正到来了。”[①]

六　商人与帝国：突破与依附

在以农耕为主和血缘团体为基础的帝制国家体系里，商人是一个异数。商人的交换及创造的财富使帝制国家不得不将其作为“四民”之一，抑商贱商的政策趋于松动。唐朝，只要商人缴纳税收，便可受到法令保护。这一松动也得力于商人自身的行为。他们是帝制体系的突破者。

突破血缘关系的限制。帝制国家以农耕为本。农耕的特点是一家一户为生产和生活单位，世世代代在一个地方活动。它以精耕细作创造了农业文明，也将农民束缚和限制在一小块土地上，血缘关系成为基础性关系。这种关系也限制了帝制国家向以地域和财产关系为基础的国家形态的转变，使人身和人身关系长期延续下来。以交换为特性的商人率先突破了血缘关系的限制。“商人重利轻别离”。为利所驱，商人别离父老乡亲，奔走于各地。他们主要是与社会交换而不是与自然交换。“在家靠父母，出门靠朋友”。他们因为社会交换而建立起广泛的社会联系，推进着帝制国家向以地域和财产关系为基础的形态转变。

突破地域关系的限制。由于农耕文明的发达，中国的文明形态相对较高，并形成以自我为中心的天下意识，其他民族和国家臣服于自己。这种文明的优越感也限制了帝制国家的视野，产生出地域的局限性。商品是天生的平等派。在商人眼里，利益是至高无上的。哪里有利所获，哪里就是天下。他们的眼界是超地域的，他们的边界是利益。正是基于此，商人们走西口，在茫茫草原上进行贸易，以自己特有的

① 胡如雷：《中国封建社会形态研究》，三联书店，1979，第284页。

方式将中原文明带入边缘地带，发挥了军事保卫所不具有的特殊作用。他们还将商业行为延伸到疆域以外的远方，如著名的丝绸之路，使帝国人们的眼界超越了地域的局限。

突破帝制国家的既定秩序。帝制国家通过王朝的更迭，形成了一个日益完备的基本秩序。这种秩序具有稳定性，甚至不变性。如董仲舒所说的“天不变，道亦不变”。但商人却在不变的“天”上捅了一个大漏子，使不变的“道”也得变一变。在“四民”之中，唯有商人以其天性突破既定秩序。其他群体的行动更为积极，结果只是“补天”，让帝制的秩序得以恢复正常。商人的行为尽管看起来不那么神圣和正当，甚至是君子所不为的“小人”，但正是他们在推进以地域和财产关系为基础的国家建构方面发挥了特有作用。以人身和人身关系为基础的抑商贱商政策逐渐向以地域和财产关系为基础的平等政策所转变。

依照商人的天性，它本应是变天者。在马克思看来，“商人对于从前一切停滞不变、可以说由于世袭而停滞不变的社会来说，是一个革命的要素。……商人来到了这个世界，他应当是这个世界发生变革的起点。但是，他并不是自觉的革命者；相反，他与这个世界骨肉相连。”[①] 在帝制中国，商人的力量毕竟有限，他们只是在“天”上捅了一个漏子，无法成为变天者，反而成为帝制体系的依附者。这是因为帝制国家的力量太强大了。

在西欧，商人的作用最终推动了社会的革命性变革。随着经济实力的增强，它不仅推动着新的国家的形成，而且要“按照自己的面貌为自己创造出一个世界”[②]。西欧商人这一雄心勃勃的壮举，在于他们生活的环境不同。在美国比较历史学家摩尔看来，“在两大文明形态起承转合的历史关节点上，分崩离析的传统社会所遗留下来的大量阶级因子，会对未来历史的造型发生强烈影响。”[③] 西欧的商人生长于四分

① 《马克思恩格斯文集》第 7 卷，人民出版社，2009，第 1019 页。
② 《马克思恩格斯选集》第 1 卷，人民出版社，2012，第 404 页。
③ 〔美〕巴林顿·摩尔：《民主和专制的社会起源》，拓夫、张东东等译，华夏出版社，1987，第 2 页。

五裂的封建社会的夹缝中。分裂割据的欧洲政治版图如“一条政治上杂乱拼缝的坐褥”[①]。新兴的民族国家的建构还得依赖商人提供的财富，并以政治权力保护商人持剑经商。“尽管中国疆土广袤而各地景象又千差万别，但这次大陆始终维持一个政治统一体，而欧洲却未能做到这一点”。[②] 维持政治统一体，依靠的是帝制国家的政治权力，政治权力具有至高无上的地位。

权力是一种支配性力量。由于占有资源不同而获得不同性质的权力。在马克思看来，“无论如何，财产也是一种权力。例如，经济学家就把资本称为‘支配他人劳动的权力’。可见，在我们面前有两种权力：一种是财产权力，也就是所有者的权力，另一种是政治权力，即国家的权力。”[③] “‘权力也统治着财产。’这就是说：财产的手中并没有政治权力，甚至政治权力还通过如任意征税、没收、特权、官僚制度加于工商业的干扰等等办法来捉弄财产。”[④] “国家的权力还没有变成它自己的权力。”[⑤] 商人手中的钱，是一种财产权力。但是，帝制国家是一个日益成熟的政治统一体，它的主要功能是维持这一统一体的长期延续。它对待商人的态度只是看重其财富为帝制国家所用。但它绝对不会重商，更不会保护商人持剑经商，而且还会经常捉弄财产。“中华帝国的社会结构中从未出现过象封建制后期的西欧那样的城市贸易和制造业阶段，如果有的话也仅仅是一些萌芽。帝国成功地维护着全国的统一可能是解释这种差异的较明显的原因。”[⑥] “政府有凌驾于一切的经济特权。所以政府不许可兴起一个独立的商人阶级，来侵犯

① 〔美〕海斯、穆恩、韦兰：《世界史》（上），冰心、吴文藻、费孝通译，三联书店，1975，第475页。

② 〔美〕费正清：《美国与中国》（第四版），张理京译，世界知识出版社，1999，第8页。

③ 《马克思恩格斯全集》第4卷，人民出版社，1958，第330页。

④ 《马克思恩格斯全集》第4卷，人民出版社，1958，第330页。

⑤ 《马克思恩格斯全集》第4卷，人民出版社，1958，第330页。

⑥ 〔美〕巴林顿·摩尔：《民主和专制的社会起源》，拓夫、张东东等译，华夏出版社，1987，第137页。

它的这些特权。”[①]

帝制国家的经济基础是小农经济。商业的发展会造成小农经济组织的解体，因而是一种革命性的力量。但是，商业能在多大程度上造成小农经济组织的解体取决于原有的生产方式。由于小农业和家庭工业的统一形成了生产方式的广阔基础，旧的生产方式解体十分困难，“在中国，那就更缓慢了，因为在这里没有直接政治权力的帮助。”[②]

“自由商业作为横向的自控系统，它对于集权的垂直统治系统，有着天然的对抗、摆脱以至彻底瓦解其基础的趋势。可以说，自由商业活动是君主集权时代的一种革命因素。”[③] 但是这种革命因素取决于力量对比。在君主集权体制下，商人手上的财产权力与国家政治权力相比又显得太微不足道了。它不仅难以改变国家权力的构成，反而经常会被国家权力所压制。财产权力和政治权力的极大不均衡，使商人不仅没有“按照自己的面貌为自己创造出一个世界”[④] 的能力，甚至连这一意识都缺乏。从这个意义上说，他们与“四民”中的其他群体一样，缺乏阶级的自觉，也难以以自己的阶级联合行为改变整个阶级的环境和命运。尽管他们从事的是社会交换，但他们并不能通过社会交换形成一个政治整体。他们只是以个体的方式，点滴地改变自己的地位和命运，而且从自我利益出发，更多是依附于帝制体系，依靠攀附权贵改变自己的地位和命运，从而将自己的视野和行动局限于既定的秩序之中。从这个意义上讲，他们与农民没有什么差别。他们的政治活动只是改变自己的地位和命运，而不是改变整个群体的生存条件。“资本主义之所以不能在中国兴起，是因为商人从来不能摆脱士绅及其

---

① 〔美〕费正清：《美国与中国》（第四版），张理京译，世界知识出版社，1999，第47页。

② 《马克思恩格斯文集》第7卷，人民出版社，2009，第372页。

③ 刘泽华、汪茂和、王兰仲：《专制权力与中国社会》，吉林文史出版社，1988，第182页。

④ 《马克思恩格斯选集》第1卷，人民出版社，2012，第404页。

官府代理人的控制而独立自主。”① 从对统治秩序的反叛来看，商人还不如农民。“中国历史上曾记载无数次农民叛变，但几乎看不到任何城市商人领导的叛变。”②

当然，商人毕竟是有异于帝制体系的力量。尽管它的行为是个别的、点滴的，但是积累的、扩展的，最终它会以自己的方式和力量改变它所生存的世界。

① 〔美〕费正清：《美国与中国》（第四版），张理京译，世界知识出版社，1999，第49页。

② 杨联陞：《东汉的豪族》，商务印书馆，2016，第152页。

第十五章
地域—血缘关系中的帝国与军人

特殊的公共权力的设立是国家的重要标志。武装的人则是这一权力的重要组成部分。国家成为合法使用暴力的组织。中国的国家产生于血缘氏族部落之间的战争，并以最强大的氏族成立国家，以将冲突控制在秩序范围以内。暴力因此具有正当性，并成为国之大事。只有进入以地域关系为主导的帝制国家，国家最高统治者才垄断了合法使用暴力的权力，从事军事活动的军人得以成为一个具有特殊利益的群体。由于军人是武装的人，得军人者得以安天下。在帝国体制下，最高统治者并不是完全直接掌握军人或垄断所有暴力，失军人者则会失天下。军人本是国家的构成部分，是国家政权的保卫者，但又有可能成为国家政权的倾覆者。

一　暴力的正当性：国之大事

人类最初的，甚至是唯一的社会关系是血缘关系。根据血缘关系形成的社会组织是最初，甚至是唯一的社会组织。随着社会生产和社会分工，在血缘关系基础上产生的氏族组织内部会发生分化，氏族组织之间会发生冲突。这种分化和冲突在相当长的时间里是通过无序的

暴力而解决的。氏族成员为了维持自己和氏族团体的生存，都必须参加暴力活动，构成“居民的自动的武装组织”。[①] 但是，这种无序的暴力会造成人们“在无谓的斗争中把自己和社会消灭，就需要有一种表面上凌驾于社会之上的力量，这种力量应当缓和冲突，把冲突保持在‘秩序’的范围以内；这种从社会中产生但又自居于社会之上并且日益同社会相异化的力量，就是国家”[②]。“一切社会形式为了保存自己都需要暴力，甚至有一部分是通过暴力建立的。这种具有组织形式的暴力叫做国家。”[③] 国家凭借什么凌驾和自居于社会之上呢？“是公共权力的设立，这种公共权力已经不再直接就是自己组织为武装力量的居民了。”“这种公共权力在每一个国家里都存在。构成这种权力的，不仅有武装的人，而且还有物质的附属物，如监狱和各种强制设施，这些东西都是以前的氏族社会所没有的。”[④]

国家产生的目的是把冲突保持在秩序的范围以内，手段便是特殊的公共权力，武装的人则是这一特殊权力的重要组成部分。武装的人在于其拥有比一般人强得多的暴力。从避免人类“在无谓的斗争中把自己和社会消灭”[⑤] 的角度出发，与国家相伴并成为国家权力构成的暴力，具有历史的正当性，能够得到社会的普遍接受和认可。“只要国家存在，每个社会就总有一个集团进行管理，发号施令，实行统治，并且为了维持政权而把实力强制机构、其装备同每个时代的技术水平相适应的暴力机构把持在自己手中。”[⑥]

在中国，国家权力也产生于氏族冲突之中。只是在早期中国，由于社会分工不彻底，氏族内部的社会分化不充分，国家的产生更多的是由于氏族部落之间的冲突。最为强大的氏族部落打败其他部落之后，

① 《马克思恩格斯选集》第 4 卷，人民出版社，2012，第 187 页。
② 《马克思恩格斯选集》第 4 卷，人民出版社，2012，第 187 页。
③ 《马克思恩格斯全集》第 26 卷，人民出版社，2014，第 371 页。
④ 《马克思恩格斯选集》第 4 卷，人民出版社，2012，第 187 页。
⑤ 《马克思恩格斯选集》第 4 卷，人民出版社，2012，第 187 页。
⑥ 《列宁全集》第 37 卷，人民出版社，2017，第 70 页。

成立国家，自己居于统治地位，成为“一种表面上凌驾于社会之上的力量”①。统治部族凭什么自居于其他部族之上呢？这就是拥有强大的武装力量。只是其他部族仍然保留着“自己组织为武装力量”② 的特性。统治部族必须以高于和强于其他部族的武装力量才能维系其统治地位。因此，“国之大事，在祀与戎。”（《左传·成公十三年》）军事事务成为国家的大事，对内以维持统治秩序，对外保卫土地和人口。王者是拥有最强大武装力量的人，王制国家是以拥有最强大武装力量的王进行组织的国家。

尽管暴力和武装对于中国的国家统治特别重要，但是，在王制国家时代，国家最高统治者并没有垄断暴力，从事军事活动的人员也没有成为一个独立的群体。这是因为，在早期中国，国家产生于最强大的氏族部落。但是，初生的国家还没有足够的力量去解除其他部族的武装，更没有力量去限制其他部族的人发展自己的武装。在武器尚不发达的原初时代，人人皆可以成为“武装的人”。所有人在平时是生产者，在战时便成为战士。“平民随家族贵族首领出征。”③ 正因为如此，即使是在国家产生以后，部族之间的冲突仍然不断。统治部族的首领仍然得东征西讨，将军事事务置于国家首位，稍有松懈，便会危及国家统治权。商取代夏，周取代商，都是凭借聚合了比统治部族更为强大的武装力量。

周是一个有着深厚宗族根基的王制国家。它获得国家统治权之后，试图以基于血缘关系的宗法分封达到“天下一家”的理想境界，消除冲突并将冲突保持在“礼”的秩序范围之内。但是，这一政治设计将国家治理的重心置于诸侯，使诸侯有三宝：“土地、人民、政事”。伴随亲情五世而淡，利益关系日益强化，诸侯国可以迅速组织起武装力量，兼并争霸。此时的武装力量仍然寓于社会之中。在兼并争霸战争中，凡是成年男子都要参与战争，成为军事人员。军人与政权合为一

① 《马克思恩格斯选集》第 4 卷，人民出版社，2012，第 187 页。

② 《列宁选集》第 3 卷，人民出版社，2012，第 115 页。

③ 参见白钢主编《中国政治制度史》上卷，天津人民出版社，2016，第 81 页。

体，军人与民众合为一体。

随着暴力集中于国家，暴力使用的正当性日益突出。至春秋战国时期，儒家对暴力使用的正当性有了基本认识。一是“礼乐征伐自天子出”，即只有最高统治者才能动用武力，发动战争。否则便是僭越，属于“乱臣贼子”，天下人可以共同诛之。二是最高统治者使用暴力是为了控制秩序。这一秩序是包括天下所有人共同认可的秩序，而不仅仅是维护统治者利益的秩序。拥有合法暴力的国家统治者不得滥用暴力。人们对滥用暴力的“暴政”可以持否定态度，甚至加以推翻。这种以暴力手段推翻“暴政”的行为具有正当性。这就是所谓的“仁义之师”。军事暴力要受到一定的节制，不得干预政治，也不得滥用。这一对暴力正当性的认识影响深远。“中国军队一直处于国家的严密控制之下，从没对政治权力构成独立威胁。”① 在大部分时间内，儒家思想指引下的军政关系既保证了国家有一支较为强大、足以抵御外敌的军事力量，又能基本控制住军事力量不干预政治，保障了外部安全与内部稳定。② “军人不干政的制度，在中国又是古已有之，亦属中国旧制中一项优良的传统。”③

二　暴力的垄断性：君主专属

经过长达数百年的兼并争霸战争，秦始皇统一中国。统一后的大规模国家是由过去多个以血族单位为核心的诸侯国合并而成的，以原有的血族单位来组织国家已远远不够了，必须以地域整体为单位建立新的国家。这就是在地域关系基础上形成的以皇帝官僚为核心的帝制国家。

① 〔美〕弗朗西斯·福山：《政治秩序的起源——从前人类时代到法国大革命》，毛俊杰译，广西师范大学出版社，2012，第92页。

② 参见李晟《儒家政制传统中的军政关系——制度与思想的语境化理解》，《中外法学》2016年第5期。

③ 钱穆：《中国历史研究法》，九州出版社，2019，第26页。

帝制国家的重要标志和重要支柱便是由作为最高统治者的君主对暴力的垄断。这种垄断不是人为的，而是战争推动的自然结果。兼并争霸战争不是过往一个部族对另一个部族政权的推翻，而是一个诸侯国对另一个诸侯国的征服，直至最强大的诸侯国以战争的方式消灭所有的诸侯国，形成全新的帝制国家。这种以战争消灭诸侯国的过程便是对原有诸侯国的武装进行解除的过程，也是将原来分散在各个诸侯国的暴力集中到统一中国的帝制国家手中的过程。这是中国历史上第一次将分散在各个血族团体手中的暴力集聚到统一的国家手中。秦始皇统一中国后做的重要事情，便是收缴天下兵器。“收天下兵，聚之咸阳”（《史记·秦始皇本纪》）。这就意味着在帝国体制下，唯有帝国才具有拥有暴力武装的合法性。

在中国，从国家的形成开始，由于战争的推动，国家最高统治者同时也是最高军事统帅，而且只有成为最高军事统帅，才能牢固地执掌国家政权。国王不仅牢牢地掌握军事统帅权，而且经常自己带兵打仗。只是在王制国家，军事武装散落在各个部族和诸侯手中，使得国王只是名义上的最高军事统帅，无法直接垄断暴力。“春秋时期各国大小贵族拥有私人武装力量，是造成内乱不断的根源。”[①] 在春秋战国的兼并争霸战争中，首先是各个诸侯国内部的暴力高度集聚在国王手中，哪个诸侯国的暴力集聚程度愈高，哪个诸侯国获得胜利的条件愈充分。其次是随着各个诸侯国被消灭，军事暴力集聚到统一的帝制国家手中，最后为皇帝所垄断。

与此同时，在漫长的兼并争霸战争中，军事活动的专门性愈来愈强。尽管仍然是全民动员，但军事活动和人员的职业性更强，大量人员终生以军事活动为业。军人成为一个以军事活动为职业的特殊群体。随着帝制国家的建立，国家疆域范围大大扩展，需要有专门的军事人员对外保卫领土，对内维系统治秩序。专门从事军事活动的军人数量大大扩展。

---

① 白钢主编《中国政治制度史》上卷，天津人民出版社，2016，第 173 页。

军人是合法暴力的承载者，由军人组成的军队是有组织的武装暴力集团。这一暴力集团为作为最高统治者的皇帝所专属，不与任何人分享。“无论是朝代更迭、政权兴替，还是君位传承、政变易主，获胜的一方都是以强有力的军权作为后盾，而失败的一方自然也是因为不能有效地掌控和驾驭军权之故。君主要稳定政权，巩固统治，也必须在充分掌控和驾驭军权的基础上方能够实现。”① 因此，只有皇帝才有指挥和调配军队的最高权力。皇帝所拥有的专断性权力，首先便表现于对军事权的专断。“盛世是皇帝一人的武力专政，最高的军权操于一手，皇帝的实力超过任何人可能调动的武力。”② 国家暴力为君主所专属成为帝制国家的重要传统。“皇帝是最高政治首脑，同时也是最高军事统帅。皇帝之所以能控制政局，主要的原因就在于他能有效地对军队进行控制。”③ “军权必须集中于皇帝之手，成为历代皇朝努力追求的目标和制度。”④

国家军事暴力为君主专属，这是以地域关系为主的帝制国家产生后所出现的，也是历史上前所未有的。君主专属除了军事暴力的所有权以外，还包括控制权。如何将军事暴力的控制权牢牢地执掌在最高统治者手中，这是帝制国家所面临的新问题。

帝制国家的核心是皇帝家族垄断最高权力。最强大的家族联合其他力量以暴力的方式推翻原有的统治，并将最高权力垄断在自己的家族手中，世代沿袭，即二世、三世乃至万世。但是，以天命的名义和暴力的方式获得的政权，也有可能以同样的形式为他人所夺取。特别是在夺取政权时，并不是依靠一个家族的力量，而是一个团队，并集聚无数的造反者才能成功。在打天下的过程中，大量的军事暴力权分别执掌在各个军事首领手中。这些首领凭借直接执掌的军事暴力打天下，也有可能依靠军事暴力夺天下。如何将打天下时分别执掌在军事

① 张金龙：《治乱兴亡：军权与南朝政权演进》，商务印书馆，2016，第 31 页。

② 雷海宗：《中国文化与中国的兵》，商务印书馆，2014，第 102 页。

③ 白钢主编《中国政治制度史》上卷，天津人民出版社，2016，第 343 页。

④ 白钢主编《中国政治制度史》上卷，天津人民出版社，2016，第 258 页。

首领手中的军事权控制在皇帝手中，便是新的王朝建立后的首要事务。主要方式有以下几个。

封侯建国。在推翻秦王朝的斗争中，刘邦战胜项羽，建立刘氏家族的汉帝国。其重要原因是出身贵族的项羽限于“孤家寡人”，而出身布衣的刘邦能够利用“五湖四海”，集聚众多战将共同打天下。刘邦的优势在于此，建立帝国后最为担心的事情也在于此。刘邦以封侯建国的方式来解除自己的忧患。这反映了血缘关系基础上的封建制还有相当的影响。但是，宗法封建制是一个完整的体系。帝制国家下的封建制与皇权的专断性是直接冲突的。这种冲突很快导致那些已封侯建国的原军事将领凭借直接掌握的军事暴力与朝廷中央抗衡。歼灭异姓王的过程同时也是将军事暴力收归皇帝的过程。

高官厚禄。“霸王者，人主之大利也”，“富贵者，人臣之大利也。”（《韩非子·六反》）获得天下是一个集团共同殊死努力的结果，而坐天下的皇帝只能是一个人。拥有天下的皇帝必须与集团首领共享天下，否则获得的天下也会失去。共享天下的重要方式便是给予执掌军权的首领们以高官厚禄，特别是厚禄，以将他们与军权分离开来。宋太祖在当皇帝之前本只是一军事首领，因同伙“黄袍加身”才坐上皇位。他深知“黄袍”穿在自己身上容易，到别人身上也容易，为此以“杯酒释兵权”的方式，给过去的合伙人以荣华富贵，换得皇位的稳固。

诛杀功臣。打天下，依靠的是殊死的暴力。愈是经过激烈的暴力获取政权的皇帝，对于暴力的倾覆功能体会得愈深，获得政权后，对暴力的防范便愈严密，甚至以极端方式诛杀功臣，以绝后患。朱元璋历经数十年才建立起明帝国，其权力的垄断性和家族世袭意识特别强。为了保障江山永远保持在朱家手中，他将与他共同打江山的军事首领斩尽杀绝，甚至广为株连。朱元璋借口凉国公蓝玉欲图谋反，大肆株连杀戮功臣名将，被株连杀戮者逾 1.5 万人。“于是元功宿将相继尽矣。”（《明史·蓝玉传》）

帝制国家建立后，军事事务仍然存在，包括对外战争和对内压制，

必然会有执掌军事权力的首领。而且战场的特殊性产生“将在外君命有所不受”的军事传统。那些在战场上立下功劳的首领手中执掌军事大权的同时，也构成了对专断性的皇权的极大威胁。皇帝会以各种方式削弱其兵权，甚至加以诛杀。宋朝的岳飞在抗击金军的过程中立下赫赫战功。“岳家军”尽管以精忠报国为旗帜，但“岳家”凭借军队则有可能造成“赵家”的易位。出于维持“赵家”天下的本能，岳飞被诛杀。在帝制国家的历史上这种现象反复出现。

随着帝制国家的建立，为了直接控制军事暴力，帝国会建构起一整套以皇帝直接控制军事权的体系。包括以下两种权力。

指挥权。皇帝是军队的最高统帅，执掌对全国军队的最高指挥权。“军队调动，必须出于皇帝的命令。秦朝时，只有皇帝才有权调动 50 人以上的部队用于军事行动，并且必须执行玺、符、节等制度。下达命令，文书上必须盖上皇帝的玺和各级军将的印，调动军队必须合符为证，一般远距离的军事行动，还必须持有通行证。两汉时期也大致如此。决定和战的大权都操在皇帝手里，不少时候皇帝还往往统帅大军亲自上前线指挥战斗。”① 尽管国家体制设立了主管军事事务的职位，但只有皇帝，或者经过皇帝授权才能直接调动军队。有时，军事职位甚至是虚设的。秦始皇在国家体制上尽管设立有专门执掌武装力量的官职，但这一官职并没有发生实际作用，重要原因便是秦始皇直接掌握和控制着军队。“带兵者是被皇帝和中央政府控制的武官，他们往往只有对军队的管理权，而指挥权和统率权则掌握在皇帝手中。”②

制衡权。在不得不赋予官员以军事权的情况下，皇帝会采取各种措施以自己最信任的人监督军队首领。蒙恬是久经沙场屡立战功的将军，但秦始皇还是委派自己的长子扶苏在边关监军。随着帝国的发展，对军事权的制衡体系愈益严密。唐朝实行御史监军，后因御史品级太低，改由宦官监军。宋代为了防范武夫干政乃至兵变夺权，实行以文

① 白钢主编《中国政治制度史》上卷，天津人民出版社，2016，第 249~250 页。

② 金观涛、刘青峰：《兴盛与危机：论中国社会超稳定结构》，法律出版社，2011，第 43 页。

制武，文臣高于武官，调兵权与统军权分立，强化监军，以此约制军人力量的膨胀。①

三　暴力的功利性：工具主义

在恩格斯看来，“暴力仅仅是手段，相反，经济利益才是目的。目的比用来达到目的的手段要具有大得多的‘基础性’；同样，在历史上，关系的经济方面也比政治方面具有大得多的基础性。”② 暴力是一种工具，工具的载体是武装的人。暴力作为一种工具具有危险性，乃至直接危及人的生命。因此，作为暴力工具载体的军人，凭什么当军人，凭什么去打仗，甚至拼命打仗？这是军人作为一个具有独立利益的群体而存在的条件，也反映了国家与军人之间的关系。

在王制时代，军事活动关系到全体部族或宗族的生存，所有人都要参与战争。这既是一种权利，也是一种义务。春秋战国的长时间兼并争霸战争，一方面推动了以地域为基础的新兴国家的建立，另一方面也使军事活动日益专业化，形成了一个专门从事军事活动的群体。“官分文武，惟王之二术也。”（《尉缭子·原官篇》）对于这一群体而言，国家统治权已与自己日益分离开来，专属君主。国家如何让军人打仗，乃至拼命打仗？作为兼并争霸战争胜利者的秦国，采用的是全新的方式，这就是以军功获得财产，表现为强烈的非人格化的工具主义倾向。“工具兵是王权少不了的工具。帝王的金龙宝殿主要建立于这种工具兵的基础之上。汉初南北军，隋唐府兵，明朝卫所兵，以至清代旗兵等，都曾为王权尽了这功能。”③

秦国商鞅变法的核心是更加强化农战，以军事功劳获得财富和地位。王制时代，“世卿世禄”，一般平民再有功劳也得不到应有的报偿。

---

① 参见陈峰《从治军特点及其得失看宋朝“武绩未振”》，《光明日报》2019年1月21日，第14版。

② 《马克思恩格斯选集》第3卷，人民出版社，2012，第539页。

③ 费孝通、吴晗等：《皇权与绅权》（增补本），华东师范大学出版社，2015，第78页。

商鞅变法则一改旧日习气，论功行赏。地位再高的人没有功劳也不能得到财富，地位再低的人有军功也能大富大贵。这种论功行赏甚至被推到极致，直接提敌人的首级获得奖赏。“能攻城围邑斩首八千已上，则盈论；野战斩首二千，则盈论。吏自操及校以上大将尽赏。”（《商君书·境内》）商鞅变法实行二十级军功制，每斩获一个敌人的首级（人头），就可以赏爵一级，并得到相应的土地、宅邸。这一举措大大刺激了人们参与战争并拼命打仗的积极性，秦国因此成为“虎狼之国”。由此也产生了中国最早的地主——军功地主。自此，以军功获得奖赏便成为帝制国家军人的重要目的。

能够在战场上获得战功以提高自己地位的人毕竟是少数，成功者更是少数。对于绝大多数军人而言，当兵是为了“吃粮”，满足自己最基本的物质需要。这是因为军人毕竟是一个有危险的职业，富家权贵家庭不会让自己的子弟当兵。同时，为了防止军人的权力太大，帝国使用文人治国，从名位上贬低武人。由此产生出“好铁不打钉，好男不当兵”的普遍价值取向。

帝国军人的工具主义取向，决定了统治者必须满足军人的需要。对暴力的掌握建立在物质条件的基础上。正如恩格斯所说，“暴力的胜利是以武器的生产为基础的，而武器的生产又是以整个生产为基础，因而是以‘经济力量’，以‘经济状况’，以可供暴力支配的物质手段为基础的。”“暴力不能铸造金钱，它最多只能夺取已经铸造出来的金钱。”[①] 商鞅变法以农战为本，以发展农业支持战争，以战争获得更多的土地用以重奖拼命打仗的军人，因为战争的胜利可以“夺取已经铸造出来的金钱”[②]，从而更加激发军人的勇气，由此形成良性循环。

工具主义的军人也使帝国面临着新的问题。在相当长的时间里，土地是最重要的财产。因为战争奖赏，中国产生最早的地主群体——军功地主。军功地主主要是依靠军功而获得土地，不仅占有土地数量

① 《马克思恩格斯选集》第3卷，人民出版社，2012，第546页。

② 《马克思恩格斯选集》第3卷，人民出版社，2012，第546页。

大，而且有权力作为支撑，与政治权力有着千丝万缕的联系。汉朝的豪族地主的相当一部分来自过往的军功地主。他们享有政治上的特权，权势之大，甚至可以与官府分庭抗礼。军功地主一直是帝制国家的大地主的主体，也是帝制国家难以驾驭的力量。

“养兵千日，用兵一时。”兵需要养。养需要物质条件。当兵吃粮是军人的天经地义。但如果没有粮吃，不仅不愿当兵打仗，甚至会发生反叛。唐德宗时，由于漕粮不济，仓廪枯竭，长安城的禁军竟脱巾上街游行，要求发给粮饷。王朝上下极度恐慌。直到米粮到京，急切而不知所措的唐德宗才缓了一口气：“米已至陕，吾父子得生矣”。崇祯元年，明朝的辽东巡抚毕自肃被缺饷的变兵逼迫自杀。

军队是一个上下分层的组织体系，有官兵之分，士兵会受到压制。当这种压制难以忍受时，会激起兵变。“军队兵变和农民起义一样，都源于士兵中‘被边缘化’的阶层。士兵们往往处于军队最底层，他们参军只是为了混口饭吃。”① 更重要的是，绝大多数士兵出身农家。当自己的家庭饥寒交迫时，士兵们对现政权的反对也会被激发出来。

四　暴力的制度性：政治效能

国家暴力与氏族暴力最大的不同是有组织、有秩序地使用暴力，国家统治者对于暴力资源的配置和使用有制度性的安排，使暴力服从于国家统治的需要。暴力作为一种工具，怎么获得，配置在什么地方，配置多少，怎样配置，会形成一种制度。制度性的暴力会影响政治，产生出相应的政治效能。

暴力的制度性最重要的体现是兵役制度。兵是军队的主体。兵役制度是关于武装人员和组织如何构成并发挥其功能的制度。“军队的全部组织和作战方式以及与之有关的胜负，取决于物质的即经济的条件，

① 〔英〕塞缪尔·E. 芬纳：《统治史（卷二）：中世纪的帝国统治和代议制的兴起——从拜占庭到威尼斯》，王震译，华东师范大学出版社，2014，第 204 页。

取决于人和武器这两种材料，也就是取决于居民的质和量以及技术。”[①]它与一定经济条件下的社会组织和国家制度密切相关。

人类最早的组织单位是氏族部落。为了氏族部落的生存，每个氏族成员都承担着军事事务。“在氏族制度内部，还没有权利和义务的分别；参与公共事务，实行血族复仇或为此接受赎罪，究竟是权利还是义务这种问题”[②] 对于氏族社会是不可想象的。当时的军事人员还未分离出来，也不存在兵役制度。但是，由于中国的早期国家是以族成国，并以血族为基础的，在国家产生之后，以血族部落为单位构成的军事组织长期延续下来，形成所谓的族兵制。这种制度建立在血缘和地缘关系的基础上，血族团体成员同时是军事人员。特别是出现阶级分化之后，从事军事事务成为血族团体的上层贵族的特权，并成为族军的领导者。

春秋战国时期，以血族团体为单位组成的军事人员已无法应对大规模和长时间的军事战争了。帝制国家的崛起，实际上是族兵制的终结。之后的兵役制度是以国家为单位建立的。但是，由于血缘关系的长期延续，特别是非汉族地区原生的族兵制随着进入中原核心地区之后，这种带有很强的氏族部落特点的兵役制度继续存在。例如，清朝主要由满族子弟组成的八旗军制。

建立在血族关系基础上的团体是一种联系紧密的命运共同体。“非我族类，其心必异”（《左传·成公四年》）是其基本信念。由本血族团体成员构成的军队，能够得到本族领导者的信任。而且，本族领导者本身便是军队首脑。这种军队通常号称“子弟兵”。因此，当带有很强的氏族部落特点的民族入主中原之后，他们最信任也最为倚重的是“子弟兵”。如清朝保卫京师的主要是八旗军。但是，在以财产和地域关系为基础的国家形态下，基于血缘部族关系的族兵制难以持续。一是他们离开了其原生地，原有的血缘亲情关系日益淡漠。二是进入以

---

① 《马克思恩格斯选集》第3卷，人民出版社，2012，第551页。

② 《马克思恩格斯选集》第4卷，人民出版社，2012，第175页。

财产和地域关系为基础的国家形态之后，他们因为统治地位而享有诸多政治和经济特权，并由此弱化了战斗力。清朝入关前的旗军有着很强的战斗力，入关后便日益下降，直至边缘化。

严格的兵役制度是自帝制国家产生之后才形成。帝制国家本身就是依靠打破血缘族群关系，以地域关系为基础广泛获得军事人员来源，并组织一个超血族性的军队而产生的。在以财产和地域关系为基础的帝制国家，军事人员逐渐分化为一个独立的群体，并有了正式的兵役制度。

从总体上看，帝制国家主要实行征兵制和募兵制。前者主要是一种具有强制性的义务，凡是达到一定条件的人都必须服兵役。这种制度建立在地域关系的基础上。国家是一种超血缘的地域共同体。地域共同体的成员都有义务服兵役，保卫国家领土和国家政权。在帝制国家的前期和王朝建立前期，一般实行的是征兵制。这在于这种制度是基于义务，国家无须支付过多的人力成本。但是，这一制度造成的后果是，因人员经常流动，军事专业水平较低；因纯粹是一种义务，军事自觉性不强，总体战斗力趋于弱化。

正是在征兵制日益难以承担国家军事事务的过程中，产生了募兵制。这一制度建立在财产关系的基础上，人们从事军事事务，要获得报酬，并需要具备相应的条件。募兵制的军事专业性较强，有通过从事军事活动获得更多报酬的动力，其战斗力较强。但是，这一制度需要支付人力成本，受制于经济力量。当国家难以支付无限增大的成本时，军队的战斗力反而会弱化。如宋朝出现的“三冗”（“冗官”“冗兵”和“冗费”）都与军队相关，庞大的军队人员与军事能力严重不对称。

在帝制国家，长期存在着世兵制。“国家从国民中划定一部分人，令他们专门承担兵役，在军者终身为兵，父死子继，兄终弟及，成为世代为兵的兵役世家，这就是世兵制。令划定为军者脱离民籍，另立

军籍”。[1] 如明代的军户等。这一制度建立在类血缘关系的基础上，比较稳定，能够保证国家获得稳定的军事力量，同时又能够节约人力成本。“在册士兵的地位是世袭的，许多人分得用于耕作维持生计的土地，希望能实现古代兵农合一军队自给自足的理想。”[2] 这一兵制“使一般农民不至受征兵的打扰”[3]。但是固化的身份一是引起大量军籍户口逃匿，二是造成战斗力严重下降。

谪兵制是一种具有古老传统的兵役制度。它“是以罪犯充军和以具有特别身份犹如罪犯者充军的制度。谪兵制的原则是令充军者以兵役代苦役，即把对他们的刑律的处罚转移到服兵役上。由于这个原因，历史上的谪兵主要用于戍边和承担繁重的军事性苦役”[4]。这一制度具有惩罚性特点，其军人的地位低下。但其政治效能却是多重的。一部分人员只是为了完成处罚而从事兵役，缺乏积极性；而另一部分人为了迅速改变低下地位，又有强大的动力。

从兵役制的演变看，帝国的军队愈来愈具有职业化群体的特征。秦朝时的军人来源主要是征兵制，成年男子必须服兵役，兵民合一。西汉后期，募兵制成为主要制度，造成兵民分离，军人的专业化程度提高，也强化了军人作为一个独立群体的存在。亨廷顿将专业能力作为职业军人的首要条件。“职业人员是在人类所从事的某个重要领域拥有专门知识与技能的专家。”[5] 募兵制对于招募什么人有军事活动的考虑，也就是有职业性的要求。世兵制和谪兵制都具有一种职业性的特征，“兵与民隔离的局面已经非常明显。募兵是少数或因喜好冒险、或因受厚赏的诱惑才入伍的人，是一种职业兵。屯兵有的出于强迫（囚徒），有的出于自愿，但到边疆之后就成了永久固定的边军，也是一种

① 王晓卫：《中国兵役制度史》，贵州大学出版社，2018，第7页。

② 〔美〕费正清、赖肖尔：《中国：传统与变革》，陈仲丹、潘兴明、庞朝阳译，江苏人民出版社，1992，第188页。

③ 黄仁宇：《中国大历史》，三联书店，1997，第181页。

④ 王晓卫：《中国兵役制度史》，贵州大学出版社，2018，第15页。

⑤ 〔美〕塞缪尔·亨廷顿：《军人与国家：军政关系的理论与政治》，李晟译，中国政法大学出版社，2017，第8页。

职业兵。胡越骑与属国骑是国家雇用的外族，更是以当兵为职业的。囚徒不是职业兵，乃是国家无办法时强迫入伍的，但一经入伍之后恐怕也就成了终身的职业。”①

暴力的组织制度受制于并影响国家政治制度。帝制中国是一个超大规模的国家，其军事组织制度也不能分为多个层级。军事制度直接影响着中央与地方的关系、核心地区与边陲地区的关系。

秦汉时期的武装力量分为中央军和地方军。中央军直接守卫皇帝，为皇帝直接指挥。特别是皇帝左右的禁卫军具有核心地位。地方军队归属于皇权中央，但由地方郡（国）首领指挥，并且就近征兵，军人有很强的地方性。这一体制在皇帝能够牢牢地控制军队时，较为稳定，中央和地方各有分工。但是，一旦皇权中央的控制力弱化，便会发生地方首领拥兵自重的情况。汉初诸侯国相继叛乱，重要原因是拥有地方性的军事力量。东汉时，取消郡国常备军，军权高度集中于中央。但中央不可能完全管理军队，当皇权中央的控制力弱化时，作为地方首长的刺史、郡守依靠所掌握的军队，演变为地方军阀。特别是实行募兵制，财力由地方首领支付，强化了军队对地方首领的依附，从而强化了军阀割据，最后直接倾覆了汉帝国。

唐朝实行府兵制。这一制度以均田制为基础，实行兵农合一、寓兵于农，平时生产，农闲时训练，根据路途远近从事保卫。“府兵尽管驻地分散，实际上仍是皇朝直辖的中央军队，而不是地方军，而且在地方长官、卫府将军的相互制约之下，但都无法利用府兵形成割据势力。”② 府兵制节约财政成本，但专业性差，战斗力弱。“府兵的武器、军粮大多要自备，因此府兵制必须以均田制为前提。如果农民没有土地，或土地不足，就无法担负这种沉重的兵役。”③ 因此，随着均田制的破坏，府兵制也趋于瓦解。

唐朝时，国家疆域规模增大，特别是西北部疆域扩张，军事防卫

① 雷海宗：《中国文化与中国的兵》，商务印书馆，2014，第 30 页。
② 白钢主编《中国政治制度史》上卷，天津人民出版社，2016，第 460 页。
③ 陈明明：《论古代社会军人介入政治过程的条件》，《政治学研究》1995 年第 1 期。

困难。为了有效地保卫全国领土，实行藩镇兵制。“所谓方镇者，节度使之兵也，原其始，起于边将之屯防者。”（《新唐书·兵志》）由于节度使拥有行政、军事、财政诸权力，中央难以节制，因此发生“安史之乱”，充分暴露出中央军事力量衰弱的问题。“仅就禁卫军权而论，谓之为古代专制帝国最重要的支柱亦不为过。”[①] 为此，唐朝设立神策军，由作为皇帝亲信的宦官直接指挥。只是当宦官执掌军队之后，便有了凌驾于皇帝之上的资本，甚至可以因为军事力量而操纵皇帝的废立。由此也造成了唐朝末期的大动乱。

宋朝实行募兵制，军队专业化和职业化程度大大提高，强化了中央集权的力量。赵匡胤认为实行募兵制还大有好处，就是丰收年有叛兵而无叛民，灾荒年有叛民而无叛兵。但军事力量过度集中于中央，造成地方空虚，也造成了极大的中央财政负担，军人的战斗力减弱，国家保卫力不从心。

明朝实行卫所制，从京师到各个地方皆设立卫所作为基本的军事单位，将军事力量分布于全国，同时统一由皇帝指挥，较好地处理了中央与地方、内地与边疆之间的关系。卫所有自己的屯田，军人平时耕种，有事参战，能够节约大量财政。朱元璋表示：“吾京师养兵百万，要令不废百姓一粒米。”（陆深《俨山外集》卷三四《同异录》）但将兵分离，军事人员难以集中统一调配和训练，战斗力缺失。

清朝的军事力量主要由八旗和绿营两部分构成。前者的主体是满族子弟，主要是保卫京师，后者主要驻扎在地方。由于前者久无战事，并享受诸种特权，其战斗力趋弱。绿营最初实行募兵制，但后转化为“世兵制”，军人世代为士兵。“绿营兵丁世代以食钱粮为业。”（《清朝续文献通考》卷214）其战斗力严重下降。随着太平军的崛起，地方团练兴起，并由此产生以地方军人为主体的湘军和淮军。湘军兵制的重要特点是由首领“召集了一批性格相似的指挥官。这些人不仅忠于他本人，同时也挑选了他们手下的军长，这些人再一个一个地征募士

① 张金龙：《治乱兴亡：军权与南朝政权演进》，商务印书馆，2016，第31页。

兵，这样建立起一个官兵之间互相熟悉、互相支持、一心作战的网络”①。兵制的变化结果是皇权中央对军事力量的控制趋弱。

五　暴力的私人化：地方家族

暴力是一种实现一定目的的工具。但作为工具主要承载者的军人与物化工具不一样，是活生生的人，是生活在一定社会关系中的人，会受到一定社会关系的制约，并以自己的行为再生产出新的关系。特别是当他们成为一个独立的群体时，会形成军人的自我意识。如亨廷顿所说：“职业内部的成员拥有一种有机体的共同意识，并且分享将自己作为一个群体同外行人相区分的自觉。”② 军人与其他群体的最大区别是暴力的直接承载者，并会因此形成对暴力的自我支配意识。

在帝制国家，暴力具有垄断性，为君主专属，这只是就暴力的所有权而言的。皇帝必须授权于军事首领带兵打仗。在这种权力授予过程中，所有权与占有权发生分离。军事首领在占有军事权的过程中，久而久之会将占有权转换为所有权，特别是皇权弱化虚化之时。归属于最高统治者的国家暴力会产生私人化的倾向。其重要特点是军人的地方化和家族化。造成这一状况的原因主要有以下几个。

其一，暴力赖以存在的物质基础。在恩格斯看来，暴力是“以可供暴力支配的物质手段为基础的”③。军人的工具主义取向，使物质手段更为重要。尽管军事权归属于皇帝，但如果皇权中央不能提供可供暴力支配的物质手段，这一权力便会弱化和虚化。

汉帝国的军事力量分为中央军和地方军。掌握地方军的地方首领既是行政长官，又是军事长官，还是财政长官。“各地的刺史、太守都

① 〔美〕费正清：《伟大的中国革命》，刘尊棋译，世界知识出版社，2000，第 98 页。

② 〔美〕塞缪尔·亨廷顿：《军人与国家：军政关系的理论与政治》，李晟译，中国政法大学出版社，2017，第 9 页。

③ 《马克思恩格斯选集》第 3 卷，人民出版社，2012，第 546 页。

有私军。”[①] 这为地方军脱离中央控制提供了物质条件。特别是“东汉后期发展起来的地方兵编组混乱，没有统一的指挥系统，更因兵源、给养均由地方自筹，因而逐渐形成私人武装，成为汉末军阀混战的工具”[②]。汉和唐后期，中央控制力弱化，造成大量地方力量招募军人，“谁募集的兵员最强，谁握有的军事指挥权就最大，演成‘天子宁有种乎？兵强马壮者为之尔’。”[③] 由私人团体招募的军人具有为私人团体服务的特性。“博得了声誉的军事领袖，在自己周围集合一队贪图成性的青年人，他们对他个人必须忠诚，而他对他们亦然。首领供给吃喝并奖赏他们，把他们编成等级”。[④] 由谁养活，自然服从于谁，皇帝军权因此被虚化和弱化。

其二，长期封闭运行的武装集团。军人来自不同地方，脱离了原生地的人身和人身关系。但是，任何一个组织都会存在命令—服从关系，都会存在下级对上级的忠诚关系。而军事组织是特殊的武装集团，军人“以服从为天职”。其命令—服从和忠诚关系特别重要。“忠诚与服从是最高的军事德性。”[⑤] 军队首领本来是皇帝中央任命的，但长期任职，便会造成军人只服从和忠诚于军事首长，而不识皇帝。“长期服役常常使他们更忠于其将领而不是忠于朝廷。这种情况使那些有野心的将领实际成为独立的地方军阀。”[⑥] 东汉时的董卓自称：“天恩误加，掌戎十年。士卒大小相狎弥久，恋臣畜养之恩，为臣奋一旦之命。”(《后汉书・董卓列传》)之后，随着皇帝的变更，董卓成为拥兵自重的大军阀。唐朝的藩镇也是如此。“许多节度使把自己的地区变为个人控

① 雷海宗：《中国文化与中国的兵》，商务印书馆，2014，第 49 页。

② 白钢主编《中国政治制度史》上卷，天津人民出版社，2016，第 254~255 页。

③ 王晓卫：《中国兵役制度史》，贵州大学出版社，2018，第 25 页。

④ 《马克思恩格斯选集》第 4 卷，人民出版社，2012，第 161 页。

⑤ 〔美〕塞缪尔・亨廷顿：《军人与国家：军政关系的理论与政治》，李晟译，中国政法大学出版社，2017，第 65 页。

⑥ 〔美〕费正清、赖肖尔：《中国：传统与变革》，陈仲丹、潘兴明、庞朝阳译，江苏人民出版社，1992，第 122 页。

制的领地，在某些情况下其地位实际上是世袭的，有时他们公开反叛朝廷。”① 后人因此有所警惕。南宋时，“屯驻大军各归其将，至有‘岳家军’‘韩家军’之称。高宗收张俊、韩世忠、岳飞三大将兵权，未尝不是怕军权旁落而危及自己的统治地位。”② 但是，军队的特殊运行模式及帝国的兵役制度很难根除私人关系。明朝后期的驻守边防的营伍制将领培育家丁，他们和将领之间有着浓厚隶属关系的主从色彩，在某种意义上，家丁完全是将领的私兵。家丁虽然能战斗，但更多的是忠诚于将领而不是皇帝中央。“清后期湘军募兵，实施逐级递选的方式，士兵与将领关系密迩，形成湘军勇营‘其将死，其军散；其将存，其军完’的特点。”③ “它是一种将符合身份地位、活跃家族制度、互相承担责任的原则应用于军队的办法，结果证明行之有效。”④

其三，自动的武装组织的生成。在恩格斯看来，国家与氏族的“第二个不同点，是公共权力的设立，这种公共权力已经不再直接就是自己组织为武装力量的居民了”⑤。这里有一个前提，这便是国家公共权力的完整存在并具有至高权威。当国家权力不能够发挥“把冲突保持在‘秩序’的范围以内”⑥ 时，居民便会自动组织为武装力量。这种自动组织的武装力量不可避免具有血缘和地方性特征，造成暴力手段的家族化。“同氏族人必须互相援助、保护，特别是在受到外族人伤害时，要帮助报仇。”⑦ 在东汉后期，大家族不仅有强大的经济实力，而且具有强大的感召力，并能在政治动荡时期迅速集合成强大的暴力。东汉的袁氏家族“门生故吏遍于天下”（《后汉书·袁绍传》），“当袁绍举旗而起的时候，他的附从者据说纠集了 10 万兵众在他麾下候命；

① 〔美〕费正清、赖肖尔：《中国：传统与变革》，陈仲丹、潘兴明、庞朝阳译，江苏人民出版社，1992，第 123 页。

② 白钢主编《中国政治制度史》下卷，天津人民出版社，2016，第 553 页。

③ 王晓卫：《中国兵役制度史》，贵州大学出版社，2018，第 25 页。

④ 〔美〕费正清：《伟大的中国革命》，刘尊棋译，世界知识出版社，2000，第 98 页。

⑤ 《马克思恩格斯选集》第 4 卷，人民出版社，2012，第 187 页。

⑥ 《马克思恩格斯选集》第 4 卷，人民出版社，2012，第 187 页。

⑦ 《马克思恩格斯选集》第 4 卷，人民出版社，2012，第 98 页。

又称其食粮曾以大车万辆自河北运来。”① “在东汉末年的长期纷扰中，世家大族除了和依附农民之间的隶属关系有了急剧的发展以外，他们还通过血缘的结合关系，在坞垒堡壁之间，部勒宗姓，加以武装，或聚族以自保，或举宗而避难。”② 而在宋，特别是明清以后，为维护宗族、家族、派系、村庄的利益，民间的械斗此起彼伏，以通过私人性但有组织的武力解决社会矛盾和冲突。“这些械斗往往最初起源于细微的纠纷，反而常常会结怨更深，以致怨怨相报，其后的械斗规模会更大的无底线。”③

六 暴力的民间性：社会武装

国家作为特殊的公共权力，“不再直接就是自己组织为武装力量的居民”④，而是有专门的武装的人及各种物质附属物，以此才能将冲突保持在秩序的范围以内。但要实现这一目的，需要国家有能力将公共权力输送到所辖的每一个地方，而且能够合理公正地控制冲突。显然，要达到这一点极不容易。

王制时期，之所以实行分封建国，重要原因是国家政权缺乏强有力的公共权力控制整个社会，只有采取分封的方式由分封地方进行自我治理。分封地方拥有合法的暴力并造成诸侯国的纷争。秦始皇统一中国后，国家通过郡县官僚制将公共权力传递到各个地方。但郡县官僚制是以国家的财政能力为条件的。在生产剩余极其有限的小农经济条件下，国家不可能使用大量军事和官僚等公职人员控制社会冲突。“强有力的政府和繁重的赋税是一回事。”⑤ 经济基础限制了国家控制冲突的能力。在高度分散化的农业社会，要实现国家以暴力垄断保持

① 黄仁宇：《中国大历史》，三联书店，1997，第70~71页。

② 王仲荦：《魏晋南北朝史》上册，上海人民出版社，1979，第145页。

③ 王日根：《明清民间社会的秩序》，岳麓书社，2003，第50页。

④ 《马克思恩格斯选集》第4卷，人民出版社，2012，第187页。

⑤ 《马克思恩格斯选集》第1卷，人民出版社，2012，第766页。

社会秩序，有极大的难度。有限的军事暴力和政府强制力主要是用于维系政权安全，大量的社会安全问题是由社会自我解决的。暴力因此散落在广阔分散的社会之中，具有民间化的特性。

与此同时，帝制国家产生之后，尽管将合法的暴力都垄断在国家手中，但是它并不能消除产生暴力的土壤，相反还会再生产出产生暴力的土壤。暴力产生于生存斗争。一部分人为了生存采用暴力的手段夺取他人的财产。造成一部分人铤而走险夺取他人财产的重要原因是来自政府的繁重赋税。这些人为生活所迫，以暴力手段夺取他人财产为生，甚至会威胁被夺取财产的人的生命，严重破坏社会秩序，即所谓“匪贼”。他们被称为“匪贼”在于不拥有合法的暴力，但拥有自发的暴力。在帝制国家，“匪贼”从来没有断绝过，愈是社会普遍贫困化，“匪贼”愈兴盛。

“匪贼”主要以暴力夺取财物为主，并没有明确的政治目的，但是破坏了社会安全。在国家政权有能力时，会以国家暴力消灭和压制“匪贼”。但是，由于存在滋生“匪贼”的社会土壤，“匪贼”不断产生，而且会转换为针对政府的政治性行为。大量的农民起义活动最开始便是以“匪贼”的方式出现的。

当国家政权主要是履行统治职能而不能有效履行维护社会安全的社会职能时，民众不得不自动组织为武装力量，保卫自己的财产和人身安全。这种民众自动组织武装力量的状况一直伴随着帝制国家进程，愈是皇权中央控制力衰败，国家社会职能弱化之时，这一状况愈突出。由民众自动组织为武装力量的地方自卫组织的成员平时是生产者，战时又是士兵。这种民兵组织本来是保卫自身安全的，但在一定的条件下也会转换为针对国家政权的行为。

由于国家履行保卫社会安全的职能有限，大量的社会安全依靠的是社会自我的力量。愈是那些财产较多的家族，愈是会成为他人攻击的对象，也愈具有自我保卫的需要。他们所雇佣的人员平时是劳动者，冲突时是武装力量。有的家族甚至还专门豢养了受到专门暴力训练的“家丁”。这些私人武装主要是保卫自己的家族利益，但也很容易成为

国家政权的反对力量。东汉开国皇帝刘秀起事最初的兵源便是“家丁”。东汉之后，“依附民和农奴中习武者成为大地主的私家武装，私人军队代替了以前征募农民组成的军队。”① “普通农民为了自身的安全投靠于强宗大姓门下，大族为了对抗割据势力，修筑坞壁，从而组织化和军事化”。②

帝制中国是由分散的乡村村落构成的。一般来讲，用于维护公共秩序的警察是国家这一特殊公共权力的重要组成部分。但是，帝制国家的有限能力，使之不能将自己维持公共秩序的能力延伸到分散的地域里。“村落式的居民点在中国的基础是对安全的需要，这种需要是没有任何一点点‘警察’概念的粗线条的帝国行政从未得到满足的。大多数村庄都有防御工事，……村里雇了守卫。”③ 更多的是村民自我组织起来，用武力保卫自己的家园。

散落在社会的暴力主要是国家不能有效履行社会职能造成的，从一定意义上弥补了国家的不足。官治不够，自治来补。因此，国家对散落在社会中的暴力持一定的容忍态度，甚至在一定条件下还会有意扶持和发展社会武装。如晚清时期的湘军等。这也是民间性的暴力得以滋生的重要土壤。

暴力具有工具性，关键在于谁来掌握，服务于什么目的。民间性的暴力本质是民间自生自发的。它在一定程度上能够为国家政权所利用，但也容易转化为与国家政权对抗的力量。

七　军人与帝国：保卫与倾覆

军人是有组织的武装力量，拥有着特殊的暴力。这种特殊的暴力使军人在帝制国家中扮演着特殊的角色。

---

① 〔美〕费正清、赖肖尔：《中国：传统与变革》，陈仲丹、潘兴明、庞朝阳译，江苏人民出版社，1992，第 88 页。

② 冯尔康等：《中国宗族社会》，浙江人民出版社，1994，第 358 页。

③ 〔德〕马克斯·韦伯：《儒教与道教》，王容芬译，商务印书馆，1995，第 145 页。

无论是个人，还是由众多人组成的国家，人身和财产安全都是第一位的。尤其是在以地域和财产关系为基础的帝制国家，因为不同的血缘族群共同生活在一个地域内，因为财产关系造成的社会冲突加剧，军人的地位更为重要，并形成一个特殊的群体。在帝制国家，军人主要担负着保卫者的角色。

首先是保卫国家政权。在帝制国家，尽管国家政权将暴力日益垄断在自己手中，但是因为财产关系而面临的社会压力更大；尽管国家政权可以聚天下财富为己所有，但也成为天下财富创造者共同的敌人。特别是国家政权的家族垄断的封闭性，政权更换主要是通过暴力的方式完成的。“贬低兵士的做法在旧中国的价值体系中是根深蒂固的。然而，历史上很少有什么帝国能比中国具有更令人难忘的战绩。每个朝代都是靠兵力定天下的。”① 在以兵力定天下的条件下，国家统治者的政权不安全感极强，国家政权安全始终居于首位。他们必须借助军人的力量保卫国家政权。

其次是保卫国家疆域。在帝制国家，由于地域关系，国家的疆域边界日益清晰，并会因为利益而与其他国家和民族产生冲突。这种冲突可以通过和平的方式解决，也需要通过暴力的方式加以解决。作为大家长的国家统治者还要开疆拓土，养育子民。这种开拓除了和平方式以外，更需要借助于暴力的方式加以争取和维护。军人因此成为保卫国家疆域的主要力量。

最后是保卫社会民众。帝制国家将众多的人口联结在一起，构成一个统一的政治共同体。特别是在分散的农业社会和小农经济条件下，民众的自我保护能力弱小，必须借助国家的力量加以保护。尽管军人不是保卫民众的主要力量，但保卫民众的国家政权需要军人的支撑。

正是因为军人的暴力属性，帝制国家得军人者得以安天下。“军权即成为国家政权赖以存在的基石，牢固地掌握军权是捍卫君权的前提，

① 〔美〕费正清：《美国和中国》（第四版），张理京译，世界知识出版社，1999，第65页。

最高统治者一旦离开了军权的支撑，其权力的维系将会十分困难，随时都面临着被颠覆的危机。”① 这在于军人不是简单的暴力工具，而是活生生的人，是生活在一定社会关系中的人，是有意识有目的的人。他们作为暴力工具可以安天下，也可以作为一种特殊的工具成为国家政权的倾覆者。

与“四民”不同，军人的特性在于暴力。但暴力不是无缘无故发生的，受制于特定的经济条件。“暴力虽然可以改变占有状况，但是不能创造私有财产本身。”② 只有在生产力发展不足，生存条件恶化，经济财富极度不平等造成的社会冲突日益激烈时，才会催发暴力的产生。军人与其他“四民”不同，它不是原生的，而是次生的，是从原生的社会群体中再生长出来的。帝制国家的军人主要来源于农民。农民是人数最多，又最容易陷入贫穷的不稳定群体。这种不稳定性会造成军人的不稳定性。他们有可能成为国家政权的保卫者，也有可能成为国家政权的倾覆者。

军人是国家政权的组成部分，受制于国家政权。帝制国家可以聚集天下财富，而通过暴力更迭则会造成巨大财富主人的更换。这种由暴力引起的财富主体的更迭，造成了对暴力的巨大诱惑和崇拜，暴力的工具主义属性特别突出。在财富的诱惑下，军人可以凭借自己手中的暴力改变自己的命运，同时也会改变国家政权的命运。工具兵“并不一定死心塌地地为帝王做工具，甚至于常反过来变为对王权的一大威胁”③。

民间的暴力承载者虽然不是正式的军人，但在冷兵器时代，成为一个与正式的军人具有同等武装能力的人，并不是一件难事。尽管民间暴力在一定程度上能够补足国家暴力的不足，但其民间的天然属性，使得它与国家政权处于离散状态，在一定条件下很容易转换成国家政权的倾覆者。

---

① 张金龙：《治乱兴亡：军权与南朝政权演进》，商务印书馆，2016，第 31 页。

② 《马克思恩格斯选集》第 3 卷，人民出版社，2012，第 542 页。

③ 费孝通、吴晗等：《皇权与绅权》（增补本），华东师范大学出版社，2015，第 79 页。

早在春秋战国时期，新兴的帝制国家尚在胎腹之中，著名的军事家孙子便说，“兵者，国之大事，死生之地，存亡之道，不可不察也”（《孙子兵法·始计篇》）。帝国的统治者何尝不察兵者这一国之大事，只是受制于历史条件，他们就是高度重视也未尝能够保持长生，最后终结帝国，还是“兵者”！只是这种终结未能从制度上有所突破。“王朝衰败时期军人的叛乱并不提出任何新的政治目标。军人篡位虽然导致军阀现象，但是，军阀往往又是新王朝的创建力量，即帝国军人总是倾向于按照原来的制度框架重建帝国的政治大厦。”① 当然，这一历史进程最终会改变，改变历史进程的根本原因在于国家进入一个全球关系的全新时代了！

① 陈明明：《论古代社会军人介入政治过程的条件》，《政治学研究》1995 年第 1 期。

参考文献

经典著作

《马克思恩格斯选集》第 1 卷，人民出版社，2012。

《马克思恩格斯选集》第 2 卷，人民出版社，2012。

《马克思恩格斯选集》第 3 卷，人民出版社，2012。

《马克思恩格斯选集》第 4 卷，人民出版社，2012。

《马克思恩格斯全集》第 2 卷，人民出版社，2012。

《马克思恩格斯全集》第 3 卷，人民出版社，2012。

《马克思恩格斯全集》第 4 卷，人民出版社，1958。

《马克思恩格斯全集》第 5 卷，人民出版社，1958。

《马克思恩格斯全集》第 13 卷，人民出版社，1998。

《马克思恩格斯全集》第 25 卷，人民出版社，2001。

《马克思恩格斯全集》第 26 卷，人民出版社，2014。

《马克思恩格斯全集》第 28 卷，人民出版社，2018。

《马克思恩格斯全集》第 36 卷，人民出版社，2015。

《马克思恩格斯全集》第 42 卷，人民出版社，2016。

《马克思恩格斯全集》第 45 卷，人民出版社，1985。

《马克思恩格斯全集》第 47 卷，人民出版社，2004。

《马克思恩格斯文集》第2卷，人民出版社，2009。
《马克思恩格斯文集》第7卷，人民出版社，2009。
《马克思恩格斯文集》第8卷，人民出版社，2009。
《马克思恩格斯通信集》第1卷，李季译，三联书店，1957。
《马克思恩格斯论中国》，人民出版社，2015。
《列宁选集》第3卷，人民出版社，2012。
《列宁全集》第2卷，人民出版社，2013。
《列宁全集》第37卷，人民出版社，2017。
《毛泽东选集》第1卷，人民出版社，1991。
《毛泽东选集》第2卷，人民出版社，1991。
《毛泽东选集》第3卷，人民出版社，1991。
《毛泽东文集》第5卷，人民出版社，1996。
《毛泽东年谱》，中央文献出版社，2013。
《建国以来毛泽东文稿》第13册，人民出版社，1998。

国内著作

白钢主编《中国政治制度史》上卷，天津人民出版社，2016。
白钢主编《中国政治制度史》下卷，天津人民出版社，2016。
陈顾远：《中国法制史概要》，商务印书馆，2011。
常文相：《互洽共生——明代商人、商业与国家体制关系探研》，福建教育出版社，2019。
蔡美彪等：《中国通史》第九册，人民出版社，2015。
邓小南：《祖宗之法：北宋前期政治述略》，三联书店，2006。
杜婉言：《佞幸：中国宦官与中国政治》，东方出版社，2017。
冯友兰：《中国哲学简史》，北京大学出版社，1985。
冯天瑜：《从殷墟到紫禁城》，周积明执笔，武汉出版社，1989。
冯尔康等：《中国宗族社会》，浙江人民出版社，1994。
范文澜：《中国通史》第二册，人民出版社，2015。
范文澜：《中国通史》第三册，人民出版社，2015。

范文澜：《中国通史》第五册，人民出版社，2015。

费成康主编《中国的家法族规》，上海社会科学院出版社，1998。

费孝通：《乡土中国 生育制度》，北京大学出版社，1998。

费孝通：《中国绅士》，惠海鸣译，中国社会科学出版社，2006。

费孝通、吴晗等：《皇权与绅权》（增补本），华东师范大学出版社，2015。

傅筑夫：《中国经济史论丛》，三联书店，1980。

葛兆光：《中国思想史》第一卷，复旦大学出版社，2001。

葛兆光：《中国思想史》第二卷，复旦大学出版社，2001。

葛剑雄：《中国人口史》第1卷，复旦大学出版社，2002。

葛剑雄：《统一与分裂：中国历史的启示》，商务印书馆，2013。

管东贵：《从宗法封建制到皇帝郡县制的演变——以血缘解纽为脉络》，中华书局，2010。

甘怀真：《皇权、礼仪与经典诠释：中国古代政治史研究》，华东师范大学出版社，2008。

何一民：《中国城市史》，武汉大学出版社，2012。

何晓明：《中国皇权史》，武汉大学出版社，2015。

何炳棣：《明清社会史论》，徐泓译注，中华书局，2019。

胡如雷：《中国封建社会形态研究》，三联书店，1979。

侯外庐、赵纪彬、杜国庠：《中国思想通史》第一卷，人民出版社，1957。

侯外庐、赵纪彬、杜国庠、邱汉生：《中国思想通史》第二卷，人民出版社，1957。

侯外庐主编《中国思想通史》第四卷上册，人民出版社，1959。

侯旭东：《宠：信-任型君臣关系与西汉历史的展开》，北京师范大学出版社，2018。

黄仁宇：《中国大历史》，三联书店，1997。

黄德宽：《书同文字——汉字与中国文化》，江苏人民出版社，2017。

金观涛:《在历史的表象背后》,四川人民出版社,1984。

金观涛、刘青峰:《兴盛与危机:论中国社会超稳定结构》,法律出版社,2011。

金其铭编著《中国农村聚落地理》,江苏科学技术出版社,1989。

刘泽华主编《中国政治思想史(先秦卷)》,浙江人民出版社,1996。

刘泽华主编《中国政治思想史(秦汉魏晋南北朝卷)》,浙江人民出版社,1996。

刘泽华主编《中国政治思想史(隋唐宋元明清卷)》,浙江人民出版社,1996。

刘泽华、汪茂和、王兰仲:《专制权力与中国社会》,吉林文史出版社,1988。

刘文瑞:《中国古代政治制度(上):皇帝制度与中央政府》(修订本),中国书籍出版社,2018。

刘文瑞:《中国古代政治制度(下):地方体制与官僚制度》(修订本),中国书籍出版社,2018。

刘晔原、郑惠坚:《中国古代的祭祀》,商务印书馆国际有限公司,1996。

吕振羽:《中国社会史诸问题》,华东人民出版社,1954。

吕思勉:《中国通史》,上海人民出版社,2015。

李范文主编《国外中国学研究译丛》(1),青海人民出版社,1986。

李泽厚:《李泽厚十年集(1979~1989)》(第三卷·上),安徽文艺出版社,1994。

李禹阶、秦学颀:《中国古代外戚政治》,商务印书馆,2017。

林浩:《中国户籍制度变迁——个人权利与社会控制》,社会科学文献出版社,2016。

梁治平:《清代习惯法:社会与国家》,中国政法大学出版社,1996。

梁治平:《中国法律史上的民间法——兼论中国古代法律的多元格

局》，载马戎、周星主编《田野工作与文化自觉》（上），群言出版社，1998。

梁漱溟：《乡村建设理论》，上海人民出版社，2011。

雷海宗：《中国文化与中国的兵》，商务印书馆，2014。

鲁西奇：《中国历史的空间结构》，广西师范大学出版社，2014。

马平安：《中国政治史大纲》，新世界出版社，2015。

马克垚：《古代专制制度考察》，北京大学出版社，2017。

麻国庆：《家与中国社会结构》，文物出版社，1999。

牛铭实：《中国历代乡约》，中国社会出版社，2005。

全慰天：《论"家天下"》，载费孝通、吴晗等《皇权与绅权》（增补本），华东师范大学出版社，2015。

秦晖：《传统十论》，东方出版社，2014。

钱穆：《中国历史研究法》，九州出版社，2019。

钱穆：《中国历代政治得失》，九州出版社，2012。

钱穆讲述《中国通史》，叶龙记录整理，天地出版社，2017。

瞿同祖：《中国的阶层结构及其意识型态》，刘纫尼译，载费正清主编《中国思想与制度论集》，段昌国、刘纫尼、张永堂译，联经出版事业公司，1976。

瞿同祖：《瞿同祖法学论著集》，中国政法大学出版社，1998。

瞿同祖：《中国法律与中国社会》，中华书局，2003。

瞿同祖：《中国封建社会》，上海人民出版社，2005。

任怀国等：《中国历代政治制度得失》，泰山出版社，2009。

孙达人：《中国农民变迁论——试探我国历史发展周期》，中央编译出版社，1996。

孙中山：《三民主义》，岳麓书社，2000。

孙季萍、冯勇：《中国传统官僚政治中的权力制约机制》，北京大学出版社，2010。

孙立群：《中国古代的士人生活》，商务印书馆，2014。

宋昌斌：《中国户籍制度史》，三秦出版社，2016。

苏力：《大国宪制——历史中国的制度构成》，北京大学出版社，2018。

萨孟武：《中国社会政治史》（先秦秦汉卷），三联书店，2018。

萨孟武：《中国社会政治史》（三国两晋南北朝卷），三联书店，2018。

萨孟武：《中国社会政治史》（宋元明卷），三联书店，2019。

田成有：《乡土社会中的民间法》，法律出版社，2005。

田余庆：《东晋门阀政治》，北京大学出版社，2012。

陶希圣：《中国社会之史的分析（外一种：婚姻与家族）》，商务印书馆，2015。

万国鼎：《中国田制史》，商务印书馆，2011。

万志英：《剑桥中国经济史：古代到19世纪》，崔传刚译，中国人民大学出版社，2018。

王仲荦：《魏晋南北朝史》上册，上海人民出版社，1979。

王亚南：《中国官僚政治研究》，商务印书馆，2010。

王利华：《中国家庭史》第一卷，广东人民出版社，2013。

王保顶：《汉代士人与政治》，江苏人民出版社，2018。

王晓卫：《中国兵役制度史》，贵州大学出版社，2018。

王日根：《明清民间社会的秩序》，岳麓书社，2003。

吴稼祥：《公天下：多中心治理与双主体法权》，广西师范大学出版社，2013。

徐勇：《非均衡的中国政治：城市与乡村比较》，中国广播电视出版社，1992。

徐勇：《城乡差别的中国政治》，社会科学文献出版社，2019。

徐勇：《国家化、农民性与乡村整合》，江苏人民出版社，2019。

徐连达：《帝国宫廷的深处——解读中国古代皇帝制度》，上海大学出版社，2008。

徐扬杰：《中国家族制度史》，武汉大学出版社，2012。

徐祖澜：《绅权与国家权力关系研究——从明清到民初》，社会科

学文献出版社，2017。

许倬云：《说中国：一个不断变化的复杂共同体》，广西师范大学出版社，2015。

许倬云：《中国古代社会史论——春秋战国时期的社会流动》，邹水杰译，广西师范大学出版社，2006。

萧公权：《中国政治思想史》第一册，中国文化大学出版社部，1985。

谢维扬：《中国早期国家》，浙江人民出版社，1995。

谢维扬：《周代家庭形态》，中国社会科学出版社，1990。

延涛、林声：《中国古代的“士”》，河南人民出版社，1992。

杨开道：《中国乡约制度》，商务印书馆，2015。

杨联陞：《东汉的豪族》，商务印书馆，2011。

杨美惠：《礼物、关系学与国家——中国人际关系与主体性建构》，赵旭东、孙珉译，江苏人民出版社，2009。

余英时：《士与中国文化》，上海人民出版社，2003。

余华青：《中国宦官制度史》，上海人民出版社，2006。

岳庆平：《中国的家与国》，吉林文史出版社，1990。

岳庆平主编《中国大通史·秦汉》上，学苑出版社，2018。

姚大中：《姚著中国史1：黄河文明之光》，华夏出版社，2017。

阎步克：《士大夫政治演生史稿》，北京大学出版社，2015。

阎步克编著《波峰与波谷：秦汉魏晋南北朝的政治文明》，北京大学出版社，2017。

朱子彦：《中国朋党史》，东方出版中心，2016。

张晋藩主编，李铁等撰《中国法制史》，群众出版社，1991。

张分田：《中国帝王观念——社会普遍意识中的“尊君—罪君”文化范式》，中国人民大学出版社，2004。

张金龙：《治乱兴亡：军权与南朝政权演进》，商务印书馆，2016。

张仲礼：《中国绅士研究》，上海人民出版社，2019。

周良霄：《皇帝与皇权》，上海古籍出版社，1999。

周振鹤、游汝杰：《方言与中国文化》，上海人民出版社，2006。

赵世瑜：《吏与中国传统社会》，浙江人民出版社，1994。

赵秀玲：《中国乡里制度》，社会科学文献出版社，1998。

国外学者著作

〔德〕斐迪南·滕尼斯：《共同体与社会》，林荣远译，商务印书馆，1999。

〔德〕黑格尔：《历史哲学》，王造时译，三联书店，1956。

〔德〕黑格尔：《历史哲学》，王造时译，商务印书馆，2007。

〔德〕罗曼·赫尔佐克：《古代的国家——起源和统治形式》，赵蓉恒译，北京大学出版社，1998。

〔德〕马克斯·韦伯：《儒教与道教》，王容芬译，商务印书馆，1995。

〔德〕马克斯·韦伯：《经济与社会》上卷，林荣远译，商务印书馆，1997。

〔德〕马克斯·韦伯：《经济与社会》下卷，林荣远译，商务印书馆，1997。

〔德〕马克斯·韦伯：《文明的历史脚步——韦伯文集》，黄宪起、张晓琳译，上海三联书店，1988。

〔德〕马克斯·韦伯：《韦伯作品集Ⅴ：中国的宗教　宗教与世界》，康乐、简惠美译，广西师范大学出版社，2004。

〔德〕斯宾格勒：《西方的没落》，陈晓林译，黑龙江教育出版社，1988。

〔法〕爱弥尔·涂尔干：《宗教生活的基本形式》，渠东、汲喆译，上海人民出版社，2010。

〔法〕魁奈：《中华帝国的专制制度》，谈敏译，商务印书馆，2018。

〔法〕卢梭：《社会契约论》，何兆武译，商务印书馆，1980。

〔法〕勒内·达维德：《当代主要法律体系》，漆竹生译，上海译文出版社，1984。

〔法〕孟德斯鸠：《论法的精神》（上），张雁深译，商务印书馆，1961。

〔加〕卜正民：《挣扎的帝国：元与明》，潘玮琳译，中信出版社，2016。

〔美〕巴林顿·摩尔：《民主和专制的社会起源》，拓夫、张东东等译，华夏出版社，1987。

〔美〕柏文莉：《权力关系：宋代中国的家族、地位与国家》，刘云军译，江苏人民出版社，2015。

〔美〕杜赞奇：《文化、权力与国家：1900~1942年的华北农村》，王福明译，江苏人民出版社，2010。

〔美〕弗朗西斯·福山：《政治秩序的起源——从前人类时代到法国大革命》，毛俊杰译，广西师范大学出版社，2012。

〔美〕费正清：《美国和中国》（第四版），张理京译，世界知识出版社，1999。

〔美〕费正清：《伟大的中国革命》，刘尊棋译，世界知识出版社，2000。

〔美〕费正清、赖肖尔：《中国：传统与变革》，陈仲丹、潘兴明、庞朝阳译，江苏人民出版社，1992。

〔美〕海斯、穆恩、韦兰：《世界史》（上），冰心、吴文藻、费孝通译，三联书店，1975。

〔美〕陆威仪：《世界性的帝国：唐朝》，张晓东、冯世明译，中信出版社，2016。

〔美〕陆威仪：《早期中华帝国：秦与汉》，王兴亮译，中信出版社，2016。

〔美〕罗威廉：《最后的中华帝国：大清》，李仁渊、张远译，中信出版社，2016。

〔美〕路易斯·亨利·摩尔根：《古代社会》上册，杨东莼、马雍、马巨译，商务印书馆，1977。

〔美〕路易斯·亨利·摩尔根：《古代社会》下册，杨东莼、马

雍、马巨译，商务印书馆，1977。

〔美〕斯塔夫里阿诺斯：《全球通史：1500年以前的世界》，吴象婴、梁赤民译，上海社会科学院出版社，1988。

〔美〕斯塔夫里亚诺斯：《全球分裂——第三世界的历史进程》上册，迟越、王红生等译，商务印书馆，1993。

〔美〕塞缪尔·亨廷顿：《军人与国家：军政关系的理论与政治》，李晟译，中国政法大学出版社，2017。

〔美〕S. N. 艾森斯塔得：《帝国的政治体系》，阎步克译，贵州人民出版社，1992。

〔美〕许烺光：《宗族·种姓·俱乐部》，薛刚译，华夏出版社，1990。

〔日〕宫崎市定：《科举》，宋宇航译，浙江大学出版社，2018。

〔日〕鹤间和幸：《始皇帝的遗产：秦汉帝国》，马彪译，广西师范大学出版社，2014。

〔日〕金子修一：《古代中国与皇帝祭祀》，肖圣中、吴思思、王曹杰译，复旦大学出版社，2017。

〔日〕濑川昌久：《族谱：华南汉族的宗族·风水·移居》，钱杭译，上海书店出版社，1999。

〔日〕平势隆郎：《从城市国家到中华：殷周 春秋战国》，周洁译，广西师范大学出版社，2014。

〔日〕池田雄一：《中国古代的聚落与地方行政》，郑威译，复旦大学出版社，2017。

〔日〕上田信：《海与帝国：明清时代》，高莹莹译，广西师范大学出版社，2014。

〔日〕小岛毅：《宋朝：中国思想与宗教的奔流》，何晓毅译，广西师范大学出版社，2014。

〔日〕西嶋定生：《中国经济史研究》，冯佐哲译，农业出版社，1984。

〔日〕纸屋正和：《汉代郡县制的展开》，朱海滨译，复旦大学出

版社，2016。

〔日〕滋贺秀三：《中国家族法原理》，张建国、李力译，法律出版社，2003。

〔日〕滋贺秀三：《中国家族法原理》，张建国、李力译，商务印书馆，2013。

〔英〕安东尼·吉登斯：《民族—国家与暴力》，胡宗泽、赵力涛译，三联书店，1998。

〔英〕崔瑞德、鲁惟一：《剑桥中国秦汉史》，杨品泉等译，中国社会科学出版社，1992。

〔英〕崔瑞德：《剑桥中国隋唐史》，中国社会科学院历史研究所西方汉学研究课题组译，中国社会科学出版社，1990。

〔英〕洛克：《政府论》（上篇），瞿菊农、叶启芳译，商务印书馆，1982。

〔英〕迈克尔·曼：《社会权力的来源》（第二卷·上），陈海宏等译，上海人民出版社，2007。

〔英〕莱芒·道逊：《中华帝国的文明》，金星男译，上海古籍出版社，1994。

〔英〕莫里斯·弗里德曼：《中国东南的宗族组织》，刘晓春译，上海人民出版社，2000。

〔英〕梅因：《古代法》，沈景一译，商务印书馆，1959。

〔英〕塞缪尔·E. 芬纳：《统治史（卷一）：古代的王权和帝国——从苏美尔到罗马（修订版）》，王震、马百亮译，华东师范大学出版社，2014。

〔英〕塞缪尔·E. 芬纳：《统治史（卷二）：中世纪的帝国统治和代议制的兴起——从拜占庭到威尼斯》，王震译，华东师范大学出版社，2014。

〔英〕塞缪尔·E. 芬纳：《统治史（卷三）：早期现代政府和西方的突破——从民族国家到工业革命》，马百亮译，华东师范大学出版社，2014。

后 记

当我写完本卷最后一个字时，最为强烈的感受是：自由真好！

自由意味着对必然的认识。必然是一种规律。对规律的认识，需要从事物现象出发又超越事物本身寻找其内在的基础和支配性逻辑。这是学人的一种向往和理想境界。2019 年农历大年初一，我畅游郊野后想起王国维的三境界说："昨夜西风凋敝树，独上高楼，望尽天涯路；衣带渐宽终不悔，为伊消得人憔悴；众里寻他千百度，蓦然回首，那人却在灯火阑珊处!"因为当时的心境，已隐约看到"那人"的影子。

要看到"那人"，是一个艰难的过程。我的学术生涯开始于殿堂，紧接着从殿堂走向田野，着重于叙事。后来开始有了理论自觉，关注事物背后的道理，用概念概括所调查的事实，一事亦一理。只是到了近些年，才从田野返回殿堂，关注于"万事皆一理"。"理"便是"众里寻他千百度"的"那人"，也即作为本书核心理论和方法的"关系叠加"说。有了这个"理"，便可以将大量看似不相干的碎片化的事实整合为一体，寻求其内在的规律和逻辑。

理从事来，事有因果。事只有一，黑的说不白，白的说不黑。但一果多因，一事多理。找到果中的一因，事后的一理，便可成一家之言。公说公有理，婆说婆有理，公婆可能皆有理。只要自圆其说，皆

可成理。历史没有唯一的终极真理。真理总是裹在重重面纱之中。只有从不同角度、不同层次去撩开面纱，才能显现其真实面目。本书所寻求的“理”只是其中之一，主要是提供一种分析框架和方法。目的是寻求国家背后的那只看不见的手。

自由意味着敬畏。黑格尔不无傲慢和偏见地说：“在中国人中间，历史仅仅包含纯粹确定的事实，并不对于事实表示任何意见或者理解。他们的法理学也是如此，仅仅把规定的法律告诉人；他们的伦理学也仅仅讲到决定的义务，而不探索关于他们的一种内在的基础。”① 对于事实表示意见或者理解，是本书的追求。我多次说到，历史政治学与历史学不同，后者重在摆事实，在叙事；前者重在讲道理，在论说。但是，对于事实表示意见或者理解的前提是事实，只有摆事实才能讲道理。历史是历史政治学的基础。为此我阅读了大量的历史文献。主要包括三类：一是有思想性的历史著作，能够给人以启迪；二是通史类的著作，可以给人以整体认识；三是专门性的资料著作，能够提供精细的资料。

愈是对文献的研读，愈是感觉历史的研究可是了得，对文献的梳理、对史料的考据，都令人感叹。只是“述而不作”限制了理论的想象。但是，没有“述”，何以“作”？作为政治学著作的本书，重点在“作”，但“述”是前提，在“作”的过程中，对“述”保持高度的敬畏。只有充分尊重和敬畏“述”，才能“随心所欲不逾矩”！由此也感谢前人所“述”的贡献！

自由意味着超越。古人说的“著书不为稻粱谋”，是一种理想境界。写作本卷时，我开始进入这一理想境界。写作只是一种兴趣，一种爱好，一种只要将自己的想法写出来即可的状态。这一年如愿以偿，卸下所有职位，得到前所未有的放松和解脱。当我卸下最后一个职位走下台时，比在台上的人还开心。因为那是我人生的夙愿。早在2003年我在《乡村治理与中国政治》一书的后记中便写到自己的人生比喻：

① 〔德〕黑格尔：《历史哲学》，王造时译，商务印书馆，2007，第83页。

40 岁之前如儒家，积极入世；40 岁之后如道家，顺其自然；60 岁之后如佛家，超越世事。卸下所有职位，没有了外在的责任，只是遵从自己的内心从事自己所爱好的学术。

我特别感谢安宁的顿悟小屋。因为只有在这里，才有了一颗自由的心灵，可以放飞学术的想象。

我还要感谢学术界的同行们，你们搭建了学术平台，使我对学术的感悟有了交流的场域，可以触发学术灵感。

我必须感谢我的学术助手何圣国和李旻昊两位同学，他们在查找文献、核对引文、校阅书稿以及处理琐碎事务方面做了大量工作，使我有更多的时间投入写作。

当然，本书的问世还得益于出版社编辑们的细心审核和校对，让本书在较短的时间内与读者见面。

已是近一年，“那人”的影子似乎日益清晰，也吸引我继续奔向而去！

徐 勇

2019 年 12 月 19 日于武汉顿悟小屋

图书在版编目（CIP）数据

关系中的国家．第二卷，地域—血缘关系中的帝制国家／徐勇著．-- 北京：社会科学文献出版社，2020.5
（2024.9 重印）
ISBN 978-7-5201-6430-6

Ⅰ.①关… Ⅱ.①徐… Ⅲ.①国家-行政管理-研究-中国 Ⅳ.①D630.1

中国版本图书馆 CIP 数据核字(2020)第 048508 号

关系中的国家(第二卷)
——地域—血缘关系中的帝制国家

著　　者／徐　勇

出 版 人／冀祥德
责任编辑／黄金平

出　　版／社会科学文献出版社·马克思主义分社（010）59367126
地址：北京市北三环中路甲 29 号院华龙大厦　邮编：100029
网址：www.ssap.com.cn
发　　行／社会科学文献出版社（010）59367028
印　　装／三河市东方印刷有限公司

规　　格／开 本：787mm×1092mm　1/16
印 张：29.5　字 数：422 千字
版　　次／2020 年 5 月第 1 版　2024 年 9 月第 2 次印刷
书　　号／ISBN 978-7-5201-6430-6
定　　价／148.00 元

读者服务电话：4008918866